**全国データ**

# SDGsと日本

## 誰も取り残されないための人間の安全保障指標

NPO法人「人間の安全保障」フォーラム [編]　高須幸雄 [編著]

明石書店

# はじめに

　近年、人々の「経済的豊かさ」や「人間開発」を超えて、「幸福」や「生活の質」を測り、指標化し、政策に役立てるための試みが多くの国や国際機関などで進められている。発展や人々の生活を、物質的な豊かさや国民総生産によって評価するのではなく、社会全体を対象に、より包括的に理解することを目指す試みである。さらに、人間社会と自然環境の関係を問い直す試み、人間社会の内部の根強い不平等など、個人をとりまく社会のあり方を問い直そうとする試みも次々と生まれている。

## ● 人間の安全保障

　その端緒が、国連開発計画（UNDP）が 1994 年に『人間開発報告書』で提唱した、安全保障を総合的に考える「人間の安全保障」の概念である。その後、この概念を世界に広め定着させるのを主導したのは日本である。

　1998 年 12 月、アジア経済危機に際して当時の小渕恵三総理がベトナムのハノイで行った演説で、安全保障を人間中心に総合的にとらえ、公正な社会の実現を目指すために人間の安全保障を促進する立場を表明した。日本の提案で設立された人間の安全保障に関する国際委員会（元国連難民高等弁務官の緒方貞子氏とアマルティア・セン氏が共同議長）の報告書が 2003 年に発表された。その後、人間の安全保障を国連で主流化する日本の努力の結果、2012 年に国連総会で「あらゆる人間の命、生活、尊厳を守るために、人間を中心として統合的に様々な脅威と取り組む」との人間の安全保障の共通理解が合意され（総会決議 A66/290）、今やこの考えが世界のコンセンサスとして定着している。

人間の安全保障の背景にあるのは、グローバル化の加速による負の側面と地球規模の課題の続出である。グローバル化の加速により多くの利益が生まれたが、その恩恵をすべての人が享受することができず、格差が拡大している。国の経済は成長してもすべての国民の生活がよくなるわけではない。国の成長率や平均所得だけでは国民生活の実態を知ることはできない。また、国境を越えて深刻な被害をもたらす気候変動、感染症などが安全保障にとっての大きな脅威となっているが、これらの課題は一国だけで、あるいは軍事力だけでは解決できない。安全保障を軍事・外交だけで考えられない時代になった。また、国のレベルだけではなく、一人一人の個人のレベルでも考えないといけない。国家の安全保障だけでは人の安全保障は実現できない。

　人間の安全保障は、これまでは主として途上国の開発や紛争国への支援、紛争後の平和構築などに資する国際協力の理念として、日本の「外」の世界を理解するために用いられてきた。日本政府の開発協力大綱にも人間の安全保障の考え方が盛り込まれており、日本の援助理念のひとつとして定着してきたのは素晴らしいことである。しかし、それだけでは十分ではない。様々な格差や貧困、地域社会の絆の消失など、日本社会に内在する脆弱性に人々が注目し、議論が広がりつつあったときに「東日本大震災」と「福島原発事故」が起き、人間の安全保障が日本自身の問題でもあることが再認識されている。

## ●ミレニアム開発目標（MDGs）から持続可能な開発目標（SDGs）へ

　2000年に国連総会で、2015年までに貧困率を半減する目標を掲げたMDGsが合意されて以降、途上国の貧困率、乳幼児死亡率は減少し、一定の成果は上げたが、紛争や貧富の差は解消しないどころか拡大したため、貧困の撲滅には経済手段だけではなく、平和、人権が密接に関連していることが認識されるようになった。紛争や緊張状態にある国では円滑な経済活動が発展しない。政情が安定して平和が実現しなければ持続的開発は実現できない。人権が尊重されなければ包摂的な開発は実現できない。

　このように平和と開発、人権を結びつける考えから、2015年に国連総会首脳会合で、先進国、途上国、紛争国を問わずすべての国に住む人間が、安心して人間らしい生活ができる誰も取り残されない社会を2030年までに実現することを目標とする持続的な開発目標（SDGs）が合意された（図）。

　2030アジェンダは、すべての人の人権が尊重され、尊厳と平等の下に、健康な環境で、すべての人が潜在能力を発揮できる「誰も取り残されない社会」を目指すことをSDGsの理念に据えている。SDGsでは、「（SDGsの実現という）この偉大な共同の旅に乗り出すにあたり、我々は誰も取り残されないことを誓う。人々の尊厳は基本的なものであるとの認識の下に、目標とターゲットがすべての国、すべての人々及び社会のすべての部分で満たされることを望む。そして我々は、最も遅れているところに第一に手を伸ばすべく努力す

図　SDGsの17目標を示したアイコン

る」(第4パラグラフ) ことを誓っている。この理念は人間の安全保障の考えと一致している。SDGsはMDGsを人間の安全保障の視点から拡大、普遍的な目標に発展させたと言い換えることができる。

　人間の安全保障の観点から見ると、すべての人は、人間として生まれた以上、命・生活・尊厳を確保する権利がある。まず、命や生活を脅かされているすべての人を守らなければならない。人として生まれてきた以上、自分のもつ能力を最大限伸ばすことを奨励する、エンパワーメントが重要である。さらに大切なことは尊厳である。この世に生まれたすべての人が、自分の存在が意味あるものであると思えるような社会を作らなければならない。「自分に自信を持つ」、「自分らしさに誇りを持つ」、「自分以外の存在に敬意を持つ」、このような社会にしなければならないというのが人間の安全保障の考えである。すべての人が価値ある人間として敬意を持って受け入れられるように尊厳をいかに確保するかが現在の日本社会で重要な課題である。

## ●SDGsと日本

　SDGsでは、環境 (陸・空・海などの地球環境)、社会、個人の3層で貧困・格差、差別、暴力・紛争などに関する17の目標の取り組みが求められる。その目標を達成するために、進行状況のチェックリストとして232のSDGs指標が国連で合意された (17目標、169ターゲット、232指標)。国連総会で合意された全世界共通のSDGs指標は、いわば国際公約となっており、その指標を達成するために着実な行動をとることが重要である。しかし、これら

232 の SDGs 指標は、世界の紛争国や貧困国も交えた全世界共通の指標となっているため、その相当部分が日本のような先進国には該当しないという問題がある（例えば、目標 16〈平和で安全な包摂的な社会〉の多くの指標）。日本はジェンダーや環境・資源の分野では世界的にかなり遅れているが、その他の分野では、先進国として国レベルでは、所得水準、健康・保健、教育、エネルギー、インフラなど多くの SDGs 指標をほぼ達成し、達成しつつある（2019 年 6 月に発表された最新の SDGs レポート *SDGs Index and Dashboards Report 2019* によると、加盟国 162 か国中、SDGs 達成状況において日本は 15 位）。

　しかし、日本では、すべての人の命、生活、尊厳が尊重され、人間らしい誇りを持って生きていると言えるだろうか。誰も取り残されていないと言えるだろうか。SDGs の理念である誰も取り残されていない包摂性のある社会が達成されているとは言いがたいであろう。日本において誰も取り残されない社会を目指して取り組むためには、SDGs の個別指標の達成を機械的に目指すだけでは不十分である。

## ● 日本の人間の安全保障指標

　では、どうすればよいのか。誰も取り残されないためには、アジェンダ 2030 で謳われている通り、最も遅れているところに第 1 に手を伸ばすべく努力する立場から出発した方が良いのではないか。日本の社会で貧困や社会的排除によって取り残されている人、取り残されそうな人を指標で可視化することによって、2030 年までの具体的な目標を立て、対策をとることができる。このように人間の安全保障の概念を正面から加えることで、SDGs は完全なものになる。日本に内在する子どもの貧困、いじめ、女性に対する様々な差別、若者、高齢者の貧困・孤立、障害者、LGBT、災害被災者、外国人などに対する偏見や差別、排除の実態を可視化して、取り残されている人、取り残されがちな人に焦点を当てて、貧困や差別をなくし偏見を減らす努力が求められる。すべての人が取り残されない社会を築くために、主たる課題を人間の安全保障指標として都道府県ごとに指数で可視化することによって、誰にどこで何に重点に置いて取り組みを強化すべきかを浮き彫りにして、如何なる改善が必要か提言したい。

　これまでに、経済や生活状況、人間の開発、幸福度などに関する先行的な指標は多いが、日本のような先進国に適合した人間の尊厳を中軸に置いた人間の安全保障の要素を総合的な指標として指数化する試みは、初めての先駆的な作業であり、いわば、SDGs の先進国版としての汎用性も期待できる。

　NPO 法人「人間の安全保障」フォーラムは、この指標作成のために、人間の安全保障学会の協力を得て、各分野の専門家、研究者、実践活動を行う NPO や各種財団、団体、協会の職員からなるプロジェクトチームを構成した。チームは、外部の専門家の助言、指導を得つつ、約 1 年かけて指標作成作業を行い、2018 年 12 月、日本ユニセフ協会との共催

シンポジウムで日本の人間安全保障指標を発表した。各方面からのコメントを踏まえ、引き続き指標の改善を図り、国際的にも汎用性のあるものにしていきたい。

　本書では、第1部で、日本の人間の安全保障指標に関して、SDGs 指標との比較、データでみた指標別ランキング、都道府県別指数（総合指数、命指数、生活指数、尊厳指数）、アンケート調査による主観的評価、都道府県別プロフィールを取り上げる。第2部では、取り残されがちな個別グループの課題として、子ども、女性、若者、高齢者、障害者、LGBT、災害避難者、外国人の現状と実態、課題を分析して、改善策を提供する。第3部では、人間の安全保障指標、アンケート調査による主観的評価、個別グループの課題の分析から読み取れる日本の人間の安全保障の実態を概観して、誰も取り残されない社会を作るための提言を行う。


　　　　2019 年 10 月
　　　　　NPO 法人「人間の安全保障」フォーラム・プロジェクトチーム代表
　　　　　　　　　　　　　　　　　　　　　　高　須　幸　雄


このプロジェクトは、中部大学「問題複合体を対象とするデジタルアース共同利用・共同研究」IDEA201820 の助成を受けたものです。

全国データ　SDGs と日本　　目　次

はじめに　iii

# 第 1 部　日本の人間の安全保障指標　　1

## 第 1 章　SDGs 指標との比較と指標別ランキング　　3
1-1　SDGs 指標との比較　　3
1-2　指標別ランキング　　7

## 第 2 章　都道府県別指数　　54

## 第 3 章　アンケート調査による主観的評価　　61

## 第 4 章　都道府県別プロフィール　　75

# 第 2 部　取り残されがちな個別グループの課題　　99

## 第 5 章　子ども　　101
5-1　子どもの貧困　　101
5-2　子どもに対する様々な暴力　　113

## 第 6 章　女　性　　126

CONTENTS

第7章　若　者　147

第8章　高齢者　159

第9章　障害者　173
　9-1　障害者全般　173
　9-2　ハンセン病患者・回復者　184

第10章　LGBT　188

第11章　災害被災者　198

第12章　外国人　217


# 第3部　結論と提言　231

第13章　日本の人間の安全保障の課題　233

第14章　誰も取り残されない社会を作るために　249

　指標データ出典一覧　258
　あとがき　263
　日本の人間の安全保障指標プロジェクトチーム　264

第1部

# 日本の
# 人間の安全保障指標

# 指標作成のメソドロジー

　日本の人間の安全保障指標は、2012 年の国連総会決議（A66/290）が定義した共通理解に基づき、人間の安全保障の主要な構成要素である命、生活、尊厳の 3 つの主軸から構成される。「尊厳」は、「幸福」や「生活の質」「満足度」よりも広い概念としてとらえた。

> 　命（生存）、生活、尊厳は、人間の安全保障が実現しようとする 3 つの価値あるものとして、「緒方・セン委員会報告書」（2003 年）で初めて体系的に提示された。人間開発指数（HDI）は平均余命、所得、教育という 3 つの変数を採用したが、その基底にも、人間の自由の領域をより深く表現するこれらの 3 つの価値が存在している。コフィ・アナン事務総長が国連総会に提出した報告書（2005 年）では、「恐怖からの自由」「欠乏からの自由」「尊厳をもって生きる自由」として表現されることもある。

　指標は全国共通とし、命指標（生命、健康保健）、生活指標（経済・労働、教育、福祉、生活習慣・環境）、尊厳指標（子ども・女性、公への信頼、地域社会・連帯感・国際性、満足度）から構成される。

　人間の安全保障指標に関するデータの集計単位は、比較可能な統計の有無、行政の政策立案、実施の観点から都道府県レベルで作成した。できる限り公的機関のデータによったが、その他の信頼の高いデータも活用した。

　指標の選択に当たっては、取り残されがちな人を浮き彫りにする観点を重視したが、幸福度や生活の質などに関する指標、タイの Human Security Index、The Global Development Research Center（GDRC）の指標を含む多数の先行研究を参考にした。

　また、既存の統計では個人が感じる脅威や不安認識など、主観的な評価を組み入れることが難しいため、これを補うアンケート調査をインターネットによって行った。調査委託先の登録人材の範囲ではあるが、47 都道府県、三世代（35 歳未満、35–64 歳、65 歳以上）、男女という要素をできるだけ均等に割り付け、5,450 人から回答を得た。無記名とし、本音を浮き彫りにするよう配慮した。

　さらに、指標の選択に当たっては、専門の研究者や支援活動に従事する行政、公共機関、民間組織などと情報と意見の交換を行った。

# 第1章
# SDGs 指標との比較と指標別ランキング

## 1-1　SDGs 指標との比較

　人間の安全保障指標は、命指標（23 指標）、生活指標（42 指標）及び尊厳指標（26 指標）を合計した総合的な指標（91 指標）である。

　SDGs の 17 の目標を達成するために 169 の具体的なターゲット、232 の SDGs 指標が設定されている。これらは次で確認できる。https://unstats.un.org/sdgs/indicators/indicators-list/

　人間の安全保障指標に関連のある SDGs 目標のターゲット、指標を比較すると、次のとおりである。

### ● 命指標　23 指標

#### A：生　命　11 指標

| 番号 | 指　標 | 対応する SDGs 指標 |
|---|---|---|
| A1 | 平均寿命男性 | 1.2.2、1.3.1、1.5.1、3.8.1、3.8.2、3.9.1、3.9.2、3.9.3、17.19.2 |
| | 平均寿命女性 | 1.2.2、1.3.1、1.5.1、3.8.1、3.8.2、3.9.1、3.9.2、3.9.3、5.0.1、17.19.2 |
| A2 | 人口増減率 | 8.6.1、8.b.1、9.1.1、9.1.2、9.2.2、10.7.2、11.2.1、11.3.2、11.a.1 |
| A3 | 合計特殊出生率 | 1.2.2、3.1.1、3.1.2、3.7.1、3.7.2、5.c.1 |
| A4 | 生産年齢人口割合（15–64 歳人口） | 1.3.1、1.4.1、8.b.1 |
| A5 | 未婚率（50 歳時点） | 1.2.2 |
| A6 | 高齢単身世帯割合（65 歳以上） | 1.3.1、10.2.1、11.2.1 |
| A7 | ひとり親世帯の子どもの割合 | 1.2.2、2.2.1、2.2.2、3.2.1、3.7.2、3.b.1、4.2.1、4.2.2 |
| A8 | 自殺死亡者数 | 3.4.2 |
| A9 | 自殺意識率 | 3.4.2 |
| A10 | 自然災害の死者・行方不明者数 | 1.5.1、11.b.2、11.5.1、13.1.1、13.1.2、13.1.3、13.3.1 |
| A11 | 交通事故死者数 | 3.6.1、11.2.1 |

B：健康・保健　12 指標

| 番号 | 指　標 | 対応する SDGs 指標 |
|---|---|---|
| B1 | 健康寿命男性 | 1.2.2、1.3.1、3.4.1 |
| | 健康寿命女性 | 1.2.2、1.3.1、3.4.1、5.c.1 |
| B2 | 一般病院数 | 3.8.1 |
| B3 | 一般病院病床数 | 3.8.1 |
| B4 | 医療施設に従事する医師数 | 3.c.1 |
| B5 | 年間 1 人あたり医療費 | 1.2.2、3.8.2 |
| B6 | 健康診断受診率 | 1.3.1、3.8.1、3.b.1 |
| B7 | 国民健康保険料滞納世帯割合 | 3.8.2 |
| B8 | 障害者数 | 16.7.1、16.7.2（指数に算入しない） |
| B9 | 虫歯罹患率（12 歳児） | 3.8.1 |
| B10 | 成人の喫煙率 | 3.a.1 |
| B11 | スポーツの年間行動者率（10 歳以上） | 11.7.1 |
| B12 | 平均歩数 | 3.6.1、9.1.2、9.4.1 |

## ● 生活指標　42 指標

C：経済状況、労働仕事　10 指標

| 番号 | 指　標 | 対応する SDGs 指標 |
|---|---|---|
| C1 | 1 人あたり県民所得 | 8.1.1、10.1.1 |
| C2 | 1 世帯あたり可処分所得 | 8.1.1、10.1.1 |
| C3 | ジニ係数 | 10.1.1、10.2.1 |
| C4 | 失業率 | 1.2.1、1.2.2、4.4.1、8.5.2、8.b.1、10.2.1 |
| C5 | 非正規雇用率 | 4.4.1、8.3.1、8.5.1、8.b.1、10.2.1 |
| C6 | 女性の雇用率 | 4.3.1、4.5.1、5.1.1、5.4.1、5.5.2、5.c.1、8.5.1、8.5.2、10.2.1 |
| C7 | ひとり親世帯の正規雇用率 | 4.5.1、5.4.1、8.5.1、8.5.2、10.2.1 |
| C8 | 障害者雇用率 | 4.5.1、8.5.1、8.5.2、10.2.1 |
| C9 | 高齢者有業率 | 8.5.1、8.5.2、10.2.1 |
| C10 | 財政力指数 | 17.1.1、17.1.2 |

D：教　育　11 指標

| 番号 | 指　標 | 対応する SDGs 指標 |
|---|---|---|
| D1 | 待機児童率 | 4.2.1、4.2.2 |
| D2 | 小学校児童数（教員 1 人あたり） | 4.1.1 |
| D3 | 中学校生徒数（教員 1 人あたり） | 4.1.1 |
| D4 | 就学援助受給者割合 | 1.2.2、4.3.1、4.5.1 |
| D5 | 高校中退率 | 4.3.1、8.6.1 |
| D6 | 大学進学率 | 4.3.1、8.6.1 |
| D7 | 不登校率 | 4.1.1、8.6.1 |

## D：教　育　11 指標（つづき）

| 番号 | 指　標 | 対応する SDGs 指標 |
| --- | --- | --- |
| D8 | 子どもの学力の達成度 | 4.1.1、4.6.1、4.c.1、8.6.1 |
| D9 | 子どもの運動能力 | 2.1.1、2.2.2、11.7.1 |
| D10 | 社会教育学級講座数 | 4.3.1、4.4.1、4.5.1 |
| D11 | 夜間中学・定時制高校数 | 4.3.1、4.5.1、4.6.1 |

## E：福　祉　11 指標

| 番号 | 指　標 | 対応する SDGs 指標 |
| --- | --- | --- |
| E1 | 児童扶養手当受給率 | 1.2.2、1.3.1、1.b.1、4.5.1 |
| E2 | 児童養護施設数 | 1.3.1、4.5.1、16.2.1 |
| E3 | 児童相談件数 | 1.3.1、4.5.1、16.2.1 |
| E4 | 生活保護受給率 | 1.2.1、1.2.2、1.3.1、1.b.1、1.4.1、10.2.1 |
| E5 | 生活困窮者自立支援の相談件数 | 1.2.1、1.2.2、1.3.1 |
| E6 | 高齢者用施設数 | 1.3.1 |
| E7 | 高齢者用施設在所者数 | 1.3.1（指数に算入しない） |
| E8 | 特養施設待機人数 | 1.3.1 |
| E9 | 介護職員数 | 1.3.1 |
| E10 | 民生委員数 | 1.3.1 |
| E11 | 生活保護のケースワーカーの担当世帯数 | 1.2.2、1.3.1、1.b.1 |

## F：生活習慣、環境、安全　10 指標

| 番号 | 指　標 | 対応する SDGs 指標 |
| --- | --- | --- |
| F1 | インターネット利用率 | 4.4.1、9.c.1、17.6.2、17.8.1 |
| F2 | ユネスコスクール数 | 4.7.1、12.8.1（指数に算入しない） |
| F3 | バリアフリー率 | 11.2.1 |
| F4 | 1 人あたり温室効果ガス排出量 | 7.3.1、8.4.1、8.4.2 |
| F5 | 1 住宅あたりの住宅延べ面積 | 11.1.1 |
| F6 | ごみのリサイクル率 | 8.4.1、8.4.2、11.6.1、12.2.1、12.2.2、12.3.1、12.5.1 |
| F7 | 汚水処理率 | 6.3.1、8.4.1、8.4.2、12.2.1、12.2.2 |
| F8 | 公共施設の耐震化率 | 11.3.2 |
| F9 | 上水道の基幹管路の耐震化率 | 6.b.1 |
| F10 | 刑法犯認知件数 | 16.1-16.5、ただし 16.1.2 を除く |

## ● 尊厳指標　26 指標

### G：子どもと女性　7 指標

| 番号 | 指　標 | 対応する SDGs 指標 |
| --- | --- | --- |
| G1 | いじめ件数 | 11.7.2、16.1.3、16.1.4、16.2.1 |
| G2 | 子どもの一時保護所受入れ平均在所日数 | 11.7.2、16.2.1 |
| G3 | 里親委託率 | 16.2.1 |

第 1 章　SDGs 指標との比較と指標別ランキング

## G：子どもと女性　7 指標（つづき）

| 番号 | 指　標 | 対応する SDGs 指標 |
|---|---|---|
| G4 | 子どもの自殺数 | 3.4.2、11.7.2、16.2.1 |
| G5 | DV 被害者の一時保護件数 | 5.2.1、5.2.2、11.7.2、16.1.3、16.1.4 |
| G6 | 男性の家事・育児分担時間数 | 5.4.1 |
| G7 | 男女の賃金差 | 5.1.1、5.5.2、5.c.1、8.5.1 |

## H：公への信頼　6 指標

| 番号 | 指　標 | 対応する SDGs 指標 |
|---|---|---|
| H1 | 国政選挙投票率 | 16.7.1 |
| H2 | 女性の地方議員割合 | 5.5.1、16.7.1 |
| H3 | 情報公開度 | 16.10.2 |
| H4 | 法テラスへの問合わせ件数 | 16.3.1 |
| H5 | 弁護士数 | 16.7.1 |
| H6 | 人権侵犯件数 | 10.3.1、16.1.3、16.2.2、16.3.1、16.10.1、16b.1 |

## J：地域社会、連帯感、国際性　11 指標

| 番号 | 指　標 | 対応する SDGs 指標 |
|---|---|---|
| J1 | 国指定文化財の件数<br>（国宝、重要文化財、有形無形文化財等） | 11.4.1 |
| J2 | 文化施設及び公民館数 | 11.3.2、11.4.1、11.7.1 |
| J3 | 地縁団体数 | 11.3.2 |
| J4 | ボランティア活動の年間行動者率 | 17.9.1、17.17.1 |
| J5 | ふるさと納税者数 | 11.3.2、17.17.1 |
| J6 | 主要な国際支援団体への寄付人数 | 17.9.1、17.17.1 |
| J7 | NPO 団体数 | 11.3.2、17.9.1、17.17.1 |
| J8 | 外国人居住者数の増加率 | 10.7.2 |
| J9 | 留学生数 | ― |
| J10 | 技能実習生数 | 8.8.1、8.8.2、10.7.1、10.7.2 |
| J11 | 自分の住む地域に外国人が増えることを<br>歓迎する割合 | ― |

## M：満足度　2 指標

| 番号 | 指　標 | 対応する SDGs 指標 |
|---|---|---|
| M1 | 自分の人生に満足していない人の割合 | ― |
| M2 | 自分の人生が将来今より良くなると<br>思わない人の割合 | ― |

# 1-2 指標別ランキング

　誰も取り残されない社会を目指して、各都道府県が人間の安全保障の視点から取り組むべき課題を可視化するために、命指標（23指標）、生活指標（42指標）、及び尊厳指標（26指標）の指標ごとに公的機関の統計データに基づき都道府県のランキングをつけた（一部はアンケート調査の結果及び信頼の高い民間データも活用した。末尾の指標データ出典一覧を参照）。

　データから見た各都道府県の日本における位置付けを指標ごとにランキングを付けて、それを可視化するため、順位によって色分けした日本地図で示した。色の濃い方が取り組むべき課題が大きいことを示している。色相は、指標ごとに1–10位、11–19位、20–28位、29–37位、38–47位の5段階である。最上位と最下位は10都道府県、中位3段階は9都道府県が含まれることを基本としたが、複数の都道府県が同順位である場合もあるため、それぞれの色相で着色された都道府県の数は地図によって一定しない。

　今後定期的に指標、データの見直し、更新を行っていきたい。

## ● A1　平均寿命（男性）

| 順位 | 都道府県 | 歳 |
|---|---|---|
| 1位 | 滋　　賀 | 81.78 |
| 2位 | 長　　野 | 81.75 |
| 3位 | 京　　都 | 81.40 |
| 4位 | 奈　　良 | 81.36 |
| 5位 | 神 奈 川 | 81.32 |
| 6位 | 福　　井 | 81.27 |
| 7位 | 熊　　本 | 81.22 |
| 8位 | 愛　　知 | 81.10 |
| 9位 | 広　　島 | 81.08 |
| 9位 | 大　　分 | 81.08 |
| 11位 | 東　　京 | 81.07 |
| 12位 | 石　　川 | 81.04 |
| 13位 | 岡　　山 | 81.03 |
| 14位 | 岐　　阜 | 81.00 |
| 15位 | 宮　　城 | 80.99 |
| 16位 | 千　　葉 | 80.96 |
| 17位 | 静　　岡 | 80.95 |
| 18位 | 兵　　庫 | 80.92 |
| 19位 | 三　　重 | 80.86 |
| 20位 | 山　　梨 | 80.85 |
| 20位 | 香　　川 | 80.85 |
| 22位 | 埼　　玉 | 80.82 |
| 23位 | 島　　根 | 80.79 |
| 24位 | 新　　潟 | 80.69 |

| 順位 | 都道府県 | 歳 |
|---|---|---|
| 25位 | 福　　岡 | 80.66 |
| 26位 | 佐　　賀 | 80.65 |
| 27位 | 群　　馬 | 80.61 |
| 27位 | 富　　山 | 80.61 |
| 29位 | 山　　形 | 80.52 |
| 30位 | 山　　口 | 80.51 |
| 31位 | 長　　崎 | 80.38 |
| 32位 | 宮　　崎 | 80.34 |
| 33位 | 徳　　島 | 80.32 |
| 34位 | 北 海 道 | 80.28 |
| 34位 | 茨　　城 | 80.28 |
| 36位 | 沖　　縄 | 80.27 |
| 37位 | 高　　知 | 80.26 |
| 38位 | 大　　阪 | 80.23 |
| 39位 | 鳥　　取 | 80.17 |
| 40位 | 愛　　媛 | 80.16 |
| 41位 | 福　　島 | 80.12 |
| 42位 | 栃　　木 | 80.10 |
| 43位 | 鹿 児 島 | 80.02 |
| 44位 | 和 歌 山 | 79.94 |
| 45位 | 岩　　手 | 79.86 |
| 46位 | 秋　　田 | 79.51 |
| 47位 | 青　　森 | 78.67 |

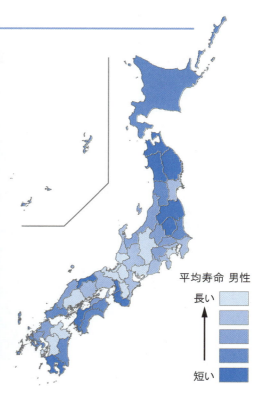

## ● A1　平均寿命（女性）

| 順位 | 都道府県 | 歳 |
|---|---|---|
| 1位 | 長野 | 87.67 |
| 1位 | 岡山 | 87.67 |
| 3位 | 島根 | 87.64 |
| 4位 | 滋賀 | 87.57 |
| 5位 | 福井 | 87.54 |
| 6位 | 熊本 | 87.49 |
| 7位 | 沖縄 | 87.44 |
| 8位 | 富山 | 87.42 |
| 9位 | 京都 | 87.35 |
| 10位 | 広島 | 87.33 |
| 11位 | 新潟 | 87.32 |
| 12位 | 大分 | 87.31 |
| 13位 | 石川 | 87.28 |
| 14位 | 鳥取 | 87.27 |
| 15位 | 東京 | 87.26 |
| 16位 | 奈良 | 87.25 |
| 17位 | 神奈川 | 87.24 |
| 18位 | 山梨 | 87.22 |
| 19位 | 香川 | 87.21 |
| 20位 | 宮城 | 87.16 |
| 21位 | 福岡 | 87.14 |
| 22位 | 佐賀 | 87.12 |
| 22位 | 宮崎 | 87.12 |
| 24位 | 静岡 | 87.10 |

| 順位 | 都道府県 | 歳 |
|---|---|---|
| 25位 | 兵庫 | 87.07 |
| 26位 | 高知 | 87.01 |
| 27位 | 三重 | 86.99 |
| 28位 | 長崎 | 86.97 |
| 29位 | 山形 | 86.96 |
| 30位 | 千葉 | 86.91 |
| 31位 | 山口 | 86.88 |
| 32位 | 愛知 | 86.86 |
| 33位 | 群馬 | 86.84 |
| 34位 | 岐阜 | 86.82 |
| 34位 | 愛媛 | 86.82 |
| 36位 | 鹿児島 | 86.78 |
| 37位 | 北海道 | 86.77 |
| 38位 | 大阪 | 86.73 |
| 39位 | 埼玉 | 86.66 |
| 39位 | 徳島 | 86.66 |
| 41位 | 和歌山 | 86.47 |
| 42位 | 岩手 | 86.44 |
| 43位 | 福島 | 86.40 |
| 44位 | 秋田 | 86.38 |
| 45位 | 茨城 | 86.33 |
| 46位 | 栃木 | 86.24 |
| 47位 | 青森 | 85.93 |

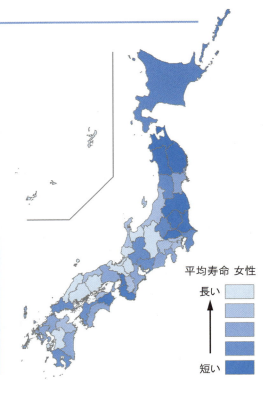

## ● A2　人口増減率

| 順位 | 都道府県 | ％ |
|---|---|---|
| 1位 | 沖縄 | 2.926 |
| 2位 | 東京 | 2.704 |
| 3位 | 埼玉 | 1.000 |
| 4位 | 愛知 | 0.977 |
| 5位 | 神奈川 | 0.861 |
| 6位 | 福岡 | 0.583 |
| 7位 | 滋賀 | 0.152 |
| 8位 | 千葉 | 0.103 |
| 9位 | 大阪 | -0.291 |
| 10位 | 広島 | -0.586 |
| 11位 | 宮城 | -0.608 |
| 12位 | 兵庫 | -0.954 |
| 13位 | 京都 | -0.976 |
| 14位 | 岡山 | -1.221 |
| 15位 | 石川 | -1.349 |
| 16位 | 栃木 | -1.665 |
| 17位 | 静岡 | -1.719 |
| 18位 | 熊本 | -1.720 |
| 19位 | 群馬 | -1.741 |
| 20位 | 茨城 | -1.778 |
| 21位 | 香川 | -1.966 |
| 22位 | 佐賀 | -1.995 |
| 23位 | 三重 | -2.095 |
| 24位 | 北海道 | -2.264 |

| 順位 | 都道府県 | ％ |
|---|---|---|
| 25位 | 岐阜 | -2.349 |
| 26位 | 福井 | -2.428 |
| 27位 | 富山 | -2.462 |
| 28位 | 長野 | -2.492 |
| 29位 | 大分 | -2.523 |
| 30位 | 鳥取 | -2.587 |
| 31位 | 奈良 | -2.600 |
| 32位 | 宮崎 | -2.745 |
| 33位 | 新潟 | -2.956 |
| 34位 | 山口 | -3.211 |
| 35位 | 島根 | -3.212 |
| 36位 | 愛媛 | -3.230 |
| 37位 | 山梨 | -3.261 |
| 38位 | 鹿児島 | -3.403 |
| 39位 | 長崎 | -3.476 |
| 40位 | 徳島 | -3.788 |
| 41位 | 岩手 | -3.801 |
| 42位 | 山形 | -3.853 |
| 42位 | 和歌山 | -3.853 |
| 44位 | 高知 | -4.733 |
| 45位 | 青森 | -4.738 |
| 46位 | 福島 | -5.669 |
| 47位 | 秋田 | -5.790 |

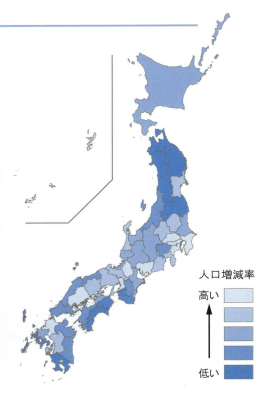

## ● A3　合計特殊出生率

| 順位 | 都道府県 |  | 順位 | 都道府県 |  |
|---|---|---|---|---|---|
| 1位 | 沖　縄 | 1.94 | 24位 | 山　形 | 1.50 |
| 2位 | 島　根 | 1.80 | 24位 | 高　知 | 1.50 |
| 3位 | 宮　崎 | 1.72 | 27位 | 愛　知 | 1.49 |
| 4位 | 鳥　取 | 1.69 | 27位 | 岡　山 | 1.49 |
| 5位 | 熊　本 | 1.68 | 27位 | 岐　阜 | 1.49 |
| 6位 | 佐　賀 | 1.67 | 30位 | 福　岡 | 1.48 |
| 6位 | 長　崎 | 1.67 | 30位 | 栃　木 | 1.48 |
| 8位 | 鹿児島 | 1.65 | 32位 | 群　馬 | 1.47 |
| 9位 | 香　川 | 1.64 | 32位 | 新　潟 | 1.47 |
| 10位 | 福　井 | 1.63 | 34位 | 茨　城 | 1.46 |
| 11位 | 山　口 | 1.61 | 34位 | 山　梨 | 1.46 |
| 12位 | 大　分 | 1.60 | 36位 | 兵　庫 | 1.43 |
| 12位 | 福　島 | 1.60 | 36位 | 青　森 | 1.43 |
| 14位 | 長　野 | 1.58 | 38位 | 秋　田 | 1.38 |
| 14位 | 和歌山 | 1.58 | 39位 | 千　葉 | 1.35 |
| 16位 | 滋　賀 | 1.57 | 39位 | 奈　良 | 1.35 |
| 16位 | 広　島 | 1.57 | 41位 | 埼　玉 | 1.34 |
| 18位 | 徳　島 | 1.55 | 41位 | 神奈川 | 1.34 |
| 19位 | 静　岡 | 1.54 | 41位 | 大　阪 | 1.34 |
| 20位 | 石　川 | 1.51 | 44位 | 宮　城 | 1.31 |
| 20位 | 三　重 | 1.51 | 45位 | 北海道 | 1.29 |
| 20位 | 富　山 | 1.51 | 46位 | 京　都 | 1.26 |
| 20位 | 愛　媛 | 1.51 | 47位 | 東　京 | 1.17 |
| 24位 | 岩　手 | 1.50 | | | |

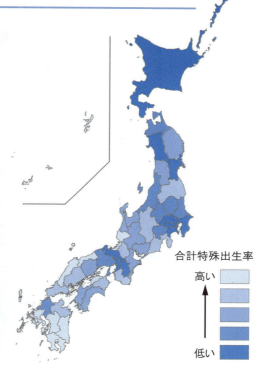

## ● A4　生産年齢人口割合（15-64歳人口）

| 順位 | 都道府県 | % | 順位 | 都道府県 | % |
|---|---|---|---|---|---|
| 1位 | 東　京 | 65.9 | 25位 | 青　森 | 58.4 |
| 2位 | 神奈川 | 63.5 | 26位 | 佐　賀 | 58.3 |
| 3位 | 沖　縄 | 62.9 | 27位 | 岡　山 | 58.2 |
| 4位 | 埼　玉 | 62.5 | 28位 | 福　井 | 58.1 |
| 5位 | 愛　知 | 62.4 | 28位 | 新　潟 | 58.1 |
| 6位 | 千　葉 | 61.7 | 30位 | 岩　手 | 57.8 |
| 6位 | 宮　城 | 61.7 | 31位 | 熊　本 | 57.6 |
| 8位 | 滋　賀 | 61.3 | 32位 | 長　崎 | 57.4 |
| 8位 | 栃　木 | 61.3 | 32位 | 徳　島 | 57.4 |
| 8位 | 大　阪 | 61.3 | 34位 | 鳥　取 | 57.3 |
| 11位 | 福　岡 | 60.7 | 34位 | 香　川 | 57.3 |
| 12位 | 茨　城 | 60.6 | 34位 | 富　山 | 57.3 |
| 13位 | 京　都 | 60.2 | 37位 | 山　形 | 57.1 |
| 14位 | 兵　庫 | 60.0 | 38位 | 鹿児島 | 57.0 |
| 15位 | 群　馬 | 59.6 | 38位 | 長　野 | 57.0 |
| 15位 | 北海道 | 59.6 | 38位 | 和歌山 | 57.0 |
| 17位 | 福　島 | 59.2 | 38位 | 愛　媛 | 57.0 |
| 17位 | 静　岡 | 59.2 | 42位 | 大　分 | 56.9 |
| 17位 | 山　梨 | 59.2 | 43位 | 宮　崎 | 56.8 |
| 20位 | 広　島 | 59.1 | 44位 | 山　口 | 55.7 |
| 20位 | 石　川 | 59.1 | 44位 | 秋　田 | 55.7 |
| 20位 | 三　重 | 59.1 | 46位 | 高　知 | 55.5 |
| 23位 | 奈　良 | 58.8 | 47位 | 島　根 | 55.0 |
| 24位 | 岐　阜 | 58.7 | | | |

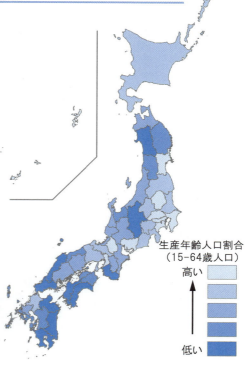

第1章　SDGs指標との比較と指標別ランキング

## ● A5　未婚率（50歳時点）

| 順位 | 都道府県 | % |
|---|---|---|
| 1位 | 奈　良 | 18.24 |
| 2位 | 滋　賀 | 18.25 |
| 3位 | 福　井 | 19.19 |
| 4位 | 岐　阜 | 20.12 |
| 5位 | 三　重 | 20.41 |
| 6位 | 兵　庫 | 20.53 |
| 7位 | 和歌山 | 20.63 |
| 8位 | 石　川 | 20.64 |
| 9位 | 香　川 | 20.93 |
| 10位 | 宮　崎 | 21.51 |
| 11位 | 岡　山 | 21.60 |
| 12位 | 広　島 | 21.66 |
| 13位 | 熊　本 | 21.70 |
| 14位 | 大　分 | 21.87 |
| 15位 | 富　山 | 21.94 |
| 16位 | 佐　賀 | 22.03 |
| 17位 | 福　岡 | 22.04 |
| 18位 | 徳　島 | 22.10 |
| 19位 | 愛　知 | 22.27 |
| 20位 | 愛　媛 | 22.46 |
| 21位 | 大　阪 | 22.54 |
| 22位 | 長　崎 | 22.57 |
| 23位 | 鹿児島 | 22.60 |
| 24位 | 京　都 | 22.71 |

| 順位 | 都道府県 | % |
|---|---|---|
| 25位 | 山　形 | 22.81 |
| 26位 | 長　野 | 22.88 |
| 27位 | 山　梨 | 23.05 |
| 27位 | 山　口 | 23.05 |
| 29位 | 宮　城 | 23.11 |
| 30位 | 島　根 | 23.21 |
| 31位 | 北海道 | 23.48 |
| 32位 | 群　馬 | 23.56 |
| 33位 | 鳥　取 | 23.90 |
| 34位 | 千　葉 | 24.09 |
| 35位 | 静　岡 | 24.13 |
| 36位 | 栃　木 | 24.25 |
| 37位 | 茨　城 | 24.29 |
| 38位 | 福　島 | 24.69 |
| 39位 | 高　知 | 24.82 |
| 40位 | 埼　玉 | 24.83 |
| 41位 | 神奈川 | 24.93 |
| 42位 | 青　森 | 25.03 |
| 43位 | 秋　田 | 25.10 |
| 44位 | 新　潟 | 25.15 |
| 45位 | 東　京 | 26.06 |
| 46位 | 岩　手 | 26.16 |
| 47位 | 沖　縄 | 26.20 |

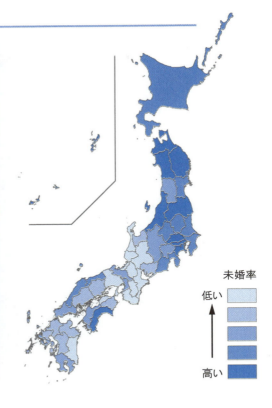

## ● A6　高齢単身世帯割合（65歳以上）

| 順位 | 都道府県 | % |
|---|---|---|
| 1位 | 新　潟 | 8.259 |
| 2位 | 宮　崎 | 8.920 |
| 3位 | 岡　山 | 9.060 |
| 4位 | 宮　城 | 9.160 |
| 5位 | 鹿児島 | 9.175 |
| 6位 | 和歌山 | 9.247 |
| 7位 | 熊　本 | 9.292 |
| 8位 | 岩　手 | 9.420 |
| 9位 | 高　知 | 9.726 |
| 10位 | 山　梨 | 9.727 |
| 11位 | 三　重 | 9.735 |
| 12位 | 滋　賀 | 9.756 |
| 13位 | 群　馬 | 9.914 |
| 14位 | 香　川 | 10.062 |
| 15位 | 埼　玉 | 10.122 |
| 16位 | 佐　賀 | 10.215 |
| 17位 | 京　都 | 10.348 |
| 18位 | 富　山 | 10.411 |
| 19位 | 山　口 | 10.448 |
| 20位 | 岐　阜 | 10.628 |
| 21位 | 秋　田 | 10.786 |
| 22位 | 茨　城 | 10.911 |
| 23位 | 広　島 | 11.052 |
| 24位 | 大　阪 | 11.124 |

| 順位 | 都道府県 | % |
|---|---|---|
| 25位 | 長　崎 | 11.187 |
| 26位 | 石　川 | 11.191 |
| 27位 | 山　形 | 11.308 |
| 28位 | 奈　良 | 11.839 |
| 29位 | 神奈川 | 11.858 |
| 30位 | 福　岡 | 11.879 |
| 31位 | 長　野 | 11.909 |
| 32位 | 大　分 | 11.980 |
| 33位 | 愛　媛 | 12.093 |
| 34位 | 東　京 | 12.121 |
| 35位 | 沖　縄 | 12.345 |
| 36位 | 静　岡 | 12.385 |
| 37位 | 島　根 | 12.897 |
| 38位 | 福　島 | 12.941 |
| 39位 | 愛　知 | 13.100 |
| 40位 | 福　井 | 13.183 |
| 41位 | 青　森 | 13.278 |
| 42位 | 兵　庫 | 13.551 |
| 43位 | 徳　島 | 13.774 |
| 44位 | 鳥　取 | 14.548 |
| 45位 | 千　葉 | 14.996 |
| 46位 | 北海道 | 15.330 |
| 47位 | 栃　木 | 16.492 |

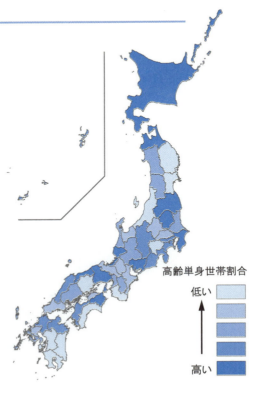

## ● A7　ひとり親世帯の子どもの割合

| 順位 | 都道府県 | ％ |
|---|---|---|
| 1位 | 福井 | 4.544 |
| 2位 | 富山 | 4.605 |
| 3位 | 東京 | 4.727 |
| 4位 | 新潟 | 4.816 |
| 5位 | 滋賀 | 4.829 |
| 6位 | 山形 | 4.836 |
| 7位 | 神奈川 | 4.862 |
| 8位 | 石川 | 4.920 |
| 9位 | 岐阜 | 4.975 |
| 10位 | 千葉 | 5.063 |
| 11位 | 埼玉 | 5.080 |
| 12位 | 愛知 | 5.231 |
| 13位 | 長野 | 5.393 |
| 14位 | 静岡 | 5.414 |
| 15位 | 秋田 | 5.436 |
| 16位 | 栃木 | 5.478 |
| 17位 | 宮城 | 5.518 |
| 18位 | 島根 | 5.712 |
| 19位 | 茨城 | 5.764 |
| 20位 | 三重 | 5.781 |
| 21位 | 岩手 | 5.971 |
| 22位 | 福島 | 6.024 |
| 23位 | 奈良 | 6.059 |
| 24位 | 群馬 | 6.066 |

| 順位 | 都道府県 | ％ |
|---|---|---|
| 25位 | 兵庫 | 6.119 |
| 26位 | 岡山 | 6.153 |
| 27位 | 山梨 | 6.311 |
| 28位 | 佐賀 | 6.428 |
| 29位 | 鳥取 | 6.552 |
| 30位 | 京都 | 6.559 |
| 31位 | 徳島 | 6.622 |
| 32位 | 広島 | 6.673 |
| 33位 | 大分 | 6.913 |
| 34位 | 香川 | 6.946 |
| 35位 | 熊本 | 7.037 |
| 36位 | 長崎 | 7.277 |
| 37位 | 大阪 | 7.333 |
| 38位 | 青森 | 7.671 |
| 39位 | 福岡 | 7.714 |
| 40位 | 愛媛 | 7.727 |
| 41位 | 山口 | 7.809 |
| 42位 | 和歌山 | 8.330 |
| 43位 | 沖縄 | 8.482 |
| 44位 | 鹿児島 | 8.629 |
| 45位 | 宮崎 | 8.932 |
| 46位 | 高知 | 9.134 |
| 47位 | 北海道 | 9.143 |

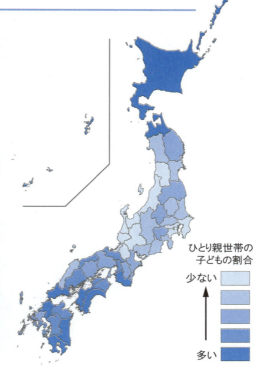

## ● A8　自殺死亡者数（人口10万人あたり、2014–2016年平均）

| 順位 | 都道府県 | 人 |
|---|---|---|
| 1位 | 奈良 | 15.56 |
| 2位 | 愛知 | 15.61 |
| 3位 | 京都 | 15.82 |
| 4位 | 神奈川 | 15.93 |
| 5位 | 佐賀 | 16.30 |
| 6位 | 福井 | 16.37 |
| 7位 | 石川 | 16.42 |
| 8位 | 香川 | 16.56 |
| 9位 | 東京 | 16.58 |
| 10位 | 岡山 | 16.87 |
| 10位 | 三重 | 16.87 |
| 12位 | 大分 | 16.98 |
| 13位 | 滋賀 | 16.99 |
| 14位 | 長崎 | 17.12 |
| 15位 | 鳥取 | 17.19 |
| 16位 | 広島 | 17.24 |
| 17位 | 埼玉 | 17.47 |
| 18位 | 静岡 | 17.71 |
| 19位 | 兵庫 | 17.72 |
| 20位 | 福岡 | 17.75 |
| 21位 | 山口 | 18.22 |
| 22位 | 宮城 | 18.24 |
| 23位 | 茨城 | 18.28 |
| 24位 | 千葉 | 18.30 |

| 順位 | 都道府県 | 人 |
|---|---|---|
| 25位 | 長野 | 18.39 |
| 26位 | 徳島 | 18.40 |
| 27位 | 大阪 | 18.50 |
| 28位 | 山梨 | 18.55 |
| 29位 | 岐阜 | 18.65 |
| 30位 | 高知 | 18.72 |
| 31位 | 熊本 | 18.88 |
| 32位 | 鹿児島 | 18.94 |
| 33位 | 北海道 | 19.02 |
| 34位 | 栃木 | 19.28 |
| 35位 | 愛媛 | 19.42 |
| 36位 | 和歌山 | 19.50 |
| 37位 | 沖縄 | 19.67 |
| 38位 | 富山 | 20.17 |
| 39位 | 群馬 | 20.39 |
| 40位 | 福島 | 20.67 |
| 41位 | 島根 | 20.73 |
| 42位 | 青森 | 20.80 |
| 43位 | 山形 | 21.11 |
| 44位 | 宮崎 | 22.08 |
| 45位 | 新潟 | 22.49 |
| 46位 | 岩手 | 24.37 |
| 47位 | 秋田 | 25.45 |

## ●A9　自殺意識率

| 順位 | 都道府県 | % |
|---|---|---|
| 1位 | 神奈川 | 23.1 |
| 2位 | 秋田 | 23.3 |
| 2位 | 愛媛 | 23.3 |
| 4位 | 奈良 | 23.6 |
| 5位 | 和歌山 | 23.7 |
| 5位 | 山口 | 23.7 |
| 7位 | 富山 | 23.9 |
| 7位 | 三重 | 23.9 |
| 9位 | 栃木 | 24.2 |
| 10位 | 香川 | 24.3 |
| 11位 | 埼玉 | 24.4 |
| 12位 | 徳島 | 24.5 |
| 13位 | 千葉 | 24.6 |
| 14位 | 岐阜 | 24.7 |
| 15位 | 兵庫 | 24.8 |
| 16位 | 熊本 | 24.9 |
| 16位 | 福井 | 24.9 |
| 18位 | 広島 | 25.0 |
| 19位 | 北海道 | 25.2 |
| 19位 | 茨城 | 25.2 |
| 21位 | 滋賀 | 25.3 |
| 21位 | 東京 | 25.3 |
| 23位 | 大阪 | 25.6 |
| 23位 | 静岡 | 25.6 |

| 順位 | 都道府県 | % |
|---|---|---|
| 25位 | 山形 | 25.7 |
| 26位 | 福岡 | 25.8 |
| 26位 | 京都 | 25.8 |
| 26位 | 愛知 | 25.8 |
| 29位 | 山梨 | 26.0 |
| 29位 | 長野 | 26.0 |
| 31位 | 青森 | 26.1 |
| 31位 | 鳥取 | 26.1 |
| 33位 | 長崎 | 26.4 |
| 34位 | 新潟 | 26.5 |
| 34位 | 福島 | 26.5 |
| 36位 | 島根 | 26.6 |
| 37位 | 大分 | 26.8 |
| 38位 | 高知 | 27.2 |
| 39位 | 岡山 | 27.3 |
| 40位 | 石川 | 27.5 |
| 41位 | 群馬 | 28.1 |
| 42位 | 岩手 | 29.0 |
| 42位 | 沖縄 | 29.0 |
| 44位 | 宮城 | 29.4 |
| 45位 | 宮崎 | 29.8 |
| 46位 | 鹿児島 | 30.4 |
| 47位 | 佐賀 | 31.3 |

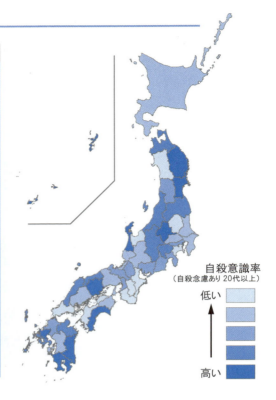

自殺意識率
（自殺念慮あり20代以上）
低い
↑
↓
高い

## ●A10　自然災害の死者・行方不明者数（人口10万人あたり）

| 順位 | 都道府県 | 人 |
|---|---|---|
| 1位 | 埼玉 | 0.165 |
| 2位 | 愛知 | 0.293 |
| 3位 | 大阪 | 0.408 |
| 4位 | 神奈川 | 0.481 |
| 5位 | 東京 | 0.492 |
| 6位 | 福岡 | 0.568 |
| 7位 | 長崎 | 0.585 |
| 8位 | 静岡 | 0.705 |
| 9位 | 千葉 | 0.866 |
| 10位 | 京都 | 0.883 |
| 11位 | 滋賀 | 1.062 |
| 12位 | 栃木 | 1.068 |
| 13位 | 佐賀 | 1.087 |
| 14位 | 沖縄 | 1.251 |
| 15位 | 岡山 | 1.253 |
| 16位 | 群馬 | 1.373 |
| 17位 | 三重 | 1.383 |
| 18位 | 山梨 | 1.446 |
| 19位 | 石川 | 1.738 |
| 20位 | 奈良 | 2.360 |
| 21位 | 大分 | 2.414 |
| 22位 | 香川 | 2.572 |
| 23位 | 徳島 | 2.667 |
| 24位 | 岐阜 | 2.720 |

| 順位 | 都道府県 | 人 |
|---|---|---|
| 25位 | 宮崎 | 2.737 |
| 26位 | 鳥取 | 2.982 |
| 27位 | 島根 | 3.043 |
| 28位 | 茨城 | 3.236 |
| 29位 | 富山 | 3.582 |
| 30位 | 愛媛 | 3.636 |
| 31位 | 鹿児島 | 3.726 |
| 32位 | 高知 | 3.745 |
| 33位 | 広島 | 5.005 |
| 34位 | 山口 | 5.022 |
| 35位 | 北海道 | 5.138 |
| 36位 | 福井 | 6.138 |
| 37位 | 和歌山 | 7.652 |
| 38位 | 長野 | 8.669 |
| 39位 | 青森 | 9.745 |
| 40位 | 山形 | 14.286 |
| 41位 | 新潟 | 14.479 |
| 42位 | 熊本 | 16.460 |
| 43位 | 秋田 | 19.604 |
| 44位 | 兵庫 | 117.065 |
| 45位 | 福島 | 216.833 |
| 46位 | 岩手 | 498.896 |
| 47位 | 宮城 | 507.983 |

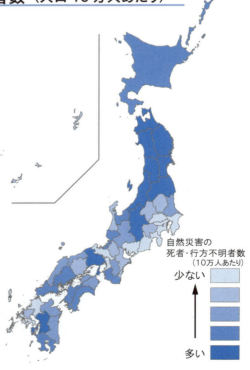

自然災害の
死者・行方不明者数
（10万人あたり）
少ない
↑
↓
多い

## ● A11　交通事故死者数（人口10万人あたり）

| 順位 | 都道府県 | 人 | 順位 | 都道府県 | 人 |
|---|---|---|---|---|---|
| 1位 | 東京 | 1.20 | 25位 | 岐阜 | 3.71 |
| 2位 | 神奈川 | 1.63 | 26位 | 新潟 | 3.72 |
| 3位 | 大阪 | 1.70 | 27位 | 長野 | 3.78 |
| 4位 | 宮城 | 2.19 | 28位 | 大分 | 3.79 |
| 5位 | 埼玉 | 2.43 | 29位 | 宮崎 | 3.83 |
| 6位 | 島根 | 2.46 | 30位 | 滋賀 | 3.89 |
| 7位 | 千葉 | 2.47 | 31位 | 和歌山 | 3.98 |
| 8位 | 京都 | 2.53 | 32位 | 高知 | 4.02 |
| 9位 | 愛知 | 2.66 | 33位 | 鹿児島 | 4.03 |
| 10位 | 福岡 | 2.72 | 34位 | 熊本 | 4.11 |
| 11位 | 北海道 | 2.77 | 35位 | 佐賀 | 4.35 |
| 12位 | 兵庫 | 2.92 | 36位 | 山梨 | 4.46 |
| 13位 | 石川 | 2.95 | 37位 | 徳島 | 4.53 |
| 13位 | 奈良 | 2.95 | 38位 | 鳥取 | 4.56 |
| 15位 | 秋田 | 2.97 | 39位 | 三重 | 4.76 |
| 16位 | 沖縄 | 3.06 | 40位 | 岩手 | 4.81 |
| 17位 | 広島 | 3.21 | 41位 | 栃木 | 4.83 |
| 18位 | 青森 | 3.25 | 42位 | 茨城 | 4.92 |
| 19位 | 山形 | 3.41 | 43位 | 香川 | 4.94 |
| 19位 | 群馬 | 3.41 | 44位 | 岡山 | 5.07 |
| 21位 | 長崎 | 3.44 | 45位 | 愛媛 | 5.67 |
| 22位 | 静岡 | 3.47 | 45位 | 山口 | 5.67 |
| 23位 | 富山 | 3.49 | 47位 | 福井 | 5.88 |
| 24位 | 福島 | 3.58 | | | |

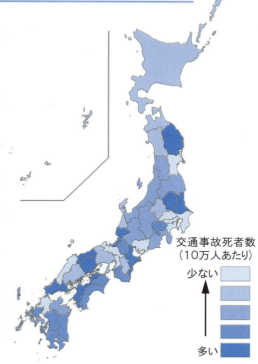

交通事故死者数（10万人あたり）
少ない ↑
↓ 多い

## ● B1　健康寿命（男性）

| 順位 | 都道府県 | 歳 | 順位 | 都道府県 | 歳 |
|---|---|---|---|---|---|
| 1位 | 山梨 | 73.21 | 25位 | 北海道 | 71.98 |
| 2位 | 埼玉 | 73.10 | 25位 | 沖縄 | 71.98 |
| 3位 | 愛知 | 73.06 | 27位 | 広島 | 71.97 |
| 4位 | 岐阜 | 72.89 | 28位 | 岩手 | 71.85 |
| 5位 | 石川 | 72.67 | 28位 | 京都 | 71.85 |
| 6位 | 静岡 | 72.63 | 30位 | 長崎 | 71.83 |
| 7位 | 山形 | 72.61 | 31位 | 三重 | 71.79 |
| 8位 | 富山 | 72.58 | 32位 | 熊本 | 71.75 |
| 9位 | 茨城 | 72.50 | 33位 | 島根 | 71.71 |
| 10位 | 新潟 | 72.45 | 34位 | 鳥取 | 71.69 |
| 10位 | 福井 | 72.45 | 35位 | 青森 | 71.64 |
| 12位 | 宮城 | 72.39 | 36位 | 佐賀 | 71.60 |
| 13位 | 千葉 | 72.37 | 37位 | 福島 | 71.54 |
| 13位 | 香川 | 72.37 | 37位 | 岡山 | 71.54 |
| 15位 | 鹿児島 | 72.31 | 37位 | 大分 | 71.54 |
| 16位 | 神奈川 | 72.30 | 40位 | 大阪 | 71.50 |
| 16位 | 滋賀 | 72.30 | 41位 | 福岡 | 71.49 |
| 18位 | 山口 | 72.18 | 42位 | 奈良 | 71.39 |
| 19位 | 栃木 | 72.12 | 43位 | 高知 | 71.37 |
| 20位 | 長野 | 72.11 | 44位 | 和歌山 | 71.36 |
| 21位 | 兵庫 | 72.08 | 45位 | 徳島 | 71.34 |
| 22位 | 群馬 | 72.07 | 46位 | 愛媛 | 71.33 |
| 23位 | 宮崎 | 72.05 | 47位 | 秋田 | 71.21 |
| 24位 | 東京 | 72.00 | | | |

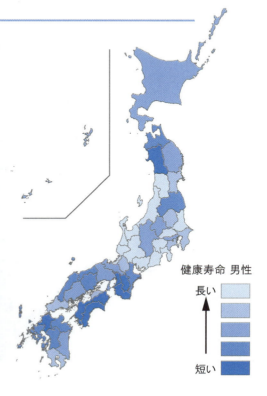

健康寿命 男性
長い ↑
↓ 短い

第1章　SDGs指標との比較と指標別ランキング

## ● B1　健康寿命（女性）

| 順位 | 都道府県 | 歳 | 順位 | 都道府県 | 歳 |
|---|---|---|---|---|---|
| 1位 | 愛知 | 76.32 | 25位 | 宮崎 | 74.93 |
| 2位 | 三重 | 76.30 | 26位 | 香川 | 74.83 |
| 3位 | 山梨 | 76.22 | 27位 | 長野 | 74.72 |
| 4位 | 富山 | 75.77 | 28位 | 長崎 | 74.71 |
| 5位 | 島根 | 75.74 | 29位 | 埼玉 | 74.67 |
| 6位 | 栃木 | 75.73 | 30位 | 福岡 | 74.66 |
| 7位 | 岐阜 | 75.65 | 31位 | 神奈川 | 74.63 |
| 8位 | 茨城 | 75.52 | 32位 | 愛媛 | 74.59 |
| 9位 | 鹿児島 | 75.51 | 33位 | 秋田 | 74.53 |
| 10位 | 沖縄 | 75.46 | 34位 | 岩手 | 74.46 |
| 11位 | 新潟 | 75.44 | 34位 | 大阪 | 74.46 |
| 12位 | 大分 | 75.38 | 36位 | 宮城 | 74.43 |
| 13位 | 静岡 | 75.37 | 37位 | 和歌山 | 74.42 |
| 14位 | 福井 | 75.26 | 38位 | 熊本 | 74.40 |
| 15位 | 群馬 | 75.20 | 39位 | 東京 | 74.24 |
| 16位 | 石川 | 75.18 | 40位 | 兵庫 | 74.23 |
| 16位 | 山口 | 75.18 | 41位 | 鳥取 | 74.14 |
| 18位 | 千葉 | 75.17 | 42位 | 奈良 | 74.10 |
| 18位 | 高知 | 75.17 | 43位 | 滋賀 | 74.07 |
| 20位 | 青森 | 75.14 | 44位 | 徳島 | 74.04 |
| 21位 | 岡山 | 75.09 | 45位 | 京都 | 73.97 |
| 22位 | 佐賀 | 75.07 | 46位 | 北海道 | 73.77 |
| 23位 | 山形 | 75.06 | 47位 | 広島 | 73.62 |
| 24位 | 福島 | 75.05 | | | |

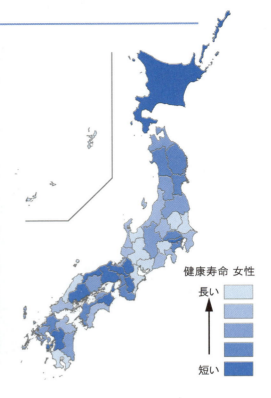

健康寿命 女性
長い ↑ 短い

## ● B2　一般病院数（人口10万人あたり）

| 順位 | 都道府県 | 病院数 | 順位 | 都道府県 | 病院数 |
|---|---|---|---|---|---|
| 1位 | 高知 | 18.0 | 25位 | 秋田 | 6.8 |
| 2位 | 鹿児島 | 15.4 | 26位 | 福島 | 6.7 |
| 3位 | 徳島 | 14.9 | 27位 | 群馬 | 6.6 |
| 4位 | 大分 | 13.5 | 28位 | 沖縄 | 6.5 |
| 5位 | 佐賀 | 12.9 | 28位 | 京都 | 6.5 |
| 6位 | 宮崎 | 12.8 | 30位 | 兵庫 | 6.3 |
| 7位 | 熊本 | 12.0 | 31位 | 長野 | 6.2 |
| 8位 | 長崎 | 11.0 | 32位 | 茨城 | 6.1 |
| 9位 | 山口 | 10.5 | 32位 | 山形 | 6.1 |
| 9位 | 北海道 | 10.5 | 34位 | 宮城 | 6.0 |
| 11位 | 愛媛 | 10.3 | 35位 | 大阪 | 5.9 |
| 12位 | 富山 | 10.0 | 36位 | 新潟 | 5.7 |
| 13位 | 香川 | 9.3 | 36位 | 奈良 | 5.7 |
| 14位 | 福岡 | 9.0 | 38位 | 三重 | 5.5 |
| 15位 | 福井 | 8.7 | 39位 | 栃木 | 5.4 |
| 15位 | 和歌山 | 8.7 | 40位 | 岐阜 | 5.0 |
| 17位 | 岡山 | 8.6 | 41位 | 静岡 | 4.9 |
| 17位 | 広島 | 8.6 | 42位 | 東京 | 4.8 |
| 19位 | 石川 | 8.3 | 43位 | 埼玉 | 4.7 |
| 20位 | 鳥取 | 7.7 | 44位 | 千葉 | 4.6 |
| 21位 | 島根 | 7.4 | 45位 | 愛知 | 4.3 |
| 21位 | 青森 | 7.4 | 46位 | 滋賀 | 4.0 |
| 23位 | 岩手 | 7.3 | 47位 | 神奈川 | 3.7 |
| 24位 | 山梨 | 7.2 | | | |

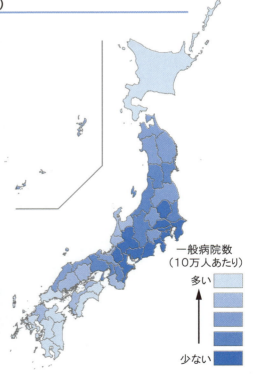

一般病院数（10万人あたり）
多い ↑ 少ない

## ●B3　一般病院病床数（人口10万人あたり）

| 順位 | 都道府県 | 病床数 | 順位 | 都道府県 | 病床数 |
|---|---|---|---|---|---|
| 1位 | 高知 | 2530.4 | 25位 | 青森 | 1359.2 |
| 2位 | 鹿児島 | 2083.6 | 26位 | 福島 | 1345.7 |
| 3位 | 徳島 | 1978.4 | 27位 | 山形 | 1320.6 |
| 4位 | 熊本 | 1957.6 | 28位 | 沖縄 | 1314.5 |
| 5位 | 長崎 | 1941.3 | 29位 | 山梨 | 1310.0 |
| 6位 | 山口 | 1925.5 | 30位 | 新潟 | 1250.9 |
| 7位 | 佐賀 | 1810.4 | 31位 | 奈良 | 1237.0 |
| 8位 | 北海道 | 1781.7 | 32位 | 群馬 | 1235.5 |
| 9位 | 宮崎 | 1750.8 | 33位 | 大阪 | 1211.4 |
| 10位 | 大分 | 1723.4 | 34位 | 兵庫 | 1177.5 |
| 11位 | 福岡 | 1682.7 | 35位 | 長野 | 1152.1 |
| 12位 | 愛媛 | 1607.2 | 36位 | 三重 | 1122.4 |
| 13位 | 石川 | 1582.3 | 37位 | 茨城 | 1090.3 |
| 14位 | 富山 | 1577.0 | 38位 | 宮城 | 1082.6 |
| 15位 | 島根 | 1543.8 | 39位 | 栃木 | 1080.9 |
| 16位 | 香川 | 1541.9 | 40位 | 静岡 | 1052.2 |
| 17位 | 鳥取 | 1518.6 | 41位 | 岐阜 | 1026.7 |
| 18位 | 秋田 | 1502.5 | 42位 | 滋賀 | 1025.6 |
| 19位 | 岡山 | 1494.3 | 43位 | 千葉 | 944.5 |
| 20位 | 広島 | 1424.2 | 44位 | 東京 | 942.1 |
| 21位 | 和歌山 | 1415.6 | 45位 | 愛知 | 903.4 |
| 22位 | 福井 | 1404.1 | 46位 | 埼玉 | 852.1 |
| 23位 | 岩手 | 1377.8 | 47位 | 神奈川 | 808.9 |
| 24位 | 京都 | 1373.7 | | | |

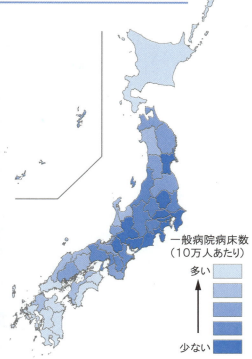

## ●B4　医療施設に従事する医師数（人口10万人あたり）

| 順位 | 都道府県 | 人 | 順位 | 都道府県 | 人 |
|---|---|---|---|---|---|
| 1位 | 徳島 | 315.9 | 25位 | 富山 | 241.8 |
| 2位 | 京都 | 314.9 | 26位 | 宮崎 | 238.4 |
| 3位 | 高知 | 306.0 | 27位 | 北海道 | 238.3 |
| 4位 | 東京 | 304.2 | 28位 | 宮城 | 231.9 |
| 5位 | 岡山 | 300.4 | 29位 | 山梨 | 231.8 |
| 6位 | 鳥取 | 298.1 | 30位 | 長野 | 226.2 |
| 7位 | 福岡 | 297.6 | 31位 | 群馬 | 225.2 |
| 8位 | 長崎 | 295.7 | 32位 | 秋田 | 223.5 |
| 9位 | 和歌山 | 290.1 | 33位 | 滋賀 | 220.9 |
| 10位 | 熊本 | 281.9 | 34位 | 山形 | 219.5 |
| 11位 | 石川 | 280.6 | 35位 | 栃木 | 218.0 |
| 12位 | 佐賀 | 276.8 | 36位 | 三重 | 217.0 |
| 13位 | 香川 | 276.0 | 37位 | 岐阜 | 208.9 |
| 14位 | 島根 | 272.3 | 38位 | 愛知 | 207.7 |
| 15位 | 大阪 | 270.4 | 39位 | 神奈川 | 205.4 |
| 16位 | 大分 | 268.5 | 40位 | 静岡 | 200.8 |
| 17位 | 鹿児島 | 262.9 | 41位 | 青森 | 198.2 |
| 18位 | 愛媛 | 262.5 | 42位 | 福島 | 195.7 |
| 19位 | 広島 | 254.6 | 43位 | 岩手 | 193.8 |
| 20位 | 山口 | 246.5 | 44位 | 新潟 | 191.9 |
| 21位 | 福井 | 245.8 | 45位 | 千葉 | 189.9 |
| 22位 | 沖縄 | 243.1 | 46位 | 茨城 | 180.4 |
| 22位 | 奈良 | 243.1 | 47位 | 埼玉 | 160.1 |
| 24位 | 兵庫 | 242.4 | | | |

## ● B5　年間1人あたり医療費

| 順位 | 都道府県 | 千円 |
|---|---|---|
| 1位 | 埼　玉 | 291.5 |
| 2位 | 千　葉 | 293.5 |
| 3位 | 神奈川 | 297.1 |
| 4位 | 沖　縄 | 299.2 |
| 4位 | 滋　賀 | 299.2 |
| 6位 | 愛　知 | 299.3 |
| 7位 | 茨　城 | 304.0 |
| 8位 | 栃　木 | 304.2 |
| 9位 | 東　京 | 304.3 |
| 10位 | 新　潟 | 307.7 |
| 11位 | 静　岡 | 308.0 |
| 12位 | 宮　城 | 309.1 |
| 13位 | 群　馬 | 316.6 |
| 14位 | 三　重 | 318.4 |
| 15位 | 岩　手 | 321.2 |
| 16位 | 長　野 | 321.4 |
| 17位 | 岐　阜 | 325.5 |
| 18位 | 福　島 | 326.5 |
| 19位 | 山　梨 | 328.9 |
| 20位 | 富　山 | 332.4 |
| 21位 | 福　井 | 335.5 |
| 22位 | 山　形 | 338.2 |
| 23位 | 奈　良 | 340.7 |
| 24位 | 青　森 | 341.3 |

| 順位 | 都道府県 | 千円 |
|---|---|---|
| 25位 | 京　都 | 343.1 |
| 26位 | 石　川 | 343.9 |
| 27位 | 兵　庫 | 347.8 |
| 28位 | 鳥　取 | 348.2 |
| 29位 | 岡　山 | 359.0 |
| 30位 | 宮　崎 | 360.0 |
| 31位 | 広　島 | 360.2 |
| 32位 | 大　阪 | 363.4 |
| 33位 | 秋　田 | 364.1 |
| 34位 | 和歌山 | 374.5 |
| 35位 | 香　川 | 374.9 |
| 36位 | 愛　媛 | 375.0 |
| 37位 | 島　根 | 375.4 |
| 38位 | 福　岡 | 376.4 |
| 39位 | 熊　本 | 387.0 |
| 40位 | 北海道 | 391.3 |
| 41位 | 佐　賀 | 392.3 |
| 42位 | 大　分 | 392.8 |
| 43位 | 徳　島 | 394.6 |
| 44位 | 山　口 | 396.2 |
| 45位 | 鹿児島 | 404.5 |
| 46位 | 長　崎 | 410.2 |
| 47位 | 高　知 | 440.2 |

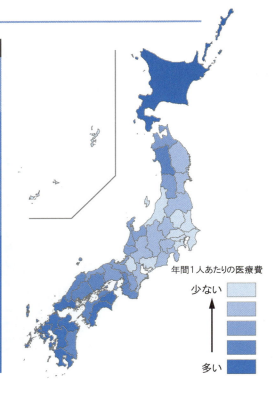

## ● B6　健康診断受診率

| 順位 | 都道府県 | % |
|---|---|---|
| 1位 | 宮　城 | 47.3 |
| 2位 | 山　形 | 46.5 |
| 3位 | 長　野 | 45.8 |
| 4位 | 石　川 | 45.1 |
| 5位 | 東　京 | 44.7 |
| 6位 | 山　梨 | 43.9 |
| 7位 | 岩　手 | 43.2 |
| 7位 | 新　潟 | 43.2 |
| 9位 | 富　山 | 43.0 |
| 10位 | 鹿児島 | 42.9 |
| 10位 | 島　根 | 42.9 |
| 12位 | 三　重 | 42.1 |
| 13位 | 香　川 | 41.6 |
| 14位 | 群　馬 | 41.3 |
| 15位 | 佐　賀 | 41.0 |
| 15位 | 福　島 | 41.0 |
| 17位 | 大　分 | 40.6 |
| 18位 | 沖　縄 | 39.4 |
| 19位 | 愛　知 | 39.2 |
| 19位 | 千　葉 | 39.2 |
| 21位 | 埼　玉 | 38.9 |
| 22位 | 長　崎 | 38.5 |
| 23位 | 滋　賀 | 38.0 |
| 24位 | 静　岡 | 37.6 |

| 順位 | 都道府県 | % |
|---|---|---|
| 25位 | 岐　阜 | 37.3 |
| 26位 | 秋　田 | 36.5 |
| 27位 | 茨　城 | 36.4 |
| 28位 | 青　森 | 36.3 |
| 29位 | 高　知 | 35.9 |
| 30位 | 徳　島 | 34.8 |
| 30位 | 兵　庫 | 34.8 |
| 32位 | 栃　木 | 34.5 |
| 33位 | 宮　崎 | 34.4 |
| 34位 | 熊　本 | 34.2 |
| 35位 | 和歌山 | 32.8 |
| 36位 | 京　都 | 32.5 |
| 37位 | 福　井 | 32.4 |
| 38位 | 福　岡 | 32.3 |
| 39位 | 鳥　取 | 31.5 |
| 40位 | 奈　良 | 31.2 |
| 41位 | 愛　媛 | 30.3 |
| 42位 | 大　阪 | 30.0 |
| 43位 | 岡　山 | 28.9 |
| 44位 | 北海道 | 27.6 |
| 45位 | 神奈川 | 27.0 |
| 46位 | 広　島 | 26.7 |
| 47位 | 山　口 | 26.0 |

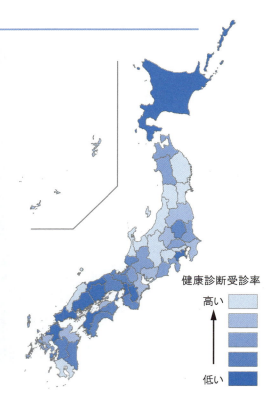

## ● B7　国民健康保険料滞納世帯割合

| 順位 | 都道府県 | % | 順位 | 都道府県 | % |
|---|---|---|---|---|---|
| 1位 | 島根 | 7.7 | 25位 | 兵庫 | 13.4 |
| 2位 | 佐賀 | 8.6 | 25位 | 福岡 | 13.4 |
| 3位 | 高知 | 9.1 | 27位 | 滋賀 | 13.8 |
| 4位 | 福井 | 9.8 | 28位 | 石川 | 14.0 |
| 4位 | 奈良 | 9.8 | 29位 | 群馬 | 14.1 |
| 6位 | 山形 | 10.0 | 30位 | 香川 | 14.2 |
| 7位 | 京都 | 10.1 | 31位 | 宮城 | 14.3 |
| 8位 | 富山 | 10.3 | 32位 | 大分 | 14.4 |
| 9位 | 長野 | 11.0 | 33位 | 宮崎 | 15.2 |
| 9位 | 山梨 | 11.0 | 33位 | 広島 | 15.2 |
| 11位 | 秋田 | 11.2 | 35位 | 沖縄 | 15.6 |
| 11位 | 愛媛 | 11.2 | 35位 | 栃木 | 15.6 |
| 13位 | 新潟 | 11.5 | 37位 | 千葉 | 15.9 |
| 13位 | 長崎 | 11.5 | 38位 | 大阪 | 16.2 |
| 15位 | 鳥取 | 11.8 | 39位 | 岡山 | 16.8 |
| 16位 | 鹿児島 | 11.9 | 40位 | 神奈川 | 17.4 |
| 16位 | 静岡 | 11.9 | 41位 | 埼玉 | 17.5 |
| 16位 | 徳島 | 11.9 | 41位 | 青森 | 17.5 |
| 16位 | 山口 | 11.9 | 43位 | 三重 | 18.0 |
| 20位 | 和歌山 | 12.0 | 43位 | 福島 | 18.0 |
| 21位 | 北海道 | 12.2 | 45位 | 茨城 | 18.1 |
| 22位 | 愛知 | 12.7 | 46位 | 熊本 | 20.1 |
| 23位 | 岐阜 | 12.8 | 47位 | 東京 | 22.4 |
| 24位 | 岩手 | 13.2 | | | |

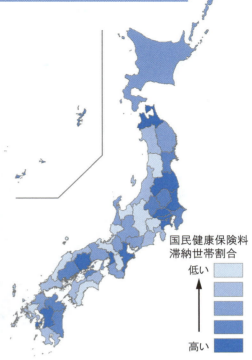

## ● B8　障害者数（人口1万人あたり）

| 順位 | 都道府県 | 人 | 順位 | 都道府県 | 人 |
|---|---|---|---|---|---|
| 1位 | 千葉 | 486.298 | 25位 | 長野 | 685.661 |
| 2位 | 埼玉 | 486.304 | 26位 | 奈良 | 687.069 |
| 3位 | 茨城 | 502.081 | 27位 | 兵庫 | 688.583 |
| 4位 | 神奈川 | 524.236 | 28位 | 福岡 | 689.616 |
| 5位 | 群馬 | 534.651 | 29位 | 山口 | 691.778 |
| 6位 | 愛知 | 538.038 | 30位 | 福井 | 720.917 |
| 7位 | 静岡 | 541.308 | 31位 | 大阪 | 726.998 |
| 8位 | 栃木 | 569.704 | 32位 | 徳島 | 756.805 |
| 9位 | 東京 | 583.947 | 33位 | 愛媛 | 763.709 |
| 10位 | 宮城 | 584.090 | 34位 | 佐賀 | 765.880 |
| 11位 | 岐阜 | 601.786 | 35位 | 熊本 | 775.509 |
| 12位 | 石川 | 602.387 | 36位 | 長崎 | 780.466 |
| 13位 | 滋賀 | 615.817 | 37位 | 大分 | 783.819 |
| 14位 | 新潟 | 623.441 | 38位 | 鳥取 | 794.992 |
| 15位 | 岡山 | 630.084 | 39位 | 和歌山 | 815.070 |
| 16位 | 富山 | 631.550 | 40位 | 高知 | 822.759 |
| 17位 | 山梨 | 633.585 | 41位 | 島根 | 825.682 |
| 18位 | 香川 | 634.038 | 42位 | 鹿児島 | 828.734 |
| 19位 | 三重 | 647.818 | 43位 | 宮崎 | 839.628 |
| 20位 | 福島 | 651.793 | 44位 | 京都 | 852.184 |
| 21位 | 山形 | 652.500 | 45位 | 北海道 | 863.462 |
| 22位 | 岩手 | 657.402 | 46位 | 秋田 | 874.576 |
| 23位 | 青森 | 681.189 | 47位 | 沖縄 | 897.244 |
| 24位 | 広島 | 682.718 | | | |

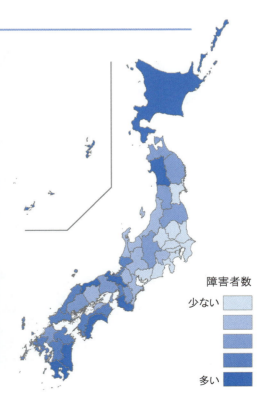

第1章　SDGs指標との比較と指標別ランキング　　17

## ●B9　虫歯罹患率（12歳児）

| 順位 | 都道府県 | % | 順位 | 都道府県 | % |
|---|---|---|---|---|---|
| 1位 | 新潟 | 21.6 | 25位 | 大阪 | 38.5 |
| 2位 | 愛知 | 23.8 | 25位 | 茨城 | 38.5 |
| 3位 | 広島 | 26.5 | 27位 | 鳥取 | 38.7 |
| 4位 | 山形 | 27.5 | 27位 | 石川 | 38.7 |
| 5位 | 富山 | 27.6 | 29位 | 三重 | 39.1 |
| 6位 | 岐阜 | 29.4 | 30位 | 福岡 | 40.0 |
| 7位 | 京都 | 29.5 | 31位 | 山梨 | 40.1 |
| 8位 | 埼玉 | 30.0 | 32位 | 徳島 | 40.6 |
| 9位 | 奈良 | 30.8 | 33位 | 熊本 | 40.7 |
| 10位 | 神奈川 | 30.9 | 34位 | 高知 | 40.8 |
| 11位 | 静岡 | 31.1 | 35位 | 宮城 | 41.2 |
| 12位 | 長野 | 31.5 | 36位 | 栃木 | 41.3 |
| 13位 | 東京 | 31.9 | 37位 | 島根 | 41.8 |
| 14位 | 千葉 | 32.8 | 38位 | 長崎 | 41.9 |
| 15位 | 兵庫 | 33.4 | 39位 | 和歌山 | 42.5 |
| 16位 | 岩手 | 33.7 | 40位 | 大分 | 43.2 |
| 17位 | 滋賀 | 33.8 | 41位 | 宮崎 | 43.8 |
| 18位 | 香川 | 34.2 | 42位 | 福井 | 44.1 |
| 19位 | 佐賀 | 34.3 | 43位 | 福島 | 45.7 |
| 19位 | 群馬 | 34.3 | 44位 | 青森 | 46.1 |
| 21位 | 秋田 | 34.8 | 45位 | 北海道 | 46.4 |
| 22位 | 山口 | 35.3 | 46位 | 鹿児島 | 48.2 |
| 23位 | 岡山 | 35.8 | 47位 | 沖縄 | 54.8 |
| 24位 | 愛媛 | 37.7 | | | |

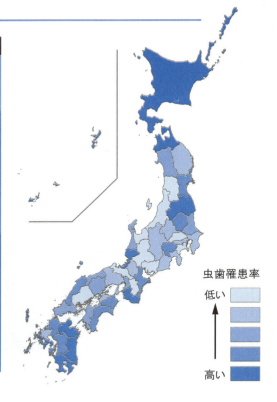

虫歯罹患率
低い
↑
高い

## ●B10　成人の喫煙率

| 順位 | 都道府県 | % | 順位 | 都道府県 | % |
|---|---|---|---|---|---|
| 1位 | 奈良 | 17.100 | 25位 | 富山 | 19.521 |
| 2位 | 香川 | 17.358 | 26位 | 石川 | 19.687 |
| 3位 | 徳島 | 17.399 | 27位 | 福井 | 19.802 |
| 4位 | 鹿児島 | 17.418 | 28位 | 大阪 | 19.868 |
| 5位 | 京都 | 17.515 | 29位 | 静岡 | 19.896 |
| 6位 | 三重 | 17.705 | 30位 | 神奈川 | 19.983 |
| 7位 | 岐阜 | 17.749 | 31位 | 新潟 | 20.044 |
| 8位 | 島根 | 17.953 | 32位 | 宮崎 | 20.047 |
| 9位 | 愛媛 | 18.042 | 33位 | 秋田 | 20.262 |
| 10位 | 広島 | 18.129 | 34位 | 福岡 | 20.374 |
| 11位 | 鳥取 | 18.161 | 35位 | 山梨 | 20.462 |
| 12位 | 沖縄 | 18.242 | 36位 | 埼玉 | 20.759 |
| 13位 | 東京 | 18.330 | 37位 | 熊本 | 20.900 |
| 14位 | 滋賀 | 18.721 | 38位 | 宮城 | 20.990 |
| 15位 | 岡山 | 18.788 | 39位 | 千葉 | 21.106 |
| 16位 | 愛知 | 18.835 | 40位 | 茨城 | 21.581 |
| 17位 | 長崎 | 18.854 | 41位 | 佐賀 | 21.659 |
| 18位 | 和歌山 | 18.880 | 42位 | 栃木 | 21.838 |
| 19位 | 兵庫 | 18.902 | 43位 | 群馬 | 21.995 |
| 20位 | 山口 | 19.087 | 44位 | 福島 | 22.391 |
| 21位 | 大分 | 19.142 | 45位 | 岩手 | 22.627 |
| 22位 | 高知 | 19.289 | 46位 | 青森 | 23.837 |
| 23位 | 山形 | 19.304 | 47位 | 北海道 | 24.661 |
| 24位 | 長野 | 19.488 | | | |

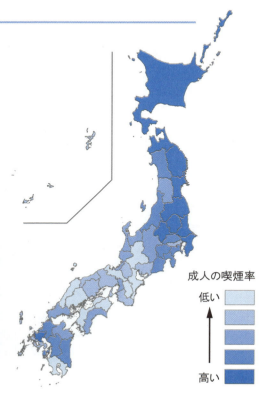

成人の喫煙率
低い
↑
高い

## ●B11　スポーツの年間行動者率（10歳以上）

| 順位 | 都道府県 | % |
|---|---|---|
| 1位 | 東　京 | 75.7 |
| 2位 | 埼　玉 | 72.6 |
| 3位 | 神奈川 | 72.4 |
| 4位 | 千　葉 | 71.6 |
| 4位 | 滋　賀 | 71.6 |
| 6位 | 愛　知 | 71.2 |
| 7位 | 京　都 | 70.1 |
| 8位 | 兵　庫 | 69.5 |
| 8位 | 奈　良 | 69.5 |
| 10位 | 栃　木 | 69.3 |
| 11位 | 石　川 | 69.1 |
| 12位 | 茨　城 | 68.5 |
| 13位 | 山　梨 | 68.2 |
| 13位 | 静　岡 | 68.2 |
| 13位 | 鹿児島 | 68.2 |
| 16位 | 群　馬 | 68.1 |
| 16位 | 長　野 | 68.1 |
| 18位 | 富　山 | 67.9 |
| 18位 | 沖　縄 | 67.9 |
| 20位 | 岐　阜 | 67.4 |
| 21位 | 大　分 | 67.2 |
| 22位 | 大　阪 | 66.9 |
| 22位 | 三　重 | 66.9 |
| 24位 | 岡　山 | 66.8 |

| 順位 | 都道府県 | % |
|---|---|---|
| 24位 | 愛　媛 | 66.8 |
| 26位 | 熊　本 | 66.7 |
| 27位 | 広　島 | 66.5 |
| 28位 | 宮　城 | 66.4 |
| 29位 | 香　川 | 66.0 |
| 30位 | 福　岡 | 65.8 |
| 30位 | 山　口 | 65.8 |
| 32位 | 徳　島 | 65.4 |
| 33位 | 鳥　取 | 65.2 |
| 34位 | 福　井 | 65.0 |
| 35位 | 北海道 | 64.9 |
| 36位 | 宮　崎 | 64.5 |
| 36位 | 長　崎 | 64.5 |
| 38位 | 和歌山 | 63.6 |
| 39位 | 島　根 | 63.5 |
| 40位 | 佐　賀 | 63.4 |
| 41位 | 福　島 | 63.1 |
| 42位 | 高　知 | 62.7 |
| 43位 | 新　潟 | 62.6 |
| 44位 | 山　形 | 61.6 |
| 45位 | 岩　手 | 60.6 |
| 45位 | 秋　田 | 60.6 |
| 47位 | 青　森 | 56.0 |

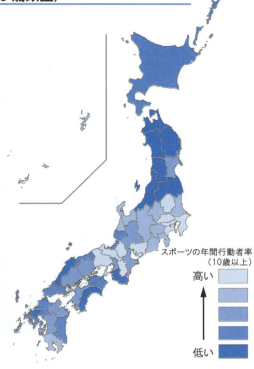

## ●B12　平均歩数（1日あたり、男女平均）

| 順位 | 都道府県 | 歩 |
|---|---|---|
| 1位 | 京　都 | 7963.88 |
| 2位 | 神奈川 | 7915.29 |
| 3位 | 東　京 | 7865.46 |
| 4位 | 大　阪 | 7824.16 |
| 5位 | 静　岡 | 7779.90 |
| 6位 | 奈　良 | 7654.81 |
| 7位 | 岐　阜 | 7612.24 |
| 8位 | 埼　玉 | 7579.65 |
| 9位 | 広　島 | 7574.34 |
| 10位 | 千　葉 | 7530.11 |
| 11位 | 滋　賀 | 7507.47 |
| 12位 | 山　口 | 7367.41 |
| 13位 | 愛　媛 | 7309.94 |
| 14位 | 福　岡 | 7288.14 |
| 15位 | 大　分 | 7244.84 |
| 16位 | 兵　庫 | 7223.28 |
| 17位 | 福　井 | 7131.34 |
| 18位 | 栃　木 | 7068.85 |
| 19位 | 山　梨 | 7019.11 |
| 20位 | 長　崎 | 6980.75 |
| 21位 | 愛　知 | 6977.41 |
| 22位 | 鹿児島 | 6965.29 |
| 23位 | 岡　山 | 6964.57 |
| 24位 | 香　川 | 6938.83 |

| 順位 | 都道府県 | 歩 |
|---|---|---|
| 25位 | 佐　賀 | 6937.17 |
| 26位 | 茨　城 | 6927.76 |
| 27位 | 福　島 | 6854.65 |
| 28位 | 長　野 | 6853.53 |
| 29位 | 石　川 | 6833.07 |
| 30位 | 熊　本 | 6800.34 |
| 31位 | 三　重 | 6776.07 |
| 32位 | 群　馬 | 6701.34 |
| 33位 | 青　森 | 6690.69 |
| 34位 | 島　根 | 6673.34 |
| 35位 | 北海道 | 6632.76 |
| 36位 | 富　山 | 6592.47 |
| 37位 | 秋　田 | 6580.75 |
| 38位 | 新　潟 | 6580.03 |
| 39位 | 宮　城 | 6564.27 |
| 40位 | 徳　島 | 6529.29 |
| 41位 | 宮　崎 | 6436.31 |
| 42位 | 山　形 | 6431.25 |
| 43位 | 沖　縄 | 6426.47 |
| 44位 | 岩　手 | 6368.56 |
| 45位 | 和歌山 | 6358.85 |
| 46位 | 鳥　取 | 6261.99 |
| 47位 | 高　知 | 5755.36 |

第1章　SDGs指標との比較と指標別ランキング　　19

## ● C1　1人あたり県民所得（年額）

| 順位 | 都道府県 | 千円 |
|---|---|---|
| 1位 | 東　京 | 4,512 |
| 2位 | 愛　知 | 3,527 |
| 3位 | 静　岡 | 3,220 |
| 4位 | 栃　木 | 3,204 |
| 5位 | 富　山 | 3,185 |
| 6位 | 広　島 | 3,145 |
| 7位 | 三　重 | 3,144 |
| 8位 | 滋　賀 | 3,126 |
| 8位 | 山　口 | 3,126 |
| 10位 | 群　馬 | 3,092 |
| 11位 | 茨　城 | 3,088 |
| 12位 | 京　都 | 3,028 |
| 13位 | 大　阪 | 3,013 |
| 14位 | 福　井 | 2,973 |
| 15位 | 千　葉 | 2,970 |
| 16位 | 石　川 | 2,947 |
| 17位 | 神奈川 | 2,929 |
| 18位 | 徳　島 | 2,905 |
| 19位 | 埼　玉 | 2,903 |
| 20位 | 香　川 | 2,890 |
| 21位 | 福　島 | 2,861 |
| 22位 | 兵　庫 | 2,844 |
| 23位 | 長　野 | 2,821 |
| 24位 | 宮　城 | 2,807 |

| 順位 | 都道府県 | 千円 |
|---|---|---|
| 25位 | 和歌山 | 2,798 |
| 26位 | 山　梨 | 2,797 |
| 27位 | 福　岡 | 2,759 |
| 28位 | 岐　阜 | 2,717 |
| 29位 | 岩　手 | 2,716 |
| 30位 | 岡　山 | 2,711 |
| 31位 | 新　潟 | 2,697 |
| 32位 | 山　形 | 2,589 |
| 33位 | 大　分 | 2,583 |
| 34位 | 北海道 | 2,560 |
| 35位 | 奈　良 | 2,534 |
| 36位 | 高　知 | 2,530 |
| 37位 | 愛　媛 | 2,520 |
| 38位 | 佐　賀 | 2,509 |
| 39位 | 秋　田 | 2,467 |
| 40位 | 島　根 | 2,440 |
| 41位 | 青　森 | 2,405 |
| 42位 | 熊　本 | 2,395 |
| 43位 | 鹿児島 | 2,389 |
| 44位 | 宮　崎 | 2,381 |
| 45位 | 長　崎 | 2,354 |
| 46位 | 鳥　取 | 2,330 |
| 47位 | 沖　縄 | 2,129 |

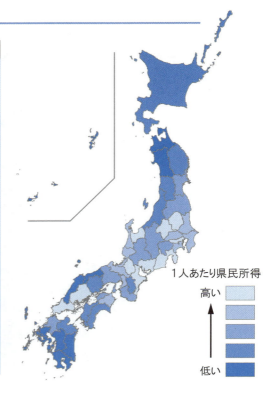

## ● C2　1世帯あたり可処分所得（月額）

| 順位 | 都道府県 | 円 |
|---|---|---|
| 1位 | 富　山 | 530,185 |
| 2位 | 福　島 | 517,816 |
| 3位 | 埼　玉 | 498,318 |
| 4位 | 香　川 | 491,074 |
| 5位 | 茨　城 | 474,614 |
| 6位 | 石　川 | 473,801 |
| 7位 | 山　口 | 466,560 |
| 8位 | 島　根 | 462,896 |
| 9位 | 福　井 | 462,324 |
| 10位 | 滋　賀 | 459,259 |
| 11位 | 佐　賀 | 456,885 |
| 12位 | 長　野 | 456,846 |
| 13位 | 山　形 | 455,870 |
| 14位 | 栃　木 | 454,731 |
| 15位 | 静　岡 | 454,045 |
| 16位 | 東　京 | 449,926 |
| 17位 | 千　葉 | 449,887 |
| 18位 | 奈　良 | 449,685 |
| 19位 | 愛　知 | 447,532 |
| 20位 | 鹿児島 | 446,776 |
| 21位 | 岐　阜 | 445,213 |
| 22位 | 北海道 | 439,093 |
| 23位 | 山　梨 | 439,065 |
| 24位 | 広　島 | 428,678 |

| 順位 | 都道府県 | 円 |
|---|---|---|
| 25位 | 和歌山 | 427,522 |
| 26位 | 大　分 | 426,416 |
| 27位 | 徳　島 | 421,918 |
| 28位 | 新　潟 | 421,704 |
| 29位 | 岡　山 | 419,178 |
| 30位 | 高　知 | 417,669 |
| 31位 | 福　岡 | 414,651 |
| 32位 | 鳥　取 | 410,665 |
| 33位 | 大　阪 | 409,812 |
| 34位 | 熊　本 | 409,766 |
| 35位 | 岩　手 | 407,451 |
| 36位 | 京　都 | 406,169 |
| 37位 | 神奈川 | 402,625 |
| 38位 | 愛　媛 | 401,537 |
| 39位 | 三　重 | 398,251 |
| 40位 | 群　馬 | 387,252 |
| 41位 | 秋　田 | 386,830 |
| 42位 | 沖　縄 | 373,752 |
| 43位 | 宮　崎 | 367,971 |
| 44位 | 長　崎 | 365,908 |
| 45位 | 青　森 | 357,190 |
| 46位 | 兵　庫 | 345,564 |
| 47位 | 宮　城 | 325,532 |

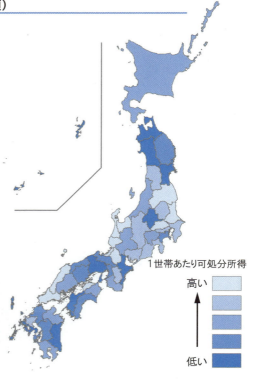

## ● C3　ジニ係数

| 順位 | 都道府県 |  | 順位 | 都道府県 |  |
|---|---|---|---|---|---|
| 1位 | 岩手 | 0.275 | 25位 | 埼玉 | 0.305 |
| 2位 | 長野 | 0.283 | 25位 | 福岡 | 0.305 |
| 3位 | 鳥取 | 0.289 | 27位 | 石川 | 0.307 |
| 4位 | 新潟 | 0.291 | 28位 | 北海道 | 0.308 |
| 4位 | 愛媛 | 0.291 | 28位 | 京都 | 0.308 |
| 6位 | 滋賀 | 0.293 | 30位 | 福島 | 0.309 |
| 6位 | 奈良 | 0.293 | 31位 | 栃木 | 0.311 |
| 6位 | 広島 | 0.293 | 31位 | 熊本 | 0.311 |
| 6位 | 岡山 | 0.293 | 33位 | 長崎 | 0.312 |
| 6位 | 宮崎 | 0.293 | 34位 | 神奈川 | 0.313 |
| 11位 | 三重 | 0.295 | 35位 | 和歌山 | 0.315 |
| 12位 | 静岡 | 0.296 | 35位 | 大阪 | 0.315 |
| 13位 | 山梨 | 0.298 | 37位 | 沖縄 | 0.316 |
| 14位 | 山口 | 0.299 | 37位 | 宮城 | 0.316 |
| 14位 | 佐賀 | 0.299 | 39位 | 山形 | 0.322 |
| 16位 | 富山 | 0.300 | 39位 | 鹿児島 | 0.322 |
| 16位 | 福井 | 0.300 | 39位 | 群馬 | 0.322 |
| 18位 | 千葉 | 0.301 | 42位 | 徳島 | 0.326 |
| 18位 | 愛知 | 0.301 | 43位 | 青森 | 0.327 |
| 20位 | 茨城 | 0.302 | 44位 | 島根 | 0.330 |
| 21位 | 岐阜 | 0.303 | 44位 | 高知 | 0.330 |
| 21位 | 秋田 | 0.303 | 46位 | 大分 | 0.333 |
| 21位 | 兵庫 | 0.303 | 47位 | 東京 | 0.343 |
| 24位 | 香川 | 0.304 |  |  |  |

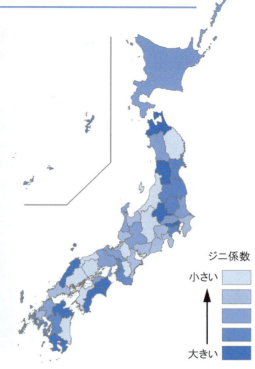

## ● C4　失業率

| 順位 | 都道府県 | % | 順位 | 都道府県 | % |
|---|---|---|---|---|---|
| 1位 | 島根 | 1.1 | 23位 | 岡山 | 2.4 |
| 2位 | 和歌山 | 1.6 | 23位 | 香川 | 2.4 |
| 3位 | 福井 | 1.7 | 23位 | 大分 | 2.4 |
| 3位 | 鳥取 | 1.7 | 28位 | 徳島 | 2.5 |
| 5位 | 石川 | 1.8 | 29位 | 新潟 | 2.6 |
| 5位 | 三重 | 1.8 | 29位 | 長崎 | 2.6 |
| 7位 | 長野 | 2.0 | 31位 | 千葉 | 2.7 |
| 7位 | 滋賀 | 2.0 | 31位 | 神奈川 | 2.7 |
| 7位 | 宮崎 | 2.0 | 31位 | 京都 | 2.7 |
| 10位 | 岩手 | 2.1 | 31位 | 奈良 | 2.7 |
| 10位 | 山形 | 2.1 | 35位 | 宮城 | 2.8 |
| 10位 | 群馬 | 2.1 | 35位 | 秋田 | 2.8 |
| 10位 | 富山 | 2.1 | 35位 | 兵庫 | 2.8 |
| 10位 | 岐阜 | 2.1 | 35位 | 鹿児島 | 2.8 |
| 10位 | 山口 | 2.1 | 39位 | 埼玉 | 2.9 |
| 10位 | 佐賀 | 2.1 | 39位 | 東京 | 2.9 |
| 17位 | 福島 | 2.3 | 41位 | 高知 | 3.0 |
| 17位 | 栃木 | 2.3 | 42位 | 熊本 | 3.1 |
| 17位 | 山梨 | 2.3 | 43位 | 北海道 | 3.3 |
| 17位 | 静岡 | 2.3 | 44位 | 青森 | 3.4 |
| 17位 | 広島 | 2.3 | 44位 | 大阪 | 3.4 |
| 17位 | 愛媛 | 2.3 | 44位 | 福岡 | 3.4 |
| 23位 | 茨城 | 2.4 | 47位 | 沖縄 | 3.8 |
| 23位 | 愛知 | 2.4 |  |  |  |

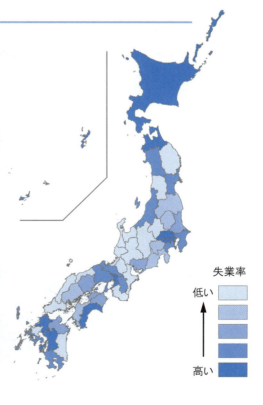

## ● C5　非正規雇用率

| 順位 | 都道府県 | % |
|---|---|---|
| 1位 | 徳島 | 32.6 |
| 2位 | 山形 | 32.8 |
| 3位 | 富山 | 33.1 |
| 4位 | 香川 | 34.5 |
| 5位 | 福井 | 34.6 |
| 6位 | 新潟 | 34.9 |
| 7位 | 福島 | 35.0 |
| 8位 | 東京 | 35.1 |
| 9位 | 岡山 | 35.2 |
| 10位 | 青森 | 35.3 |
| 10位 | 高知 | 35.3 |
| 10位 | 石川 | 35.3 |
| 13位 | 鳥取 | 35.5 |
| 14位 | 岩手 | 35.7 |
| 15位 | 大分 | 35.8 |
| 16位 | 佐賀 | 35.9 |
| 17位 | 愛媛 | 36.0 |
| 17位 | 島根 | 36.0 |
| 19位 | 秋田 | 36.1 |
| 20位 | 宮城 | 36.5 |
| 21位 | 熊本 | 36.6 |
| 22位 | 広島 | 37.3 |
| 23位 | 愛知 | 37.5 |
| 23位 | 山口 | 37.5 |

| 順位 | 都道府県 | % |
|---|---|---|
| 25位 | 長崎 | 37.6 |
| 25位 | 長野 | 37.6 |
| 27位 | 宮崎 | 38.0 |
| 28位 | 茨城 | 38.5 |
| 29位 | 岐阜 | 38.6 |
| 30位 | 栃木 | 38.9 |
| 30位 | 静岡 | 38.9 |
| 32位 | 三重 | 39.2 |
| 33位 | 和歌山 | 39.3 |
| 34位 | 兵庫 | 39.5 |
| 35位 | 群馬 | 39.6 |
| 36位 | 神奈川 | 39.7 |
| 36位 | 千葉 | 39.7 |
| 38位 | 福岡 | 40.0 |
| 39位 | 埼玉 | 40.1 |
| 40位 | 大阪 | 40.3 |
| 40位 | 鹿児島 | 40.3 |
| 42位 | 北海道 | 40.6 |
| 42位 | 滋賀 | 40.6 |
| 44位 | 山梨 | 40.8 |
| 45位 | 奈良 | 41.1 |
| 46位 | 京都 | 42.5 |
| 47位 | 沖縄 | 43.1 |

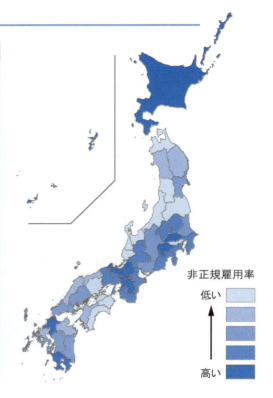

## ● C6　女性の雇用率

| 順位 | 都道府県 | % |
|---|---|---|
| 1位 | 福井 | 74.8 |
| 2位 | 富山 | 72.2 |
| 3位 | 島根 | 71.8 |
| 4位 | 鳥取 | 71.6 |
| 5位 | 石川 | 71.2 |
| 6位 | 山形 | 71.1 |
| 7位 | 高知 | 70.1 |
| 8位 | 新潟 | 69.6 |
| 9位 | 宮崎 | 69.4 |
| 10位 | 長野 | 69.0 |
| 10位 | 佐賀 | 69.0 |
| 12位 | 岩手 | 68.5 |
| 13位 | 秋田 | 68.4 |
| 14位 | 岐阜 | 67.6 |
| 15位 | 熊本 | 67.5 |
| 16位 | 静岡 | 67.1 |
| 17位 | 鹿児島 | 66.9 |
| 18位 | 山梨 | 66.8 |
| 19位 | 福島 | 66.3 |
| 20位 | 岡山 | 66.2 |
| 21位 | 山口 | 66.0 |
| 21位 | 大分 | 66.0 |
| 23位 | 群馬 | 65.8 |
| 24位 | 香川 | 65.7 |

| 順位 | 都道府県 | % |
|---|---|---|
| 25位 | 東京 | 65.6 |
| 26位 | 長崎 | 65.4 |
| 27位 | 青森 | 65.3 |
| 28位 | 三重 | 65.2 |
| 29位 | 和歌山 | 65.1 |
| 30位 | 滋賀 | 65.0 |
| 31位 | 愛媛 | 64.7 |
| 32位 | 沖縄 | 64.4 |
| 33位 | 愛知 | 64.3 |
| 34位 | 広島 | 64.2 |
| 35位 | 栃木 | 64.1 |
| 36位 | 徳島 | 63.9 |
| 37位 | 京都 | 63.7 |
| 37位 | 埼玉 | 63.7 |
| 37位 | 福岡 | 63.7 |
| 40位 | 茨城 | 63.1 |
| 41位 | 千葉 | 63.0 |
| 42位 | 北海道 | 62.9 |
| 42位 | 宮城 | 62.9 |
| 44位 | 神奈川 | 62.0 |
| 45位 | 大阪 | 61.4 |
| 46位 | 兵庫 | 60.6 |
| 47位 | 奈良 | 58.5 |

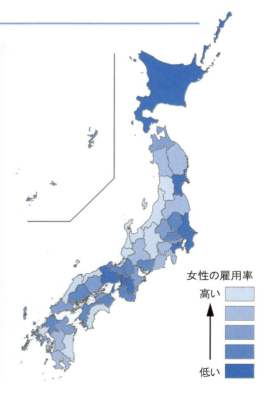

## ● C7　ひとり親世帯の正規雇用率

| 順位 | 都道府県 | % | 順位 | 都道府県 | % |
|---|---|---|---|---|---|
| 1位 | 富　山 | 56.26 | 25位 | 千　葉 | 44.52 |
| 2位 | 島　根 | 51.13 | 26位 | 宮　城 | 44.23 |
| 3位 | 石　川 | 50.93 | 27位 | 広　島 | 44.07 |
| 4位 | 福　井 | 50.13 | 28位 | 滋　賀 | 43.48 |
| 5位 | 高　知 | 49.97 | 29位 | 福　岡 | 42.91 |
| 6位 | 山　形 | 49.37 | 30位 | 埼　玉 | 42.68 |
| 7位 | 秋　田 | 49.06 | 31位 | 静　岡 | 42.66 |
| 8位 | 長　崎 | 49.05 | 32位 | 神奈川 | 42.15 |
| 9位 | 岩　手 | 48.94 | 33位 | 群　馬 | 41.88 |
| 10位 | 山　口 | 48.90 | 34位 | 岐　阜 | 41.85 |
| 11位 | 福　島 | 48.22 | 35位 | 栃　木 | 41.70 |
| 12位 | 徳　島 | 47.97 | 36位 | 東　京 | 41.12 |
| 13位 | 大　分 | 47.94 | 37位 | 北海道 | 40.74 |
| 14位 | 鳥　取 | 47.72 | 38位 | 茨　城 | 40.62 |
| 15位 | 熊　本 | 47.42 | 39位 | 長　野 | 40.56 |
| 15位 | 香　川 | 47.42 | 40位 | 奈　良 | 40.28 |
| 17位 | 宮　崎 | 46.90 | 41位 | 和歌山 | 40.11 |
| 18位 | 新　潟 | 46.88 | 41位 | 愛　知 | 40.11 |
| 19位 | 青　森 | 46.35 | 43位 | 兵　庫 | 39.99 |
| 20位 | 佐　賀 | 46.31 | 44位 | 沖　縄 | 39.94 |
| 21位 | 岡　山 | 45.95 | 45位 | 山　梨 | 38.91 |
| 22位 | 愛　媛 | 45.86 | 46位 | 大　阪 | 37.81 |
| 23位 | 鹿児島 | 45.83 | 47位 | 京　都 | 37.46 |
| 24位 | 三　重 | 44.60 | | | |

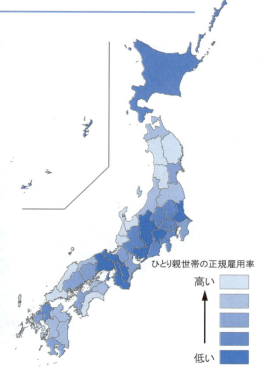

ひとり親世帯の正規雇用率
高い
↑
低い

## ● C8　障害者雇用率

| 順位 | 都道府県 | % | 順位 | 都道府県 | % |
|---|---|---|---|---|---|
| 1位 | 奈　良 | 2.62 | 25位 | 山　形 | 2.03 |
| 2位 | 山　口 | 2.56 | 25位 | 兵　庫 | 2.03 |
| 3位 | 佐　賀 | 2.54 | 27位 | 岐　阜 | 2.02 |
| 4位 | 岡　山 | 2.52 | 28位 | 埼　玉 | 2.01 |
| 5位 | 大　分 | 2.44 | 29位 | 石　川 | 1.98 |
| 6位 | 沖　縄 | 2.43 | 29位 | 秋　田 | 1.98 |
| 7位 | 福　井 | 2.40 | 29位 | 栃　木 | 1.98 |
| 8位 | 宮　崎 | 2.30 | 32位 | 富　山 | 1.97 |
| 9位 | 長　崎 | 2.26 | 32位 | 愛　媛 | 1.97 |
| 10位 | 島　根 | 2.25 | 32位 | 福　岡 | 1.97 |
| 10位 | 和歌山 | 2.25 | 32位 | 静　岡 | 1.97 |
| 12位 | 熊　本 | 2.24 | 32位 | 茨　城 | 1.97 |
| 13位 | 鹿児島 | 2.22 | 37位 | 香　川 | 1.96 |
| 14位 | 高　知 | 2.19 | 37位 | 新　潟 | 1.96 |
| 15位 | 徳　島 | 2.17 | 37位 | 群　馬 | 1.96 |
| 16位 | 岩　手 | 2.16 | 40位 | 福　島 | 1.95 |
| 16位 | 鳥　取 | 2.16 | 40位 | 山　梨 | 1.95 |
| 18位 | 滋　賀 | 2.13 | 42位 | 宮　城 | 1.94 |
| 18位 | 北海道 | 2.13 | 43位 | 神奈川 | 1.92 |
| 20位 | 三　重 | 2.08 | 43位 | 大　阪 | 1.92 |
| 21位 | 京　都 | 2.07 | 45位 | 千　葉 | 1.91 |
| 22位 | 青　森 | 2.06 | 46位 | 愛　知 | 1.89 |
| 22位 | 長　野 | 2.06 | 47位 | 東　京 | 1.88 |
| 24位 | 広　島 | 2.05 | | | |

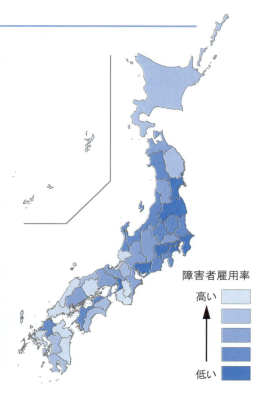

障害者雇用率
高い
↑
低い

第1章　SDGs指標との比較と指標別ランキング

## ●C9　高齢者有業率（65歳以上）

| 順位 | 都道府県 | % |
|---|---|---|
| 1位 | 高　　知 | 16.88 |
| 2位 | 長　　野 | 16.79 |
| 3位 | 島　　根 | 16.59 |
| 4位 | 山　　梨 | 15.50 |
| 5位 | 和 歌 山 | 15.24 |
| 6位 | 山　　口 | 15.20 |
| 7位 | 秋　　田 | 14.92 |
| 8位 | 岩　　手 | 14.91 |
| 9位 | 鳥　　取 | 14.80 |
| 10位 | 山　　形 | 14.48 |
| 11位 | 富　　山 | 14.41 |
| 12位 | 香　　川 | 14.37 |
| 13位 | 徳　　島 | 14.36 |
| 14位 | 青　　森 | 14.34 |
| 15位 | 愛　　媛 | 14.31 |
| 16位 | 京　　都 | 14.23 |
| 16位 | 福　　井 | 14.23 |
| 18位 | 宮　　崎 | 13.97 |
| 19位 | 岐　　阜 | 13.92 |
| 20位 | 大　　分 | 13.88 |
| 21位 | 福　　島 | 13.58 |
| 22位 | 石　　川 | 13.54 |
| 23位 | 静　　岡 | 13.51 |
| 24位 | 新　　潟 | 13.48 |
| 25位 | 熊　　本 | 13.45 |
| 25位 | 鹿 児 島 | 13.45 |
| 27位 | 岡　　山 | 13.41 |
| 28位 | 佐　　賀 | 13.37 |
| 29位 | 群　　馬 | 13.33 |
| 30位 | 広　　島 | 13.06 |
| 31位 | 三　　重 | 13.00 |
| 32位 | 長　　崎 | 12.83 |
| 33位 | 栃　　木 | 12.78 |
| 34位 | 奈　　良 | 12.70 |
| 35位 | 東　　京 | 12.66 |
| 36位 | 茨　　城 | 12.59 |
| 37位 | 北 海 道 | 12.42 |
| 38位 | 大　　阪 | 12.21 |
| 38位 | 千　　葉 | 12.21 |
| 40位 | 兵　　庫 | 11.97 |
| 41位 | 埼　　玉 | 11.93 |
| 42位 | 福　　岡 | 11.69 |
| 43位 | 愛　　知 | 11.56 |
| 44位 | 神 奈 川 | 11.09 |
| 45位 | 滋　　賀 | 11.06 |
| 46位 | 宮　　城 | 11.00 |
| 47位 | 沖　　縄 | 8.45 |

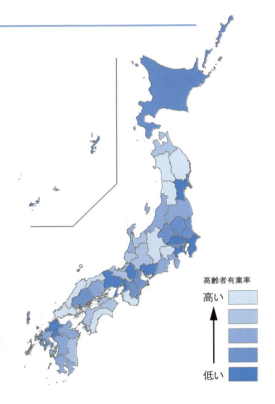

## ●C10　財政力指数

| 順位 | 都道府県 | |
|---|---|---|
| 1位 | 東　　京 | 1.10133 |
| 2位 | 愛　　知 | 0.92079 |
| 3位 | 神 奈 川 | 0.90832 |
| 4位 | 千　　葉 | 0.77827 |
| 5位 | 埼　　玉 | 0.76593 |
| 6位 | 大　　阪 | 0.76505 |
| 7位 | 静　　岡 | 0.71954 |
| 8位 | 栃　　木 | 0.63993 |
| 9位 | 茨　　城 | 0.63726 |
| 10位 | 福　　岡 | 0.63402 |
| 11位 | 兵　　庫 | 0.63363 |
| 12位 | 群　　馬 | 0.62459 |
| 13位 | 宮　　城 | 0.61443 |
| 14位 | 広　　島 | 0.60157 |
| 15位 | 三　　重 | 0.58545 |
| 16位 | 京　　都 | 0.58423 |
| 17位 | 滋　　賀 | 0.54974 |
| 18位 | 岐　　阜 | 0.53444 |
| 19位 | 福　　島 | 0.53346 |
| 20位 | 岡　　山 | 0.51755 |
| 21位 | 長　　野 | 0.49610 |
| 22位 | 石　　川 | 0.48499 |
| 23位 | 香　　川 | 0.47572 |
| 24位 | 富　　山 | 0.46651 |
| 25位 | 新　　潟 | 0.45107 |
| 26位 | 山　　口 | 0.44031 |
| 27位 | 北 海 道 | 0.43523 |
| 28位 | 愛　　媛 | 0.42524 |
| 29位 | 奈　　良 | 0.42074 |
| 30位 | 熊　　本 | 0.39854 |
| 31位 | 山　　梨 | 0.39625 |
| 32位 | 福　　井 | 0.39353 |
| 33位 | 大　　分 | 0.37071 |
| 34位 | 岩　　手 | 0.35156 |
| 35位 | 山　　形 | 0.35108 |
| 36位 | 佐　　賀 | 0.34093 |
| 37位 | 青　　森 | 0.34082 |
| 38位 | 鹿 児 島 | 0.33303 |
| 39位 | 宮　　崎 | 0.33278 |
| 40位 | 沖　　縄 | 0.33241 |
| 41位 | 徳　　島 | 0.32946 |
| 42位 | 和 歌 山 | 0.32692 |
| 43位 | 長　　崎 | 0.32607 |
| 44位 | 秋　　田 | 0.30876 |
| 45位 | 鳥　　取 | 0.26553 |
| 46位 | 高　　知 | 0.25820 |
| 47位 | 島　　根 | 0.25199 |

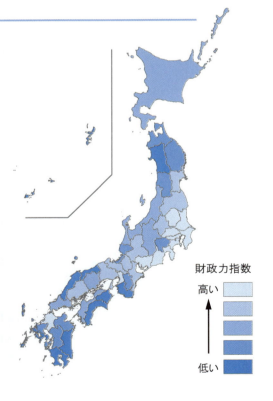

## ● D1　待機児童率

| 順位 | 都道府県 | % |
|---|---|---|
| 1位 | 青森 | 0.000 |
| 1位 | 富山 | 0.000 |
| 1位 | 石川 | 0.000 |
| 1位 | 福井 | 0.000 |
| 1位 | 山梨 | 0.000 |
| 1位 | 長野 | 0.000 |
| 1位 | 鳥取 | 0.000 |
| 8位 | 新潟 | 0.003 |
| 9位 | 群馬 | 0.005 |
| 9位 | 岐阜 | 0.005 |
| 11位 | 北海道 | 0.087 |
| 12位 | 宮崎 | 0.110 |
| 13位 | 愛知 | 0.122 |
| 14位 | 和歌山 | 0.141 |
| 15位 | 佐賀 | 0.142 |
| 16位 | 秋田 | 0.176 |
| 17位 | 三重 | 0.254 |
| 18位 | 山形 | 0.268 |
| 19位 | 広島 | 0.294 |
| 20位 | 栃木 | 0.349 |
| 21位 | 高知 | 0.351 |
| 22位 | 愛媛 | 0.383 |
| 23位 | 山口 | 0.388 |
| 24位 | 京都 | 0.396 |

| 順位 | 都道府県 | % |
|---|---|---|
| 25位 | 熊本 | 0.494 |
| 26位 | 長崎 | 0.515 |
| 27位 | 神奈川 | 0.518 |
| 28位 | 島根 | 0.536 |
| 29位 | 徳島 | 0.596 |
| 30位 | 岩手 | 0.614 |
| 31位 | 大阪 | 0.717 |
| 32位 | 静岡 | 0.741 |
| 33位 | 鹿児島 | 0.856 |
| 34位 | 茨城 | 0.953 |
| 35位 | 香川 | 1.040 |
| 36位 | 滋賀 | 1.084 |
| 37位 | 埼玉 | 1.102 |
| 38位 | 福岡 | 1.112 |
| 39位 | 奈良 | 1.156 |
| 40位 | 兵庫 | 1.531 |
| 41位 | 千葉 | 1.763 |
| 42位 | 宮城 | 1.979 |
| 43位 | 大分 | 1.988 |
| 44位 | 福島 | 2.029 |
| 45位 | 岡山 | 2.325 |
| 46位 | 東京 | 3.275 |
| 47位 | 沖縄 | 4.376 |

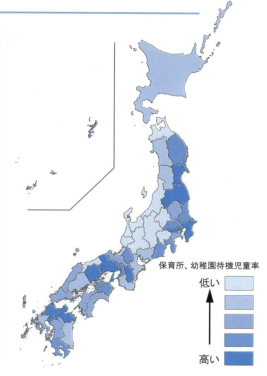

保育所、幼稚園待機児童率
低い↑高い

## ● D2　小学校児童数（教員1人あたり）

| 順位 | 都道府県 | 人 |
|---|---|---|
| 1位 | 島根 | 10.98 |
| 2位 | 高知 | 11.25 |
| 3位 | 徳島 | 11.62 |
| 4位 | 鳥取 | 11.78 |
| 5位 | 鹿児島 | 12.28 |
| 6位 | 岩手 | 12.29 |
| 7位 | 和歌山 | 12.39 |
| 8位 | 青森 | 12.71 |
| 9位 | 北海道 | 13.01 |
| 10位 | 秋田 | 13.24 |
| 11位 | 福島 | 13.29 |
| 12位 | 長崎 | 13.38 |
| 13位 | 新潟 | 13.42 |
| 14位 | 山口 | 13.48 |
| 15位 | 山形 | 13.50 |
| 16位 | 山梨 | 13.54 |
| 17位 | 大分 | 13.59 |
| 18位 | 福井 | 13.60 |
| 19位 | 三重 | 13.65 |
| 20位 | 熊本 | 13.79 |
| 20位 | 岡山 | 13.79 |
| 22位 | 佐賀 | 13.86 |
| 23位 | 愛媛 | 14.02 |
| 24位 | 香川 | 14.48 |

| 順位 | 都道府県 | 人 |
|---|---|---|
| 25位 | 奈良 | 14.52 |
| 26位 | 石川 | 14.69 |
| 27位 | 富山 | 14.70 |
| 28位 | 栃木 | 14.83 |
| 29位 | 宮崎 | 14.84 |
| 30位 | 宮城 | 14.99 |
| 31位 | 岐阜 | 15.05 |
| 32位 | 京都 | 15.08 |
| 32位 | 茨城 | 15.08 |
| 34位 | 群馬 | 15.09 |
| 35位 | 長野 | 15.17 |
| 36位 | 滋賀 | 15.30 |
| 37位 | 広島 | 15.95 |
| 37位 | 兵庫 | 15.95 |
| 39位 | 大阪 | 16.17 |
| 40位 | 沖縄 | 16.44 |
| 41位 | 福岡 | 16.68 |
| 42位 | 静岡 | 17.07 |
| 43位 | 千葉 | 17.40 |
| 44位 | 愛知 | 17.55 |
| 45位 | 東京 | 17.78 |
| 46位 | 埼玉 | 18.43 |
| 47位 | 神奈川 | 18.47 |

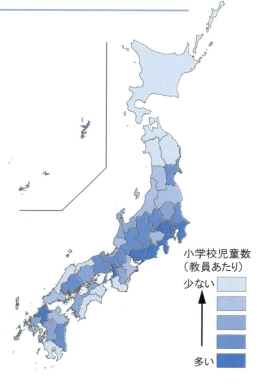

小学校児童数（教員あたり）
少ない↑多い

第1章　SDGs指標との比較と指標別ランキング

## ● D3　中学校生徒数（教員1人あたり）

| 順位 | 都道府県 | 人 |
|---|---|---|
| 1位 | 高知 | 8.82 |
| 2位 | 島根 | 9.57 |
| 3位 | 鳥取 | 10.65 |
| 4位 | 徳島 | 10.69 |
| 5位 | 鹿児島 | 10.78 |
| 6位 | 秋田 | 10.79 |
| 7位 | 青森 | 10.92 |
| 8位 | 宮崎 | 10.95 |
| 9位 | 岩手 | 11.01 |
| 10位 | 北海道 | 11.05 |
| 11位 | 和歌山 | 11.15 |
| 12位 | 佐賀 | 11.24 |
| 13位 | 長崎 | 11.31 |
| 14位 | 山口 | 11.67 |
| 15位 | 福島 | 11.78 |
| 15位 | 大分 | 11.78 |
| 17位 | 新潟 | 11.86 |
| 18位 | 愛媛 | 11.97 |
| 19位 | 福井 | 12.03 |
| 20位 | 熊本 | 12.08 |
| 21位 | 長野 | 12.44 |
| 22位 | 山梨 | 12.52 |
| 23位 | 宮城 | 12.61 |
| 24位 | 山形 | 12.65 |

| 順位 | 都道府県 | 人 |
|---|---|---|
| 24位 | 三重 | 12.65 |
| 26位 | 香川 | 12.84 |
| 27位 | 栃木 | 12.94 |
| 28位 | 岡山 | 12.95 |
| 29位 | 京都 | 12.99 |
| 30位 | 茨城 | 13.16 |
| 31位 | 奈良 | 13.21 |
| 32位 | 沖縄 | 13.28 |
| 33位 | 岐阜 | 13.31 |
| 34位 | 群馬 | 13.43 |
| 35位 | 富山 | 13.64 |
| 36位 | 滋賀 | 13.73 |
| 37位 | 大阪 | 14.06 |
| 38位 | 広島 | 14.08 |
| 39位 | 石川 | 14.18 |
| 40位 | 兵庫 | 14.29 |
| 41位 | 福岡 | 14.33 |
| 42位 | 静岡 | 14.77 |
| 43位 | 千葉 | 14.90 |
| 44位 | 埼玉 | 15.56 |
| 45位 | 愛知 | 15.60 |
| 46位 | 東京 | 15.83 |
| 47位 | 神奈川 | 15.92 |

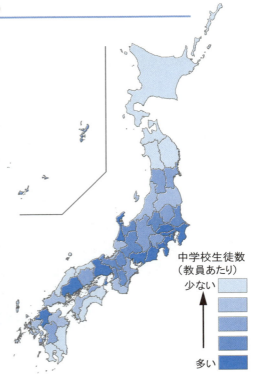

## ● D4　就学援助受給者割合（公立小中学校児童生徒総数中）

| 順位 | 都道府県 | % |
|---|---|---|
| 1位 | 富山 | 6.76 |
| 2位 | 静岡 | 6.84 |
| 3位 | 栃木 | 7.06 |
| 4位 | 群馬 | 7.18 |
| 5位 | 茨城 | 7.27 |
| 6位 | 岐阜 | 7.70 |
| 7位 | 山形 | 7.80 |
| 8位 | 福井 | 8.27 |
| 9位 | 千葉 | 8.78 |
| 10位 | 山梨 | 9.97 |
| 11位 | 愛知 | 10.46 |
| 12位 | 長野 | 11.04 |
| 13位 | 佐賀 | 11.49 |
| 14位 | 三重 | 12.11 |
| 15位 | 愛媛 | 12.19 |
| 16位 | 奈良 | 12.28 |
| 17位 | 滋賀 | 12.69 |
| 18位 | 埼玉 | 13.26 |
| 19位 | 岩手 | 13.38 |
| 20位 | 福島 | 13.41 |
| 21位 | 秋田 | 13.45 |
| 22位 | 石川 | 13.68 |
| 23位 | 香川 | 13.89 |
| 24位 | 徳島 | 14.44 |

| 順位 | 都道府県 | % |
|---|---|---|
| 25位 | 熊本 | 14.63 |
| 26位 | 島根 | 14.70 |
| 27位 | 岡山 | 14.81 |
| 28位 | 和歌山 | 14.95 |
| 29位 | 鳥取 | 15.11 |
| 30位 | 宮城 | 15.36 |
| 31位 | 兵庫 | 15.65 |
| 32位 | 神奈川 | 15.67 |
| 33位 | 宮崎 | 16.05 |
| 34位 | 大分 | 16.47 |
| 35位 | 長崎 | 17.58 |
| 36位 | 青森 | 18.71 |
| 37位 | 新潟 | 19.01 |
| 38位 | 京都 | 19.34 |
| 39位 | 沖縄 | 20.43 |
| 40位 | 東京 | 20.52 |
| 41位 | 北海道 | 21.64 |
| 42位 | 広島 | 21.74 |
| 43位 | 鹿児島 | 21.81 |
| 44位 | 山口 | 22.95 |
| 45位 | 福岡 | 23.54 |
| 46位 | 大阪 | 23.68 |
| 47位 | 高知 | 25.51 |

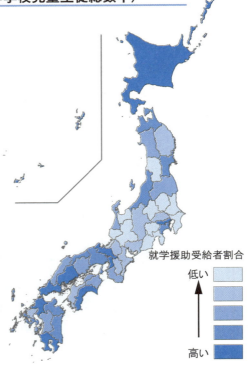

## ● D5　高校中退率

| 順位 | 都道府県 | % |
|---|---|---|
| 1位 | 福島 | 0.7 |
| 1位 | 徳島 | 0.7 |
| 3位 | 長野 | 0.9 |
| 3位 | 岩手 | 0.9 |
| 3位 | 秋田 | 0.9 |
| 6位 | 富山 | 1.0 |
| 6位 | 福井 | 1.0 |
| 6位 | 埼玉 | 1.0 |
| 6位 | 香川 | 1.0 |
| 6位 | 京都 | 1.0 |
| 11位 | 岐阜 | 1.1 |
| 11位 | 山形 | 1.1 |
| 11位 | 愛知 | 1.1 |
| 11位 | 愛媛 | 1.1 |
| 11位 | 熊本 | 1.1 |
| 11位 | 長崎 | 1.1 |
| 11位 | 青森 | 1.1 |
| 11位 | 山口 | 1.1 |
| 19位 | 静岡 | 1.2 |
| 19位 | 佐賀 | 1.2 |
| 19位 | 滋賀 | 1.2 |
| 22位 | 千葉 | 1.3 |
| 22位 | 山梨 | 1.3 |
| 22位 | 鳥取 | 1.3 |

| 順位 | 都道府県 | % |
|---|---|---|
| 22位 | 大分 | 1.3 |
| 22位 | 広島 | 1.3 |
| 22位 | 福岡 | 1.3 |
| 28位 | 栃木 | 1.4 |
| 28位 | 三重 | 1.4 |
| 28位 | 石川 | 1.4 |
| 28位 | 岡山 | 1.4 |
| 28位 | 兵庫 | 1.4 |
| 28位 | 新潟 | 1.4 |
| 34位 | 群馬 | 1.5 |
| 34位 | 島根 | 1.5 |
| 34位 | 和歌山 | 1.5 |
| 34位 | 宮崎 | 1.5 |
| 34位 | 東京 | 1.5 |
| 34位 | 北海道 | 1.5 |
| 40位 | 奈良 | 1.6 |
| 40位 | 宮城 | 1.6 |
| 40位 | 神奈川 | 1.6 |
| 40位 | 大阪 | 1.6 |
| 44位 | 茨城 | 1.7 |
| 45位 | 鹿児島 | 1.8 |
| 45位 | 高知 | 1.8 |
| 47位 | 沖縄 | 2.0 |

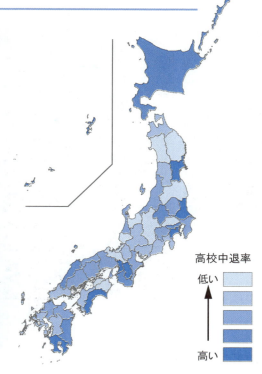

## ● D6　大学進学率

| 順位 | 都道府県 | % |
|---|---|---|
| 1位 | 京都 | 65.9 |
| 2位 | 東京 | 64.7 |
| 3位 | 神奈川 | 61.0 |
| 4位 | 広島 | 60.6 |
| 4位 | 兵庫 | 60.6 |
| 6位 | 大阪 | 59.5 |
| 7位 | 愛知 | 58.2 |
| 7位 | 奈良 | 58.2 |
| 9位 | 山梨 | 57.2 |
| 9位 | 埼玉 | 57.2 |
| 11位 | 福井 | 56.8 |
| 12位 | 千葉 | 55.7 |
| 13位 | 岐阜 | 55.5 |
| 14位 | 石川 | 55.1 |
| 15位 | 滋賀 | 54.6 |
| 16位 | 愛媛 | 53.7 |
| 17位 | 福岡 | 53.5 |
| 18位 | 静岡 | 53.0 |
| 19位 | 栃木 | 52.5 |
| 20位 | 香川 | 52.2 |
| 21位 | 徳島 | 52.0 |
| 22位 | 群馬 | 51.9 |
| 22位 | 富山 | 51.9 |
| 24位 | 岡山 | 51.0 |

| 順位 | 都道府県 | % |
|---|---|---|
| 25位 | 茨城 | 50.6 |
| 25位 | 三重 | 50.6 |
| 27位 | 高知 | 49.3 |
| 27位 | 宮城 | 49.3 |
| 29位 | 大分 | 47.9 |
| 30位 | 和歌山 | 47.8 |
| 31位 | 長野 | 47.7 |
| 32位 | 青森 | 46.9 |
| 33位 | 熊本 | 46.8 |
| 34位 | 島根 | 46.7 |
| 35位 | 新潟 | 46.4 |
| 36位 | 福島 | 46.3 |
| 37位 | 宮崎 | 46.0 |
| 38位 | 北海道 | 45.5 |
| 39位 | 秋田 | 45.3 |
| 39位 | 山形 | 45.3 |
| 41位 | 長崎 | 45.0 |
| 42位 | 佐賀 | 44.7 |
| 43位 | 岩手 | 44.6 |
| 44位 | 鹿児島 | 44.2 |
| 45位 | 山口 | 44.1 |
| 46位 | 鳥取 | 43.8 |
| 47位 | 沖縄 | 39.7 |

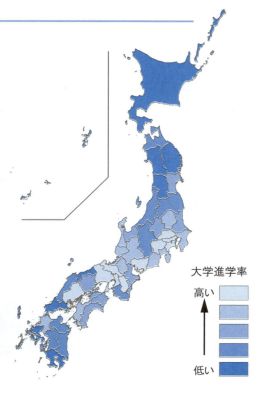

第1章　SDGs指標との比較と指標別ランキング

## ● D7　不登校率

| 順位 | 都道府県 | % |
|---|---|---|
| 1位 | 秋田 | 0.915 |
| 2位 | 徳島 | 0.958 |
| 3位 | 富山 | 0.977 |
| 4位 | 埼玉 | 1.024 |
| 5位 | 福井 | 1.026 |
| 6位 | 岩手 | 1.107 |
| 7位 | 山形 | 1.108 |
| 8位 | 宮崎 | 1.130 |
| 9位 | 山口 | 1.136 |
| 10位 | 愛媛 | 1.144 |
| 11位 | 奈良 | 1.171 |
| 12位 | 岡山 | 1.193 |
| 13位 | 千葉 | 1.196 |
| 14位 | 広島 | 1.211 |
| 15位 | 熊本 | 1.228 |
| 16位 | 長崎 | 1.238 |
| 17位 | 香川 | 1.239 |
| 18位 | 福岡 | 1.258 |
| 19位 | 滋賀 | 1.266 |
| 20位 | 新潟 | 1.268 |
| 21位 | 福島 | 1.270 |
| 22位 | 鹿児島 | 1.280 |
| 23位 | 兵庫 | 1.287 |
| 24位 | 長野 | 1.290 |

| 順位 | 都道府県 | % |
|---|---|---|
| 25位 | 山梨 | 1.294 |
| 26位 | 群馬 | 1.310 |
| 27位 | 佐賀 | 1.313 |
| 28位 | 京都 | 1.316 |
| 29位 | 北海道 | 1.320 |
| 30位 | 和歌山 | 1.327 |
| 31位 | 青森 | 1.332 |
| 32位 | 大分 | 1.351 |
| 33位 | 石川 | 1.373 |
| 34位 | 鳥取 | 1.378 |
| 35位 | 東京 | 1.382 |
| 36位 | 茨城 | 1.387 |
| 37位 | 三重 | 1.413 |
| 38位 | 岐阜 | 1.432 |
| 39位 | 島根 | 1.466 |
| 40位 | 栃木 | 1.528 |
| 41位 | 大阪 | 1.544 |
| 42位 | 神奈川 | 1.556 |
| 43位 | 静岡 | 1.575 |
| 44位 | 愛知 | 1.588 |
| 45位 | 沖縄 | 1.618 |
| 46位 | 高知 | 1.685 |
| 47位 | 宮城 | 1.759 |

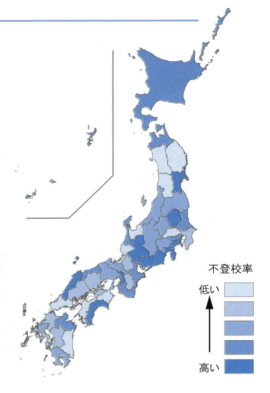

## ● D8　子どもの学力の達成度（全国学力テスト）

| 順位 | 都道府県 | 点 |
|---|---|---|
| 1位 | 石川 | 70.250 |
| 2位 | 秋田 | 69.750 |
| 3位 | 福井 | 69.625 |
| 4位 | 富山 | 67.500 |
| 5位 | 愛媛 | 67.375 |
| 6位 | 東京 | 66.875 |
| 7位 | 青森 | 66.375 |
| 8位 | 広島 | 66.125 |
| 8位 | 京都 | 66.125 |
| 10位 | 茨城 | 66.000 |
| 11位 | 新潟 | 65.750 |
| 11位 | 静岡 | 65.750 |
| 13位 | 山口 | 65.625 |
| 13位 | 香川 | 65.625 |
| 15位 | 兵庫 | 65.500 |
| 15位 | 大分 | 65.500 |
| 17位 | 群馬 | 65.375 |
| 17位 | 岐阜 | 65.375 |
| 19位 | 徳島 | 65.125 |
| 20位 | 福島 | 64.875 |
| 21位 | 岩手 | 64.750 |
| 21位 | 長野 | 64.750 |
| 21位 | 栃木 | 64.750 |
| 21位 | 愛知 | 64.750 |

| 順位 | 都道府県 | 点 |
|---|---|---|
| 25位 | 岡山 | 64.625 |
| 25位 | 熊本 | 64.625 |
| 25位 | 和歌山 | 64.625 |
| 28位 | 奈良 | 64.500 |
| 28位 | 福岡 | 64.500 |
| 28位 | 山梨 | 64.500 |
| 28位 | 鳥取 | 64.500 |
| 32位 | 宮崎 | 64.375 |
| 33位 | 神奈川 | 64.250 |
| 34位 | 千葉 | 64.125 |
| 34位 | 三重 | 64.125 |
| 36位 | 埼玉 | 64.000 |
| 36位 | 高知 | 64.000 |
| 38位 | 山形 | 63.875 |
| 38位 | 長崎 | 63.875 |
| 38位 | 北海道 | 63.875 |
| 38位 | 宮城 | 63.875 |
| 42位 | 佐賀 | 63.750 |
| 42位 | 島根 | 63.750 |
| 44位 | 鹿児島 | 63.250 |
| 45位 | 滋賀 | 62.875 |
| 45位 | 大阪 | 62.875 |
| 47位 | 沖縄 | 62.000 |

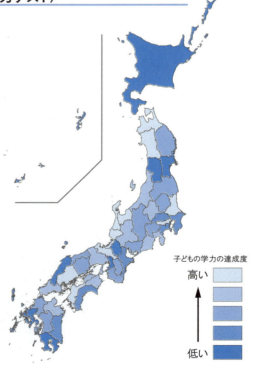

## ●D9　子どもの運動能力（スポーツテスト平均点）

| 順位 | 都道府県 | 点 |
|---|---|---|
| 1位 | 福井 | 54.53 |
| 2位 | 茨城 | 54.08 |
| 3位 | 埼玉 | 53.22 |
| 4位 | 石川 | 53.21 |
| 5位 | 新潟 | 53.15 |
| 6位 | 秋田 | 52.62 |
| 7位 | 広島 | 52.51 |
| 8位 | 大分 | 52.32 |
| 9位 | 岩手 | 52.08 |
| 10位 | 千葉 | 51.97 |
| 11位 | 宮崎 | 51.38 |
| 12位 | 富山 | 51.32 |
| 13位 | 静岡 | 51.14 |
| 14位 | 福岡 | 51.11 |
| 15位 | 岐阜 | 50.94 |
| 16位 | 岡山 | 50.90 |
| 17位 | 和歌山 | 50.81 |
| 18位 | 鳥取 | 50.78 |
| 19位 | 青森 | 50.71 |
| 19位 | 山形 | 50.71 |
| 21位 | 佐賀 | 50.65 |
| 22位 | 群馬 | 50.60 |
| 23位 | 長野 | 50.44 |
| 24位 | 奈良 | 50.41 |
| 25位 | 香川 | 50.40 |
| 26位 | 山梨 | 50.38 |
| 26位 | 熊本 | 50.38 |
| 28位 | 三重 | 50.34 |
| 29位 | 福島 | 50.29 |
| 30位 | 高知 | 50.26 |
| 31位 | 栃木 | 50.20 |
| 31位 | 滋賀 | 50.20 |
| 33位 | 島根 | 50.10 |
| 34位 | 長崎 | 50.09 |
| 35位 | 東京 | 50.08 |
| 36位 | 徳島 | 49.94 |
| 37位 | 宮城 | 49.83 |
| 38位 | 愛媛 | 49.79 |
| 39位 | 京都 | 49.70 |
| 40位 | 鹿児島 | 49.53 |
| 41位 | 山口 | 49.52 |
| 42位 | 沖縄 | 49.35 |
| 43位 | 兵庫 | 49.16 |
| 44位 | 大阪 | 48.94 |
| 45位 | 愛知 | 48.72 |
| 45位 | 北海道 | 48.72 |
| 47位 | 神奈川 | 48.47 |

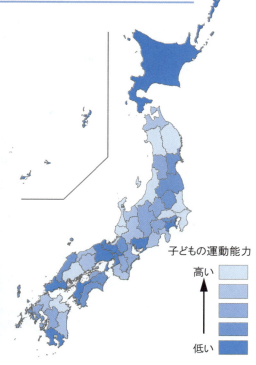

## ●D10　社会教育学級講座数

| 順位 | 都道府県 | 数 |
|---|---|---|
| 1位 | 福井 | 59.1 |
| 2位 | 石川 | 54.1 |
| 3位 | 滋賀 | 44.7 |
| 4位 | 広島 | 42.3 |
| 5位 | 静岡 | 36.6 |
| 6位 | 大阪 | 35.5 |
| 7位 | 和歌山 | 30.2 |
| 8位 | 福島 | 27.2 |
| 9位 | 香川 | 26.6 |
| 10位 | 岐阜 | 26.5 |
| 11位 | 富山 | 25.1 |
| 12位 | 三重 | 21.7 |
| 13位 | 茨城 | 20.6 |
| 14位 | 鹿児島 | 19.0 |
| 15位 | 北海道 | 18.0 |
| 16位 | 秋田 | 17.7 |
| 17位 | 熊本 | 15.8 |
| 18位 | 福岡 | 15.1 |
| 19位 | 兵庫 | 14.6 |
| 20位 | 山形 | 13.5 |
| 21位 | 長野 | 13.0 |
| 22位 | 東京 | 12.6 |
| 23位 | 京都 | 12.4 |
| 24位 | 愛媛 | 11.5 |
| 25位 | 愛知 | 10.6 |
| 26位 | 佐賀 | 10.2 |
| 27位 | 新潟 | 9.0 |
| 28位 | 沖縄 | 8.9 |
| 29位 | 群馬 | 8.0 |
| 30位 | 島根 | 7.2 |
| 31位 | 千葉 | 6.7 |
| 32位 | 栃木 | 6.6 |
| 33位 | 大分 | 6.2 |
| 34位 | 鳥取 | 5.4 |
| 35位 | 岩手 | 4.0 |
| 36位 | 岡山 | 3.9 |
| 37位 | 埼玉 | 3.1 |
| 38位 | 宮城 | 2.1 |
| 39位 | 高知 | 1.9 |
| 40位 | 山梨 | 1.8 |
| 40位 | 山口 | 1.8 |
| 42位 | 徳島 | 1.7 |
| 42位 | 神奈川 | 1.7 |
| 44位 | 青森 | 1.1 |
| 45位 | 奈良 | 1.0 |
| 46位 | 宮崎 | 0.0 |
| 46位 | 長崎 | 0.0 |

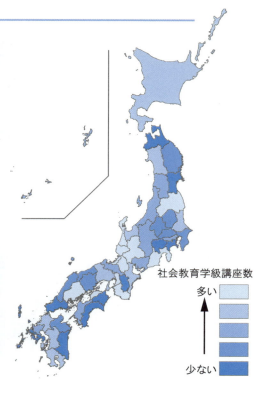

第1章　SDGs指標との比較と指標別ランキング

## ● D11　夜間中学・定時制高校数

| 順位 | 都道府県 | 校 |
|---|---|---|
| 1位 | 東　京 | 74 |
| 2位 | 北 海 道 | 41 |
| 3位 | 愛　知 | 33 |
| 4位 | 神 奈 川 | 28 |
| 5位 | 埼　玉 | 24 |
| 6位 | 広　島 | 23 |
| 6位 | 兵　庫 | 23 |
| 8位 | 福　岡 | 22 |
| 9位 | 静　岡 | 21 |
| 9位 | 大　阪 | 21 |
| 11位 | 長　野 | 19 |
| 12位 | 千　葉 | 17 |
| 13位 | 山　口 | 15 |
| 14位 | 群　馬 | 14 |
| 14位 | 高　知 | 14 |
| 16位 | 京　都 | 13 |
| 16位 | 宮　城 | 13 |
| 18位 | 茨　城 | 12 |
| 19位 | 岐　阜 | 11 |
| 19位 | 三　重 | 11 |
| 19位 | 新　潟 | 11 |
| 19位 | 岡　山 | 11 |
| 23位 | 和 歌 山 | 10 |
| 23位 | 愛　媛 | 10 |

| 順位 | 都道府県 | 校 |
|---|---|---|
| 25位 | 香　川 | 9 |
| 25位 | 岩　手 | 9 |
| 25位 | 青　森 | 9 |
| 28位 | 福　井 | 8 |
| 28位 | 熊　本 | 8 |
| 28位 | 栃　木 | 8 |
| 28位 | 長　崎 | 8 |
| 32位 | 滋　賀 | 7 |
| 32位 | 福　島 | 7 |
| 32位 | 沖　縄 | 7 |
| 32位 | 山　梨 | 7 |
| 32位 | 奈　良 | 7 |
| 37位 | 石　川 | 6 |
| 37位 | 富　山 | 6 |
| 37位 | 秋　田 | 6 |
| 37位 | 佐　賀 | 6 |
| 37位 | 徳　島 | 6 |
| 37位 | 宮　崎 | 6 |
| 43位 | 山　形 | 5 |
| 44位 | 大　分 | 4 |
| 44位 | 鳥　取 | 4 |
| 46位 | 島　根 | 3 |
| 47位 | 鹿 児 島 | 2 |

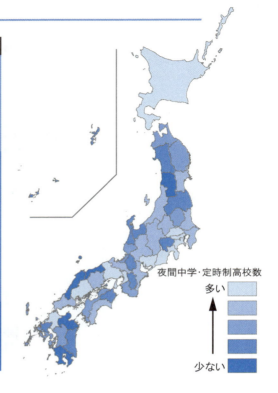

夜間中学・定時制高校数
多い ↑ 少ない

## ● E1　児童扶養手当受給率（対全世帯）

| 順位 | 都道府県 | % |
|---|---|---|
| 1位 | 東　京 | 1.23 |
| 2位 | 神 奈 川 | 1.34 |
| 3位 | 千　葉 | 1.46 |
| 4位 | 富　山 | 1.55 |
| 5位 | 埼　玉 | 1.58 |
| 6位 | 愛　知 | 1.65 |
| 7位 | 静　岡 | 1.66 |
| 8位 | 石　川 | 1.70 |
| 9位 | 岐　阜 | 1.82 |
| 9位 | 兵　庫 | 1.82 |
| 11位 | 広　島 | 1.86 |
| 12位 | 新　潟 | 1.87 |
| 12位 | 滋　賀 | 1.87 |
| 14位 | 三　重 | 1.88 |
| 15位 | 長　野 | 1.91 |
| 16位 | 群　馬 | 1.93 |
| 16位 | 山　梨 | 1.93 |
| 18位 | 島　根 | 1.95 |
| 18位 | 京　都 | 1.95 |
| 20位 | 山　口 | 1.97 |
| 20位 | 栃　木 | 1.97 |
| 22位 | 福　井 | 1.98 |
| 23位 | 岡　山 | 2.02 |
| 24位 | 奈　良 | 2.05 |

| 順位 | 都道府県 | % |
|---|---|---|
| 25位 | 徳　島 | 2.07 |
| 26位 | 茨　城 | 2.09 |
| 27位 | 宮　城 | 2.10 |
| 28位 | 香　川 | 2.18 |
| 29位 | 秋　田 | 2.20 |
| 30位 | 北 海 道 | 2.21 |
| 31位 | 大　分 | 2.23 |
| 31位 | 山　形 | 2.23 |
| 33位 | 大　阪 | 2.24 |
| 34位 | 愛　媛 | 2.28 |
| 35位 | 岩　手 | 2.33 |
| 36位 | 福　島 | 2.38 |
| 37位 | 長　崎 | 2.39 |
| 38位 | 鹿 児 島 | 2.40 |
| 39位 | 鳥　取 | 2.45 |
| 40位 | 高　知 | 2.46 |
| 41位 | 福　岡 | 2.47 |
| 42位 | 和 歌 山 | 2.48 |
| 43位 | 熊　本 | 2.62 |
| 44位 | 佐　賀 | 2.80 |
| 45位 | 青　森 | 2.84 |
| 46位 | 宮　崎 | 2.91 |
| 47位 | 沖　縄 | 3.96 |

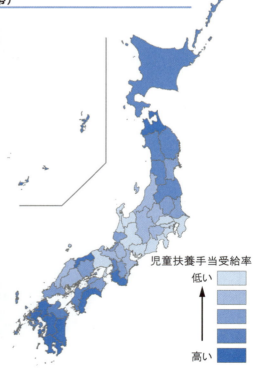

児童扶養手当受給率
低い ↑ 高い

30

## ● E2　児童養護施設数（人口10万人あたり）

| 順位 | 都道府県 | 施設 |
|---|---|---|
| 1位 | 高知 | 1.074 |
| 2位 | 徳島 | 0.909 |
| 3位 | 鳥取 | 0.866 |
| 4位 | 鹿児島 | 0.834 |
| 5位 | 山梨 | 0.826 |
| 6位 | 和歌山 | 0.817 |
| 7位 | 宮崎 | 0.803 |
| 8位 | 長崎 | 0.788 |
| 9位 | 大分 | 0.764 |
| 10位 | 佐賀 | 0.715 |
| 11位 | 愛媛 | 0.712 |
| 12位 | 長野 | 0.707 |
| 13位 | 山口 | 0.704 |
| 14位 | 三重 | 0.655 |
| 15位 | 福井 | 0.629 |
| 16位 | 茨城 | 0.614 |
| 17位 | 沖縄 | 0.565 |
| 18位 | 栃木 | 0.554 |
| 19位 | 岐阜 | 0.487 |
| 20位 | 岩手 | 0.463 |
| 21位 | 青森 | 0.449 |
| 22位 | 熊本 | 0.444 |
| 22位 | 東京 | 0.444 |
| 24位 | 山形 | 0.438 |

| 順位 | 都道府県 | 施設 |
|---|---|---|
| 25位 | 奈良 | 0.434 |
| 26位 | 島根 | 0.427 |
| 27位 | 福島 | 0.411 |
| 28位 | 群馬 | 0.403 |
| 29位 | 秋田 | 0.381 |
| 30位 | 岡山 | 0.363 |
| 31位 | 石川 | 0.345 |
| 32位 | 北海道 | 0.331 |
| 33位 | 広島 | 0.317 |
| 34位 | 兵庫 | 0.306 |
| 35位 | 香川 | 0.304 |
| 36位 | 滋賀 | 0.282 |
| 36位 | 愛知 | 0.282 |
| 38位 | 富山 | 0.279 |
| 39位 | 埼玉 | 0.277 |
| 40位 | 千葉 | 0.275 |
| 41位 | 大阪 | 0.271 |
| 42位 | 京都 | 0.229 |
| 43位 | 福岡 | 0.216 |
| 44位 | 静岡 | 0.215 |
| 45位 | 新潟 | 0.172 |
| 46位 | 神奈川 | 0.165 |
| 47位 | 宮城 | 0.043 |

## ● E3　児童相談件数（人口千人あたり）

| 順位 | 都道府県 | 件 |
|---|---|---|
| 1位 | 大分 | 1.220 |
| 2位 | 茨城 | 1.827 |
| 3位 | 佐賀 | 1.897 |
| 4位 | 山形 | 1.907 |
| 5位 | 石川 | 2.126 |
| 6位 | 岩手 | 2.195 |
| 7位 | 三重 | 2.239 |
| 8位 | 山梨 | 2.370 |
| 9位 | 秋田 | 2.387 |
| 10位 | 愛媛 | 2.470 |
| 11位 | 長野 | 2.535 |
| 12位 | 静岡 | 2.567 |
| 13位 | 高知 | 2.636 |
| 14位 | 東京 | 2.770 |
| 15位 | 青森 | 2.839 |
| 16位 | 栃木 | 2.866 |
| 16位 | 福井 | 2.866 |
| 18位 | 岐阜 | 2.938 |
| 18位 | 滋賀 | 2.938 |
| 20位 | 徳島 | 2.955 |
| 21位 | 鳥取 | 3.105 |
| 22位 | 愛知 | 3.116 |
| 23位 | 沖縄 | 3.119 |
| 24位 | 島根 | 3.204 |

| 順位 | 都道府県 | 件 |
|---|---|---|
| 25位 | 富山 | 3.259 |
| 26位 | 山口 | 3.294 |
| 27位 | 和歌山 | 3.331 |
| 28位 | 熊本 | 3.406 |
| 29位 | 広島 | 3.532 |
| 30位 | 北海道 | 3.556 |
| 31位 | 福島 | 3.628 |
| 32位 | 宮崎 | 3.629 |
| 33位 | 千葉 | 3.721 |
| 34位 | 奈良 | 3.825 |
| 35位 | 新潟 | 3.845 |
| 36位 | 鹿児島 | 3.847 |
| 37位 | 長崎 | 3.852 |
| 38位 | 岡山 | 3.885 |
| 39位 | 埼玉 | 4.029 |
| 40位 | 神奈川 | 4.107 |
| 41位 | 兵庫 | 4.152 |
| 42位 | 福岡 | 4.545 |
| 43位 | 群馬 | 5.073 |
| 44位 | 香川 | 5.162 |
| 45位 | 大阪 | 5.763 |
| 46位 | 京都 | 5.778 |
| 47位 | 宮城 | 6.391 |

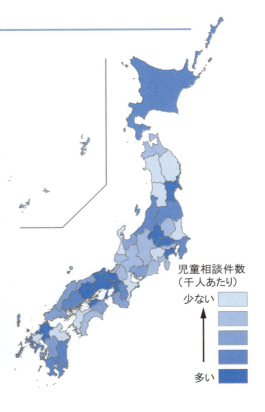

## ● E4 　生活保護受給率

| 順位 | 都道府県 | % | 順位 | 都道府県 | % |
|---|---|---|---|---|---|
| 1位 | 富　山 | 0.330 | 25位 | 岡　山 | 1.322 |
| 2位 | 福　井 | 0.509 | 26位 | 千　葉 | 1.347 |
| 3位 | 長　野 | 0.518 | 27位 | 熊　本 | 1.383 |
| 4位 | 岐　阜 | 0.566 | 28位 | 秋　田 | 1.429 |
| 5位 | 石　川 | 0.628 | 29位 | 奈　良 | 1.472 |
| 6位 | 山　形 | 0.696 | 30位 | 広　島 | 1.501 |
| 7位 | 群　馬 | 0.746 | 31位 | 愛　媛 | 1.530 |
| 8位 | 滋　賀 | 0.786 | 32位 | 和歌山 | 1.566 |
| 9位 | 静　岡 | 0.821 | 33位 | 宮　崎 | 1.598 |
| 10位 | 山　梨 | 0.822 | 34位 | 大　分 | 1.679 |
| 11位 | 島　根 | 0.839 | 35位 | 神奈川 | 1.685 |
| 12位 | 三　重 | 0.864 | 36位 | 徳　島 | 1.784 |
| 13位 | 福　島 | 0.885 | 37位 | 鹿児島 | 1.831 |
| 14位 | 新　潟 | 0.915 | 38位 | 兵　庫 | 1.868 |
| 15位 | 茨　城 | 0.932 | 39位 | 長　崎 | 2.066 |
| 16位 | 佐　賀 | 0.934 | 40位 | 東　京 | 2.110 |
| 17位 | 愛　知 | 1.020 | 41位 | 京　都 | 2.261 |
| 18位 | 岩　手 | 1.042 | 42位 | 青　森 | 2.275 |
| 19位 | 栃　木 | 1.043 | 43位 | 福　岡 | 2.452 |
| 20位 | 香　川 | 1.051 | 44位 | 沖　縄 | 2.498 |
| 21位 | 山　口 | 1.081 | 45位 | 高　知 | 2.624 |
| 22位 | 宮　城 | 1.235 | 46位 | 北海道 | 3.026 |
| 23位 | 鳥　取 | 1.257 | 47位 | 大　阪 | 3.214 |
| 24位 | 埼　玉 | 1.312 | | | |

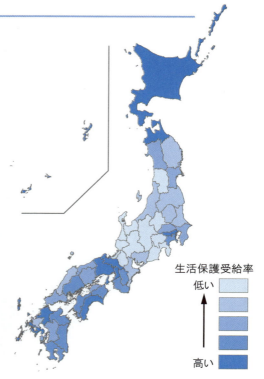

## ● E5 　生活困窮者自立支援の相談件数（人口10万人あたり、月間）

| 順位 | 都道府県 | 件数 | 順位 | 都道府県 | 件数 |
|---|---|---|---|---|---|
| 1位 | 長　野 | 3.563 | 25位 | 兵　庫 | 13.459 |
| 2位 | 福　井 | 7.925 | 26位 | 愛　知 | 13.538 |
| 3位 | 茨　城 | 8.181 | 27位 | 青　森 | 13.563 |
| 4位 | 京　都 | 8.492 | 28位 | 山　梨 | 13.590 |
| 5位 | 富　山 | 8.883 | 29位 | 鹿児島 | 13.608 |
| 6位 | 岐　阜 | 9.707 | 30位 | 静　岡 | 14.051 |
| 7位 | 群　馬 | 10.056 | 31位 | 福　島 | 14.312 |
| 8位 | 香　川 | 10.857 | 32位 | 岡　山 | 14.405 |
| 9位 | 徳　島 | 11.014 | 33位 | 山　形 | 14.484 |
| 10位 | 和歌山 | 11.256 | 34位 | 鳥　取 | 14.847 |
| 11位 | 島　根 | 11.284 | 35位 | 神奈川 | 15.286 |
| 12位 | 新　潟 | 11.419 | 36位 | 佐　賀 | 15.351 |
| 13位 | 栃　木 | 11.532 | 37位 | 広　島 | 15.808 |
| 14位 | 奈　良 | 11.610 | 38位 | 東　京 | 16.016 |
| 15位 | 熊　本 | 11.649 | 39位 | 三　重 | 16.187 |
| 16位 | 大　分 | 11.925 | 40位 | 岩　手 | 16.208 |
| 17位 | 宮　崎 | 12.537 | 41位 | 福　岡 | 16.916 |
| 18位 | 愛　媛 | 12.557 | 42位 | 長　崎 | 20.528 |
| 19位 | 山　口 | 12.582 | 43位 | 宮　城 | 20.721 |
| 20位 | 滋　賀 | 12.697 | 44位 | 石　川 | 22.572 |
| 21位 | 秋　田 | 13.185 | 45位 | 沖　縄 | 23.705 |
| 22位 | 千　葉 | 13.255 | 46位 | 高　知 | 24.668 |
| 23位 | 埼　玉 | 13.365 | 47位 | 大　阪 | 29.397 |
| 24位 | 北海道 | 13.398 | | | |

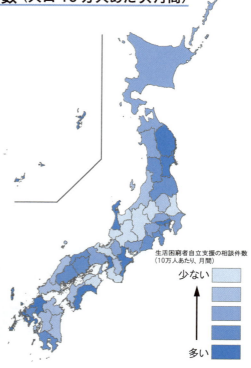

## ● E6　高齢者用施設数（65歳以上人口10万人あたり）

| 順位 | 都道府県 | 数 |
|---|---|---|
| 1位 | 宮崎 | 143.0 |
| 2位 | 沖縄 | 108.5 |
| 3位 | 大分 | 105.8 |
| 4位 | 熊本 | 102.4 |
| 5位 | 青森 | 102.3 |
| 6位 | 佐賀 | 102.0 |
| 7位 | 鹿児島 | 96.1 |
| 8位 | 群馬 | 85.2 |
| 9位 | 島根 | 84.9 |
| 10位 | 福岡 | 81.2 |
| 11位 | 香川 | 75.8 |
| 12位 | 長崎 | 75.6 |
| 13位 | 山形 | 74.1 |
| 14位 | 岡山 | 74.0 |
| 15位 | 和歌山 | 73.9 |
| 16位 | 山口 | 72.8 |
| 17位 | 岩手 | 71.9 |
| 18位 | 愛媛 | 70.5 |
| 19位 | 秋田 | 68.7 |
| 20位 | 鳥取 | 66.8 |
| 21位 | 三重 | 66.7 |
| 22位 | 徳島 | 65.4 |
| 23位 | 長野 | 64.7 |
| 24位 | 北海道 | 59.9 |
| 25位 | 高知 | 54.8 |
| 26位 | 福島 | 54.4 |
| 27位 | 新潟 | 53.4 |
| 28位 | 石川 | 53.0 |
| 29位 | 奈良 | 52.5 |
| 30位 | 富山 | 52.0 |
| 30位 | 岐阜 | 52.0 |
| 32位 | 愛知 | 50.0 |
| 33位 | 福井 | 49.5 |
| 34位 | 大阪 | 49.2 |
| 35位 | 宮城 | 49.0 |
| 36位 | 千葉 | 47.9 |
| 37位 | 神奈川 | 47.5 |
| 38位 | 茨城 | 46.9 |
| 39位 | 広島 | 46.1 |
| 40位 | 静岡 | 45.9 |
| 41位 | 埼玉 | 44.7 |
| 42位 | 栃木 | 44.5 |
| 43位 | 兵庫 | 41.5 |
| 44位 | 山梨 | 39.2 |
| 45位 | 東京 | 39.1 |
| 46位 | 京都 | 38.0 |
| 47位 | 滋賀 | 34.9 |

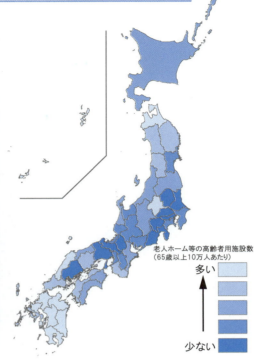

老人ホーム等の高齢者用施設数
（65歳以上10万人あたり）
多い ↑ 少ない

## ● E7　高齢者用施設在所者数（65歳以上人口千人あたり）

| 順位 | 都道府県 | 人 |
|---|---|---|
| 1位 | 栃木 | 19.3 |
| 2位 | 滋賀 | 19.4 |
| 3位 | 山梨 | 20.0 |
| 4位 | 宮城 | 22.0 |
| 5位 | 京都 | 22.3 |
| 6位 | 広島 | 22.8 |
| 7位 | 茨城 | 23.2 |
| 8位 | 愛知 | 23.3 |
| 9位 | 岐阜 | 23.4 |
| 10位 | 富山 | 24.3 |
| 11位 | 千葉 | 24.8 |
| 12位 | 東京 | 24.9 |
| 13位 | 兵庫 | 25.0 |
| 14位 | 大阪 | 25.1 |
| 15位 | 静岡 | 25.4 |
| 16位 | 埼玉 | 25.7 |
| 17位 | 福島 | 26.0 |
| 18位 | 岩手 | 26.1 |
| 19位 | 福井 | 26.9 |
| 20位 | 三重 | 27.8 |
| 20位 | 奈良 | 27.8 |
| 22位 | 愛媛 | 27.9 |
| 22位 | 秋田 | 27.9 |
| 24位 | 徳島 | 28.4 |
| 25位 | 神奈川 | 28.8 |
| 26位 | 北海道 | 29.0 |
| 27位 | 新潟 | 29.1 |
| 28位 | 長野 | 29.2 |
| 29位 | 和歌山 | 29.4 |
| 30位 | 長崎 | 29.9 |
| 31位 | 高知 | 30.1 |
| 32位 | 山口 | 30.9 |
| 33位 | 群馬 | 31.6 |
| 34位 | 岡山 | 31.7 |
| 34位 | 鳥取 | 31.7 |
| 36位 | 香川 | 32.1 |
| 36位 | 石川 | 32.1 |
| 38位 | 沖縄 | 32.2 |
| 39位 | 熊本 | 32.6 |
| 40位 | 山形 | 33.2 |
| 41位 | 鹿児島 | 34.9 |
| 41位 | 福岡 | 34.9 |
| 43位 | 青森 | 35.3 |
| 44位 | 島根 | 35.8 |
| 45位 | 佐賀 | 35.9 |
| 46位 | 大分 | 38.6 |
| 47位 | 宮崎 | 43.9 |

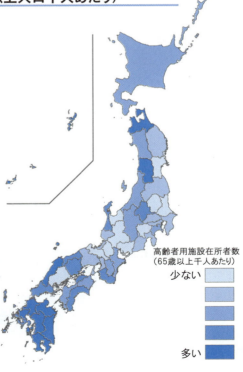

高齢者用施設在所者数
（65歳以上千人あたり）
少ない ↓ 多い

第1章　SDGs指標との比較と指標別ランキング

## ● E8　特養施設待機人数（要介護3-5認定者中）

| 順位 | 都道府県 | 人 |
|---|---|---|
| 1位 | 徳島 | 1,161 |
| 2位 | 佐賀 | 2,083 |
| 3位 | 鳥取 | 2,084 |
| 4位 | 石川 | 2,244 |
| 5位 | 福井 | 2,292 |
| 6位 | 長野 | 2,343 |
| 7位 | 高知 | 2,584 |
| 8位 | 沖縄 | 2,587 |
| 9位 | 和歌山 | 2,603 |
| 10位 | 大分 | 2,795 |
| 11位 | 長崎 | 2,846 |
| 12位 | 奈良 | 3,187 |
| 13位 | 富山 | 3,234 |
| 14位 | 島根 | 3,354 |
| 15位 | 香川 | 3,392 |
| 16位 | 栃木 | 3,399 |
| 17位 | 青森 | 3,480 |
| 18位 | 宮崎 | 3,575 |
| 19位 | 岩手 | 4,406 |
| 20位 | 山形 | 4,632 |
| 21位 | 熊本 | 4,666 |
| 22位 | 山梨 | 4,860 |
| 23位 | 滋賀 | 4,905 |
| 24位 | 群馬 | 4,959 |

| 順位 | 都道府県 | 人 |
|---|---|---|
| 25位 | 山口 | 5,001 |
| 26位 | 茨城 | 5,059 |
| 27位 | 鹿児島 | 5,100 |
| 28位 | 三重 | 5,359 |
| 29位 | 愛媛 | 6,385 |
| 30位 | 福岡 | 6,468 |
| 31位 | 宮城 | 6,652 |
| 32位 | 岐阜 | 6,737 |
| 33位 | 秋田 | 6,748 |
| 34位 | 静岡 | 6,749 |
| 35位 | 岡山 | 6,918 |
| 36位 | 埼玉 | 7,951 |
| 37位 | 福島 | 8,494 |
| 38位 | 京都 | 8,755 |
| 39位 | 広島 | 9,968 |
| 40位 | 愛知 | 10,006 |
| 41位 | 千葉 | 10,165 |
| 42位 | 新潟 | 11,070 |
| 43位 | 大阪 | 12,048 |
| 44位 | 北海道 | 12,774 |
| 45位 | 兵庫 | 14,983 |
| 46位 | 神奈川 | 16,691 |
| 47位 | 東京 | 24,815 |

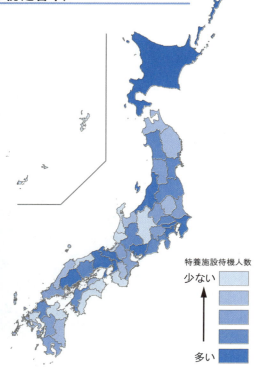

## ● E9　介護職員数（要支援・要介護認定者に対する割合）

| 順位 | 都道府県 | % |
|---|---|---|
| 1位 | 神奈川 | 0.359 |
| 2位 | 大分 | 0.346 |
| 3位 | 群馬 | 0.342 |
| 4位 | 沖縄 | 0.338 |
| 5位 | 宮崎 | 0.335 |
| 6位 | 山梨 | 0.329 |
| 7位 | 愛知 | 0.321 |
| 8位 | 岐阜 | 0.316 |
| 8位 | 島根 | 0.316 |
| 10位 | 東京 | 0.313 |
| 11位 | 鳥取 | 0.311 |
| 12位 | 青森 | 0.309 |
| 12位 | 長野 | 0.309 |
| 14位 | 奈良 | 0.307 |
| 15位 | 大阪 | 0.306 |
| 16位 | 千葉 | 0.304 |
| 16位 | 福井 | 0.304 |
| 16位 | 広島 | 0.304 |
| 19位 | 愛媛 | 0.303 |
| 20位 | 佐賀 | 0.301 |
| 21位 | 石川 | 0.300 |
| 22位 | 福岡 | 0.299 |
| 22位 | 鹿児島 | 0.299 |
| 24位 | 和歌山 | 0.298 |

| 順位 | 都道府県 | % |
|---|---|---|
| 24位 | 埼玉 | 0.298 |
| 26位 | 山形 | 0.294 |
| 27位 | 滋賀 | 0.292 |
| 27位 | 新潟 | 0.292 |
| 29位 | 山口 | 0.288 |
| 29位 | 長崎 | 0.288 |
| 31位 | 静岡 | 0.287 |
| 32位 | 徳島 | 0.284 |
| 32位 | 茨城 | 0.284 |
| 32位 | 香川 | 0.284 |
| 32位 | 三重 | 0.284 |
| 36位 | 秋田 | 0.283 |
| 37位 | 高知 | 0.282 |
| 37位 | 北海道 | 0.282 |
| 39位 | 兵庫 | 0.281 |
| 40位 | 栃木 | 0.280 |
| 40位 | 富山 | 0.280 |
| 42位 | 岡山 | 0.278 |
| 42位 | 宮城 | 0.278 |
| 44位 | 熊本 | 0.273 |
| 45位 | 福島 | 0.269 |
| 46位 | 岩手 | 0.267 |
| 47位 | 京都 | 0.251 |

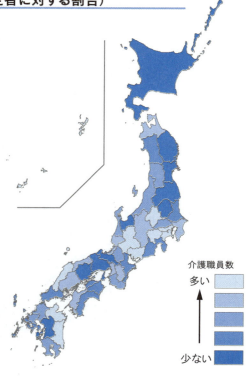

## ● E10　民生委員数（人口10万人あたり）

| 順位 | 都道府県 | 人 | | 順位 | 都道府県 | 人 |
|---|---|---|---|---|---|---|
| 1位 | 高　　知 | 331.5 | | 25位 | 滋　　賀 | 226.9 |
| 2位 | 秋　　田 | 326.6 | | 26位 | 三　　重 | 224.6 |
| 3位 | 島　　根 | 324.9 | | 27位 | 岡　　山 | 223.7 |
| 4位 | 山　　梨 | 301.7 | | 28位 | 香　　川 | 222.1 |
| 5位 | 鳥　　取 | 289.7 | | 29位 | 岐　　阜 | 219.6 |
| 6位 | 岩　　手 | 288.5 | | 30位 | 奈　　良 | 218.6 |
| 7位 | 和 歌 山 | 278.0 | | 31位 | 京　　都 | 210.2 |
| 8位 | 山　　口 | 265.6 | | 32位 | 新　　潟 | 208.3 |
| 9位 | 徳　　島 | 264.2 | | 33位 | 広　　島 | 207.1 |
| 10位 | 石　　川 | 262.6 | | 34位 | 群　　馬 | 207.0 |
| 11位 | 愛　　媛 | 262.0 | | 35位 | 栃　　木 | 195.0 |
| 12位 | 長　　崎 | 259.3 | | 36位 | 宮　　城 | 190.5 |
| 13位 | 山　　形 | 255.3 | | 37位 | 静　　岡 | 182.6 |
| 14位 | 青　　森 | 254.1 | | 38位 | 兵　　庫 | 179.5 |
| 15位 | 佐　　賀 | 252.8 | | 39位 | 茨　　城 | 178.7 |
| 16位 | 鹿 児 島 | 252.0 | | 40位 | 福　　岡 | 173.2 |
| 17位 | 長　　野 | 249.8 | | 41位 | 愛　　知 | 154.4 |
| 18位 | 大　　分 | 249.7 | | 42位 | 大　　阪 | 148.3 |
| 19位 | 福　　島 | 248.1 | | 43位 | 沖　　縄 | 147.3 |
| 20位 | 富　　山 | 236.4 | | 44位 | 埼　　玉 | 145.8 |
| 21位 | 北 海 道 | 234.7 | | 45位 | 千　　葉 | 140.9 |
| 22位 | 福　　井 | 231.8 | | 46位 | 神 奈 川 | 124.8 |
| 23位 | 宮　　崎 | 231.3 | | 47位 | 東　　京 | 75.4 |
| 24位 | 熊　　本 | 228.1 | | | | |

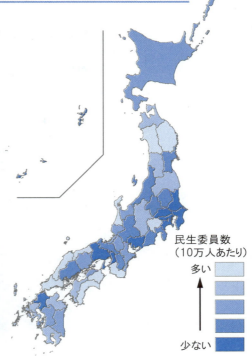

## ● E11　生活保護のケースワーカーの担当世帯数（1人あたり）

| 順位 | 都道府県 | 世帯 | | 順位 | 都道府県 | 世帯 |
|---|---|---|---|---|---|---|
| 1位 | 愛　　知 | 47.721 | | 25位 | 熊　　本 | 82.708 |
| 2位 | 石　　川 | 54.084 | | 26位 | 香　　川 | 83.020 |
| 3位 | 島　　根 | 58.263 | | 27位 | 愛　　媛 | 84.062 |
| 4位 | 福　　井 | 61.460 | | 28位 | 宮　　崎 | 85.243 |
| 5位 | 山　　形 | 67.109 | | 29位 | 静　　岡 | 86.081 |
| 6位 | 千　　葉 | 70.755 | | 30位 | 埼　　玉 | 87.210 |
| 7位 | 福　　岡 | 71.689 | | 31位 | 岩　　手 | 87.383 |
| 8位 | 佐　　賀 | 72.596 | | 32位 | 鹿 児 島 | 88.849 |
| 9位 | 山　　口 | 73.988 | | 33位 | 岡　　山 | 89.009 |
| 10位 | 神 奈 川 | 74.227 | | 34位 | 宮　　城 | 91.511 |
| 11位 | 鳥　　取 | 75.413 | | 35位 | 和 歌 山 | 92.358 |
| 12位 | 富　　山 | 76.356 | | 36位 | 青　　森 | 93.353 |
| 13位 | 北 海 道 | 76.565 | | 37位 | 栃　　木 | 93.374 |
| 14位 | 山　　梨 | 77.337 | | 38位 | 東　　京 | 93.528 |
| 15位 | 秋　　田 | 77.720 | | 39位 | 高　　知 | 93.744 |
| 16位 | 福　　島 | 77.750 | | 40位 | 大　　分 | 94.351 |
| 17位 | 広　　島 | 78.209 | | 41位 | 兵　　庫 | 102.607 |
| 18位 | 茨　　城 | 78.541 | | 42位 | 長　　野 | 104.250 |
| 19位 | 群　　馬 | 78.658 | | 43位 | 奈　　良 | 112.410 |
| 20位 | 滋　　賀 | 78.867 | | 44位 | 沖　　縄 | 113.690 |
| 21位 | 三　　重 | 78.884 | | 45位 | 岐　　阜 | 136.141 |
| 22位 | 新　　潟 | 80.824 | | 46位 | 大　　阪 | 256.127 |
| 23位 | 徳　　島 | 82.481 | | 47位 | 京　　都 | 321.170 |
| 24位 | 長　　崎 | 82.502 | | | | |

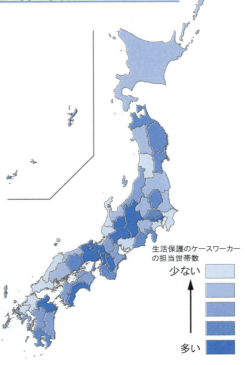

第1章　SDGs指標との比較と指標別ランキング　　35

## ● F1　インターネット利用率

| 順位 | 都道府県 | % |
|---|---|---|
| 1位 | 東　京 | 87.7 |
| 2位 | 埼　玉 | 85.7 |
| 3位 | 京　都 | 85.5 |
| 4位 | 神奈川 | 85.4 |
| 5位 | 愛　知 | 84.5 |
| 6位 | 大　阪 | 82.9 |
| 7位 | 滋　賀 | 82.3 |
| 8位 | 千　葉 | 82.2 |
| 9位 | 静　岡 | 81.7 |
| 10位 | 沖　縄 | 81.3 |
| 11位 | 広　島 | 80.8 |
| 12位 | 山　梨 | 80.3 |
| 12位 | 岐　阜 | 80.3 |
| 14位 | 群　馬 | 80.0 |
| 15位 | 石　川 | 79.9 |
| 15位 | 岡　山 | 79.9 |
| 17位 | 宮　城 | 79.7 |
| 17位 | 和歌山 | 79.7 |
| 19位 | 兵　庫 | 79.6 |
| 20位 | 三　重 | 79.5 |
| 21位 | 栃　木 | 79.3 |
| 21位 | 山　口 | 79.3 |
| 23位 | 福　岡 | 79.0 |
| 24位 | 福　井 | 78.9 |

| 順位 | 都道府県 | % |
|---|---|---|
| 24位 | 奈　良 | 78.9 |
| 26位 | 長　野 | 77.9 |
| 27位 | 北海道 | 77.7 |
| 28位 | 富　山 | 77.5 |
| 29位 | 佐　賀 | 77.1 |
| 30位 | 福　島 | 76.4 |
| 30位 | 愛　媛 | 76.4 |
| 32位 | 徳　島 | 76.1 |
| 32位 | 香　川 | 76.1 |
| 34位 | 熊　本 | 75.4 |
| 35位 | 宮　崎 | 75.1 |
| 36位 | 茨　城 | 74.8 |
| 37位 | 鳥　取 | 73.4 |
| 38位 | 大　分 | 73.0 |
| 39位 | 島　根 | 72.9 |
| 40位 | 山　形 | 72.6 |
| 41位 | 青　森 | 72.5 |
| 42位 | 新　潟 | 72.2 |
| 42位 | 長　崎 | 72.2 |
| 44位 | 高　知 | 71.8 |
| 45位 | 秋　田 | 71.5 |
| 46位 | 岩　手 | 70.5 |
| 47位 | 鹿児島 | 67.9 |

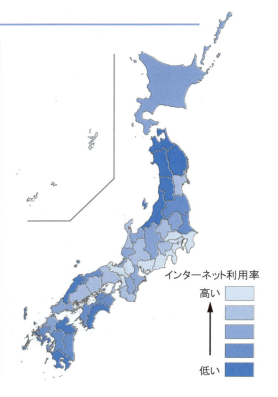

インターネット利用率
高い
↑
低い

## ● F2　ユネスコスクール数

| 順位 | 都道府県 | 数 |
|---|---|---|
| 1位 | 愛　知 | 163 |
| 2位 | 東　京 | 96 |
| 3位 | 石　川 | 89 |
| 3位 | 宮　城 | 89 |
| 5位 | 岡　山 | 65 |
| 6位 | 広　島 | 59 |
| 7位 | 福　岡 | 49 |
| 7位 | 北海道 | 49 |
| 9位 | 岐　阜 | 48 |
| 10位 | 大　阪 | 44 |
| 11位 | 奈　良 | 40 |
| 12位 | 新　潟 | 31 |
| 13位 | 愛　媛 | 28 |
| 14位 | 千　葉 | 26 |
| 15位 | 群　馬 | 21 |
| 16位 | 福　井 | 16 |
| 16位 | 長　野 | 16 |
| 18位 | 静　岡 | 15 |
| 19位 | 三　重 | 14 |
| 19位 | 富　山 | 14 |
| 19位 | 福　島 | 14 |
| 22位 | 京　都 | 13 |
| 23位 | 埼　玉 | 10 |
| 23位 | 神奈川 | 10 |

| 順位 | 都道府県 | 数 |
|---|---|---|
| 23位 | 和歌山 | 10 |
| 23位 | 兵　庫 | 10 |
| 27位 | 徳　島 | 9 |
| 28位 | 滋　賀 | 8 |
| 29位 | 山　口 | 6 |
| 30位 | 山　梨 | 5 |
| 30位 | 茨　城 | 5 |
| 30位 | 大　分 | 5 |
| 30位 | 山　形 | 5 |
| 34位 | 栃　木 | 4 |
| 34位 | 香　川 | 4 |
| 36位 | 佐　賀 | 3 |
| 36位 | 熊　本 | 3 |
| 36位 | 鳥　取 | 3 |
| 36位 | 長　崎 | 3 |
| 36位 | 秋　田 | 3 |
| 41位 | 沖　縄 | 2 |
| 41位 | 宮　崎 | 2 |
| 41位 | 島　根 | 2 |
| 41位 | 高　知 | 2 |
| 45位 | 青　森 | 1 |
| 45位 | 岩　手 | 1 |
| 45位 | 鹿児島 | 1 |

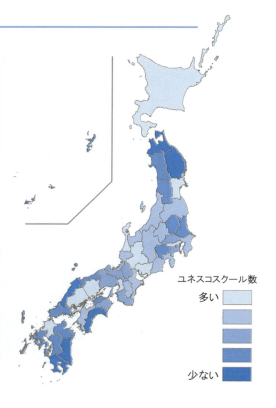

ユネスコスクール数
多い
↑
少ない

## ● F3　バリアフリー率（鉄道駅）

| 順位 | 都道府県 | % | 順位 | 都道府県 | % |
|---|---|---|---|---|---|
| 1位 | 沖　縄 | 100.0 | 24位 | 岩　手 | 31.1 |
| 2位 | 神奈川 | 87.1 | 26位 | 群　馬 | 30.1 |
| 3位 | 東　京 | 86.9 | 26位 | 山　梨 | 30.1 |
| 4位 | 大　阪 | 80.5 | 28位 | 高　知 | 28.1 |
| 5位 | 埼　玉 | 76.5 | 29位 | 岐　阜 | 26.6 |
| 6位 | 愛　知 | 70.3 | 30位 | 佐　賀 | 26.3 |
| 7位 | 千　葉 | 69.1 | 31位 | 新　潟 | 25.0 |
| 8位 | 兵　庫 | 62.4 | 32位 | 愛　媛 | 22.8 |
| 9位 | 京　都 | 56.8 | 33位 | 長　野 | 22.6 |
| 10位 | 滋　賀 | 52.0 | 34位 | 福　島 | 22.5 |
| 11位 | 福　岡 | 48.2 | 35位 | 石　川 | 22.2 |
| 12位 | 宮　城 | 46.3 | 36位 | 長　崎 | 22.1 |
| 13位 | 奈　良 | 46.2 | 37位 | 和歌山 | 22.0 |
| 14位 | 岡　山 | 43.0 | 38位 | 三　重 | 21.9 |
| 15位 | 広　島 | 42.5 | 39位 | 徳　島 | 21.1 |
| 16位 | 茨　城 | 40.0 | 40位 | 島　根 | 20.3 |
| 17位 | 香　川 | 36.3 | 41位 | 北海道 | 18.7 |
| 18位 | 福　井 | 35.1 | 42位 | 秋　田 | 15.2 |
| 19位 | 富　山 | 34.4 | 43位 | 青　森 | 15.0 |
| 20位 | 静　岡 | 33.6 | 44位 | 山　口 | 13.2 |
| 21位 | 熊　本 | 31.7 | 45位 | 鹿児島 | 12.9 |
| 21位 | 山　形 | 31.7 | 46位 | 宮　崎 | 11.8 |
| 23位 | 栃　木 | 31.3 | 47位 | 大　分 | 10.3 |
| 24位 | 鳥　取 | 31.1 | | | |

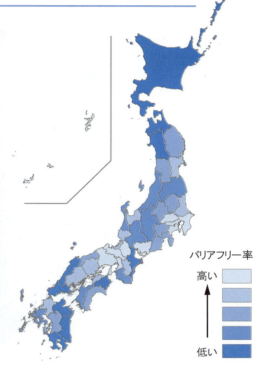

## ● F4　1人あたり温室効果ガス排出量（年間）

| 順位 | 都道府県 | t-$CO_2$ | 順位 | 都道府県 | t-$CO_2$ |
|---|---|---|---|---|---|
| 1位 | 奈　良 | 0.596 | 25位 | 栃　木 | 3.158 |
| 2位 | 東　京 | 0.963 | 26位 | 岩　手 | 3.212 |
| 3位 | 鹿児島 | 0.985 | 27位 | 滋　賀 | 3.629 |
| 4位 | 山　梨 | 1.128 | 28位 | 新　潟 | 3.729 |
| 5位 | 長　野 | 1.164 | 29位 | 北海道 | 4.129 |
| 6位 | 京　都 | 1.434 | 30位 | 徳　島 | 4.509 |
| 7位 | 沖　縄 | 1.447 | 31位 | 青　森 | 4.540 |
| 8位 | 埼　玉 | 1.515 | 32位 | 富　山 | 4.644 |
| 9位 | 鳥　取 | 1.848 | 33位 | 愛　知 | 5.178 |
| 10位 | 大　阪 | 1.884 | 34位 | 高　知 | 5.263 |
| 11位 | 長　崎 | 1.894 | 35位 | 福　井 | 5.280 |
| 12位 | 宮　崎 | 1.896 | 36位 | 福　島 | 5.650 |
| 13位 | 山　形 | 1.957 | 37位 | 福　岡 | 6.113 |
| 14位 | 石　川 | 2.052 | 38位 | 兵　庫 | 6.600 |
| 15位 | 熊　本 | 2.121 | 39位 | 千　葉 | 7.793 |
| 16位 | 群　馬 | 2.324 | 40位 | 三　重 | 8.307 |
| 17位 | 佐　賀 | 2.427 | 41位 | 愛　媛 | 8.679 |
| 18位 | 宮　城 | 2.450 | 42位 | 茨　城 | 10.257 |
| 19位 | 岐　阜 | 2.647 | 43位 | 和歌山 | 11.874 |
| 20位 | 島　根 | 2.931 | 44位 | 広　島 | 13.340 |
| 21位 | 秋　田 | 2.952 | 45位 | 岡　山 | 16.853 |
| 22位 | 神奈川 | 2.998 | 46位 | 山　口 | 23.450 |
| 22位 | 静　岡 | 2.998 | 47位 | 大　分 | 24.393 |
| 24位 | 香　川 | 3.123 | | | |

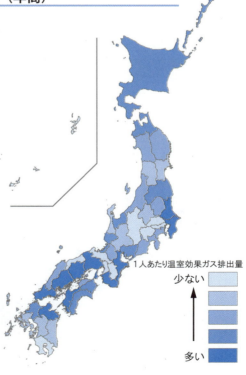

## ●F5　1住宅あたりの住宅延べ面積

| 順位 | 都道府県 | m² | 順位 | 都道府県 | m² |
|---|---|---|---|---|---|
| 1位 | 富山 | 152.18 | 25位 | 茨城 | 108.55 |
| 2位 | 福井 | 146.16 | 26位 | 静岡 | 105.42 |
| 3位 | 山形 | 141.51 | 27位 | 山口 | 104.60 |
| 4位 | 秋田 | 138.61 | 28位 | 愛媛 | 102.45 |
| 5位 | 新潟 | 134.93 | 29位 | 熊本 | 101.66 |
| 6位 | 島根 | 130.73 | 30位 | 大分 | 99.88 |
| 7位 | 石川 | 130.21 | 31位 | 長崎 | 99.54 |
| 8位 | 長野 | 127.84 | 32位 | 宮崎 | 98.53 |
| 9位 | 鳥取 | 126.09 | 33位 | 広島 | 97.29 |
| 10位 | 岐阜 | 124.23 | 34位 | 宮城 | 97.07 |
| 11位 | 青森 | 123.31 | 35位 | 高知 | 95.69 |
| 12位 | 岩手 | 122.61 | 36位 | 愛知 | 95.01 |
| 13位 | 滋賀 | 122.05 | 37位 | 兵庫 | 94.91 |
| 14位 | 佐賀 | 118.31 | 38位 | 北海道 | 93.08 |
| 15位 | 福島 | 114.63 | 39位 | 鹿児島 | 89.64 |
| 16位 | 三重 | 114.15 | 40位 | 千葉 | 89.40 |
| 17位 | 香川 | 114.06 | 41位 | 京都 | 87.86 |
| 18位 | 徳島 | 113.96 | 42位 | 埼玉 | 86.58 |
| 19位 | 山梨 | 113.27 | 43位 | 福岡 | 86.55 |
| 20位 | 奈良 | 112.63 | 44位 | 神奈川 | 76.62 |
| 21位 | 岡山 | 111.71 | 45位 | 沖縄 | 76.28 |
| 22位 | 栃木 | 110.24 | 46位 | 大阪 | 76.22 |
| 23位 | 和歌山 | 110.23 | 47位 | 東京 | 64.48 |
| 24位 | 群馬 | 109.89 | | | |

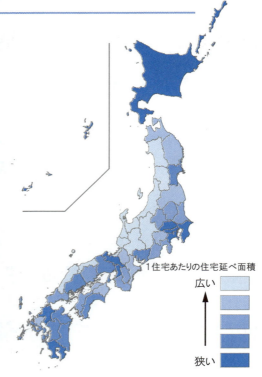

1住宅あたりの住宅延べ面積
広い ↑ 狭い

## ●F6　ごみのリサイクル率

| 順位 | 都道府県 | % | 順位 | 都道府県 | % |
|---|---|---|---|---|---|
| 1位 | 山口 | 30.7 | 25位 | 佐賀 | 18.7 |
| 2位 | 三重 | 29.7 | 26位 | 愛媛 | 18.6 |
| 3位 | 岡山 | 29.5 | 27位 | 宮崎 | 18.3 |
| 4位 | 鳥取 | 26.0 | 28位 | 岩手 | 17.4 |
| 5位 | 神奈川 | 25.7 | 29位 | 徳島 | 16.9 |
| 6位 | 北海道 | 24.6 | 30位 | 栃木 | 16.8 |
| 6位 | 埼玉 | 24.6 | 30位 | 兵庫 | 16.8 |
| 8位 | 島根 | 24.2 | 32位 | 山梨 | 16.7 |
| 9位 | 富山 | 24.0 | 33位 | 福井 | 16.6 |
| 10位 | 新潟 | 23.3 | 34位 | 宮城 | 16.4 |
| 11位 | 長野 | 23.1 | 35位 | 秋田 | 16.2 |
| 12位 | 茨城 | 22.8 | 36位 | 山形 | 15.8 |
| 12位 | 千葉 | 22.8 | 36位 | 長崎 | 15.8 |
| 12位 | 東京 | 22.8 | 38位 | 奈良 | 15.6 |
| 15位 | 愛知 | 22.3 | 38位 | 群馬 | 15.6 |
| 16位 | 高知 | 22.2 | 38位 | 鹿児島 | 15.6 |
| 17位 | 広島 | 21.8 | 41位 | 沖縄 | 14.7 |
| 18位 | 福岡 | 21.1 | 42位 | 京都 | 14.1 |
| 19位 | 滋賀 | 21.0 | 43位 | 福島 | 13.9 |
| 20位 | 静岡 | 20.5 | 44位 | 石川 | 13.8 |
| 21位 | 大分 | 20.1 | 45位 | 大阪 | 13.7 |
| 22位 | 岐阜 | 19.9 | 46位 | 青森 | 13.5 |
| 23位 | 香川 | 19.3 | 46位 | 和歌山 | 13.5 |
| 24位 | 熊本 | 19.1 | | | |

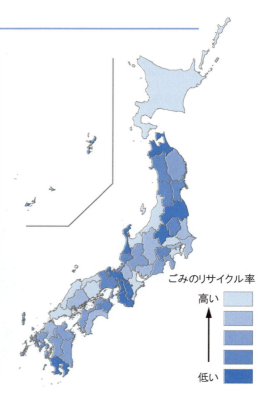

ごみのリサイクル率
高い ↑ 低い

## ●F7　汚水処理率

| 順位 | 都道府県 | % |
|---|---|---|
| 1位 | 東　京 | 99.8 |
| 2位 | 兵　庫 | 98.7 |
| 3位 | 滋　賀 | 98.6 |
| 4位 | 神奈川 | 97.9 |
| 5位 | 京　都 | 97.8 |
| 6位 | 長　野 | 97.6 |
| 7位 | 大　阪 | 97.4 |
| 8位 | 富　山 | 96.3 |
| 9位 | 北海道 | 95.2 |
| 9位 | 福　井 | 95.2 |
| 11位 | 石　川 | 93.6 |
| 12位 | 鳥　取 | 93.1 |
| 13位 | 岐　阜 | 91.6 |
| 14位 | 福　岡 | 91.5 |
| 15位 | 埼　玉 | 91.2 |
| 15位 | 山　形 | 91.2 |
| 17位 | 宮　城 | 90.6 |
| 18位 | 愛　知 | 89.8 |
| 19位 | 奈　良 | 88.8 |
| 20位 | 千　葉 | 87.5 |
| 21位 | 広　島 | 87.1 |
| 22位 | 新　潟 | 86.6 |
| 23位 | 山　口 | 86.2 |
| 24位 | 熊　本 | 86.1 |

| 順位 | 都道府県 | % |
|---|---|---|
| 24位 | 秋　田 | 86.1 |
| 26位 | 栃　木 | 85.5 |
| 27位 | 岡　山 | 85.2 |
| 27位 | 沖　縄 | 85.2 |
| 29位 | 宮　崎 | 84.8 |
| 30位 | 三　重 | 83.5 |
| 31位 | 茨　城 | 83.3 |
| 32位 | 佐　賀 | 82.0 |
| 33位 | 福　島 | 81.8 |
| 34位 | 山　梨 | 81.3 |
| 35位 | 岩　手 | 79.8 |
| 36位 | 静　岡 | 79.6 |
| 37位 | 長　崎 | 79.5 |
| 38位 | 群　馬 | 79.3 |
| 39位 | 鹿児島 | 79.0 |
| 40位 | 島　根 | 78.6 |
| 41位 | 青　森 | 78.1 |
| 42位 | 愛　媛 | 77.2 |
| 43位 | 高　知 | 76.2 |
| 44位 | 香　川 | 75.3 |
| 45位 | 大　分 | 74.9 |
| 46位 | 和歌山 | 62.2 |
| 47位 | 徳　島 | 58.9 |

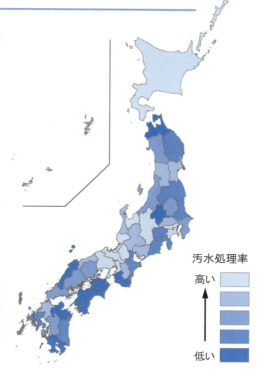

## ●F8　公共施設の耐震化率

| 順位 | 都道府県 | % |
|---|---|---|
| 1位 | 東　京 | 98.8 |
| 2位 | 愛　知 | 97.1 |
| 2位 | 静　岡 | 97.1 |
| 4位 | 大　阪 | 96.8 |
| 4位 | 宮　城 | 96.8 |
| 6位 | 三　重 | 96.5 |
| 7位 | 神奈川 | 96.0 |
| 8位 | 岐　阜 | 95.5 |
| 9位 | 埼　玉 | 94.7 |
| 10位 | 千　葉 | 94.4 |
| 11位 | 山　梨 | 94.3 |
| 12位 | 福　岡 | 93.8 |
| 13位 | 滋　賀 | 93.4 |
| 14位 | 佐　賀 | 93.1 |
| 15位 | 石　川 | 92.8 |
| 15位 | 群　馬 | 92.8 |
| 17位 | 福　井 | 92.6 |
| 18位 | 香　川 | 92.5 |
| 19位 | 兵　庫 | 92.4 |
| 20位 | 長　野 | 92.3 |
| 21位 | 熊　本 | 91.8 |
| 22位 | 茨　城 | 91.7 |
| 23位 | 和歌山 | 91.5 |
| 24位 | 京　都 | 91.4 |

| 順位 | 都道府県 | % |
|---|---|---|
| 24位 | 新　潟 | 91.4 |
| 26位 | 大　分 | 91.0 |
| 27位 | 青　森 | 90.6 |
| 28位 | 秋　田 | 90.1 |
| 29位 | 鳥　取 | 89.8 |
| 29位 | 山　形 | 89.8 |
| 29位 | 栃　木 | 89.8 |
| 29位 | 沖　縄 | 89.8 |
| 33位 | 徳　島 | 89.7 |
| 34位 | 宮　崎 | 89.5 |
| 35位 | 富　山 | 89.4 |
| 36位 | 岡　山 | 89.0 |
| 37位 | 岩　手 | 88.8 |
| 38位 | 高　知 | 88.2 |
| 39位 | 鹿児島 | 88.1 |
| 40位 | 島　根 | 86.4 |
| 41位 | 愛　媛 | 86.3 |
| 42位 | 福　島 | 85.6 |
| 43位 | 山　口 | 85.5 |
| 44位 | 奈　良 | 85.2 |
| 45位 | 北海道 | 85.1 |
| 46位 | 長　崎 | 84.8 |
| 47位 | 広　島 | 81.0 |

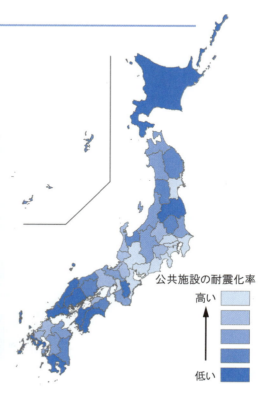

第1章　SDGs指標との比較と指標別ランキング　　39

## ● F9　上水道の基幹管路の耐震化率

| 順位 | 都道府県 | % |
|---|---|---|
| 1位 | 神奈川 | 67.2 |
| 2位 | 東京 | 63.0 |
| 3位 | 愛知 | 59.7 |
| 4位 | 千葉 | 55.1 |
| 5位 | 宮城 | 49.4 |
| 5位 | 岩手 | 49.4 |
| 7位 | 福島 | 49.1 |
| 8位 | 岐阜 | 44.9 |
| 9位 | 兵庫 | 44.1 |
| 10位 | 埼玉 | 43.0 |
| 11位 | 奈良 | 41.5 |
| 12位 | 北海道 | 41.3 |
| 13位 | 青森 | 40.9 |
| 14位 | 群馬 | 40.0 |
| 15位 | 大阪 | 39.7 |
| 16位 | 山形 | 39.6 |
| 16位 | 山口 | 39.6 |
| 18位 | 石川 | 38.7 |
| 19位 | 富山 | 38.5 |
| 20位 | 香川 | 38.0 |
| 21位 | 静岡 | 37.1 |
| 22位 | 福岡 | 36.4 |
| 22位 | 茨城 | 36.4 |
| 24位 | 島根 | 35.5 |
| 25位 | 長野 | 35.2 |
| 26位 | 山梨 | 34.6 |
| 27位 | 高知 | 34.5 |
| 28位 | 栃木 | 33.0 |
| 29位 | 宮崎 | 32.9 |
| 30位 | 広島 | 32.4 |
| 31位 | 京都 | 31.9 |
| 32位 | 福井 | 31.5 |
| 33位 | 新潟 | 31.1 |
| 34位 | 滋賀 | 29.9 |
| 35位 | 大分 | 29.5 |
| 36位 | 長崎 | 29.4 |
| 37位 | 佐賀 | 28.0 |
| 38位 | 熊本 | 27.8 |
| 39位 | 三重 | 27.5 |
| 40位 | 岡山 | 27.3 |
| 41位 | 鳥取 | 26.5 |
| 42位 | 徳島 | 26.1 |
| 43位 | 愛媛 | 25.6 |
| 44位 | 沖縄 | 24.7 |
| 45位 | 和歌山 | 23.8 |
| 46位 | 鹿児島 | 23.3 |
| 47位 | 秋田 | 22.8 |

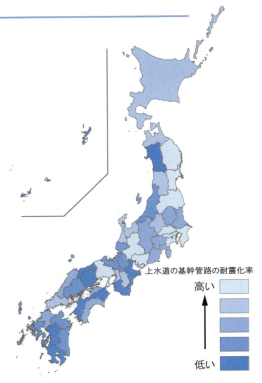

上水道の基幹管路の耐震化率
高い ↑ 低い

## ● F10　刑法犯認知件数（人口10万人あたり）

| 順位 | 都道府県 | 件 |
|---|---|---|
| 1位 | 秋田 | 243.8 |
| 2位 | 岩手 | 273.7 |
| 3位 | 長崎 | 314.9 |
| 4位 | 大分 | 343.6 |
| 5位 | 青森 | 360.6 |
| 6位 | 山形 | 360.7 |
| 7位 | 島根 | 404.8 |
| 8位 | 福井 | 414.8 |
| 9位 | 鹿児島 | 425.6 |
| 10位 | 山口 | 455.2 |
| 11位 | 宮崎 | 458.2 |
| 12位 | 長野 | 459.3 |
| 13位 | 鳥取 | 460.9 |
| 14位 | 熊本 | 469.6 |
| 15位 | 石川 | 470.2 |
| 16位 | 徳島 | 497.2 |
| 17位 | 富山 | 504.7 |
| 18位 | 佐賀 | 525.6 |
| 19位 | 北海道 | 529.3 |
| 20位 | 沖縄 | 557.7 |
| 21位 | 山梨 | 561.0 |
| 22位 | 新潟 | 562.7 |
| 23位 | 広島 | 564.9 |
| 24位 | 静岡 | 567.9 |
| 25位 | 香川 | 579.1 |
| 26位 | 岡山 | 582.3 |
| 27位 | 神奈川 | 585.5 |
| 28位 | 福島 | 591.2 |
| 29位 | 滋賀 | 618.3 |
| 30位 | 和歌山 | 626.6 |
| 31位 | 宮城 | 642.7 |
| 32位 | 高知 | 649.2 |
| 33位 | 栃木 | 652.4 |
| 34位 | 群馬 | 668.6 |
| 35位 | 奈良 | 671.5 |
| 36位 | 愛媛 | 675.0 |
| 37位 | 京都 | 715.8 |
| 38位 | 三重 | 741.4 |
| 39位 | 岐阜 | 741.9 |
| 40位 | 福岡 | 824.9 |
| 41位 | 千葉 | 848.1 |
| 42位 | 茨城 | 857.8 |
| 43位 | 埼玉 | 867.1 |
| 44位 | 愛知 | 870.6 |
| 45位 | 東京 | 912.6 |
| 46位 | 兵庫 | 923.5 |
| 47位 | 大阪 | 1,213.0 |

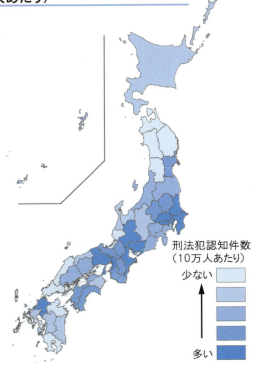

刑法犯認知件数（10万人あたり）
少ない ↑ 多い

## ● G1　いじめ件数（児童・生徒千人あたり）

| 順位 | 都道府県 | 件 | 順位 | 都道府県 | 件 |
|---|---|---|---|---|---|
| 1位 | 香川 | 5.0 | 25位 | 大阪 | 19.0 |
| 2位 | 佐賀 | 5.6 | 26位 | 愛知 | 19.2 |
| 3位 | 広島 | 7.3 | 27位 | 静岡 | 19.3 |
| 4位 | 富山 | 8.9 | 28位 | 栃木 | 19.9 |
| 5位 | 福岡 | 9.1 | 29位 | 山口 | 20.4 |
| 6位 | 鳥取 | 9.6 | 30位 | 島根 | 21.8 |
| 7位 | 福島 | 9.9 | 31位 | 秋田 | 28.4 |
| 7位 | 石川 | 9.9 | 32位 | 徳島 | 28.9 |
| 9位 | 岡山 | 10.3 | 33位 | 滋賀 | 29.4 |
| 10位 | 福井 | 11.5 | 34位 | 大分 | 29.7 |
| 11位 | 埼玉 | 12.2 | 35位 | 鹿児島 | 31.2 |
| 12位 | 熊本 | 13.1 | 36位 | 和歌山 | 36.6 |
| 13位 | 三重 | 13.2 | 37位 | 青森 | 38.8 |
| 14位 | 群馬 | 13.6 | 38位 | 茨城 | 39.4 |
| 15位 | 長崎 | 14.5 | 39位 | 山梨 | 39.5 |
| 16位 | 岐阜 | 14.9 | 40位 | 新潟 | 41.6 |
| 17位 | 東京 | 15.3 | 41位 | 岩手 | 44.4 |
| 18位 | 北海道 | 15.5 | 42位 | 千葉 | 49.7 |
| 19位 | 神奈川 | 16.2 | 43位 | 山形 | 56.6 |
| 20位 | 兵庫 | 16.3 | 44位 | 沖縄 | 57.8 |
| 20位 | 奈良 | 16.3 | 45位 | 宮城 | 77.9 |
| 22位 | 愛媛 | 16.8 | 46位 | 宮崎 | 85.7 |
| 23位 | 長野 | 17.8 | 47位 | 京都 | 96.8 |
| 24位 | 高知 | 18.9 | | | |

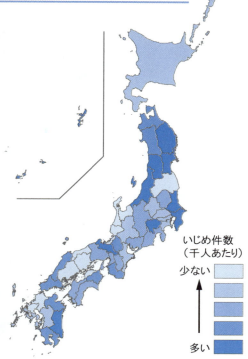

## ● G2　子どもの一時保護所受入れ平均在所日数

| 順位 | 都道府県 | 日 | 順位 | 都道府県 | 日 |
|---|---|---|---|---|---|
| 1位 | 鳥取 | 8.4 | 25位 | 群馬 | 25.9 |
| 2位 | 岡山 | 11.4 | 26位 | 静岡 | 26.7 |
| 3位 | 愛媛 | 11.7 | 27位 | 兵庫 | 26.9 |
| 4位 | 香川 | 13.1 | 28位 | 神奈川 | 27.7 |
| 5位 | 富山 | 13.6 | 29位 | 奈良 | 28.1 |
| 6位 | 京都 | 13.8 | 30位 | 愛知 | 28.8 |
| 7位 | 宮崎 | 15.5 | 31位 | 滋賀 | 29.5 |
| 8位 | 広島 | 16.1 | 32位 | 福井 | 29.9 |
| 9位 | 福岡 | 18.0 | 32位 | 長野 | 29.9 |
| 10位 | 大分 | 18.6 | 34位 | 福島 | 30.9 |
| 11位 | 三重 | 18.8 | 35位 | 高知 | 31.4 |
| 12位 | 島根 | 19.1 | 36位 | 和歌山 | 33.0 |
| 12位 | 茨城 | 19.1 | 37位 | 熊本 | 34.8 |
| 14位 | 岐阜 | 19.5 | 38位 | 沖縄 | 35.6 |
| 15位 | 徳島 | 20.1 | 39位 | 千葉 | 38.2 |
| 16位 | 青森 | 21.0 | 40位 | 佐賀 | 39.7 |
| 17位 | 新潟 | 21.4 | 41位 | 栃木 | 40.8 |
| 18位 | 北海道 | 21.6 | 42位 | 東京 | 41.3 |
| 19位 | 石川 | 22.0 | 43位 | 山梨 | 41.9 |
| 20位 | 岩手 | 23.4 | 44位 | 宮城 | 45.9 |
| 21位 | 鹿児島 | 23.9 | 45位 | 秋田 | 46.8 |
| 22位 | 長崎 | 24.3 | 46位 | 埼玉 | 48.3 |
| 23位 | 山口 | 24.4 | 47位 | 山形 | 51.3 |
| 24位 | 大阪 | 24.6 | | | |

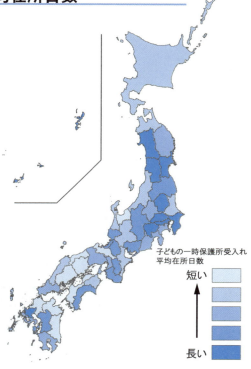

## ● G3　里親委託率

| 順位 | 都道府県 | % |
|---|---|---|
| 1位 | 新潟 | 42.4 |
| 2位 | 滋賀 | 39.3 |
| 3位 | 沖縄 | 35.5 |
| 4位 | 宮城 | 33.1 |
| 5位 | 大分 | 30.6 |
| 6位 | 静岡 | 28.9 |
| 7位 | 北海道 | 28.7 |
| 8位 | 山梨 | 27.8 |
| 9位 | 福岡 | 25.7 |
| 10位 | 青森 | 25.3 |
| 11位 | 香川 | 25.1 |
| 12位 | 島根 | 25.0 |
| 13位 | 千葉 | 24.4 |
| 14位 | 岩手 | 24.2 |
| 15位 | 三重 | 22.9 |
| 16位 | 富山 | 22.8 |
| 17位 | 福島 | 20.8 |
| 18位 | 埼玉 | 20.7 |
| 19位 | 岡山 | 20.6 |
| 20位 | 鳥取 | 20.5 |
| 21位 | 栃木 | 20.4 |
| 22位 | 佐賀 | 19.7 |
| 23位 | 和歌山 | 18.4 |
| 24位 | 奈良 | 18.1 |
| 25位 | 長崎 | 17.0 |
| 26位 | 山口 | 16.1 |
| 27位 | 神奈川 | 16.0 |
| 28位 | 群馬 | 15.8 |
| 29位 | 石川 | 15.7 |
| 30位 | 山形 | 15.6 |
| 31位 | 高知 | 15.0 |
| 32位 | 兵庫 | 14.5 |
| 33位 | 広島 | 14.3 |
| 33位 | 愛知 | 14.3 |
| 35位 | 鹿児島 | 13.5 |
| 36位 | 福井 | 13.4 |
| 37位 | 長野 | 13.2 |
| 38位 | 徳島 | 13.1 |
| 38位 | 東京 | 13.1 |
| 40位 | 愛媛 | 12.6 |
| 41位 | 茨城 | 12.5 |
| 42位 | 宮崎 | 12.1 |
| 43位 | 岐阜 | 11.7 |
| 44位 | 熊本 | 11.6 |
| 45位 | 京都 | 11.3 |
| 46位 | 大阪 | 10.7 |
| 47位 | 秋田 | 8.5 |

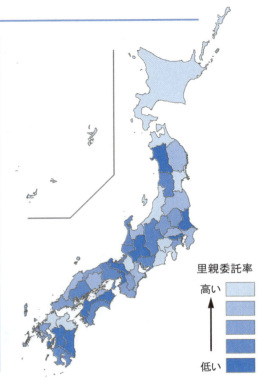

## ● G4　子どもの自殺数（2015–2017年平均）

| 順位 | 都道府県 | 人 |
|---|---|---|
| 1位 | 福井 | 1.7 |
| 1位 | 鳥取 | 1.7 |
| 3位 | 山形 | 2.3 |
| 4位 | 島根 | 3.0 |
| 4位 | 高知 | 3.0 |
| 6位 | 山梨 | 3.3 |
| 7位 | 香川 | 3.7 |
| 7位 | 佐賀 | 3.7 |
| 9位 | 大分 | 4.0 |
| 10位 | 奈良 | 4.3 |
| 10位 | 和歌山 | 4.3 |
| 12位 | 青森 | 4.7 |
| 12位 | 秋田 | 4.7 |
| 12位 | 山口 | 4.7 |
| 12位 | 徳島 | 4.7 |
| 12位 | 沖縄 | 4.7 |
| 17位 | 熊本 | 5.0 |
| 17位 | 宮崎 | 5.0 |
| 19位 | 長崎 | 5.3 |
| 20位 | 岩手 | 6.0 |
| 20位 | 富山 | 6.0 |
| 20位 | 岡山 | 6.0 |
| 23位 | 岐阜 | 7.0 |
| 24位 | 石川 | 7.3 |
| 25位 | 愛媛 | 7.7 |
| 26位 | 滋賀 | 8.0 |
| 26位 | 鹿児島 | 8.0 |
| 28位 | 三重 | 10.0 |
| 29位 | 宮城 | 10.3 |
| 30位 | 広島 | 11.0 |
| 31位 | 栃木 | 11.3 |
| 32位 | 群馬 | 11.7 |
| 32位 | 長野 | 11.7 |
| 34位 | 京都 | 13.0 |
| 35位 | 福島 | 13.3 |
| 36位 | 茨城 | 13.7 |
| 36位 | 新潟 | 13.7 |
| 38位 | 静岡 | 16.7 |
| 39位 | 大阪 | 17.7 |
| 40位 | 兵庫 | 20.3 |
| 41位 | 福岡 | 20.7 |
| 42位 | 北海道 | 28.0 |
| 43位 | 千葉 | 28.7 |
| 44位 | 神奈川 | 31.3 |
| 45位 | 埼玉 | 32.0 |
| 46位 | 愛知 | 36.0 |
| 47位 | 東京 | 66.3 |

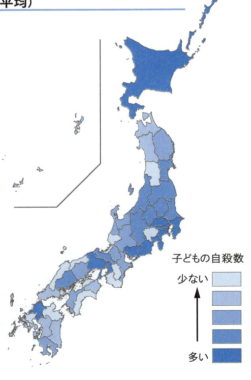

## ● G5　DV被害者の一時保護件数（人口10万人あたり）

| 順位 | 都道府県 | 件 |
|---|---|---|
| 1位 | 新　　潟 | 0.955 |
| 2位 | 埼　　玉 | 1.445 |
| 3位 | 山　　口 | 1.566 |
| 4位 | 長　　野 | 1.572 |
| 5位 | 山　　形 | 1.780 |
| 6位 | 千　　葉 | 1.896 |
| 7位 | 鹿　児　島 | 1.942 |
| 8位 | 青　　森 | 1.987 |
| 9位 | 静　　岡 | 2.000 |
| 10位 | 群　　馬 | 2.179 |
| 11位 | 愛　　媛 | 2.238 |
| 12位 | 秋　　田 | 2.346 |
| 13位 | 福　　島 | 2.821 |
| 14位 | 徳　　島 | 2.911 |
| 15位 | 宮　　城 | 2.956 |
| 16位 | 岩　　手 | 2.970 |
| 17位 | 岐　　阜 | 3.002 |
| 18位 | 福　　井 | 3.051 |
| 19位 | 神　奈　川 | 3.309 |
| 20位 | 島　　根 | 3.312 |
| 21位 | 茨　　城 | 3.394 |
| 22位 | 広　　島 | 3.411 |
| 23位 | 愛　　知 | 3.501 |
| 24位 | 宮　　崎 | 3.532 |

| 順位 | 都道府県 | 件 |
|---|---|---|
| 25位 | 栃　　木 | 3.596 |
| 26位 | 三　　重 | 3.855 |
| 27位 | 長　　崎 | 3.994 |
| 28位 | 兵　　庫 | 4.065 |
| 29位 | 山　　梨 | 4.072 |
| 30位 | 福　　岡 | 4.254 |
| 31位 | 大　　分 | 4.287 |
| 32位 | 熊　　本 | 4.311 |
| 33位 | 岡　　山 | 4.476 |
| 34位 | 富　　山 | 4.689 |
| 35位 | 石　　川 | 5.026 |
| 36位 | 大　　阪 | 5.453 |
| 37位 | 佐　　賀 | 5.523 |
| 38位 | 京　　都 | 5.670 |
| 39位 | 高　　知 | 5.767 |
| 40位 | 北　海　道 | 5.909 |
| 41位 | 鳥　　取 | 6.452 |
| 42位 | 滋　　賀 | 6.582 |
| 43位 | 東　　京 | 6.681 |
| 44位 | 奈　　良 | 7.403 |
| 45位 | 和　歌　山 | 8.821 |
| 46位 | 香　　川 | 9.116 |
| 47位 | 沖　　縄 | 9.766 |

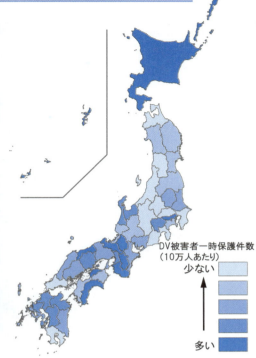

## ● G6　男性の家事・育児分担時間数（1週間合計）

| 順位 | 都道府県 | 時間 |
|---|---|---|
| 1位 | 宮　　崎 | 34 |
| 2位 | 徳　　島 | 33 |
| 3位 | 長　　野 | 32 |
| 3位 | 岩　　手 | 32 |
| 3位 | 広　　島 | 32 |
| 6位 | 山　　形 | 31 |
| 6位 | 宮　　城 | 31 |
| 6位 | 山　　梨 | 31 |
| 6位 | 沖　　縄 | 31 |
| 10位 | 埼　　玉 | 30 |
| 10位 | 山　　口 | 30 |
| 10位 | 福　　井 | 30 |
| 10位 | 大　　分 | 30 |
| 10位 | 京　　都 | 30 |
| 10位 | 奈　　良 | 30 |
| 16位 | 新　　潟 | 29 |
| 16位 | 群　　馬 | 29 |
| 16位 | 島　　根 | 29 |
| 16位 | 兵　　庫 | 29 |
| 16位 | 富　　山 | 29 |
| 16位 | 高　　知 | 29 |
| 16位 | 東　　京 | 29 |
| 23位 | 千　　葉 | 28 |
| 23位 | 大　　阪 | 28 |

| 順位 | 都道府県 | 時間 |
|---|---|---|
| 23位 | 滋　　賀 | 28 |
| 26位 | 青　　森 | 27 |
| 26位 | 岐　　阜 | 27 |
| 26位 | 愛　　知 | 27 |
| 26位 | 岡　　山 | 27 |
| 26位 | 石　　川 | 27 |
| 26位 | 鳥　　取 | 27 |
| 26位 | 香　　川 | 27 |
| 33位 | 鹿　児　島 | 26 |
| 33位 | 静　　岡 | 26 |
| 33位 | 秋　　田 | 26 |
| 33位 | 福　　島 | 26 |
| 33位 | 茨　　城 | 26 |
| 33位 | 栃　　木 | 26 |
| 33位 | 三　　重 | 26 |
| 33位 | 和　歌　山 | 26 |
| 41位 | 神　奈　川 | 25 |
| 41位 | 長　　崎 | 25 |
| 41位 | 北　海　道 | 25 |
| 44位 | 愛　　媛 | 23 |
| 44位 | 福　　岡 | 23 |
| 44位 | 熊　　本 | 23 |
| 44位 | 佐　　賀 | 23 |

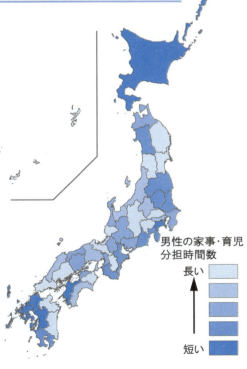

第1章　SDGs指標との比較と指標別ランキング

## ● G7　男女の賃金差（男性を100とした場合の女性の賃金）

| 順位 | 都道府県 |  | 順位 | 都道府県 |  |
|---|---|---|---|---|---|
| 1位 | 沖　縄 | 79.493 | 25位 | 長　崎 | 71.959 |
| 2位 | 鳥　取 | 76.658 | 26位 | 神奈川 | 71.783 |
| 3位 | 高　知 | 76.433 | 27位 | 鹿児島 | 71.587 |
| 4位 | 秋　田 | 75.163 | 28位 | 富　山 | 71.507 |
| 5位 | 奈　良 | 74.979 | 29位 | 石　川 | 71.340 |
| 6位 | 千　葉 | 74.946 | 30位 | 長　野 | 70.954 |
| 7位 | 北海道 | 73.704 | 31位 | 福　島 | 70.826 |
| 8位 | 和歌山 | 73.617 | 32位 | 広　島 | 70.487 |
| 9位 | 香　川 | 73.536 | 33位 | 山　梨 | 70.401 |
| 10位 | 兵　庫 | 73.448 | 34位 | 岡　山 | 70.271 |
| 11位 | 山　口 | 73.393 | 35位 | 福　岡 | 70.120 |
| 12位 | 宮　崎 | 73.354 | 36位 | 佐　賀 | 70.107 |
| 13位 | 岩　手 | 73.140 | 37位 | 岐　阜 | 70.073 |
| 14位 | 新　潟 | 73.110 | 38位 | 宮　城 | 70.067 |
| 15位 | 島　根 | 73.051 | 39位 | 愛　知 | 69.582 |
| 16位 | 京　都 | 72.957 | 40位 | 栃　木 | 69.460 |
| 17位 | 山　形 | 72.899 | 41位 | 群　馬 | 69.321 |
| 18位 | 大　分 | 72.882 | 42位 | 福　井 | 69.319 |
| 19位 | 徳　島 | 72.881 | 43位 | 滋　賀 | 69.068 |
| 20位 | 大　阪 | 72.658 | 44位 | 愛　媛 | 68.242 |
| 21位 | 熊　本 | 72.629 | 45位 | 三　重 | 68.119 |
| 22位 | 東　京 | 72.555 | 46位 | 茨　城 | 67.745 |
| 23位 | 青　森 | 72.155 | 47位 | 静　岡 | 67.471 |
| 24位 | 埼　玉 | 72.020 |  |  |  |

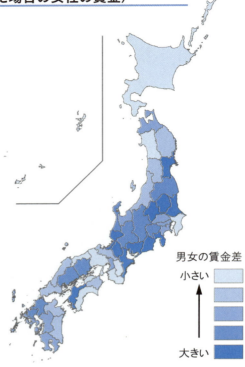

## ● H1　国政選挙投票率

| 順位 | 都道府県 | ％ | 順位 | 都道府県 | ％ |
|---|---|---|---|---|---|
| 1位 | 島　根 | 60.72 | 25位 | 和歌山 | 53.17 |
| 2位 | 山　形 | 60.69 | 25位 | 鹿児島 | 53.17 |
| 3位 | 長　野 | 59.17 | 27位 | 愛　媛 | 53.08 |
| 4位 | 山　梨 | 59.01 | 28位 | 石　川 | 53.02 |
| 5位 | 秋　田 | 58.33 | 29位 | 茨　城 | 53.01 |
| 6位 | 三　重 | 57.98 | 30位 | 兵　庫 | 52.30 |
| 7位 | 大　分 | 57.25 | 31位 | 埼　玉 | 51.96 |
| 8位 | 佐　賀 | 57.23 | 32位 | 千　葉 | 51.63 |
| 9位 | 岩　手 | 57.01 | 33位 | 富　山 | 51.54 |
| 10位 | 北海道 | 56.57 | 34位 | 大　阪 | 51.45 |
| 11位 | 奈　良 | 56.25 | 35位 | 群　馬 | 51.12 |
| 12位 | 新　潟 | 56.24 | 36位 | 京　都 | 51.08 |
| 13位 | 東　京 | 55.93 | 37位 | 青　森 | 51.07 |
| 14位 | 静　岡 | 55.69 | 38位 | 福　岡 | 50.83 |
| 15位 | 岐　阜 | 55.33 | 39位 | 宮　城 | 50.81 |
| 15位 | 鳥　取 | 55.33 | 40位 | 熊　本 | 50.76 |
| 17位 | 滋　賀 | 55.16 | 41位 | 栃　木 | 50.74 |
| 18位 | 福　島 | 54.82 | 42位 | 岡　山 | 50.73 |
| 19位 | 愛　知 | 54.80 | 43位 | 香　川 | 50.30 |
| 20位 | 神奈川 | 54.67 | 44位 | 宮　崎 | 49.81 |
| 21位 | 長　崎 | 53.51 | 45位 | 広　島 | 49.80 |
| 22位 | 沖　縄 | 53.41 | 46位 | 高　知 | 48.25 |
| 23位 | 福　井 | 53.25 | 47位 | 徳　島 | 47.10 |
| 24位 | 山　口 | 53.21 |  |  |  |

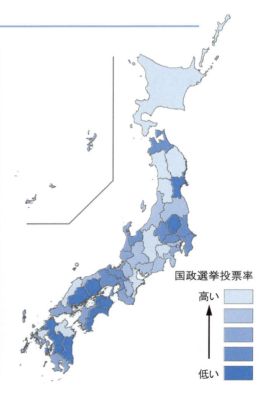

## ● H2　女性の地方議員割合

| 順位 | 都道府県 | % |
|---|---|---|
| 1位 | 東京 | 26.872 |
| 2位 | 神奈川 | 20.114 |
| 3位 | 埼玉 | 19.896 |
| 4位 | 大阪 | 19.185 |
| 5位 | 京都 | 17.108 |
| 6位 | 千葉 | 16.999 |
| 7位 | 兵庫 | 14.725 |
| 8位 | 愛知 | 14.274 |
| 9位 | 滋賀 | 14.146 |
| 10位 | 長野 | 14.051 |
| 11位 | 三重 | 13.899 |
| 12位 | 栃木 | 13.153 |
| 13位 | 静岡 | 12.225 |
| 14位 | 北海道 | 12.098 |
| 15位 | 山口 | 12.085 |
| 16位 | 茨城 | 12.000 |
| 17位 | 鳥取 | 11.935 |
| 18位 | 福岡 | 11.867 |
| 19位 | 高知 | 11.814 |
| 20位 | 岐阜 | 11.639 |
| 21位 | 奈良 | 11.466 |
| 22位 | 広島 | 11.311 |
| 23位 | 和歌山 | 11.087 |
| 24位 | 宮城 | 10.920 |

| 順位 | 都道府県 | % |
|---|---|---|
| 25位 | 岡山 | 10.837 |
| 26位 | 岩手 | 10.828 |
| 27位 | 山形 | 10.357 |
| 28位 | 徳島 | 10.123 |
| 29位 | 宮崎 | 10.115 |
| 30位 | 沖縄 | 9.795 |
| 31位 | 福井 | 9.281 |
| 32位 | 新潟 | 9.063 |
| 33位 | 香川 | 8.709 |
| 34位 | 富山 | 8.525 |
| 35位 | 群馬 | 8.293 |
| 36位 | 島根 | 8.262 |
| 37位 | 秋田 | 8.130 |
| 38位 | 鹿児島 | 8.097 |
| 39位 | 佐賀 | 8.052 |
| 40位 | 愛媛 | 8.046 |
| 41位 | 福島 | 8.013 |
| 42位 | 山梨 | 7.877 |
| 43位 | 熊本 | 7.840 |
| 44位 | 長崎 | 7.256 |
| 45位 | 石川 | 7.082 |
| 46位 | 大分 | 6.801 |
| 47位 | 青森 | 6.563 |

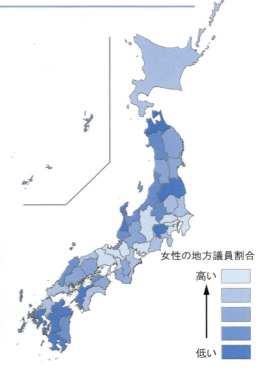

## ● H3　情報公開度

| 順位 | 都道府県 | 点 |
|---|---|---|
| 1位 | 兵庫 | 97 |
| 2位 | 大阪 | 92 |
| 2位 | 富山 | 92 |
| 4位 | 高知 | 74 |
| 4位 | 青森 | 74 |
| 6位 | 大分 | 72 |
| 7位 | 奈良 | 67 |
| 8位 | 三重 | 58 |
| 9位 | 茨城 | 57 |
| 10位 | 徳島 | 54 |
| 11位 | 鳥取 | 50 |
| 12位 | 京都 | 49 |
| 12位 | 広島 | 49 |
| 14位 | 沖縄 | 47 |
| 14位 | 石川 | 47 |
| 16位 | 福岡 | 42 |
| 16位 | 岩手 | 42 |
| 18位 | 静岡 | 39 |
| 18位 | 福島 | 39 |
| 18位 | 長崎 | 39 |
| 21位 | 千葉 | 37 |
| 21位 | 長野 | 37 |
| 21位 | 山形 | 37 |
| 21位 | 山梨 | 37 |

| 順位 | 都道府県 | 点 |
|---|---|---|
| 21位 | 熊本 | 37 |
| 26位 | 福井 | 35 |
| 27位 | 愛知 | 34 |
| 28位 | 滋賀 | 32 |
| 28位 | 北海道 | 32 |
| 28位 | 岡山 | 32 |
| 31位 | 岐阜 | 30 |
| 31位 | 鹿児島 | 30 |
| 33位 | 宮城 | 29 |
| 34位 | 東京 | 27 |
| 34位 | 愛媛 | 27 |
| 36位 | 新潟 | 25 |
| 37位 | 神奈川 | 22 |
| 37位 | 秋田 | 22 |
| 39位 | 栃木 | 19 |
| 40位 | 島根 | 18 |
| 41位 | 香川 | 17 |
| 42位 | 和歌山 | 15 |
| 43位 | 山口 | 12 |
| 43位 | 宮崎 | 12 |
| 43位 | 群馬 | 12 |
| 43位 | 佐賀 | 12 |
| 47位 | 埼玉 | 11 |

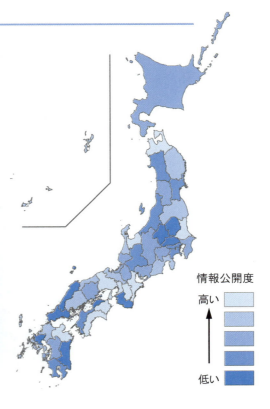

第1章　SDGs指標との比較と指標別ランキング

## ● H4　法テラスへの問合わせ件数（人口1万人あたり）

| 順位 | 都道府県 | 件 |
|---|---|---|
| 1位 | 熊本 | 55.192 |
| 2位 | 徳島 | 54.027 |
| 3位 | 大分 | 53.578 |
| 4位 | 東京 | 53.377 |
| 5位 | 香川 | 53.261 |
| 6位 | 兵庫 | 49.101 |
| 7位 | 大阪 | 48.440 |
| 8位 | 高知 | 47.184 |
| 9位 | 北海道 | 46.859 |
| 10位 | 山梨 | 45.940 |
| 11位 | 愛媛 | 45.745 |
| 12位 | 長野 | 45.378 |
| 13位 | 福井 | 45.320 |
| 14位 | 宮城 | 44.017 |
| 15位 | 茨城 | 43.401 |
| 16位 | 福島 | 43.072 |
| 17位 | 宮崎 | 42.217 |
| 18位 | 栃木 | 42.152 |
| 19位 | 青森 | 41.833 |
| 20位 | 沖縄 | 41.793 |
| 21位 | 千葉 | 40.877 |
| 22位 | 和歌山 | 38.826 |
| 23位 | 神奈川 | 38.750 |
| 24位 | 京都 | 37.455 |

| 順位 | 都道府県 | 件 |
|---|---|---|
| 25位 | 広島 | 37.096 |
| 26位 | 福岡 | 36.609 |
| 27位 | 埼玉 | 34.729 |
| 28位 | 愛知 | 34.596 |
| 29位 | 石川 | 34.422 |
| 30位 | 三重 | 34.381 |
| 31位 | 富山 | 34.251 |
| 32位 | 佐賀 | 33.188 |
| 33位 | 静岡 | 33.050 |
| 34位 | 滋賀 | 32.597 |
| 35位 | 岡山 | 32.120 |
| 36位 | 群馬 | 31.739 |
| 37位 | 岐阜 | 31.217 |
| 38位 | 鳥取 | 30.982 |
| 39位 | 秋田 | 30.069 |
| 40位 | 島根 | 29.174 |
| 41位 | 奈良 | 28.437 |
| 42位 | 山形 | 28.005 |
| 43位 | 新潟 | 27.642 |
| 44位 | 長崎 | 26.928 |
| 45位 | 山口 | 25.746 |
| 46位 | 岩手 | 21.396 |
| 47位 | 鹿児島 | 18.888 |

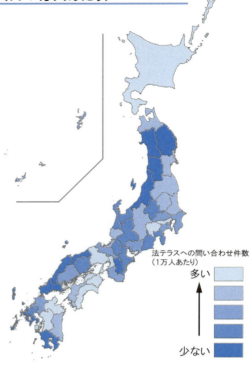

## ● H5　弁護士数（人口1万人あたり）

| 順位 | 都道府県 | 人 |
|---|---|---|
| 1位 | 東京 | 13.39 |
| 2位 | 大阪 | 5.04 |
| 3位 | 京都 | 2.89 |
| 4位 | 愛知 | 2.56 |
| 5位 | 福岡 | 2.43 |
| 6位 | 岡山 | 2.06 |
| 7位 | 広島 | 2.03 |
| 8位 | 宮城 | 1.88 |
| 9位 | 北海道 | 1.83 |
| 10位 | 沖縄 | 1.82 |
| 11位 | 香川 | 1.80 |
| 12位 | 神奈川 | 1.74 |
| 13位 | 兵庫 | 1.66 |
| 14位 | 熊本 | 1.52 |
| 15位 | 和歌山 | 1.51 |
| 16位 | 石川 | 1.49 |
| 17位 | 山梨 | 1.45 |
| 18位 | 群馬 | 1.43 |
| 19位 | 大分 | 1.38 |
| 20位 | 福井 | 1.32 |
| 21位 | 宮崎 | 1.30 |
| 22位 | 徳島 | 1.29 |
| 23位 | 静岡 | 1.26 |
| 24位 | 高知 | 1.25 |

| 順位 | 都道府県 | 人 |
|---|---|---|
| 24位 | 奈良 | 1.25 |
| 24位 | 鹿児島 | 1.25 |
| 27位 | 千葉 | 1.24 |
| 27位 | 佐賀 | 1.24 |
| 29位 | 山口 | 1.22 |
| 30位 | 新潟 | 1.21 |
| 31位 | 愛媛 | 1.20 |
| 31位 | 長崎 | 1.20 |
| 33位 | 長野 | 1.17 |
| 34位 | 富山 | 1.15 |
| 35位 | 埼玉 | 1.14 |
| 35位 | 島根 | 1.14 |
| 37位 | 鳥取 | 1.12 |
| 38位 | 栃木 | 1.10 |
| 39位 | 三重 | 1.06 |
| 40位 | 福島 | 1.05 |
| 41位 | 滋賀 | 1.02 |
| 42位 | 茨城 | 0.97 |
| 43位 | 岐阜 | 0.96 |
| 44位 | 青森 | 0.93 |
| 45位 | 山形 | 0.91 |
| 46位 | 岩手 | 0.83 |
| 47位 | 秋田 | 0.78 |

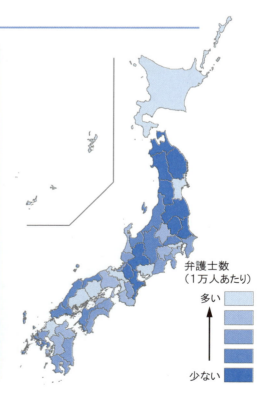

## ● H6　人権侵犯件数（人口1万人あたり）

| 順位 | 都道府県 | 件 |
|---|---|---|
| 1位 | 埼玉 | 0.291 |
| 2位 | 千葉 | 0.701 |
| 3位 | 山梨 | 0.838 |
| 4位 | 静岡 | 0.952 |
| 5位 | 栃木 | 0.966 |
| 6位 | 神奈川 | 1.033 |
| 7位 | 茨城 | 1.044 |
| 8位 | 福岡 | 1.095 |
| 9位 | 福島 | 1.259 |
| 10位 | 山形 | 1.370 |
| 11位 | 滋賀 | 1.430 |
| 12位 | 鹿児島 | 1.439 |
| 13位 | 東京 | 1.489 |
| 14位 | 群馬 | 1.495 |
| 15位 | 佐賀 | 1.553 |
| 16位 | 大阪 | 1.566 |
| 17位 | 奈良 | 1.580 |
| 18位 | 長崎 | 1.595 |
| 19位 | 兵庫 | 1.694 |
| 20位 | 青森 | 1.698 |
| 21位 | 北海道 | 1.722 |
| 22位 | 宮城 | 1.808 |
| 23位 | 広島 | 1.817 |
| 24位 | 京都 | 1.885 |

| 順位 | 都道府県 | 件 |
|---|---|---|
| 25位 | 沖縄 | 1.899 |
| 26位 | 富山 | 1.913 |
| 27位 | 岡山 | 1.998 |
| 28位 | 新潟 | 2.029 |
| 29位 | 和歌山 | 2.032 |
| 30位 | 山口 | 2.068 |
| 31位 | 熊本 | 2.074 |
| 32位 | 福井 | 2.092 |
| 33位 | 愛知 | 2.155 |
| 34位 | 石川 | 2.258 |
| 35位 | 島根 | 2.321 |
| 36位 | 愛媛 | 2.375 |
| 37位 | 岐阜 | 2.425 |
| 38位 | 秋田 | 2.490 |
| 39位 | 大分 | 2.648 |
| 40位 | 宮崎 | 2.893 |
| 41位 | 岩手 | 2.964 |
| 42位 | 長野 | 3.044 |
| 43位 | 三重 | 3.217 |
| 44位 | 鳥取 | 3.841 |
| 45位 | 徳島 | 4.334 |
| 46位 | 香川 | 4.736 |
| 47位 | 高知 | 5.574 |

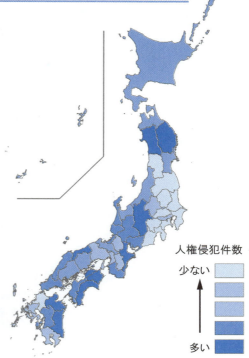

## ● J1　国指定文化財の件数（人口1万人あたり）

| 順位 | 都道府県 | 件 |
|---|---|---|
| 1位 | 奈良 | 14.318 |
| 2位 | 京都 | 12.414 |
| 3位 | 滋賀 | 9.770 |
| 4位 | 和歌山 | 7.323 |
| 5位 | 島根 | 6.004 |
| 6位 | 鳥取 | 5.939 |
| 7位 | 香川 | 5.850 |
| 8位 | 高知 | 5.763 |
| 9位 | 福井 | 4.692 |
| 10位 | 石川 | 4.259 |
| 11位 | 長野 | 3.893 |
| 12位 | 山梨 | 3.636 |
| 13位 | 徳島 | 3.631 |
| 14位 | 大分 | 3.464 |
| 15位 | 山形 | 3.144 |
| 16位 | 岡山 | 2.900 |
| 17位 | 新潟 | 2.876 |
| 18位 | 秋田 | 2.847 |
| 19位 | 三重 | 2.808 |
| 20位 | 東京 | 2.649 |
| 21位 | 佐賀 | 2.628 |
| 22位 | 山口 | 2.571 |
| 23位 | 岐阜 | 2.517 |
| 24位 | 愛媛 | 2.446 |

| 順位 | 都道府県 | 件 |
|---|---|---|
| 25位 | 群馬 | 2.426 |
| 26位 | 栃木 | 2.387 |
| 27位 | 兵庫 | 2.249 |
| 28位 | 富山 | 2.197 |
| 29位 | 岩手 | 2.143 |
| 30位 | 長崎 | 2.125 |
| 31位 | 福島 | 1.953 |
| 32位 | 広島 | 1.899 |
| 33位 | 熊本 | 1.794 |
| 34位 | 宮崎 | 1.763 |
| 35位 | 大阪 | 1.743 |
| 36位 | 青森 | 1.704 |
| 37位 | 沖縄 | 1.638 |
| 38位 | 静岡 | 1.512 |
| 39位 | 鹿児島 | 1.455 |
| 40位 | 茨城 | 1.437 |
| 41位 | 宮城 | 1.276 |
| 42位 | 愛知 | 1.235 |
| 43位 | 福岡 | 0.994 |
| 44位 | 神奈川 | 0.759 |
| 45位 | 千葉 | 0.627 |
| 46位 | 北海道 | 0.560 |
| 47位 | 埼玉 | 0.424 |

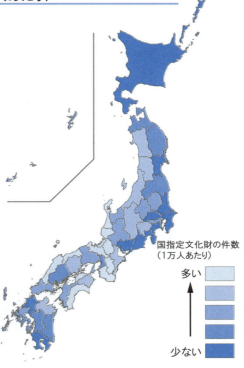

## ● J2　文化施設及び公民館数（人口1万人あたり）

| 順位 | 都道府県 | 数 |
|---|---|---|
| 1位 | 長野 | 8.80 |
| 2位 | 山梨 | 7.72 |
| 3位 | 山形 | 5.32 |
| 4位 | 徳島 | 5.12 |
| 5位 | 秋田 | 4.50 |
| 6位 | 富山 | 4.40 |
| 7位 | 鳥取 | 4.32 |
| 8位 | 島根 | 4.26 |
| 9位 | 和歌山 | 4.09 |
| 9位 | 愛媛 | 4.09 |
| 11位 | 石川 | 3.96 |
| 12位 | 福井 | 3.84 |
| 13位 | 高知 | 3.78 |
| 14位 | 奈良 | 3.47 |
| 15位 | 岡山 | 3.02 |
| 16位 | 新潟 | 2.86 |
| 17位 | 大分 | 2.73 |
| 18位 | 山口 | 2.71 |
| 19位 | 福島 | 2.69 |
| 20位 | 三重 | 2.63 |
| 21位 | 青森 | 2.51 |
| 22位 | 熊本 | 2.49 |
| 23位 | 鹿児島 | 2.47 |
| 24位 | 岩手 | 2.42 |

| 順位 | 都道府県 | 数 |
|---|---|---|
| 25位 | 岐阜 | 2.41 |
| 26位 | 宮城 | 2.39 |
| 27位 | 香川 | 2.29 |
| 28位 | 長崎 | 2.18 |
| 29位 | 佐賀 | 2.08 |
| 30位 | 群馬 | 1.85 |
| 31位 | 滋賀 | 1.79 |
| 32位 | 広島 | 1.74 |
| 33位 | 栃木 | 1.63 |
| 34位 | 宮崎 | 1.54 |
| 35位 | 茨城 | 1.46 |
| 35位 | 北海道 | 1.46 |
| 37位 | 沖縄 | 1.26 |
| 38位 | 京都 | 1.19 |
| 38位 | 福岡 | 1.19 |
| 40位 | 埼玉 | 1.09 |
| 41位 | 兵庫 | 1.05 |
| 42位 | 千葉 | 0.95 |
| 43位 | 静岡 | 0.88 |
| 44位 | 愛知 | 0.84 |
| 45位 | 大阪 | 0.63 |
| 46位 | 東京 | 0.59 |
| 47位 | 神奈川 | 0.45 |

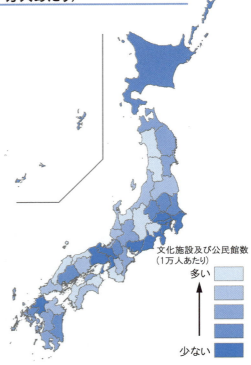

## ● J3　地縁団体数（人口千人あたり）

| 順位 | 都道府県 | 数 |
|---|---|---|
| 1位 | 島根 | 96 |
| 2位 | 徳島 | 72 |
| 3位 | 香川 | 69 |
| 4位 | 高知 | 65 |
| 5位 | 岡山 | 58 |
| 6位 | 秋田 | 54 |
| 7位 | 山口 | 52 |
| 8位 | 鳥取 | 51 |
| 9位 | 福井 | 49 |
| 10位 | 茨城 | 47 |
| 11位 | 愛媛 | 46 |
| 12位 | 鹿児島 | 44 |
| 13位 | 富山 | 43 |
| 14位 | 和歌山 | 40 |
| 14位 | 熊本 | 40 |
| 16位 | 山形 | 39 |
| 16位 | 宮崎 | 39 |
| 18位 | 新潟 | 37 |
| 18位 | 大分 | 37 |
| 20位 | 岐阜 | 36 |
| 21位 | 石川 | 35 |
| 22位 | 長野 | 33 |
| 23位 | 長崎 | 32 |
| 24位 | 山梨 | 31 |

| 順位 | 都道府県 | 数 |
|---|---|---|
| 24位 | 岩手 | 31 |
| 26位 | 奈良 | 30 |
| 27位 | 佐賀 | 29 |
| 27位 | 北海道 | 29 |
| 29位 | 三重 | 27 |
| 29位 | 青森 | 27 |
| 31位 | 広島 | 26 |
| 32位 | 福島 | 25 |
| 33位 | 滋賀 | 24 |
| 34位 | 栃木 | 23 |
| 35位 | 福岡 | 21 |
| 36位 | 宮城 | 20 |
| 37位 | 兵庫 | 19 |
| 38位 | 愛知 | 18 |
| 39位 | 千葉 | 16 |
| 40位 | 群馬 | 15 |
| 40位 | 大阪 | 15 |
| 42位 | 京都 | 14 |
| 42位 | 静岡 | 14 |
| 44位 | 埼玉 | 10 |
| 45位 | 沖縄 | 8 |
| 45位 | 神奈川 | 8 |
| 47位 | 東京 | 7 |

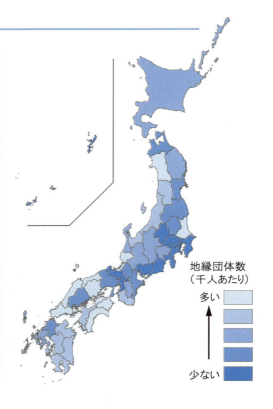

## ●J4　ボランティア活動の年間行動者率

| 順位 | 都道府県 | % |
|---|---|---|
| 1位 | 滋賀 | 33.9 |
| 2位 | 岐阜 | 33.4 |
| 3位 | 島根 | 33.1 |
| 4位 | 熊本 | 32.7 |
| 5位 | 鹿児島 | 32.6 |
| 5位 | 佐賀 | 32.6 |
| 7位 | 富山 | 32.4 |
| 8位 | 長野 | 32.3 |
| 9位 | 鳥取 | 32.2 |
| 9位 | 福井 | 32.2 |
| 11位 | 山形 | 32.1 |
| 12位 | 石川 | 31.6 |
| 13位 | 岡山 | 30.8 |
| 14位 | 岩手 | 30.2 |
| 15位 | 大分 | 29.8 |
| 16位 | 山梨 | 29.7 |
| 17位 | 静岡 | 29.4 |
| 18位 | 宮崎 | 29.1 |
| 19位 | 三重 | 29.0 |
| 20位 | 群馬 | 28.3 |
| 21位 | 香川 | 28.2 |
| 22位 | 福島 | 28.1 |
| 22位 | 福岡 | 28.1 |
| 24位 | 山口 | 27.8 |

| 順位 | 都道府県 | % |
|---|---|---|
| 25位 | 長崎 | 27.7 |
| 26位 | 愛媛 | 27.5 |
| 27位 | 秋田 | 27.2 |
| 28位 | 奈良 | 26.8 |
| 29位 | 宮城 | 26.7 |
| 30位 | 徳島 | 26.2 |
| 30位 | 茨城 | 26.2 |
| 30位 | 栃木 | 26.2 |
| 33位 | 兵庫 | 26.0 |
| 34位 | 広島 | 25.6 |
| 35位 | 神奈川 | 25.5 |
| 36位 | 千葉 | 25.2 |
| 37位 | 沖縄 | 25.1 |
| 38位 | 愛知 | 24.6 |
| 38位 | 京都 | 24.6 |
| 40位 | 新潟 | 24.5 |
| 41位 | 和歌山 | 24.2 |
| 41位 | 埼玉 | 24.2 |
| 43位 | 高知 | 22.6 |
| 43位 | 北海道 | 22.6 |
| 45位 | 青森 | 22.4 |
| 46位 | 東京 | 21.6 |
| 47位 | 大阪 | 20.6 |

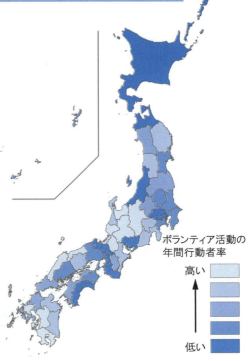

## ●J5　ふるさと納税者数（人口1万人あたり）

| 順位 | 都道府県 | 人 |
|---|---|---|
| 1位 | 東京 | 468.130 |
| 2位 | 神奈川 | 344.694 |
| 3位 | 大阪 | 307.522 |
| 4位 | 兵庫 | 289.537 |
| 5位 | 愛知 | 286.069 |
| 6位 | 京都 | 269.609 |
| 7位 | 千葉 | 269.114 |
| 8位 | 奈良 | 269.002 |
| 9位 | 埼玉 | 242.820 |
| 10位 | 滋賀 | 238.089 |
| 11位 | 福岡 | 194.515 |
| 12位 | 三重 | 189.187 |
| 13位 | 岐阜 | 183.693 |
| 14位 | 広島 | 176.085 |
| 15位 | 静岡 | 169.949 |
| 16位 | 岡山 | 169.732 |
| 17位 | 香川 | 154.631 |
| 18位 | 茨城 | 153.035 |
| 19位 | 和歌山 | 151.322 |
| 20位 | 石川 | 150.322 |
| 21位 | 北海道 | 149.120 |
| 22位 | 宮城 | 146.431 |
| 23位 | 群馬 | 142.662 |
| 24位 | 栃木 | 135.285 |

| 順位 | 都道府県 | 人 |
|---|---|---|
| 25位 | 徳島 | 131.361 |
| 26位 | 佐賀 | 128.577 |
| 27位 | 山梨 | 128.072 |
| 28位 | 山口 | 127.862 |
| 29位 | 福井 | 119.316 |
| 30位 | 愛媛 | 118.508 |
| 31位 | 長野 | 115.163 |
| 32位 | 富山 | 112.416 |
| 33位 | 鳥取 | 104.831 |
| 34位 | 長崎 | 99.115 |
| 35位 | 大分 | 99.080 |
| 36位 | 宮崎 | 98.255 |
| 37位 | 新潟 | 96.292 |
| 38位 | 高知 | 95.617 |
| 39位 | 山形 | 93.633 |
| 40位 | 福島 | 92.875 |
| 41位 | 熊本 | 92.852 |
| 42位 | 島根 | 88.944 |
| 43位 | 沖縄 | 88.248 |
| 44位 | 鹿児島 | 86.528 |
| 45位 | 岩手 | 72.283 |
| 46位 | 青森 | 67.662 |
| 47位 | 秋田 | 67.307 |

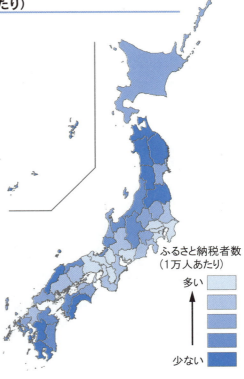

## ● J6　主要な国際支援団体への寄付人数（人口10万人あたり）

| 順位 | 都道府県 | 人 |
|---|---|---|
| 1位 | 東　京 | 1.750 |
| 2位 | 奈　良 | 1.456 |
| 3位 | 神奈川 | 1.428 |
| 4位 | 兵　庫 | 1.270 |
| 5位 | 千　葉 | 1.243 |
| 6位 | 京　都 | 1.223 |
| 7位 | 大　阪 | 1.171 |
| 8位 | 北海道 | 1.165 |
| 9位 | 埼　玉 | 1.159 |
| 10位 | 愛　知 | 1.131 |
| 11位 | 静　岡 | 0.940 |
| 12位 | 福　岡 | 0.897 |
| 13位 | 三　重 | 0.888 |
| 14位 | 岐　阜 | 0.873 |
| 15位 | 滋　賀 | 0.845 |
| 16位 | 茨　城 | 0.729 |
| 17位 | 島　根 | 0.690 |
| 18位 | 広　島 | 0.670 |
| 19位 | 長　野 | 0.647 |
| 20位 | 和歌山 | 0.646 |
| 21位 | 石　川 | 0.644 |
| 22位 | 山　口 | 0.621 |
| 23位 | 山　梨 | 0.612 |
| 24位 | 岡　山 | 0.611 |

| 順位 | 都道府県 | 人 |
|---|---|---|
| 25位 | 富　山 | 0.590 |
| 26位 | 香　川 | 0.582 |
| 27位 | 新　潟 | 0.564 |
| 28位 | 福　井 | 0.557 |
| 29位 | 栃　木 | 0.551 |
| 30位 | 群　馬 | 0.550 |
| 31位 | 佐　賀 | 0.522 |
| 32位 | 高　知 | 0.506 |
| 33位 | 長　崎 | 0.491 |
| 34位 | 徳　島 | 0.490 |
| 35位 | 愛　媛 | 0.478 |
| 36位 | 鳥　取 | 0.469 |
| 37位 | 宮　城 | 0.464 |
| 38位 | 大　分 | 0.428 |
| 39位 | 山　形 | 0.416 |
| 40位 | 沖　縄 | 0.408 |
| 41位 | 秋　田 | 0.396 |
| 42位 | 岩　手 | 0.375 |
| 43位 | 福　島 | 0.366 |
| 44位 | 鹿児島 | 0.359 |
| 45位 | 青　森 | 0.354 |
| 46位 | 宮　崎 | 0.347 |
| 47位 | 熊　本 | 0.321 |

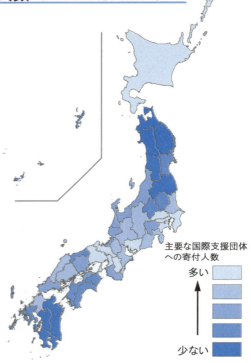

主要な国際支援団体への寄付人数
多い ↑ 少ない

## ● J7　NPO団体数（人口1万人あたり）

| 順位 | 都道府県 | 数 |
|---|---|---|
| 1位 | 東　京 | 6.946 |
| 2位 | 山　梨 | 5.639 |
| 3位 | 京　都 | 5.380 |
| 4位 | 鹿児島 | 5.290 |
| 5位 | 鳥　取 | 4.993 |
| 6位 | 徳　島 | 4.846 |
| 7位 | 長　野 | 4.792 |
| 8位 | 福　島 | 4.782 |
| 9位 | 佐　賀 | 4.524 |
| 10位 | 高　知 | 4.522 |
| 11位 | 群　馬 | 4.391 |
| 12位 | 大　分 | 4.259 |
| 13位 | 岡　山 | 4.249 |
| 14位 | 熊　本 | 4.248 |
| 15位 | 滋　賀 | 4.142 |
| 16位 | 島　根 | 4.080 |
| 17位 | 大　阪 | 4.054 |
| 18位 | 和歌山 | 4.041 |
| 19位 | 北海道 | 4.030 |
| 20位 | 三　重 | 3.969 |
| 21位 | 神奈川 | 3.946 |
| 22位 | 奈　良 | 3.944 |
| 23位 | 兵　庫 | 3.932 |
| 24位 | 山　形 | 3.930 |

| 順位 | 都道府県 | 数 |
|---|---|---|
| 25位 | 宮　崎 | 3.903 |
| 26位 | 岩　手 | 3.899 |
| 27位 | 香　川 | 3.866 |
| 28位 | 岐　阜 | 3.816 |
| 29位 | 沖　縄 | 3.765 |
| 30位 | 長　崎 | 3.633 |
| 31位 | 宮　城 | 3.551 |
| 32位 | 富　山 | 3.497 |
| 33位 | 福　岡 | 3.491 |
| 34位 | 秋　田 | 3.448 |
| 35位 | 静　岡 | 3.438 |
| 36位 | 愛　媛 | 3.335 |
| 37位 | 栃　木 | 3.243 |
| 38位 | 千　葉 | 3.177 |
| 39位 | 青　森 | 3.156 |
| 40位 | 新　潟 | 3.147 |
| 41位 | 石　川 | 3.121 |
| 42位 | 山　口 | 3.108 |
| 43位 | 福　井 | 3.086 |
| 44位 | 広　島 | 3.026 |
| 45位 | 埼　玉 | 2.927 |
| 46位 | 茨　城 | 2.829 |
| 47位 | 愛　知 | 2.639 |

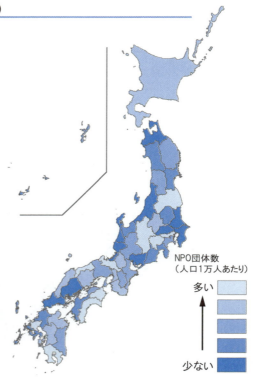

NPO団体数（人口1万人あたり）
多い ↑ 少ない

## ● J8　外国人居住者数の増加率

| 順位 | 都道府県 | % | 順位 | 都道府県 | % |
|---|---|---|---|---|---|
| 1位 | 沖縄 | 362.39 | 25位 | 静岡 | 84.05 |
| 2位 | 宮崎 | 305.68 | 26位 | 奈良 | 81.38 |
| 3位 | 高知 | 197.54 | 27位 | 熊本 | 77.57 |
| 4位 | 福岡 | 191.02 | 28位 | 鹿児島 | 73.25 |
| 5位 | 群馬 | 180.87 | 29位 | 新潟 | 60.84 |
| 6位 | 福島 | 179.60 | 30位 | 三重 | 60.30 |
| 7位 | 東京 | 175.14 | 31位 | 長崎 | 59.04 |
| 8位 | 千葉 | 167.55 | 32位 | 石川 | 57.59 |
| 9位 | 兵庫 | 164.59 | 33位 | 山梨 | 57.44 |
| 10位 | 埼玉 | 160.50 | 34位 | 滋賀 | 49.66 |
| 11位 | 京都 | 145.72 | 35位 | 福井 | 42.77 |
| 12位 | 栃木 | 133.63 | 36位 | 島根 | 41.74 |
| 13位 | 宮城 | 127.44 | 37位 | 岐阜 | 38.92 |
| 14位 | 広島 | 126.08 | 38位 | 和歌山 | 38.57 |
| 15位 | 茨城 | 120.01 | 39位 | 愛媛 | 34.84 |
| 16位 | 大阪 | 117.14 | 40位 | 鳥取 | 33.16 |
| 17位 | 佐賀 | 117.09 | 41位 | 富山 | 27.70 |
| 18位 | 長野 | 112.20 | 42位 | 香川 | 25.75 |
| 19位 | 岡山 | 111.89 | 43位 | 山形 | 13.33 |
| 20位 | 愛知 | 110.78 | 44位 | 大分 | 11.08 |
| 21位 | 北海道 | 106.94 | 45位 | 青森 | 10.03 |
| 22位 | 神奈川 | 93.47 | 46位 | 徳島 | 5.68 |
| 23位 | 山口 | 93.36 | 47位 | 岩手 | -11.75 |
| 24位 | 秋田 | 90.48 | | | |

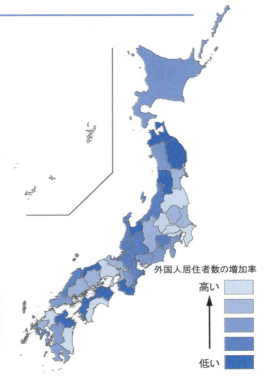

## ● J9　留学生数（人口1万人あたり）

| 順位 | 都道府県 | 人 | 順位 | 都道府県 | 人 |
|---|---|---|---|---|---|
| 1位 | 東京 | 76.5 | 25位 | 佐賀 | 7.7 |
| 2位 | 京都 | 43.7 | 26位 | 静岡 | 7.4 |
| 3位 | 福岡 | 34.2 | 27位 | 長野 | 7.1 |
| 4位 | 大分 | 30.8 | 28位 | 三重 | 6.6 |
| 5位 | 群馬 | 30.5 | 29位 | 北海道 | 6.4 |
| 6位 | 大阪 | 24.5 | 29位 | 鹿児島 | 6.4 |
| 7位 | 茨城 | 18.7 | 31位 | 熊本 | 6.2 |
| 8位 | 千葉 | 18.4 | 32位 | 富山 | 6.1 |
| 9位 | 山口 | 17.6 | 33位 | 福井 | 5.2 |
| 10位 | 宮城 | 17.1 | 34位 | 徳島 | 4.9 |
| 11位 | 兵庫 | 16.8 | 35位 | 香川 | 4.8 |
| 12位 | 石川 | 16.6 | 36位 | 宮崎 | 4.5 |
| 13位 | 岡山 | 15.9 | 37位 | 秋田 | 4.2 |
| 14位 | 栃木 | 15.2 | 38位 | 島根 | 3.9 |
| 15位 | 沖縄 | 15.1 | 39位 | 愛媛 | 3.8 |
| 16位 | 広島 | 14.3 | 40位 | 福島 | 3.7 |
| 17位 | 埼玉 | 14.1 | 40位 | 和歌山 | 3.7 |
| 18位 | 長崎 | 13.7 | 42位 | 鳥取 | 3.6 |
| 19位 | 愛知 | 12.4 | 43位 | 滋賀 | 3.0 |
| 20位 | 山梨 | 12.3 | 44位 | 高知 | 2.9 |
| 21位 | 神奈川 | 10.7 | 45位 | 青森 | 2.5 |
| 22位 | 新潟 | 9.8 | 45位 | 岩手 | 2.5 |
| 23位 | 岐阜 | 9.4 | 47位 | 山形 | 2.4 |
| 24位 | 奈良 | 8.8 | | | |

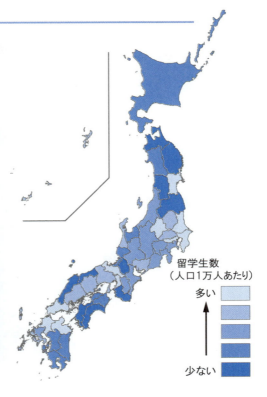

第1章　SDGs指標との比較と指標別ランキング

## ● J10　技能実習生数

| 順位 | 都道府県 | 人 |
|---|---|---|
| 1位 | 愛知 | 28,805 |
| 2位 | 茨城 | 13,841 |
| 3位 | 広島 | 13,840 |
| 4位 | 千葉 | 13,362 |
| 5位 | 埼玉 | 12,616 |
| 6位 | 岐阜 | 11,600 |
| 7位 | 大阪 | 10,637 |
| 8位 | 静岡 | 10,482 |
| 9位 | 福岡 | 9,170 |
| 10位 | 兵庫 | 8,741 |
| 11位 | 三重 | 8,617 |
| 12位 | 北海道 | 8,610 |
| 13位 | 神奈川 | 8,292 |
| 14位 | 群馬 | 7,484 |
| 15位 | 岡山 | 7,436 |
| 16位 | 東京 | 7,382 |
| 17位 | 栃木 | 5,790 |
| 18位 | 愛媛 | 5,753 |
| 19位 | 熊本 | 5,700 |
| 20位 | 富山 | 4,906 |
| 20位 | 香川 | 4,906 |
| 22位 | 長野 | 4,891 |
| 23位 | 滋賀 | 4,155 |
| 24位 | 石川 | 4,146 |

| 順位 | 都道府県 | 人 |
|---|---|---|
| 25位 | 山口 | 3,788 |
| 26位 | 鹿児島 | 3,738 |
| 27位 | 福井 | 3,582 |
| 28位 | 宮城 | 3,283 |
| 29位 | 福島 | 3,066 |
| 30位 | 大分 | 3,043 |
| 31位 | 京都 | 3,018 |
| 32位 | 長崎 | 2,835 |
| 33位 | 新潟 | 2,799 |
| 34位 | 岩手 | 2,553 |
| 35位 | 徳島 | 2,511 |
| 36位 | 宮崎 | 2,424 |
| 37位 | 佐賀 | 2,157 |
| 38位 | 奈良 | 1,824 |
| 39位 | 島根 | 1,778 |
| 40位 | 青森 | 1,650 |
| 41位 | 山形 | 1,563 |
| 42位 | 山梨 | 1,535 |
| 43位 | 鳥取 | 1,378 |
| 44位 | 高知 | 1,355 |
| 45位 | 沖縄 | 1,330 |
| 46位 | 和歌山 | 892 |
| 47位 | 秋田 | 847 |

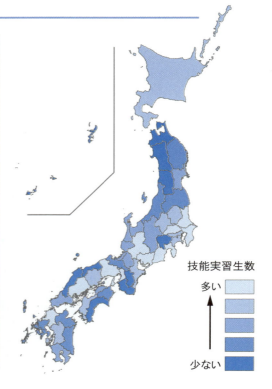

技能実習生数
多い ↑ 少ない

## ● J11　自分の住む地域に外国人が増えることを歓迎する割合

| 順位 | 都道府県 | % |
|---|---|---|
| 1位 | 長崎 | 26.0 |
| 2位 | 栃木 | 25.0 |
| 2位 | 鹿児島 | 25.0 |
| 2位 | 福島 | 25.0 |
| 2位 | 佐賀 | 25.0 |
| 6位 | 山梨 | 23.7 |
| 7位 | 高知 | 22.4 |
| 8位 | 宮崎 | 22.0 |
| 8位 | 青森 | 22.0 |
| 10位 | 徳島 | 21.1 |
| 11位 | 愛媛 | 21.0 |
| 11位 | 奈良 | 21.0 |
| 11位 | 沖縄 | 21.0 |
| 14位 | 福岡 | 20.5 |
| 14位 | 神奈川 | 20.5 |
| 16位 | 大分 | 20.0 |
| 16位 | 岩手 | 20.0 |
| 18位 | 島根 | 19.7 |
| 18位 | 鳥取 | 19.7 |
| 20位 | 北海道 | 19.3 |
| 21位 | 熊本 | 19.0 |
| 22位 | 東京 | 18.8 |
| 23位 | 埼玉 | 18.2 |
| 24位 | 富山 | 18.0 |

| 順位 | 都道府県 | % |
|---|---|---|
| 25位 | 愛知 | 17.6 |
| 26位 | 香川 | 17.1 |
| 27位 | 三重 | 17.0 |
| 27位 | 石川 | 17.0 |
| 27位 | 秋田 | 17.0 |
| 30位 | 岡山 | 16.0 |
| 30位 | 山口 | 16.0 |
| 30位 | 山形 | 16.0 |
| 33位 | 大阪 | 15.9 |
| 33位 | 岐阜 | 15.9 |
| 33位 | 長野 | 15.9 |
| 36位 | 宮城 | 15.1 |
| 37位 | 千葉 | 14.8 |
| 38位 | 兵庫 | 14.2 |
| 39位 | 広島 | 13.5 |
| 39位 | 新潟 | 13.5 |
| 41位 | 福井 | 13.2 |
| 42位 | 茨城 | 12.7 |
| 42位 | 静岡 | 12.7 |
| 44位 | 滋賀 | 12.0 |
| 45位 | 京都 | 11.9 |
| 46位 | 群馬 | 11.0 |
| 47位 | 和歌山 | 9.2 |

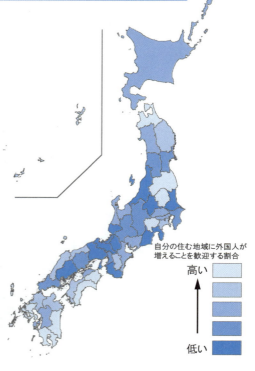

自分の住む地域に外国人が増えることを歓迎する割合
高い ↑ 低い

## ●K1　自分の人生に満足していない人の割合

| 順位 | 都道府県 | % |
|---|---|---|
| 1位 | 鹿児島 | 16.0 |
| 2位 | 長崎 | 20.0 |
| 3位 | 京都 | 20.6 |
| 4位 | 三重 | 22.0 |
| 4位 | 奈良 | 22.0 |
| 6位 | 埼玉 | 22.2 |
| 7位 | 島根 | 22.4 |
| 8位 | 群馬 | 23.0 |
| 8位 | 愛媛 | 23.0 |
| 10位 | 愛知 | 23.3 |
| 11位 | 山梨 | 23.7 |
| 12位 | 岐阜 | 23.8 |
| 13位 | 大阪 | 23.9 |
| 13位 | 兵庫 | 23.9 |
| 15位 | 宮崎 | 24.0 |
| 16位 | 福井 | 25.0 |
| 16位 | 徳島 | 25.0 |
| 16位 | 熊本 | 25.0 |
| 16位 | 大分 | 25.0 |
| 20位 | 静岡 | 25.4 |
| 21位 | 北海道 | 25.6 |
| 21位 | 東京 | 25.6 |
| 23位 | 和歌山 | 26.3 |
| 23位 | 佐賀 | 26.3 |

| 順位 | 都道府県 | % |
|---|---|---|
| 25位 | 栃木 | 27.0 |
| 25位 | 岡山 | 27.0 |
| 27位 | 千葉 | 27.3 |
| 28位 | 新潟 | 27.8 |
| 29位 | 滋賀 | 28.0 |
| 30位 | 福岡 | 28.4 |
| 31位 | 香川 | 28.9 |
| 31位 | 高知 | 28.9 |
| 33位 | 福島 | 29.0 |
| 33位 | 神奈川 | 29.0 |
| 33位 | 石川 | 29.0 |
| 33位 | 山口 | 29.0 |
| 37位 | 沖縄 | 30.0 |
| 38位 | 茨城 | 31.0 |
| 38位 | 長野 | 31.0 |
| 40位 | 宮城 | 31.7 |
| 41位 | 秋田 | 32.0 |
| 42位 | 広島 | 32.5 |
| 43位 | 岩手 | 33.0 |
| 43位 | 山形 | 33.0 |
| 43位 | 富山 | 33.0 |
| 46位 | 青森 | 35.0 |
| 47位 | 鳥取 | 35.5 |

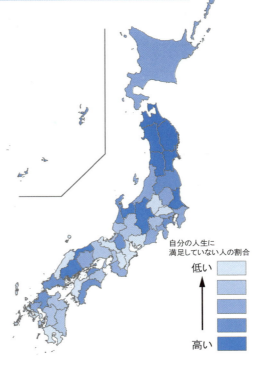

## ●K2　自分の人生が将来今より良くなると思わない人の割合

| 順位 | 都道府県 | % |
|---|---|---|
| 1位 | 福井 | 24.1 |
| 2位 | 佐賀 | 25.1 |
| 2位 | 島根 | 25.1 |
| 4位 | 鹿児島 | 26.0 |
| 5位 | 奈良 | 28.1 |
| 6位 | 大阪 | 29.4 |
| 7位 | 滋賀 | 30.0 |
| 8位 | 山梨 | 30.3 |
| 9位 | 和歌山 | 30.4 |
| 10位 | 徳島 | 30.6 |
| 11位 | 山口 | 30.9 |
| 12位 | 京都 | 31.8 |
| 12位 | 千葉 | 31.8 |
| 14位 | 高知 | 32.0 |
| 14位 | 沖縄 | 32.0 |
| 16位 | 群馬 | 32.3 |
| 17位 | 東京 | 32.8 |
| 18位 | 茨城 | 34.1 |
| 18位 | 岐阜 | 34.1 |
| 18位 | 熊本 | 34.1 |
| 21位 | 神奈川 | 34.6 |
| 22位 | 三重 | 34.9 |
| 23位 | 宮崎 | 35.2 |
| 23位 | 大分 | 35.2 |

| 順位 | 都道府県 | % |
|---|---|---|
| 25位 | 北海道 | 35.8 |
| 26位 | 静岡 | 36.5 |
| 27位 | 埼玉 | 36.9 |
| 28位 | 愛媛 | 37.3 |
| 29位 | 長崎 | 38.1 |
| 29位 | 長野 | 38.1 |
| 31位 | 栃木 | 38.2 |
| 32位 | 岩手 | 38.3 |
| 33位 | 福岡 | 38.6 |
| 34位 | 愛知 | 38.8 |
| 35位 | 山形 | 39.0 |
| 36位 | 兵庫 | 39.8 |
| 37位 | 青森 | 40.0 |
| 38位 | 福島 | 40.2 |
| 39位 | 新潟 | 40.5 |
| 40位 | 鳥取 | 40.8 |
| 41位 | 富山 | 41.0 |
| 42位 | 秋田 | 41.2 |
| 43位 | 宮城 | 42.0 |
| 44位 | 広島 | 42.8 |
| 45位 | 石川 | 43.3 |
| 46位 | 岡山 | 46.2 |
| 47位 | 香川 | 50.4 |

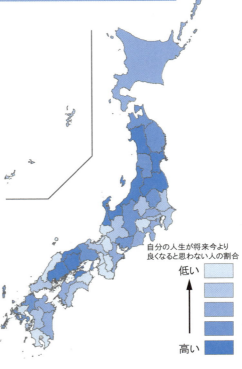

# 第2章　都道府県別指数

## ●1　指数の算出

　各々の指標を都道府県レベルで比較するための指数を算出するにあたっては、国連開発計画（UNDP）が刊行した人間開発指数（Human Development Index, HDI）の手法を参考にした。HDI は、所得、保健、教育という人間開発の3つの側面に関して、ある国における平均達成度を測るための簡便な指標である（国連開発計画『人間開発報告書』）。その算出方式に基づき、都道府県別の各指標の統計データの正規化をし、0から1の変数に置き換えた。「平均寿命」や「合計特殊出生率」のように、高い数値が望ましい指標に関しては、以下の式によって最大値を1、最小値を0にする正規化をした。この場合、データ $X$ が与えられたとき、$Y$ の最大値は1、最小値は0になる。

$$Y = \frac{X - x_{\min}}{x_{\max} - x_{\min}}$$

　また、「交通事故死者数」や「年間1人当たり医療費」のように、低い数値が望ましい（あるいは数値の高さは解決すべき問題の存在を意味するような）指標に関しては、以下の式によって最大値を1、最小値を0にする正規化をした。この場合、データ $X$ が最大値のとき、$Y$ は0となり、最小値のとき1になる。

$$Y = \frac{X - x_{\max}}{x_{\min} - x_{\max}}$$

　各指標は、以上の式で0から1の変数に計算し、第1章1-2で示した命指標（23）、生活指標（42）、尊厳指標（26）ごとに関連する項目の指数を集計し、その平均値により、各都道府県の命指数、生活指数、尊厳指数を算出した。指標によっては、数値の多寡の評価が難しいもの、データが必ずしも包括的でないものもあるので、一部の指標は指数の算出から除外した（**指標 B8：障害者数、E7：高齢者用施設在所者数、F2：ユネスコスクール数**）。以上の一部指標を除いて、命指数（22）、生活指数（40）、尊厳指数（26）を算出するとともに、これら3指数を統合し、総合指数（88項目）を作成した。

　その他一部の指標に関して、指数化した理由は次の通り。

| 指 標 | | 指数化 | 理 由 |
|---|---|---|---|
| A5 | 未婚率 | 低いほうが1、高いほうが0 | 国立社会保障・人口問題研究所の独身者調査の統計情報（2015年）で、「結婚という選択」と「結婚へのハードルと独身でいる理由」を関連させてみると、85%の人が結婚を望んでいるが、その障壁として「資金、住居、職業上の問題・制約」を挙げており、人生における願望とのギャップが生じている。 |
| A7 | ひとり親世帯の子どもの割合 | 少ないほうが1、多いほうが0 | 厚生労働省の「全国ひとり親世帯等調査」（2016年）で、児童のいる世帯の平均所得に対して、ひとり親世帯の平均所得の低さが示されている。全般的に、ひとり親世帯の子どもには他の世帯よりもより多くの公的支援が必要である。 |
| B6 | 健康診断受診率 | 高いほうが1、低いほうが0 | 東北大学教授寳澤篤らの研究（2010年）で、健診受診者は非受診者と比べ死亡率が低いことが明らかになっている。 |
| B12 | 平均歩数 | 多いほうが1、少ないほうが0 | 厚生労働省の「健康日本21」にて、身体活動量の重要性が指摘されており、身体活動量が多い、あるいは運動をよく行っている者は、罹患率や死亡率が低いこと、また、身体活動や運動が、メンタルヘルスや生活の質の改善に効果をもたらすことが認められている。 |
| D9 | 子どもの運動能力 | 高いほうが1、低いほうが0 | 文部科学省の中央教育審議会（第24回、2002年）において、子どもの体力の低下が将来の生活習慣病等へつながり、子ども自身や社会全体への影響が示されている。そのため、子どもの体力向上のための運動能力を高められる環境づくり等の指針が出されている。 |
| D10 | 社会教育学級講座数 | 多いほうが1、少ないほうが0 | 多くの自治体では、社会学級への市民の参加を積極的に促し、地域の環境、社会福祉、まちの歴史や自然の見直し等のまちづくりを考えることなど、日常生活に役立つことから身近な地域の課題などを広範に学ぶ機会が作られている。 |
| F4 | 一人あたり温室効果ガス排出量 | 少ないほうが1、多いほうが0 | 人口規模が大きくなく、かつ重化学工業の立地している都道府県や寒冷地で高めに出るため、省エネ努力とは直接関係ないことに留意する必要がある。しかし、地球温暖化への対策は急務であり、政府の温室効果ガス排出の削減目標に沿って削減に向けて進展させなければならない。 |
| G6 | 男性の家事・育児の分担時間数 | 多いほうが1、少ないほうが0 | 6歳未満の子どもを持つ夫の育児・家事の時間は、第4次男女共同参画基本計画の成果目標のひとつである。 |
| J8 | 外国人居住者の増加率 | 高いほうが1、低いほうが0 | 世界の国や地域の「幸福度」をランキングにした国連の報告書によると、日本のランクを下げている要因として、「社会の自由度」や「他者への寛大さ」を評価する数値が低いことがあげられる。多言語・多文化共生は「地域の国際性」、「幸福度」を引き上げる重要な項目である。 |
| J10 | 技能実習生数 | 高いほうが1、低いほうが0 | 技能実習生の受入れにあたっては、人権問題も含め多くの課題が指摘されているが（第2部第12章参照）、ここでは「地域の国際性」を示すために、外国人居住者、留学生とともに長期滞在者を広くカバーする指標として加えた。 |

第2章　都道府県別指数　55

## ● 2　命指数

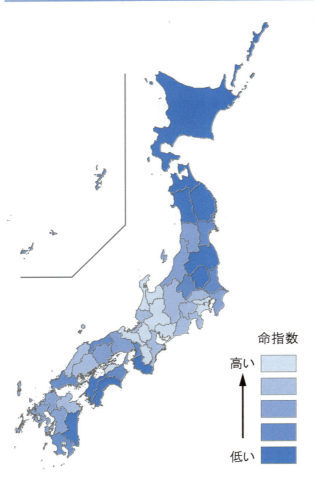

　命指数に関して都道府県別の数値をみると、東海や北陸、近畿、南関東で指数の高い都道府県が多くみられる。他方で、東北、北海道、北関東、四国等で指数の低い都道府県が多くみられる。これらの都道府県では、一人当たり医療費や喫煙率が高く、平均寿命、健康寿命が短い等の住民の健康に関して取り組むべき課題が多いという共通の特徴がある。また、合計特殊出生率が低く、人口減少が進行し、自殺死亡者数や自殺意識率が高い傾向にあり、社会的な構造にも共通の特徴がある。住民の健康と共助、公助の機能を強化し、社会的な構造を改善していく必要があろう。

| 順位 | 都道府県 | 指数 |
|---|---|---|
| 1位 | 愛知 | 0.662 |
| 2位 | 滋賀 | 0.660 |
| 3位 | 東京 | 0.651 |
| 4位 | 富山 | 0.643 |
| 5位 | 石川 | 0.641 |
| 6位 | 京都 | 0.630 |
| 7位 | 岐阜 | 0.622 |
| 8位 | 神奈川 | 0.608 |
| 9位 | 奈良 | 0.608 |
| 10位 | 香川 | 0.605 |
| 11位 | 山梨 | 0.604 |
| 12位 | 福井 | 0.599 |

| 順位 | 都道府県 | 指数 |
|---|---|---|
| 13位 | 長野 | 0.597 |
| 14位 | 埼玉 | 0.596 |
| 15位 | 静岡 | 0.591 |
| 16位 | 三重 | 0.587 |
| 17位 | 島根 | 0.577 |
| 18位 | 広島 | 0.576 |
| 19位 | 大分 | 0.571 |
| 20位 | 千葉 | 0.570 |
| 21位 | 岡山 | 0.563 |
| 22位 | 新潟 | 0.562 |
| 23位 | 佐賀 | 0.560 |
| 24位 | 兵庫 | 0.559 |

| 順位 | 都道府県 | 指数 |
|---|---|---|
| 25位 | 福岡 | 0.556 |
| 26位 | 山形 | 0.556 |
| 27位 | 熊本 | 0.550 |
| 28位 | 長崎 | 0.549 |
| 29位 | 鹿児島 | 0.548 |
| 30位 | 沖縄 | 0.546 |
| 31位 | 群馬 | 0.528 |
| 32位 | 宮城 | 0.523 |
| 33位 | 山口 | 0.520 |
| 34位 | 大阪 | 0.520 |
| 35位 | 徳島 | 0.519 |
| 36位 | 鳥取 | 0.500 |

| 順位 | 都道府県 | 指数 |
|---|---|---|
| 37位 | 茨城 | 0.500 |
| 38位 | 愛媛 | 0.495 |
| 39位 | 高知 | 0.489 |
| 40位 | 宮崎 | 0.486 |
| 41位 | 栃木 | 0.482 |
| 42位 | 和歌山 | 0.479 |
| 43位 | 秋田 | 0.416 |
| 44位 | 福島 | 0.407 |
| 45位 | 北海道 | 0.404 |
| 46位 | 岩手 | 0.369 |
| 47位 | 青森 | 0.340 |

図表1　都道府県別の命指数
注：表の指数は四捨五入してある。順位は実際の値に基づき、表の指数が同値でも順位が異なる。

## ● 3　生活指数

生活指数に関して都道府県別の数値をみると、北陸や甲信、山陰で指数の高い県がみられる。他方で、指数の低い都道府県が北海道、南関東、近畿、九州、沖縄等に散在している。これらの都道府県では、失業率や非正規雇用率が高く、ひとり親家庭の正規雇用率が低く、児童扶養手当受給世帯率や生活保護受給率が高い。つまり住民の経済や福祉に関して取り組むべき課題が多いという共通の特徴がある。また、保育所、幼稚園待機児童率、高校中退率も高い傾向があり、教育を取り巻く社会的な構造にも共通の特徴があるように考えられる。雇用、経済や教育の状況を改善していく必要があろう。

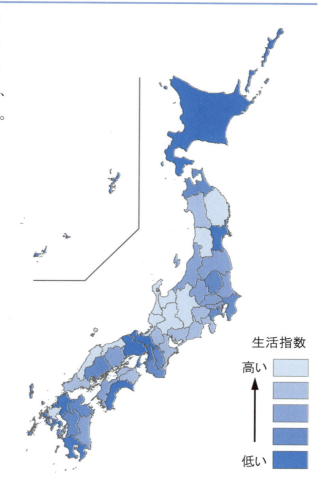

| 順位 | 都道府県 | 指数 | 順位 | 都道府県 | 指数 | 順位 | 都道府県 | 指数 | 順位 | 都道府県 | 指数 |
|---|---|---|---|---|---|---|---|---|---|---|---|
| 1位 | 福井 | 0.677 | 13位 | 山梨 | 0.533 | 25位 | 福島 | 0.503 | 37位 | 青森 | 0.470 |
| 2位 | 富山 | 0.630 | 14位 | 滋賀 | 0.526 | 26位 | 岡山 | 0.502 | 38位 | 高知 | 0.462 |
| 3位 | 長野 | 0.593 | 15位 | 三重 | 0.525 | 27位 | 愛媛 | 0.501 | 39位 | 長崎 | 0.449 |
| 4位 | 石川 | 0.592 | 16位 | 静岡 | 0.522 | 28位 | 群馬 | 0.501 | 40位 | 北海道 | 0.434 |
| 5位 | 島根 | 0.559 | 17位 | 愛知 | 0.522 | 29位 | 大分 | 0.499 | 41位 | 鹿児島 | 0.432 |
| 6位 | 山形 | 0.558 | 18位 | 徳島 | 0.522 | 30位 | 熊本 | 0.494 | 42位 | 京都 | 0.430 |
| 7位 | 鳥取 | 0.557 | 19位 | 香川 | 0.519 | 31位 | 広島 | 0.494 | 43位 | 兵庫 | 0.426 |
| 8位 | 岩手 | 0.554 | 20位 | 宮崎 | 0.517 | 32位 | 千葉 | 0.491 | 44位 | 福岡 | 0.423 |
| 9位 | 佐賀 | 0.552 | 21位 | 新潟 | 0.509 | 33位 | 和歌山 | 0.486 | 45位 | 宮城 | 0.398 |
| 10位 | 岐阜 | 0.550 | 22位 | 埼玉 | 0.509 | 34位 | 栃木 | 0.483 | 46位 | 大阪 | 0.358 |
| 11位 | 秋田 | 0.547 | 23位 | 東京 | 0.509 | 35位 | 奈良 | 0.477 | 47位 | 沖縄 | 0.331 |
| 12位 | 山口 | 0.534 | 24位 | 茨城 | 0.507 | 36位 | 神奈川 | 0.475 | | | |

図表2　都道府県別の生活指数
注：表の指数は四捨五入してある。順位は実際の値に基づき、表の指数が同値でも順位が異なる。

## ● 4 尊厳指数

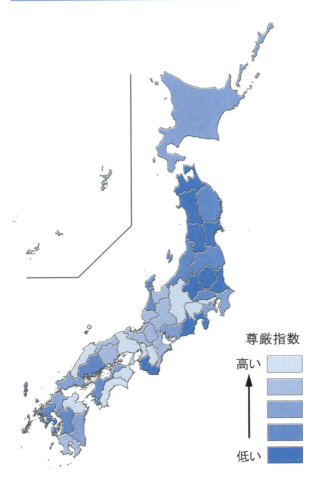

尊厳指数に関して都道府県別の数値をみると、近畿、甲信、山陰で指数の高い都道府県がみられる。東京は、弁護士数、ふるさと納税者数、NPO団体数等が多く、他の道府県に比べて特異な状況が順位を引き上げている。他方で、指数の低い都道府県が東北、北関東等に散在し、全国的にみれば西高東低な状況である。指数の低い都道府県では、国指定文化財の件数、文化施設や地縁団体数が少なく、住民の地域社会や連帯感に関する指標に関して取り組むべき課題が多いという共通の特徴がある。尊厳指数の高い都道府県では、自分の人生に関する満足度や、自分の人生の将来への希望や期待が高い傾向もみられ、地域社会や個人の尊厳を取り巻く構造にも共通の特徴があるように考えられる。

| 順位 | 都道府県 | 指数 | 順位 | 都道府県 | 指数 | 順位 | 都道府県 | 指数 | 順位 | 都道府県 | 指数 |
|---|---|---|---|---|---|---|---|---|---|---|---|
| 1位 | 東京 | 0.512 | 13位 | 三重 | 0.432 | 25位 | 愛知 | 0.387 | 37位 | 広島 | 0.366 |
| 2位 | 奈良 | 0.484 | 14位 | 岐阜 | 0.411 | 26位 | 神奈川 | 0.385 | 38位 | 長崎 | 0.366 |
| 3位 | 島根 | 0.482 | 15位 | 福井 | 0.408 | 27位 | 山口 | 0.385 | 39位 | 群馬 | 0.363 |
| 4位 | 長野 | 0.466 | 16位 | 滋賀 | 0.408 | 28位 | 福岡 | 0.384 | 40位 | 静岡 | 0.361 |
| 5位 | 大分 | 0.464 | 17位 | 鹿児島 | 0.403 | 29位 | 佐賀 | 0.378 | 41位 | 山形 | 0.353 |
| 6位 | 徳島 | 0.462 | 18位 | 富山 | 0.403 | 30位 | 福島 | 0.376 | 42位 | 茨城 | 0.350 |
| 7位 | 山梨 | 0.455 | 19位 | 岡山 | 0.395 | 31位 | 愛媛 | 0.373 | 43位 | 栃木 | 0.340 |
| 8位 | 高知 | 0.452 | 20位 | 宮崎 | 0.394 | 32位 | 熊本 | 0.372 | 44位 | 和歌山 | 0.331 |
| 9位 | 兵庫 | 0.441 | 21位 | 香川 | 0.393 | 33位 | 石川 | 0.371 | 45位 | 秋田 | 0.328 |
| 10位 | 大阪 | 0.440 | 22位 | 北海道 | 0.392 | 34位 | 埼玉 | 0.368 | 46位 | 青森 | 0.326 |
| 11位 | 京都 | 0.437 | 23位 | 沖縄 | 0.389 | 35位 | 岩手 | 0.367 | 47位 | 宮城 | 0.320 |
| 12位 | 鳥取 | 0.434 | 24位 | 千葉 | 0.388 | 36位 | 新潟 | 0.367 | | | |

図表3　都道府県別の尊厳指数
注：表の指数は四捨五入してある。順位は実際の値に基づき、表の指数が同値でも順位が異なる。

## ● 5　総合指数

　総合指数に関して都道府県別の数値をみると、北陸、甲信越・中部地方で指数の高い県が多くみられる。総合指数の高い都道府県は、生活指数が上位の都道府県が多く、経済状況、労働環境、教育、福祉や生活習慣等で、優位な状況であると考えられる。命指数に関しても平均寿命が良好で、健康診断受診率などが高く、住民の健康意識が高いという特徴がある。他方で、尊厳指数に関しては、子どもや女性を取り巻く環境、公への信頼、地域社会の連携性、個人の自己充足度で取り組むべき課題が多い。

　他方で、総合指数の低い都道府県が、東北各県（山形を除く）、北海道、沖縄、大阪であり、それらの都道府県の多くは生活指数と命指数が下位で、生命、健康・保健、経済・労働、教育等の分野において、取り組むべき

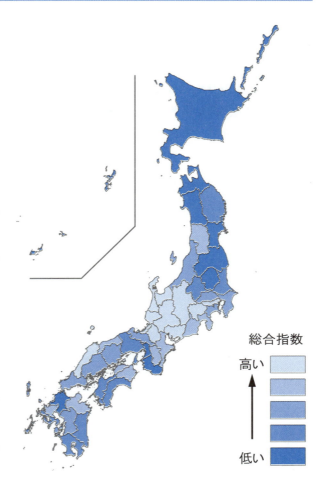

| 順位 | 都道府県 | 指数 |
|---|---|---|
| 1位 | 福井 | 0.578 |
| 2位 | 富山 | 0.568 |
| 3位 | 長野 | 0.557 |
| 4位 | 東京 | 0.548 |
| 5位 | 石川 | 0.542 |
| 6位 | 島根 | 0.542 |
| 7位 | 山梨 | 0.529 |
| 8位 | 岐阜 | 0.529 |
| 9位 | 滋賀 | 0.527 |
| 10位 | 愛知 | 0.520 |
| 11位 | 三重 | 0.515 |
| 12位 | 奈良 | 0.514 |

| 順位 | 都道府県 | 指数 |
|---|---|---|
| 13位 | 大分 | 0.508 |
| 14位 | 鳥取 | 0.506 |
| 15位 | 香川 | 0.506 |
| 16位 | 佐賀 | 0.504 |
| 17位 | 徳島 | 0.504 |
| 18位 | 山形 | 0.498 |
| 19位 | 静岡 | 0.494 |
| 20位 | 埼玉 | 0.492 |
| 21位 | 岡山 | 0.488 |
| 22位 | 山口 | 0.487 |
| 23位 | 京都 | 0.486 |
| 24位 | 神奈川 | 0.485 |

| 順位 | 都道府県 | 指数 |
|---|---|---|
| 25位 | 千葉 | 0.482 |
| 26位 | 新潟 | 0.482 |
| 27位 | 広島 | 0.479 |
| 28位 | 熊本 | 0.474 |
| 29位 | 宮崎 | 0.473 |
| 30位 | 群馬 | 0.468 |
| 31位 | 高知 | 0.466 |
| 32位 | 兵庫 | 0.466 |
| 33位 | 愛媛 | 0.463 |
| 34位 | 茨城 | 0.460 |
| 35位 | 鹿児島 | 0.455 |
| 36位 | 長崎 | 0.452 |

| 順位 | 都道府県 | 指数 |
|---|---|---|
| 37位 | 岩手 | 0.451 |
| 38位 | 秋田 | 0.449 |
| 39位 | 福岡 | 0.447 |
| 40位 | 栃木 | 0.441 |
| 41位 | 福島 | 0.441 |
| 42位 | 和歌山 | 0.440 |
| 43位 | 大阪 | 0.425 |
| 44位 | 北海道 | 0.414 |
| 45位 | 宮城 | 0.409 |
| 46位 | 沖縄 | 0.405 |
| 47位 | 青森 | 0.394 |

図表4　都道府県別の総合指数
注：表の指数は四捨五入してある。順位は実際の値に基づき、表の指数が同値でも順位が異なる。

課題が極めて多い。東日本大震災における被災被害の大きな県は総合指数の下位に含まれており、生活や社会環境の復興が依然として深刻な課題であると考えられる。また、大阪、沖縄では、ひとり親世帯の正規雇用率、生活保護受給率、生活困窮者自立支援の相談件数等が全国でも最下位クラスであり、経済・労働、福祉の分野で多くの課題がみられ、それらに優先的に取り組む必要があると考えられる。

　なお、総合指数は客観的なデータを中心に都道府県をランキングしたものだが、客観的な総合指数が高くても住民の主観的な自己充足度が低く、社会的連携が弱い例が考えられる。逆に、総合指数が低いにもかかわらず住民の主観的な自己充足度が高く、社会的連携が強いといったケースが考えられる。アンケート調査による主観的評価については、次の第3章を参照願いたい。

# 第3章
# アンケート調査による主観的評価

　今回の調査では、既存の統計では浮き彫りにしにくい、個人の主観的評価を調べるためのアンケート調査を通じて、自己充足度、不安、孤立・連携性の実態を年齢、性、都道府県別に分析した（2018年8月、5,450人のインターネット無記名回答により実施）。なお、アンケートの一部回答について最小二乗法による計量分析を行った。

## ●1　自己充足度

　2018年8月、内閣府が発表した「国民生活に関する世論調査」では、現在の生活に「満足」と答えた人が73.9％と過去最高になった。内訳は「満足している」（12.2％）と「まあ満足している」（61.7％）で、「どちらでもない」と答えた割合を足しても、ほぼ4人に3人が現状を肯定的にとらえていると考えられる。他方で、現在の生活にやや不満がある人（19.9％）と不満がある人（5.1％）の合計は、ほぼ4人に1人となった。50–59歳世代までは不満を持つ人が年齢層の上がるほど増えて（29.4％）、その後やや下がる傾向を示しているが、60歳以上になってもほぼ4人に1人が何らかの不満を持つ（60–69歳24.2％、70歳以上25.7％）（図1）。

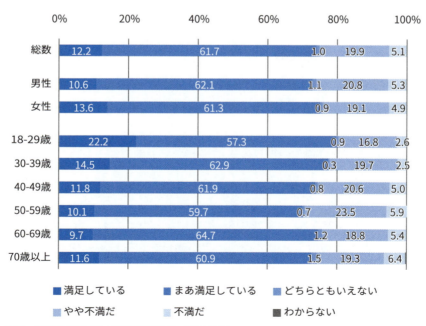

図1　現在の生活にどの程度満足しているか
出典：内閣府「国民生活に関する世論調査」（2018年8月発表）

今後の生活の見通しに対する回答では、良くなっていくと答えたのは9.4％で、悪くなっていくと答えた人はその2倍以上（23.1％）である。年齢層が高くなるほど悪いと答える人の割合が増え、50歳から69歳の世代では30％を超え、この世代が他世代に比べても、様々な生活の不安を抱えていることを示唆する（図2）。

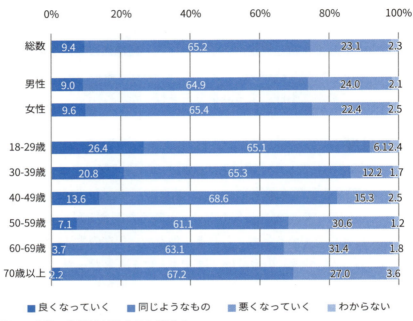

図2　今後の生活はどうなると思うか
出典：内閣府「国民生活に関する世論調査」（2018年8月発表）

　今回の我々のアンケート調査では、ほぼ同時期に行われた内閣府の調査結果と異なり、日常の生活を超えた人生の評価を尋ねた。
　自分の人生に満足（5.7％）、まあまあ満足している（37.2％）と、どちらとも言えないと答えた人の割合（20.3％）を合計すると、現状を否定的にはとらえていない人が63.2％となると解釈でき、内閣府の調査より10％程度低い割合となった。人生に満足していない人の割合（26.7％）は内閣府調査の現在の生活に「やや不満」と「不満」の合計（25.0％）とほぼ一致し、国民の4人に1人が満足していないといえる（図3）。
　性別では、女性（45.1％）が男性（40.6％）より満足と思う比率が高く、満足でないと思う比率がやや低い（女性25.3％、男性28.0％）結果になった。なお、年齢別では、年齢層が34歳以下、35-64歳、65歳以上と高くなるに従い満足と思う比率が男女とも増加する。不満足な比率は、年齢層が上がると下がる傾向を示す。65歳以上では6割以上の人（61.6％）が自分の人生に満足しており、満足でない比率（14.0％）がその4分の1にとどまることは、高齢層の満足感が相当高いことを示している。
　都道府県別にみれば、統計的に有意な結果を抽出するのは難しいが、福島県について「人

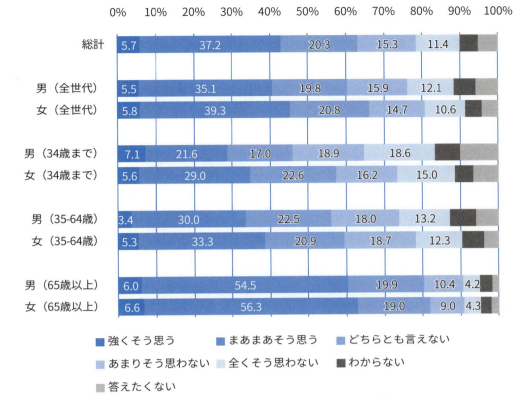

図3　自分の人生に満足していますか
出典：今回のアンケート調査（2018年8月）

生の不満足度」が高いという有意な結果が出たのは特筆される。これは、それだけ東日本大震災・原発事故以降の福島県民の状況が厳しいことを示しているものと思われる。

　また、男女差の大きい都道府県が、石川（満足と思う女性の比率は男性より29.6％高い）、京都（22.3％）、長野（20.7％）、福島（19.9％）、福井（16.7％）、島根（16.2％）などいくつも確認できた。また、結婚している人の満足度は高く、独身の人の満足度は低い、相談相手が多い人は満足感が高く、相談する相手がいない人は不満足感が高いことが確認できた。

　他方で、将来の人生については、今回のアンケート調査では、良くなると思う（21.0％）に対し、ほぼ倍近くが良くなるとは思わない（35.6％）、どちらともいえない（30.2％）と回答した。また、将来を悲観する人はこれまでの人生に対する不満足度も高いという結果になった（図4）。

　性別では、女性（23.1％）の方が男性（19.0％）より良くなると思う割合がやや高く、良くなると思わない割合は低い（女性33.4％、男性37.8％）。

　年齢別では、年齢層が高くなるに従い良くなると思う比率が男女とも減少し、良くなると思わない比率が増える傾向がある。34歳以下では、人生の将来を良くなると考える人と

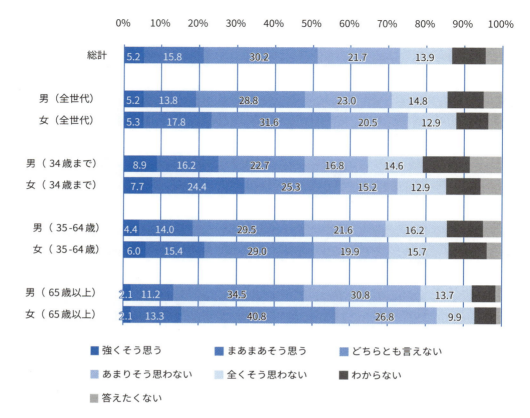

図4 人生が将来今より良くなると思いますか
出典：今回のアンケート調査（2018年8月）

そう考えない人がほぼ拮抗するが（29.4％対28.7％）、35–64歳では良くなると思わない人が、思う人の倍近く増え（36.6％対20.1％）、65歳以上ではさらにこの傾向が顕著になる（40.6％対14.4％）。特に男性の65歳以上に顕著である。これから先の長い人生を迎える若い世代と老後の人生をおくる年代層の今後の人生に対する向き合い方の違いが出ているといえよう。

65歳以上では自分の人生に満足でない比率が満足している人の4分の1にとどまり、満足感が高いが、他方で将来の人生が良くなると考えているのは14.4％にとどまり、高齢者の4割が将来はよくなるとは思っていない。社会の高齢化が加速的に進む中で注目される。

都道府県別にみれば、良くなると思う比率が高いのは鹿児島で、京都、和歌山、佐賀、奈良、熊本、岐阜の順であった。最も低いのは福井で、青森、徳島、富山、茨城の順であった。良くなると思う率が高い県ではよくなるとは思わない比率が概ね低く、良くなると思う率が低い県はそう思わない率が高くなる傾向を示している。

自分に誇りを持てること、人生に生きがいを感じること、将来に希望を持てること、人間として生まれてきて良かったと感じることは自己充足の中核である。自己の存在を意義あるものと感じることこそ人間の安全保障が尊厳の確保を通じて目指すものである。今回

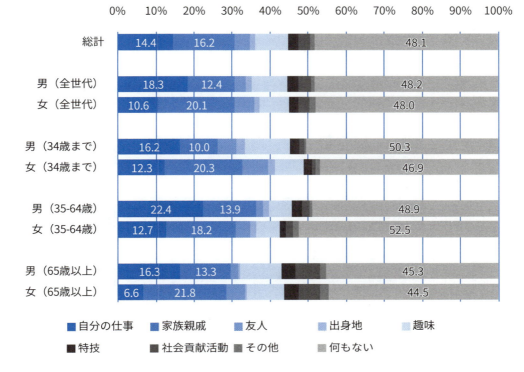

図5 何を最も誇りに思いますか
出典：今回のアンケート調査（2018年8月）

の調査で「どんなことに自分を誇りに思うか」の問いへの回答は、家族親戚（16.2％）、自分の仕事（14.4％）、趣味（8.7％）、友人（4.0％）、社会貢献活動（3.0％）、特技（2.7％）、出身地（1.4％）と回答した。特筆すべきは、最も多い回答が何もない（48.1％）であり、約半数を占めた。何らか誇りに思う対象がある人（50.6％）と、何もない（48.1％）に二分された。

最も誇りに思うことで多いのは、男性では仕事（18.3％）、趣味・特技（12.6％）、家族親戚（12.4％）、女性では家族親戚（20.1％）、仕事（10.6％）、趣味・特技（10.3％）の順で、男女の違いがみられる。社会貢献活動は65歳以上で誇りに思う人が多い（図5）。

誇りに思うことは「何もない」と回答した割合は男性（48.2％）と女性（48.0％）で差はないが、年齢別でみると、「何もない」と回答した割合は年齢層が上がるほど低くなる傾向を示した。ただ、35–64歳の女性の中で何もないと回答した割合が最も高いこと（52.5％）は注目される。

都道府県別では、誇りに思うことは「何もない」と回答した割合が高い順に、福井、滋賀、兵庫、和歌山、静岡であった。低いのは、宮崎、鹿児島、長崎、東京、石川の順であった。地域別でみると、南九州が低い。

次いで、「一番生き甲斐を感じるのは何か」と問うたのに、「何もない」の回答が最も多

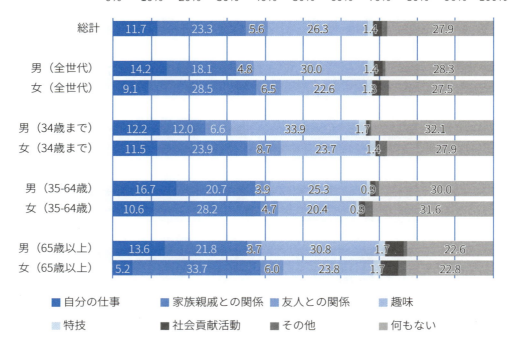

図6　一番生き甲斐を感じるのは何ですか
出典：今回のアンケート調査（2018年8月）

く（27.9％）、次いで趣味（26.3％）、家族親戚との関係（23.3％）、自分の仕事（11.7％）、友人との関係（5.6％）、社会貢献活動（2.4％）、特技（1.4％）が続いた。生きがいがあるとの回答の中で多いのは、男性は趣味、家族親戚に次いで仕事であり、女性は家族親戚、趣味と男女差が大きい。年齢層が上がるにつれ男女ともに家族親戚が増える。男性は、34歳以下は特に趣味・特技が多く（35.0％）、次いで何もない（32.1％）、仕事（12.2％）、家族親戚（12％）と続く。35–64歳は仕事がやや多く（16.7％）、65歳以上では趣味・特技（35.5％）、家族親戚（21.8％）の順である（図6）。

　生き甲斐を感じることは「何もない」と回答した割合は男性（28.3％）が、女性（27.5％）よりやや高い。年齢別では、34歳以下（30.0％）、35–64歳（30.8％）ともに3割を超えたが、65歳以上（22.7％）は、相対的に少ない。「何もない」とする回答が最も高いのは、男性の34歳以下（32.1％）と女性の35–64歳（31.6％）であり、この2つの年齢層の男性と女性の過半数が自分を誇りに思うことが何もないと回答していることから見ても、自分の人生に自信や生きがいが見つけにくい年齢層なのかもしれない。

　都道府県別でみると、生き甲斐を感じることは「何もない」と回答した割合が最も高いのは福井で、滋賀、兵庫、高知、愛媛の順であった。最も低いのは宮崎で、鹿児島、長崎、

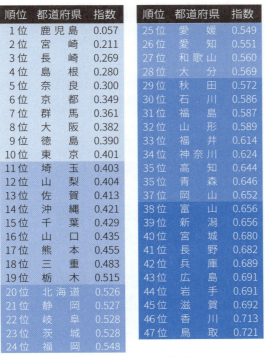
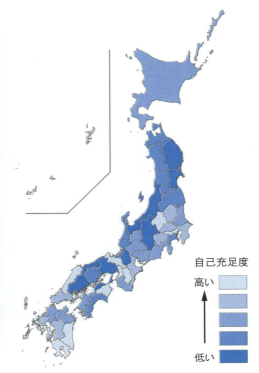

**図表7　都道府県別の自己充足度指数**

「自分の人生に満足していない」「自分の将来が今より良くなるとは思わない」「自分が誇りに思うことは何もない」と回答した人の割合の平均値を小さい順に配列。順位が高いほど住民の自己充足度が高いと考えられる。

注：表の指数は四捨五入してある。順位は実際の値に基づき、表の指数が同値でも順位が異なる。

秋田、熊本の順であった。

　上記の設問に対する答えとして、「自分の人生に満足していない」「自分の将来が今より良くなるとは思わない」「自分が誇りに思うことは何もない」と回答した人の割合の平均値を、都道府県別に求めた。この平均値の数字が低いものから順番に並べたのが図表7である。この順位が高い都道府県ほど、住民の自己評価が相対的に高い、すなわち自己充足度が強いと考えられる。逆にこの順位が低い都道府県の住民は、自分の過去、現在、未来に対する評価が低く、自己充足度が弱いと考えられる。自己充足度の主観的な強さと弱さについては、次の都道府県別プロフィールの章でも考察の素材とする。

## ●2　不　安

　「人間の安全保障の根幹は、個人が経験する不安に対してより安全な生活状況を追求する、日常的な安全の保障を求める個人の権利にある」（武者小路公秀「『人間安全保障』についての公開書簡」2002年）との考えから、今回の調査で、人生で一番不安に思うことは何かを1つ選んでもらった。老後（30.1％）、健康（28.4％）、暮らし（16.4％）、仕事（13.4％）の順に

第3章　アンケート調査による主観的評価　　67

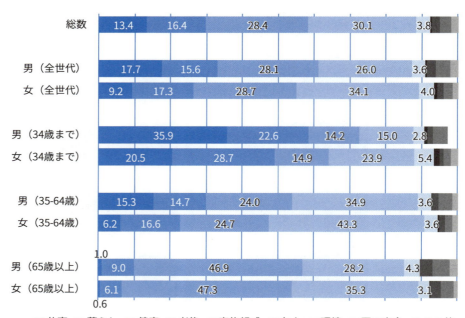

図 8　人生で一番不安に思うことは何ですか（男女別、年代別）
出典：今回のアンケート調査（2018 年 8 月）

多かった。その他に、家族親戚（3.8 %）、国の安全（3.3 %）、環境（2.1 %）、友人（0.6 %）を選んだ人もいた（図 8）。居住する地域に外国人が増えることを歓迎するかについてのアンケート調査の結果は第 2 部第 12 章外国人で説明するが、国の安全保障に不安を感じる人の方が外国人が増えることを歓迎しないという傾向が計量分析で確認できた。他方で、仕事や暮らし、健康など生活上の不安と外国人の受け入れとの間に相関関係は確認できなかった。これは、将来の雇用などよりも、国の安全保障を不安と感じる人の方が外国人に対する非歓迎度が高まると解釈できよう。

　不安に思うことは、年齢層で違いが大きい。34 歳以下では、仕事（28.2 %）と暮らし（25.6 %）が大きな不安材料になっている。中でも、男性は仕事（35.9 %）、女性は暮らし（28.7 %）への不安が大きい。35–64 歳では、老後（39.4 %）、健康（24.3 %）が主たる不安である。65 歳以上では、健康（47.1 %）が最大の不安材料である。性別でみれば、男性が仕事（17.7 %）、国の安全（4.1 %）で女性より高く、女性は暮らし（17.3 %）で男性より高い。

　都道府県別では、概ね年齢層別の特色に沿った不安の要素を示しているが、福島、滋賀、岡山、長崎、長野で環境の不安が他県よりも多い。神奈川、兵庫、福岡で国の安全保障への不安が他県よりも多い。岩手、富山、鳥取、熊本で仕事の不安が多い。そして、青森、和歌山で家族の不安が多いという結果であった（図 9）。

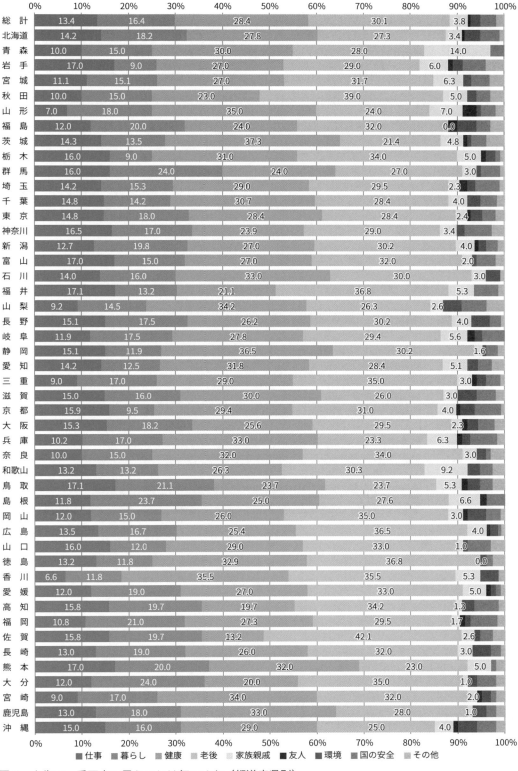

図9　人生で一番不安に思うことは何ですか（都道府県別）
出典：今回のアンケート調査（2018年8月）

第3章　アンケート調査による主観的評価　69

## ● 3　孤立・連携性

　最近の内閣府調査によると、単身男性（55歳以上）の24.5％が、家族や友人と週1回会話するか、ほとんど会話しないと回答した（単身女性は7.7％）ことが驚きをもって受け止められた。経済的には高齢男性の方が恵まれているのに、高齢女性より孤立しがちな傾向にある（内閣府「高齢者の健康に関する調査」2017年度）。今回の調査では、「どんな時に孤独でつらいと感じるか」の問いに対して、孤独でつらい（合計37.9％）、孤独だと感じない（34.3％）、孤独でもつらくない（26.1％）と回答が三分された。孤独を感じるのは34歳以下が最も高く（52.9％）、特に一人でいるときの若者層の孤独感が最も高い（女性39.4％、男性37.9％）。年齢層が上がるほど少なくなり、65歳以上（19.5％）では若者の約半分に減少する。孤独だと感じることはないとの回答も年齢層が上がるに従い増加する傾向がみられ、65歳以上の約半数が孤独を感じないと答えた（図10）。

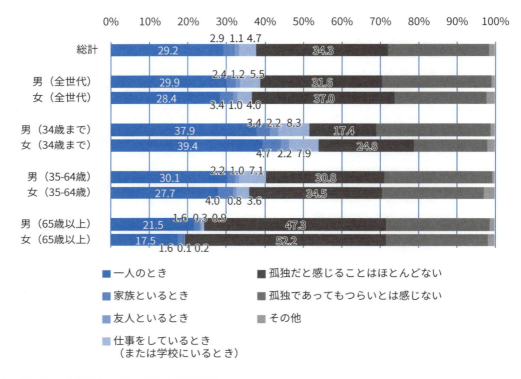

図10　どんな時に孤独でつらいと感じるか
出典：今回のアンケート調査（2018年8月）

　性別では、65歳以上の年齢層では男性の方が孤独をつらいと感じる割合が高い（男性21.5％、女性17.5％）。この世代の女性は半数以上が孤独を感じない（52.2％）が、男性はやや低く（47.3％）、高齢男性の方がやや孤立を感じやすい結果を示した。孤独であってもつらいと感じない人の割合は男性の方が、女性よりやや高い。孤独であってもつらくないと

の回答が最も低かったのは34歳以下の女性（19.2 %）で、この世代の女性は一人でいるとつらいと回答した割合が最も高かった（39.4 %）。この年齢層の女性の孤独感が最も高いことを示している。

都道府県別にみれば、一人でいるとつらいとの回答が多い順に、愛媛、福井、栃木、高知、佐賀であった。孤独と感じない、孤独でもつらくないとの回答の率では、神奈川、鹿児島、新潟、兵庫、東京、千葉と都市圏が高い。

「困った時に相談する人はいるか」との問い（複数回答）では、相談する相手としてはどの世代も家族（68.1 %）が最も多く、次いで友人（28.4 %）、親戚（11.1 %）であった。先生、同僚、先輩、近所の人を挙げた人は少ない。相談する相手がいると答えた人のうち家族と友人など、複数の相談相手を挙げる傾向（35.8 %）が見られたが、誰もいないが21 %を占めた（図11）。

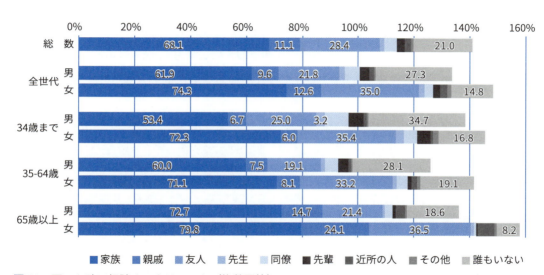

図11　困った時に相談する人はいるか（複数回答）
出典：今回のアンケート調査（2018年8月）
各項目のパーセンテージは、それぞれの回答者母集団の中でその項目を含む回答をした人の割合を示す。複数回答のため、合計は100%にならない。

性別でみると、男女とも、家族に相談する割合が最も高い（男性61.9 %、女性74.3 %）。女性は、全世代を通じて家族に悩み事を打ち明けるが、家族の次に相談する相手として、友人（35.0 %）が続き、誰もいない人の率は低い（14.8 %）。男性は家族に相談する以外は、誰もいない（27.3 %）が友人に相談する人（21.8 %）より多く、誰も相談する人がいない男性の割合は、女性の2倍近く高い。男性は、誰にも相談しないか、相談するとしても家族のみという傾向がうかがえる。全般的に、男性よりも女性の方が悩み事を相談できる相手が多い。年配の女性は親戚づきあいを大切にする。

第3章　アンケート調査による主観的評価　　71

年齢別でみると、34歳以下の若者世代では4人に1人（25.8％）は相談相手が誰もいないと答えた。特に男性の相談相手が誰もいない割合は高く（34.7％）、同年齢層の女性（16.8％）の2倍以上である。誰もいない割合は、35-65歳未満（23.6％）、65歳以上（13.4％）になると減少する。特に、男性は若い間は相談相手がいなくて孤独だが、年齢を重ねると家族に悩みを打ち明けるようになるといえる。とはいえ65歳以上の中では男性は同年齢層の女性（8.2％）の2倍以上の人（18.6％）は相談相手が誰もいないと答えた。

　興味深いのは、65歳以上は家族、友人に次いで19.4％が親戚を挙げたのに対し、65歳未満の世代では親戚を挙げる人は極めて少ないことである。年齢層が上がるにつれ、人間関係の範囲が広くなる傾向を示していると考えられる。

　都道府県別では、だれも相談する人がいない割合は、高い順に東京（28.8％）、山梨（26.3％）、富山（26.0％）、北海道（25.6％）、岩手（25.0％）であり、低かったのは徳島と高知（14.5％）、山形（15.0％）、石川と滋賀（16.0％）であった。

　「困っている人をどんな時に助けたことがあるか」（複数回答）の問で最も多い回答は、仕事と職場（合計58.8％）であり、日常生活の用事（29.9％）、人生の悩み（20.8％）、健康・病院（18.6％）、お金（16.3％）が続いた。助けたことが何もないが高いこと（31.8％）が注目される（図12）。

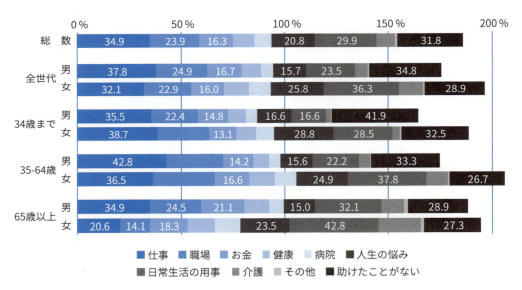

図12　どんな時に人を助けたか（複数回答）
出典：今回のアンケート調査（2018年8月）
各項目のパーセンテージは、それぞれの回答者母集団の中でその項目を含む回答をした人の割合を示す。複数回答のため、合計は100％にならない。

　性別でみると、男性で人を助けたことがないという答え（34.8％）が仕事・職場（計62.7％）に次いで高く、女性は日常生活の用事や人生の悩み（計62.1％）、仕事・職場（55.0％）に次

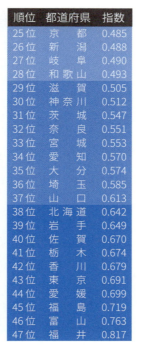
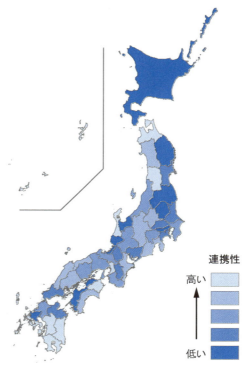

図表13　都道府県別の連携性指数
「孤独でつらい」「困ったときに相談する人が誰もいない」「人を助けたことはない」と回答した人の割合の平均値を小さい順に配列。順位が高いほど住民の間の社会的連携が強いと考えられる。
注：表の指数は四捨五入してある。順位は実際の値に基づき、表の指数が同値でも順位が異なる。

いで、何もない（28.9％）が多い。

　人を助けたことがないとの回答の割合は、年齢層が上がると少なくなる。若い男性は人を助けた経験が少ないが、人生の悩みという課題に応える割合は若者層の方が多い（34歳以下で22.7％、65歳以上で19.3％）。仕事・職場と答えた人の割合は、35–64歳が最も多く（68.4％）、女性と男性ともに若い間はほぼ同じ割合で、仕事・職場のことで人を助ける経験をしているが、年を重ねるにつれて、女性はこうした経験が少なくなっていく。人生の悩みや日常生活については、女性の方が世代を超えて様々な相談に乗っている傾向が見受けられる。

　都道府県別では、助けたことが何もないと答えた割合が高いのは、富山、香川、岩手、福島、栃木であり、低いのは、宮崎、沖縄、熊本、山梨、石川であった。

　上記の設問に対する答えとして、「孤独でつらい」「困ったときに相談する人が誰もいない」「人を助けたことはない」と回答した人の割合の平均値を、都道府県別に求めた。この平均値の数字が低いものから順番に並べたのが図表13である。この順位が高い都道府県ほど、住民の間の社会的連携が強いと考えられる。逆にこの順位が低い都道府県の住民は、相対的に孤立している、あるいは孤立を強く感じていると考えられる。主観的な社会的連

第3章　アンケート調査による主観的評価

携の強さと弱さについては、次の都道府県別プロフィールの章でも考察の素材とする。

　すべての人の命、生活、尊厳が確保される社会を作っていくには、人のつながりや連携性を構築できる社会を作っていくことが必要であるが、課題が大きいことがわかる。

# 第4章　都道府県別プロフィール

　各都道府県が、人間の安全保障の視点から取り組むべき主要な課題を浮き彫りにするために、「命指数」「生活指数」「尊厳指数」（第2章参照）に加えて、主観的な「自己充足度」及び「社会的連携」の5つのランキングに基づき、都道府県別プロフィールをまとめ、地域ごとの特色をチャートで示した。五角形の面積ではなく、形状に注目していただきたい。

　「自己充足度」は、アンケート調査の結果、住民の自己評価の相対的な高さで比較したものであり、「社会的連携（連携性）」は住民の間の連携の強さ、孤立感の弱さで比較したものである（第3章参照）。

　「指標」のうち全国でトップクラスの指標とともに、最下位クラスの指標を取り組み課題として列記したが、必ずしも網羅的ではない。全体像は「指標」の全体を参照願いたい。ランキングの順位付けが本研究の本意ではなく、各都道府県の全国における位置付けを可視化することで焦点を当てて取り組むべき課題を浮き彫りにすることが狙いである。

（人口は、2018年10月1日の推計人口。面積は、同日付の国土地理院「全国都道府県市町村別面積調」による。）

## 1位　福　井

人口 77.3 万人（43位）　面積 4190 km²（34位）

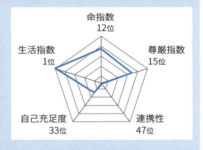

**総評**　主観的な社会的連携は最も弱く、自己充足度もやや低く、客観的な統計データによる住みやすさとそこに生活する人の主観的要素が乖離。平均寿命（男性6位、女性5位）は高位だが、健康寿命はやや下がる（男性10位、女性14位）。自殺死亡者数が多く、未婚率、健康保険料滞納世帯割合が低い。高齢者単身世帯割合が多く、虫歯罹患率が高い。可処分所得、失業率、女性の雇用率、ひとり親の正規雇用率、障害者雇用率、生活保護受給率など経済雇用の指標は良好だが、男女の賃金差が大きい。子どもの学力の達成度及び運動能力が高く、待機児童率、不登校率が低く、子ども・教育環境は良好。交通事故死者数が最も多い。文化財の件数、地縁団体数、ボランティア活動の行動者率が高い。

**トップクラス**　（1位）女性の雇用率、ひとり親世帯の子どもの割合・子どもの自殺数・待機児童率が少ない、子どもの運動能力、社会教育学級講座数、（2位）生活困窮者自立支援の相談件数が少ない。

**取り組み課題**　社会的連携（47位）の強化、交通事故死者数（47位）の減少、虫歯罹患率（42位）の改善

## 2位 富　　山

人口 105.0 万人（37 位）　面積 4248 km²（33 位）

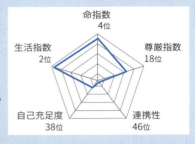

**総評**　主観的な社会的連携は極めて弱く、自己充足度も低い。客観的な住みやすさとそこに生活する人の尊厳や息苦しさなど主観的要素が大きく乖離。平均寿命（男性 27 位、女性 8 位）に比べ、健康寿命は上位（男性 8 位、女性 4 位）。ひとり親世帯の子どもの割合、虫歯罹患率は少ないが、自殺死亡者数は多い。可処分所得、女性の雇用率、ひとり親の正規雇用率が極めて高く、非正規雇用率、生活保護受給率が最も低い。待機児童率、就学援助受給者割合、不登校率、児童扶養手当受給率が低く、いじめ件数が少なく、子どもの学力の達成度が高い。住宅延べ面積は広く、汚水処理率、リサイクル率は高い。情報公開度が高く、文化施設数が多く、ボランティア活動の行動者率は高い。外国人居住者が少ない。

**トップクラス**　（1 位）可処分所得、ひとり親の正規雇用率、待機児童率が低い、就学援助受給者割合・生活保護受給率が低い、住宅延べ面積。（2 位）女性の雇用率

**取り組み課題**　社会的連携（46 位）の強化、外国人居住者（41 位）の増加

## 3位 長　　野

人口 206.3 万人（16 位）　面積 1 万 3562 km²（4 位）

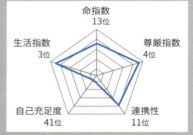

**総評**　主観的な社会的連携は強いが、自己充足度は極めて低い。平均寿命（男性 2 位、女性 1 位）は全国トップだが、健康寿命（男性 20 位、女性 27 位）との差が大きい。健康診断受診率など健康意識が高い。可処分所得が比較的高く、県民の所得格差が小さい。高齢者有業率が高く、失業率が低いが、ひとり親の正規雇用率は低い。待機児童率、高校中退率、就学援助受給者割合は低いが、子どもの自殺数、子どもの一時保護所受入れ日数がやや多い。生活保護受給率は低く、生活困窮者自立支援の相談件数は少ないが、ケースワーカーの担当世帯数が多い。文化施設数が多く、汚水処理率が高い。男性の家事・育児分担時間数、女性の地方議員割合、NPO 団体数は多い。人権侵犯件数が多い。

**トップクラス**　（1 位）平均寿命（女性）、待機児童率が低い、文化施設数、（2 位）平均寿命（男性）、ジニ係数が小さい、高齢者有業率

**取り組み課題**　ケースワーカーの担当世帯数（42 位）、人権侵犯件数（42 位）の改善

## 4位 東　京

人口 1384.3万人（1位）　面積 2190 km² （45位）

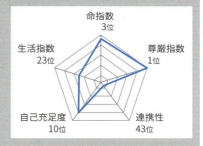

**総評**　主観的な自己充足度は高いが、社会的連携が極めて弱い。都道府県の中で指標間の差異が最大である。都民所得や財政力指数は最高位だが所得格差も大きい。インフラや教育施設は整っているが、人とのつながりにかかわる指標に課題が多い。平均寿命（男性11位、女性15位）に比べ、健康寿命（男性24位、女性39位）が低位。

**トップクラス**　（1位）生産年齢人口割合、交通事故死者数が少ない、スポーツ行動者率、県民所得、財政力指数、児童扶養手当受給率が低い、夜間中学・定時制高校数、インターネット利用率、汚水処理率、公共施設の耐震化率、弁護士数、女性の地方議員割合、ふるさと納税者数、国際支援団体への寄付人数、留学生数、NPO団体数、（2位）人口増減率、上水道の耐震化率

**取り組み課題**　（47位）出生率、健康保険料滞納世帯割合、ジニ係数、障害者雇用率、特養施設待機人数、民生委員数、住宅延べ面積、子どもの自殺数、地縁団体数、（46位）待機児童率、教員あたり中学生徒数、文化施設数、ボランティア活動の行動者率、（45位）未婚率、教員あたり小学校児童数、高齢者用施設数、刑法犯認知件数

## 5位 石　川

人口 114.2万人（33位）　面積 4186 km² （35位）

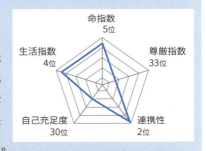

**総評**　尊厳指数がやや低い。主観的な社会的連携は強いが、自己充足度はやや低く、将来への期待度は極めて低い。平均寿命（男性12位、女性13位）、健康寿命（男性5位、女性16位）ともに良好である。人口あたり医師数が多く、健康診断受診率、可処分所得が高く、ひとり親世帯の子どもの割合が少なく、未婚率、生活保護受給率は低い。自殺死亡者数は少ないが自殺意識率は極めて高いことが注目される。失業率が低く、ひとり親の正規雇用率、女性の雇用率が高い。待機児童率、児童扶養手当受給率が低く、いじめ件数、児童相談件数が少なく、子どもの学力の達成度が全国で最も高く、子どもの運動能力が高く、社会教育学級講座数が多いなど教育面の指標は全般的に高い。

**トップクラス**　（1位）待機児童率が低い、子どもの学力の達成度が高い、（2位）社会教育学級講座数、ケースワーカーの担当世帯数が少ない

**取り組み課題**　女性の地方議員割合（45位）の増加、リサイクル率（44位）の向上

## 6位 島　根

人口 68.0万人（46位）　面積 6708 km²（19位）

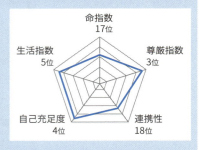

**総評**　主観的な社会的連携は中位だが、自己充足度、将来への期待度が高く、人生を楽観視する人が多い。平均寿命（男性23位、女性3位）、健康寿命（男性33位、女性5位）ともに女性は上位であるが、男性が課題。出生率が高く、健康保険料滞納世帯割合が低い。生産年齢人口割合や財政力は最下位で所得格差が大きい。失業率は最も低く、女性の雇用率、高齢者有業率やひとり親世帯の正規雇用率が高い。教員あたり生徒数が少ないが、子どもの学力の達成度が低く、夜間中学・定時制高校数は非常に少ない。民生委員が多く、ケースワーカー担当世帯数が少ない。国政選挙投票率が高い。地縁団体数は最多でボランティア活動の行動者率も高い。

**トップクラス**　（1位）健康保険料滞納世帯割合が少ない、失業率が低い、教員あたり小学校児童数が少ない、国政選挙投票率、地縁団体数、（2位）出生率、ひとり親の正規雇用率、教員あたり中学校生徒数が少ない

**取り組み課題**　生産年齢人口割合、財政力指数（47位）の改善、夜間中学・定時制高校数（46位）の拡充

## 7位 山　梨

人口 81.8万人（42位）　面積 4465 km²（32位）

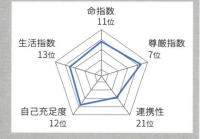

**総評**　主観的な社会的連携が中位。平均寿命（男性20位、女性18位）に比べ、健康寿命（男性1位、女性3位）がトップクラス。人口減少率がやや高い。健康診断受診率は高いが、喫煙率は高い。高齢者有業率は高いが、ひとり親の正規雇用率、障害者雇用率が極めて低く、非正規雇用率が高く、雇用の課題が大きい。児童養護施設数は多く、待機児童率、子どもの自殺数が少ない。しかし、子どもの一時保護所受入れ日数、いじめ件数が多い。社会教育学級講座数は少ない。生活保護受給率、生活困窮者自立支援の相談件数、1人あたり温室効果ガス排出量が少なく、介護職員数、民生委員数、男性の家事・育児分担時間数が多く、福祉・生活レベルが高い。人権侵犯件数が少ない。外国人の増加を歓迎する割合が高いが、技能実習生数は極めて少ない。

**トップクラス**　（1位）健康寿命（男性）、待機児童率が低い、（2位）文化施設数、NPO団体数

**取り組み課題**　ひとり親の正規雇用率（45位）の増加、高齢者用施設数（44位）の拡充、女性の地方議員割合（42位）の改善

## 8位 岐阜

人口 199.9 万人（17 位）　面積 1 万 621 km²（7 位）

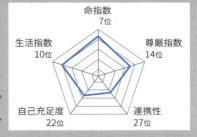

**総評**　主観的な社会的連携、自己充足度ともに中位。平均寿命（男性 14 位、女性 34 位）に比べて、健康寿命（男性 4 位、女性 7 位）が高い。虫歯罹患率、喫煙率が低く、平均歩数も多く、健康意識の高さを示している。未婚率も低い。他方、人口あたり病院数、病床数、医師数が極めて少なく、医療の充実が課題である。子ども・教育では、就学援助受給者割合、待機児童率が低く、社会教育学級講座数は多いが、里親委託率が低く、不登校率が高い。生活保護受給率、生活困窮者自立支援の相談件数は少ないが、ケースワーカーの担当世帯数は多い。生活環境では、公共施設の耐震化率、上水道の耐震化率が高い。弁護士数、法テラスへの問合わせ件数の増加、人権侵犯件数の削減が課題である。

**トップクラス**　（2 位）ボランティア活動の行動者率

**取り組み課題**　ケースワーカーの担当世帯数（45 位）の改善、里親委託率（43 位）の向上、病院（40 位）・病床数（41 位）の増加

## 9位 滋賀

人口 141.2 万人（26 位）　面積 4017 km²（38 位）

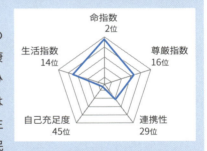

**総評**　主観的な社会的連携がやや弱く、自己充足度は極めて低い。平均寿命（男性 1 位、女性 4 位）は高いが、健康寿命（男性 16 位、女性 43 位）と大きく乖離している。ひとり親世帯の子どもの割合、未婚率、1 人あたり医療費は少なく、人口増加率、スポーツ活動の行動者率が高く、生産年齢人口割合、平均歩数が多く、健康意識は高い。県民所得、可処分所得が高く、ジニ係数は小さく、失業率は低く、生活水準が高いが、高齢者有業率、非正規雇用率、女性の雇用率、男女の賃金差の改善が課題。社会教育学級講座数が多いが、待機児童率が高く、子どもの学力の達成度が低い。里親委託率は高い。インターネット利用率、汚水処理率は高い。留学生数が少なく、外国人の増加を歓迎する割合は低い。

**トップクラス**　（1 位）男性の平均寿命、ボランティア活動の行動者率、（2 位）未婚率が低い、里親委託率

**取り組み課題**　自己充足度（45 位）の向上、高齢者用施設数（47 位）、病院数（46 位）・病床数（42 位）の増強、高齢者有業率、子どもの学力の達成度（45 位）の改善

## 10位 愛知

人口 753.9万人（4位）　面積 5171 km² （27位）

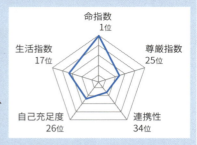

**総評**　主観的な自己充足度は中位だが、社会的連帯（34位）がやや弱い。平均寿命（男性8位、女性32位）に比べ健康寿命（男性3位、女性1位）がトップクラス。人口増加率、生産年齢人口割合が高い。1人あたり医療費が低く、スポーツ行動者率が高いが、人口あたり病院、病床、医師数が少ない。県民所得、財政力指数は高いが、可処分所得は中位。障害者雇用率、女性の雇用率、ひとり親の正規雇用率、高齢者有業率が低い。夜間中学・定時制高校数は多いが、教員あたり小中学校生徒数が多い。自殺死亡者数は少ないが子どもの自殺数は多い。弁護士数が多く、女性の地方議員割合は高い一方、刑法犯認知件数、DV被害者の一時保護件数も多い。

**トップクラス**　（1位）女性の健康寿命、ケースワーカーの担当世帯数が少ない、技能実習生数、（2位）県民所得、財政力指数、自然災害の死者・行方不明者数が少ない、自殺死亡者数が少ない、虫歯罹患率が低い

**取り組み課題**　NPO団体数（47位）、障害者雇用率（46位）の向上、子どもの自殺数（46位）・子どもの運動能力（45位）・不登校率（44位）の改善、病院数・病床数（45位）の増加

## 11位 三重

人口 170.0万人（22位）　面積 5774 km² （25位）

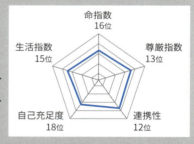

**総評**　全指数のバランスが取れている。平均寿命（男性19位、女性27位）に比べ、女性の健康寿命がトップクラス男性31位、女性2位）。未婚率、高齢者率、自殺死亡者率、自殺意識率、喫煙率がすべて低い。健康診断受診率も高く、健康意識は高い。交通事故死者数は多い。県民所得は高いが、可処分所得は低い。ジニ係数は小さく、県民の所得格差は小さい。失業率は低いが、男女の賃金差が大きい。子ども・教育では、児童相談件数は少ないが、不登校率がやや高い。福祉では、生活困窮者自立支援の相談件数が多い。生活環境では、リサイクル率、公共施設の耐震化率は高いが、上水道の耐震化率が低い。女性の地方議員割合が高く、国政選挙投票率、情報公開度は高いが、弁護士数が少なく、人権侵犯件数が多い。

**トップクラス**　（2位）女性の健康寿命、リサイクル率

**取り組み課題**　男女の賃金差（45位）の是正、健康保険料滞納世帯割合（43位）の縮小、人権侵犯件数（43位）の減少

## 12位 奈良

人口 134.0 万人（29 位）　　面積 3691 km² （40 位）

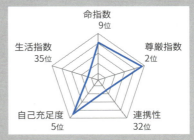

**総評**　生活指数がやや低く、主観的な社会的連携がやや弱い。平均寿命（男性 4 位、女性 16 位）に比べ、健康寿命（男女とも 42 位）が低位。未婚率、自殺死亡者率、自殺意識率、虫歯罹患率は低く、平均歩数は多く、スポーツ行動者率が高く、健康意識が高い。しかし人口当たり病院数の向上が課題。可処分所得は中位だが、県民の所得格差は少ない。障害者雇用率は高いが、非正規雇用率が高く、ひとり親の正規雇用率、女性雇用率、高齢者有業率が低い。高校中退率が高く、社会教育講座数が少ない。生活環境では、1 人あたり温室効果ガス排出量が少なく、上水道耐震化率は高いが、公共施設の耐震化率、リサイクル率の向上が課題。国指定文化財数、国際支援団体への寄付人数は多く、情報公開度は高い。DV 被害者の一時保護件数が多い。

**トップクラス**　（1 位）文化財の件数、未婚率が低い、自殺死亡者数が少ない、障害者雇用率、1 人あたり温室効果ガス排出量が少ない、（2 位）国際支援団体への寄付人数

**取り組み課題**　女性の雇用率（47 位）の改善、社会教育学級講座数（45 位）の増加、公共施設の耐震化率（44 位）、法テラスへの問合わせ件数（41 位）の改善

## 13位 大分

人口 114.3 万人（34 位）　　面積 6341 km² （22 位）

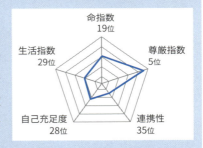

**総評**　生活指数と主観的な自己充足度が中位で、社会的連携がやや弱い。男性は、平均寿命（9 位）に対し健康寿命が下位（37 位）。女性は、平均寿命、健康寿命ともに良好（12 位）。生産年齢人口割合が少ない。人口あたり病院数は多いが、1 人あたり医療費、虫歯罹患率が高い。障害者雇用率は高いが、所得格差が大きい。児童相談件数が最も少なく、児童養護施設数も多い。子どもの運動能力が高く、里親委託率も高い。子どもの自殺数も少なく、子どもを巡る環境が良い。一方で夜間中学・定時制高校数は少ない。刑法犯認知件数が少なく、介護職員や高齢者用施設が多いが、ケースワーカーの担当世帯数が多く、バリアフリー率と汚水処理率は極めて低い。国政選挙投票率、情報公開度が高い一方、人権侵犯件数が多い。留学生が多い。

**トップクラス**　（1 位）児童相談件数が少ない、（2 位）介護職員数が多い、（3 位）高齢者施設数、法テラスへの問合わせ件数が多い

**取り組み課題**　1 人当たり温室効果ガス排出量（47 位）の削減、ジニ係数（46 位）の向上、バリアフリー率（47 位）・汚水処理率（45 位）の改善、夜間中学・定時制高校数（44 位）の増加

第 4 章　都道府県別プロフィール

## 14位 鳥取

人口 56万人（47位）　面積 3507 km² （41位）

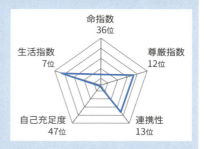

命指数 36位
尊厳指数 12位
連携性 13位
自己充足度 47位
生活指数 7位

**総評**　命指数が低く、主観的な自己充足度は全国で最下位。平均寿命（男性39位、女性14位）、健康寿命（男性34位、女性41位）ともに低位。出生率が高い一方で高齢単身世帯割合が高く、平均歩数が極めて少ない。県民所得や財政力は最下位クラス。他方、失業率は低く、女性の雇用率が高く、所得格差や男女の賃金差は小さい。教員あたり小中学校生徒数は少ないが、夜間中学・定時制高校数は少なく、大学進学率は低い。児童養護施設数が多く、特養施設待機人数が少なく、子どもの福祉や高齢者用施設が充実している。リサイクル率は高く、1人あたり温室効果ガス排出量が少ない。子どもの自殺数は極めて少ないが、人権侵犯件数は多い。自己充足度や人生に対する満足度の低さが課題である。

**トップクラス**　（1位）待機児童率が低い、子どもの一時保護所受入れ日数が少ない、子どもの自殺数が少ない、（2位）男女の賃金差が少ない

**取り組み課題**　自己充足度（47位）の向上、県民所得、大学進学率、平均歩数（46位）、財政力指数（45位）、高齢単身世帯割合（44位）の改善

## 15位 香川

人口 96.2万人（39位）　面積 1876 km² （47位）

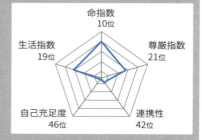

命指数 10位
尊厳指数 21位
連携性 42位
自己充足度 46位
生活指数 19位

**総評**　主観的な自己充足度が極めて低く、社会的連携も極めて弱く、将来を悲観的に考える人が多い。平均寿命（男性20位、女性19位）、健康寿命（男性13位、女性26位）ともに中位。喫煙率や未婚率が極めて低く、出生率は高く、自殺意識率・自殺死亡者数が少ない。交通事故死者数は多い。可処分所得が高く、生活困窮者自立支援の相談件数が少ない。男女の賃金差は少なく、非正規雇用率や障害者雇用率が低い。教育面では、児童相談件数が多く、社会教育が進んでおり、高校中退率が低い。国指定文化財の件数や地縁団体数が多く、地域の活動が活発なことがうかがえる。いじめ件数は全国最少で、子どもの自殺数も少なく、子どもの一時保護所受入れ日数が少ない。他方で人権侵犯件数、国政選挙投票率、情報公開度、女性の地方議員割合に課題を抱える。外国人居住者が少ない。

**トップクラス**　（1位）いじめ件数が少ない、（2位）喫煙率が低い

**取り組み課題**　自己充足度（46位）、将来は良くなるとの期待（47位）の向上、人権侵犯件数（46位）、交通事故死者数（43位）、児童相談件数（44位）の減少

## 16位 佐　賀

人口 81.9 万人（41 位）　面積 2441 km² （42 位）

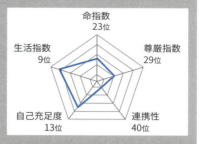

**総評**　命指数、尊厳指数が中位で、主観的な社会的連携が弱い。平均寿命（男性 26 位、女性 22 位）、健康寿命（男性 36 位、女性 22 位）ともに中位。人口あたり病院・病床数が充実し、出生率が高い。自殺意識率が極めて高いが、自殺死亡者数は非常に少ない。1 人あたり医療費は高額で喫煙率が高い。障害者雇用率、女性の雇用率が高い。子どもの学力の達成度が低い。いじめ件数は極めて少ないが、子どもの一時保護所受入れ日数は多く、児童扶養手当受給率が高く、大学進学率が低く、夜間中学・定時制高校数は少ない。高齢者用施設数、高齢者用施設在所者数が多い。ボランティア活動の行動者率が高いが、情報公開度は低い。外国人の増加を歓迎する割合は高い。将来に対する期待度も極めて高い。

**トップクラス**　（2 位）健康保険料滞納世帯割合が低い、いじめ件数が少ない、将来への期待度

**取り組み課題**　自殺意識率（47 位）、高齢者用施設在所者数（45 位）、男性の家事・育児分担時間数（44 位）、子どもの学力の達成度（42 位）、大学進学率（42 位）の改善

## 17位 徳　島

人口 73.6 万人（44 位）　面積 4147 km² （36 位）

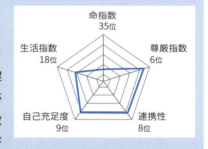

**総評**　主観的な自己充足度が高く、社会的連帯も強いが、命指数がやや低い。人口あたり医師・病院・病床数はトップクラスであるが、平均寿命（男性 33 位、女性 39 位）、健康寿命（男性 45 位、女性 44 位）が低位で、高齢単身世帯の割合、1 人あたり医療費の高さが課題である。ジニ係数が大きく、非正規雇用率が最も低い。教育面が比較的良好で、小中学校の教員あたり生徒数が少なく、高校中退率・不登校率も低い。児童養護施設数が極めて多く、特養施設待機人数も少ない。男性の家事・育児分担や法テラスへの問合わせ件数が多く、DV 被害者の一時保護件数も少ない。国政選挙投票率は最低で、人権侵犯件数も多い。地縁団体や文化施設は多い。

**トップクラス**　（1 位）人口あたり医師数、非正規雇用率が低い、高校中退率が低い、特養施設待機人数が少ない、（2 位）不登校率が低い、児童養護施設数、男性の家事・育児分担時間数、法テラスへの問合わせ件数、地縁団体数

**取り組み課題**　汚水処理率（47 位）・上水道の耐震化率（42 位）の改善、国政選挙投票率（47 位）、外国人居住者（46 位）の増加、人権侵犯件数（45 位）の減少

## 18位 山形

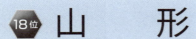

人口 109.0 万人（35 位）　面積 9323 km²（9 位）

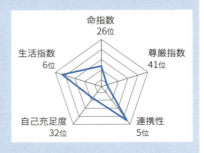

**総評**　尊厳指数が低い。主観的な社会的連携は強いが、自己充足度はやや低い。平均寿命は男女とも中位（29 位）だが、男性の健康寿命が良好（男性 7 位、女性 23 位）。健康診断受診率は高く、健康保険料滞納世帯割合、虫歯罹患率が低いが、人口減少率、自殺死亡者数が多く、スポーツ行動者率は極めて低い。非正規雇用率は低いが、県民の所得差が大きい。就学援助受給者割合、不登校率が低く、子どもの自殺数、児童相談件数は少ないが、いじめ件数、子どもの一時保護所受入れ日数が多い。生活保護受給率が低い、ケースワーカー担当者世帯数が少ない。刑法犯認知件数が少なく、法テラスへの問合わせ件数、弁護士数も少ない。外国人居住者、留学生が少ない。

**トップクラス**　（2 位）健康診断受診率が高い、非正規雇用率が低い、国政選挙投票率

**取り組み課題**　子どもの一時保護（47 位）の強化、自殺死亡者（43 位）や子どものいじめ（43 位）の防止、留学生数（47 位）、弁護士数（45 位）の増加

## 19位 静岡

人口 365.6 万人（10 位）　面積 7777 km²（13 位）

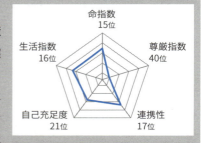

**総評**　主観的な自己充足度と社会的連帯は中位だが、尊厳指数が低い。平均寿命（男性 17 位、女性 24 位）に比べ、健康寿命が良好（男性 6 位、女性 13 位）。1 人あたり医療費、虫歯罹患率は低く、平均歩数が多く、スポーツ行動者率は比較的高い。人口あたり病院、病床、医師数が極めて少なく、医療施設の充実が課題。県民所得、可処分所得は比較的高いが、障害者雇用率、ひとり親正規雇用率など雇用面の改善が課題。就学援助受給者割合は低く、子どもの学力の達成度が高く、里親委託率が高く、社会教育学級講座数、夜間中学・定時制高校数は多い。他方、教員あたり小中学校児童生徒数、子どもの自殺数が多く、不登校率が高く、児童養護施設数が少ない。人権侵犯件数は少ないが、男女の賃金差が最も大きく、文化施設数、地縁団体数が少ない。外国人の増加を歓迎する割合は低い。

**全国トップクラス**　（2 位）公共施設の耐震化率、就学援助受給者割合が低い

**取り組み課題**　男女の賃金差（47 位）の是正、児童養護施設数（44 位）、医療施設（41 位）、文化施設（43 位）の拡充

### 20位 埼玉

人口 732.2 万人（5 位）　面積 3798 km²（39 位）

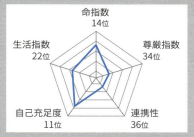

**総評**　主観的な自己充足度は高いが、社会的連携は弱く、尊厳指数がやや低い。平均寿命（男性 22 位、女性 39 位）に比べ、男性の健康寿命はトップクラス（男性 2 位、女性 29 位）。1 人あたりの医療費が全国で最も少なく、スポーツ行動者率は高い。人口増加率も高い。人口あたり医師数は全国最下位で病床数も少ない。可処分所得は高いが、女性の雇用率は低い。教員あたりの小学校児童数は多いが、子どもの運動能力が極めて高い。女性の地方議員割合が多く、人権侵犯件数が全国で最少の一方で、子どもの一時保護所受入れ日数や子どもの自殺数が多く、情報公開度は最も低い。

**トップクラス**　（1 位）自然災害の死者・行方不明者数が少ない、1 人あたり医療費が低い、人権侵犯件数が少ない、（2 位）男性の健康寿命、スポーツ行動者率、インターネット利用率

**取り組み課題**　医師数（47 位）・病床数（46 位）の拡充、情報公開度（47 位）の向上、教員あたり小学校児童数・子どもの一時保護所受入れ日数（46 位）・子どもの自殺数（45 位）の改善

### 21位 岡山

人口 190.0 万人（20 位）　面積 7114 km²（17 位）

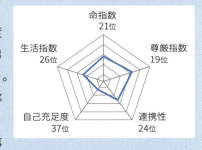

**総評**　主観的な社会的連携は中位であるが、自己充足度は低く、将来への期待度が低い。平均寿命（女性 1 位、男性 13 位）に比べ、健康寿命が低位（女性 21 位、男性 37 位）。高齢単身世帯割合が少なく、未婚率も低い。自殺の意識率は高いが、自殺死亡者数は少ない。健康面では人口あたり医師数が充実する一方、健康診断受診率が低く、交通事故死者数、健康保険料滞納世帯割合が多い。ジニ係数が比較的小さく、非正規雇用率が低く、障害者雇用も進んでいる。教育面ではいじめ件数が少なく、不登校率が低い。リサイクル率は極めて高いが、公共施設の耐震化率、上水道の耐震化率と介護職員数の向上が課題。1 人あたり温室効果ガス排出量が多い。弁護士数が多いが、国政選挙投票率は低い。地縁団体数が多い。

**トップクラス**　（2 位）女性の平均寿命、子どもの一時保護所受入れ日数が少ない

**取り組み課題**　将来は良くなるとの期待（46 位）の向上、健康診断受診率（43 位）の改善、交通事故死者数（44 位）、1 人あたり温室効果ガス排出量（45 位）の削減

第 4 章　都道府県別プロフィール

### 22位 山　口

人口 136.8 万人（27位）　面積 6112 km² （23位）

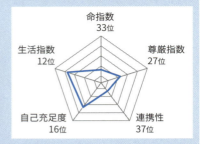

**総評**　主観的な自己充足度はやや高いが、社会的連携は弱い。平均寿命（男性30位、女性31位）に比べ、健康寿命がやや良好（男性18位、女性16位）。健康診断受診率が最も低く、生産年齢人口割合が少なく、交通事故死者数が多く、1人あたり医療費も高い。障害者雇用が進み、県民所得や可処分所得が高く、高齢者有業率やひとり親雇用率も高い。不登校率は低いが、大学進学率、就学援助受給者割合、子どもの運動能力や社会教育学級講座数に課題を抱える。民生委員が多く、ケースワーカーの担当世帯数が少ない。バリアフリー率や、公共施設の耐震化率は低く、1人あたり温室効果ガス排出量も多い。自殺意識率が低い。情報公開度は課題である。地縁団体数は多い。

**トップクラス**　（1位）リサイクル率、（2位）障害者雇用率、（3位）DV被害者の一時保護件数が少ない

**取り組み課題**　健康診断受診率（47位）の改善、交通事故死者数（45位）の減少、生産年齢人口割合（44位）、大学進学率、法テラスへの問合わせ件数（45位）の増加、バリアフリー率（44位）の向上、1人あたり温室効果ガス排出量（46位）の削減

### 23位 京　都

人口 259.2 万人（13位）　面積 4612 km² （31位）

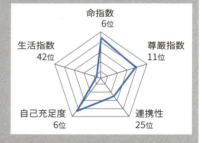

**総評**　主観的な自己充足度は高いが、社会的連携は中位。生活指数が極めて低い。平均寿命（男性3位、女性9位）に比べ、健康寿命（男性28位、女性45位）が低位。平均歩数が全国で最も多く、人口あたり医師数が多く、スポーツ行動者率が高く、喫煙率、虫歯罹患率、健康保険料滞納世帯割合が低く、健康意識が高い。県民所得に比べ、可処分所得が低い。非正規雇用率が高く、ひとり親の正規雇用率が最も低い。いじめ件数　児童相談件数が多い。生活保護受給率が高く、ケースワーカーの担当世帯数が多く、高齢者用施設数が少ない。女性の地方議員割合、弁護士数は多いが、DV被害者の一時保護件数が多い。国指定文化財の件数、NPO団体数は多いが、地縁団体数が少ない。留学生数、外国人居住者数が多いが、外国人の増加を歓迎する割合は低い。

**トップクラス**　（1位）平均歩数、大学進学率、（2位）人口あたり医師数、留学生数、国指定文化財の件数

**取り組み課題**　ひとり親の正規雇用率（47位）、非正規雇用率（46位）の改善、いじめ件数（47位）、児童相談件数（46位）、里親委託率（45位）の是正、介護職員（47位）と高齢者施設（46位）の増加、ケースワーカーの負担減（47位）

## 24位 神奈川

人口 918.0 万人（2 位）　面積 2416 km² （43 位）

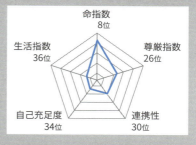

**総評**　生活指数が低く、主観的な自己充足度と社会的連携はやや低い。平均寿命（男性 5 位、女性 17 位）は比較的高いが、健康寿命（男性 16 位、女性 31 位）はやや低位。生産年齢人口割合や人口増加率は高いが、出生率は低く、未婚率は高い。1 人あたり医療費は極めて低く、スポーツ行動者率が高く、平均歩数が多い。人口あたり病院、病床数、健康診断受診率が最下位クラス。女性の雇用率、障害者雇用率、高齢者有業率が極めて低い。大学進学率は高いが、高校中退率、子どもの自殺数が多い。DV 被害者の一時保護件数が多い。

**トップクラス**　（1 位）自殺意識率が低い、介護職員数、上水道の耐震化率、（2 位）生産年齢人口割合、交通事故死者数が少ない、平均歩数、児童扶養手当受給率が低い、女性の地方議員割合、ふるさと納税者数

**取り組み課題**　病院・病床数（47 位）、健康診断受診率（45 位）、民生委員、児童養護施設（46 位）の増加、特養施設待機人数（46 位）の削減、女性の雇用率（44 位）の向上、教員あたり小中学校児童生徒数（47 位）、子どもの運動能力（47 位）の改善、文化施設数（47 位）、地縁団体数（45 位）の増加

## 25位 千葉

人口 626.9 万人（6 位）　面積 5158 km² （28 位）

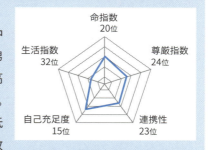

**総評**　主観的な自己充足度はやや高く、社会的連携は中位。平均寿命（男性 16 位、女性 30 位）より健康寿命（男性 13 位、女性 18 位）がやや良好。高齢単身世帯割合が高く、ひとり親世帯の子どもの割合が多く、出生率は低い。スポーツ行動者率は高く、1 人あたりの医療費が極めて低い。人口あたり医師、病院、病床数が最下位クラス。財政力指数は高いが、県民所得は中位である。女性と障害者の雇用率、高齢者有業率は低い。児童養護施設数は少なく、待機児童率が高く、教員あたり小中学校の児童生徒数も多いが、就学援助受給者割合は低い。民生委員数、高齢者用施設在所者数は少ない。刑法犯認知件数は多いが、人権侵犯件数は少ない。技能実習生数、留学生数、外国人居住者数が多い。国指定文化財の件数、文化施設数、地縁団体数は多くない。

**全国トップクラス**　（2 位）1 人あたり医療費が低い、人権侵犯件数が少ない、

**取り組み課題**　高齢者単身世帯割合、障害者雇用率（45 位）の改善、病院数（44 位）、医師数、民生委員（45 位）の増加、待機児童率（41 位）の改善

## 26位 新　　潟

人口 224.5 万人（15 位）　面積 1 万 2584 km² （5 位）

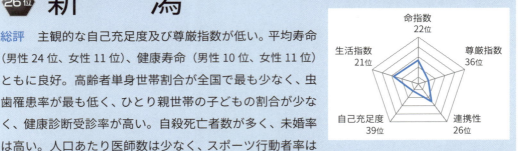

**総評**　主観的な自己充足度及び尊厳指数が低い。平均寿命（男性 24 位、女性 11 位）、健康寿命（男性 10 位、女性 11 位）ともに良好。高齢者単身世帯割合が全国で最も少なく、虫歯罹患率が最も低く、ひとり親世帯の子どもの割合が少なく、健康診断受診率が高い。自殺死亡者数が多く、未婚率は高い。人口あたり医師数は少なく、スポーツ行動者率は低い。ジニ係数、非正規雇用率が低く、県民の所得格差が少ない。待機児童率が極めて低く、里親委託率、子どもの運動能力は高いが、児童養護施設数が少なく、いじめ件数、子どもの自殺数は多い。インターネット利用率が低い。DV 被害者の一時保護件数、法テラスへの問合わせ件数が少なく、ボランティア活動の行動者率が低い。

**トップクラス**　（1 位）高齢者単身世帯割合が少ない、虫歯罹患率が低い、里親委託率、（2 位）DV 被害者の一時保護件数が少ない

**取り組み課題**　自殺死亡者数（45 位）の削減、児童養護施設数（45 位）、医師数、未婚率（44 位）の増加、法テラスへの問合わせ件数、スポーツ行動者率（43 位）の改善

## 27位 広　　島

人口 282 万人（12 位）　面積 8479 km² （11 位）

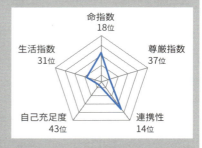

**総評**　主観的な自己充足度が極めて低く、人生に対する満足度や将来への期待度は低い。社会的連携は比較的強い。平均寿命（男性 9 位、女性 10 位）に比べ、健康寿命（男性 27 位、女性 47 位）が課題。人口増加率は高いが健康診断受診率は低い。虫歯罹患率は低く、平均歩数が多い。県民所得が高く、ジニ係数も低い一方、生活困窮者自立支援の相談件数が多く、高齢者用施設数、高齢者用施設在所者数は少ない。公共施設の耐震化率が最も低く、1 人あたり温室効果ガス排出量も多い。教員あたり小中学校生徒数は多いが、子どもの学力の達成度が高く、就学援助受給者割合は高い。子どもの運動能力、大学進学率は高く、夜間中学・定時制高校数、社会教育学級講座は充実している。いじめ件数は非常に少なく、子どもの一時保護所受入れ日数も少ない。男性の家事・育児分担も進み、弁護士数も多い一方で、国政選挙投票率は低い。

**トップクラス**　（3 位）虫歯罹患率が低い、いじめ件数が少ない、技能実習生数

**取り組み課題**　公共施設の耐震化率（47 位）の改善、女性の健康寿命（47 位）、健康診断受診率（46 位）、国政選挙投票率（45 位）の向上、1 人あたり温室効果ガス排出量（44 位）の削減

## 28位 熊本

人口 175.6 万人（24 位）　面積 7409 km² （15 位）

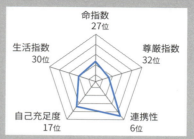

**総評**　主観的な社会的連携性が強く、自己充足度はやや高い。平均寿命（男性 7 位、女性 6 位）に比べ、健康寿命が低位（男性 32 位、女性 38 位）。自然災害の死者・行方不明者数が多く、地震からの復興が大きな課題である。人口あたり病院、病床、医師数は多く、1 人あたり医療費が高い。健康保険料滞納世帯割合、喫煙率も高い。出生率は高く、高齢単身世帯割合は少ない。高齢者用施設数は多いが、介護職員数が課題である。女性の雇用率は高いが、男性の家事・育児分担時間は最も短い。県民所得が低く、失業率も高い。インフラの中では上水道の耐震化率が低い。子どもの一時保護施所受入れ日数も多く、里親委託率が低い。ボランティア活動の行動者率が高い。

**全国トップクラス**　（1 位）法テラスへの問合わせ件数

**取り組み課題**　男性の家事・育児分担時間（44 位）の向上、健康保険料滞納世帯割合（46 位）、里親委託率（44 位）の改善、国際支援団体への寄付人数（47 位）の増加

## 29位 宮崎

人口 108.0 万人（36 位）　面積 7735 km² （14 位）

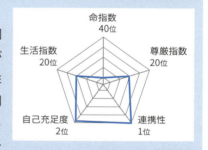

**総評**　命指数は極めて低いが、主観的な社会的連携が全国で最も強く、自己充足度も高く、人生を楽観的に見る人が多い。平均寿命（男性 32 位、女性 22 位）、健康寿命（男性 23 位、女性 25 位）は中位。出生率は高いが生産年齢人口割合が少なく、県外への流出が多い。ひとり親世帯の子どもの割合が多く、平均歩数が少ない。高齢者用施設数が最多で、人口あたり病院数や介護職員数も多く、高齢単身世帯割合は少ない。県民所得・可処分所得が低いが、女性の雇用率は高い。いじめ件数が極めて多く、里親委託率が低い。児童扶養手当受給率が極めて高く、夜間中学・定時制高校数は少ない。国政選挙投票率は低い。外国人の増加を歓迎する割合が高い。

**トップクラス**　（1 位）高齢者用施設数、男性の家事・育児分担時間数、（2 位）高齢単身世帯割合が低い、外国人居住者数の増加率

**取り組み課題**　社会教育学級講座数（46 位）の拡充、児童扶養手当受給率（46 位）、いじめ件数（46 位）の削減、自殺意識率（45 位）・自殺死亡者数（44 位）の削減、バリアフリー率（46 位）の向上

### 30位 群　　馬

人口 194.9 万人（19 位）　面積 6362 km² （21 位）

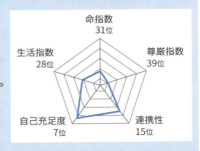

**総評**　尊厳指数が低い。主観的な自己充足度は極めて高く、社会的連携も比較的強い。平均寿命（男性 27 位、女性 33 位）に比べ、健康寿命（男性 22 位、女性 15 位）が良好。高齢単身世帯割合や 1 人あたり医療費が比較的少なく、喫煙率、自殺意識率が高く、自殺死亡者数が多い。県民所得や財政力指数が高く、失業率は低いが可処分所得が低く、県内の所得格差は大きく、非正規雇用率が高く、障害者の雇用率は低く、男女の賃金差が大きい。就学援助受給者割合が高く、待機児童率も低いものの、児童相談件数が多い。生活保護受給率や生活困窮者自立支援の相談件数が少なく、介護職員数や高齢者用施設数も多い。リサイクル率、汚水処理率は低い。女性の地方議員割合、情報公開度が低い。NPO 団体数は多いものの地縁団体数は少ない。留学生数や外国人居住者が多い。

**トップクラス**　（3 位）介護職員数

**取り組み課題**　外国人の増加を歓迎する割合（46 位）の向上、児童相談件数（43 位）の改善、喫煙率（43 位）の削減

### 31位 高　　知

人口 70.6 万人（45 位）　面積 7104 km² （18 位）

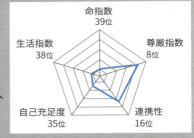

**総評**　尊厳指数が高い。主観的な自己充足度は低いが、社会的連携は弱くない。平均寿命（男性 37 位、女性 26 位）に比べ、男性の健康寿命が極めて低位（男性 43 位、女性 18 位）。人口減少率が高く、生産年齢人口割合が極めて低く、人口減が課題。人口あたり病院、病床、医師数は多いが、1 人あたり医療費は最も高く、医療費の抑制が課題。所得格差が大きい。失業率は高いが、女性の雇用率と高齢者有業率は高い。不登校率、高校中退率、生活保護受給率が高く、児童相談件数が多い。

**トップクラス**　（1 位）病院数、病床数、高齢者有業率、教員あたり中学生徒数が少ない、民生委員数、児童養護施設数、（2 位）教員あたり小学校児童数が少ない

**取り組み課題**　平均歩数、1 人あたり医療費（47 位）、生産年齢人口割合、財政力指数、ひとり親世帯の子どもの割合（46 位）の改善、不登校率（46 位）、高校中退率（45 位）、人権侵犯件数（47 位）の削減、就学援助受給者割合（47 位）、生活困窮者自立支援の相談件数（46 位）、生活保護受給率（45 位）の改善

## 32位 兵　　庫

人口 548.3 万人（7 位）　面積 8401 km²（12 位）

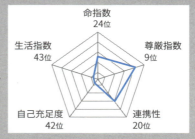

**総評**　尊厳指数は高いが、生活指数と主観的な自己充足度が極めて低い。社会的連携は弱くない。平均寿命（男性 18 位、女性 25 位）は中位だが、女性の健康寿命（男性 21 位、女性 40 位）が極めて低位。自然災害の死者・行方不明者数が多く、阪神・淡路大震災の被害の大きさが再認識された。未婚率は低く、スポーツ行動者率は高いが、出生率が低く、高齢単身世帯割合が高い。県民所得は中位だが、可処分所得が極めて低い。ひとり親世帯の正規雇用率、女性雇用率、高齢者有業率が低い。大学進学率は高く、夜間中学・定時制高校数は多いが、待機児童率、子どもの運動能力、子どもの自殺数の改善が課題。生活保護受給率が高く、生活保護ケースワーカー、高齢者用施設数、介護職員数が少ない。汚水処理率、上水道の耐震化率は高い。法テラスへの問合わせ件数、刑法犯認知件数、DV 被害者の一時保護件数が多い。外国人居住者など国際性が高い。

**トップクラス**　（1 位）情報公開度、（2 位）汚水処理率
**取り組み課題**　震災復興と防災の強化、女性の雇用率、可処分所得、刑法犯認知件数（46 位）の改善

## 33位 愛　　媛

人口 135.2 万人（28 位）　面積 5676 km²（26 位）

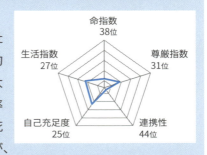

**総評**　命指数が低い。主観的な自己充足度は中位だが、社会的連携が極めて弱い。男性の健康寿命（46 位）と平均寿命（40 位）が低位で、女性（同 32 位、34 位）以上に大きな課題である。生産年齢人口割合も少ない。自殺意識率や喫煙率が低く、人口あたり病院数も多いが、交通事故死者数が多く、健康診断受診率が低い。可処分所得は低いが、県内の所得格差が少なく、高齢者有業率が高い。子どもの学力の達成度は高いが、子どもの運動能力は低い。児童養護施設数や民生委員数が多く、児童相談件数は少ない。汚水処理率、公共施設の耐震化率、上水道の耐震化率は低い。女性の地方議員割合、里親委託率に課題がある。DV 被害者の一時保護件数や子どもの一時保護所受入れ日数は少なく、法テラスへの問合わせ件数、文化施設数や地縁団体数も多く、これまでの人生に満足する人も多い。

**全国トップクラス**　（2 位）自殺意識率が低い、（3 位）子どもの一時保護所受入れ日数が少ない
**取り組み課題**　交通事故死者数（45 位）の減少、男性の健康寿命（46 位）の改善、男性の家事・育児分担時間数、男女の賃金差（44 位）の是正

## 34位 茨城

人口 288.3 万人（11 位）　面積 6097 km² （24 位）

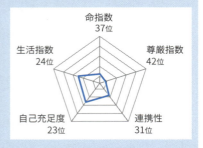

**総評**　尊厳指数が特に低い。主観的な自己充足度は中位であるが、社会的連携はやや弱い。平均寿命（男性 34 位、女性 45 位）は低位だが、健康寿命（男性 9 位、女性 8 位）は男女とも良好。1 人あたり医療費は低いが、人口あたり医師数が少なく、交通事故死者数や健康保険料滞納世帯割合も多く、課題である。可処分所得と財政力指数は上位であるが女性の雇用率やひとり親の正規雇用率が低い。子どもの運動能力が高いが、高校中退率が高い。刑法犯認知件数が多く、民生委員数、高齢者用施設数が少ない。1 人あたり温室効果ガス排出量が多い。人権侵犯件数は少ないが、男女の賃金差が大きく、いじめ件数、弁護士数、里親委託率が課題。留学生数と技能実習生数が多いが、外国人の増加を歓迎する割合は低い。

**全国トップクラス**　（2 位）子どもの運動能力、児童相談件数が少ない、技能実習生数が多い、（3 位）生活困窮者自立支援の相談件数が少ない

**取り組み課題**　女性の平均寿命（45 位）、人口あたり医師数（46 位）の改善、健康保険料滞納世帯割合（45 位）の削減、男女の賃金差（46 位）、1 人あたり温室効果ガス排出量（42 位）の削減、NPO 団体数（46 位）の増加

## 35位 鹿児島

人口 161.3 万人（24 位）　面積 9186 km² （10 位）

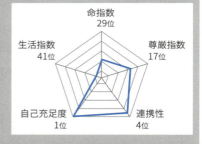

**総評**　生活指数は極めて低いが、主観的な自己充足度は全国トップで、社会的連携も強く、人生を楽観的に見る人が多い。平均寿命（男性 43 位、女性 36 位）に比べ、健康寿命（男性 15 位、女性 9 位）が良好。高齢単身世帯割合が少なく、ひとり親世帯の子どもの割合が多い。自殺意識率が非常に高い。人口あたり病院、病床数が多く、喫煙率が低いが、1 人あたり医療費、虫歯罹患率が高い。県民所得が低い。夜間中学・定時制高校数は少なく、就学援助受給者割合、高校中退率が高く、大学進学率が低い。小中学校の教員あたり児童生徒数は少ないが、子どもの学力の達成度が低い。温室効果ガス排出量は少ないが、インターネット利用率、バリアフリー率などインフラに課題。女性の地方議員割合が少ない。

**トップクラス**　（1 位）人生への満足度、（2 位）病院数、病床数

**取り組み課題**　1 人あたり医療費（45 位）、自殺意識率、虫歯罹患率（46 位）の削減、夜間中学・定時制高校数（47 位）、高校中退率（45 位）、子どもの学力の達成度、大学進学率（44 位）の改善、インターネット利用率（47 位）、上水道の耐震化率（46 位）・バリアフリー率（45 位）、法テラスへの問合わせ件数（47 位）の向上

## 36位 長崎

人口 133.9 万人（29 位）　面積 4131 km²（37 位）

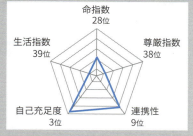

**総評**　生活・尊厳指数は低いが、主観的な自己充足度は極めて高く、社会的連携も強く、人生を楽観的に見る人が多い。平均寿命（男性 31 位、女性 28 位）、健康寿命（男性 30 位、女性 28 位）ともにやや低位。人口あたり病院、病床、医師数が多く、出生率も高いが、1 人あたり医療費、虫歯罹患率が高い。人口減少率が高く、県民所得、可処分所得、県の財政力が低いが、障害者雇用率やひとり親雇用率は高い。公共施設の耐震化率が極めて低く、インターネット利用率、汚水処理率、リサイクル率が低い。男性の家事・育児分担時間も少ない。生活困窮者自立支援の相談件数が多く、生活保護受給率が高く、社会教育学級講座数が少ない。子どもの学力の達成度は低く、大学進学率も低い。児童養護施設数は充実しているが、児童相談件数は多い。

**トップクラス**　（1 位）外国人の増加を歓迎する割合が高い、（3 位）刑法犯認知件数が少ない

**取り組み課題**　1 人あたり医療費（46 位）の削減、公共施設の耐震化率（46 位）の改善、社会教育学級講座数（46 位）の拡充、県民所得（45 位）、女性の地方議員割合（44 位）の向上

## 37位 岩手

人口 124.1 万人（32 位）　面積 1 万 5275 km²（2 位）

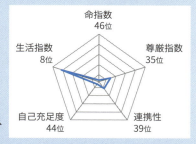

**総評**　命指数と主観的な自己充足度が極めて低く、社会的連携も弱い。平均寿命（男性 45 位、女性 42 位）は最下位クラスだが、健康寿命（男性 28 位、女性 34 位）は中位。健康診断率は高いが、未婚率、喫煙率が高く、人口あたり医師数、平均歩数は極めて少なく、スポーツ行動者率が低く、健康面での課題が大きい。ジニ係数は小さく、高齢者有業率が高いが、介護職員数が少ない。不登校率、高校中退率、大学進学率が低い。いじめ件数が多いが、児童相談件数は少ない。インターネット利用率が低い。男性の家事・育児分担時間が多く、刑法犯認知件数は少ない。法テラスへの問合わせ件数、弁護士数が少なく、人権侵犯件数が多い。

**トップクラス**　（1 位）ジニ係数が低い、（2 位）刑法犯認知件数が少ない

**取り組み課題**　東日本大震災からの復興の促進が最大の課題。未婚率、自殺死亡者数（46 位）、喫煙率・スポーツ行動者率（45 位）、大学進学率（43 位）、介護職員数（46 位）の改善、インターネット利用率（46 位）の向上、法テラスへの問合わせ件数・弁護士（46 位）、外国人居住者（47 位）、留学生、ふるさと納税者（45 位）の増加

第 4 章　都道府県別プロフィール

### 38位 秋田

人口 98.1万人（38位）　面積 1万 1638 km²（6位）

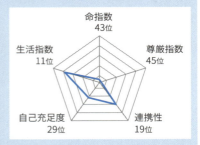

**総評**　命指数と尊厳指数が極めて低い。主観的な自己充足度はやや低いが、社会的連携は弱くない。平均寿命（男性46位、女性44位）は最下位クラスで、男性の健康寿命は最下位（男性47位、女性33位）。自然災害の死者・行方不明者数が多く、人口減少率、未婚率、自殺死亡者数が極めて多い。生産年齢人口割合が少なく、県外への流出が多い。県民所得、可処分所得、財政力指数が低い。不登校率、高校中退率が極めて低く、大学進学率も低い。子どもの運動能力が高い。子どもの1時保護所受入れ日数が多く、里親委託率が低く、弁護士数が少ない。男女の賃金差、DV被害者の一時保護件数が少ない。技能実習生数が最も少ない。文化施設数、地縁団体数が多い。

**トップクラス**　（1位）不登校率が低い、刑法犯認知件数が少ない、（2位）自殺意識率が低い、子どもの学力の達成度が高い、民生委員数

**取り組み課題**　男性の平均寿命（46位）・健康寿命及び人口減少率、自殺死亡者数（47位）の改善、子どもの一時保護所受入れ日数（45位）・里親委託率（47位）の向上、弁護士数、ふるさと納税者数（47位）の増加、上水道の耐震化率（47位）、バリアフリー率（42位）、インターネット利用率（45位）の改善

### 39位 福岡

人口 511.1万人（9位）　面積 4987 km²（29位）

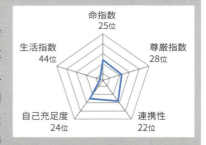

**総評**　生活指数が極めて低い。主観的な自己充足度、社会的連携は中位。平均寿命（男性25位、女性21位）は中位だが、男性の健康寿命が低位（男性41位、女性30位）。人口あたり医師数が多く、人口増加率も高い。女性の雇用率、高齢者有業率が低く、失業率が極めて高い。教員あたり小中学校児童生徒数が多く、待機児童率も高い。就学援助受給者割合、生活保護受給率、児童扶養手当受給率が高く、生活困窮者自立支援の相談件数、児童相談件数が多く、児童養護施設数、民生委員数は少ない。ケースワーカーの担当世帯数は少ない。住宅延べ面積が狭く、1人あたり温室効果ガス排出量も多い。弁護士数が多く、人権侵犯件数やいじめ件数は少ないものの、子どもの自殺数は多く、DV被害者の一時保護件数も多い。男性の家事・育児分担時間は少ない。国指定文化財の件数は少ない。

**トップクラス**　（3位）留学生数

**取り組み課題**　失業率（44位）の削減、就学援助受給者割合（45位）、生活保護受給率（43位）、児童相談件数（42位）の改善、児童養護施設数（43位）の拡充、男性の家事・育児分担時間（44位）の増加

## 40位 栃木

人口 195.3 万人（18 位）　面積 6408 km² （20 位）

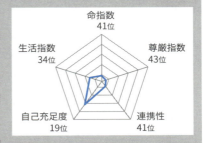

**総評**　命指数、尊厳指数が極めて低く、主観的な社会的連携が極めて弱い。平均寿命（男性 42 位、女性 46 位）は最下位クラスだが、健康寿命（男性 19 位、女性 6 位）は良好である。高齢単身世帯割合が最も高い。人口あたり病院、病床数の少なさ、交通事故死者数や喫煙率の高さも課題。1人あたり医療費は低く、生産年齢人口割合、スポーツ行動者率も高い。自殺意識率は低いが、自殺死亡者数はやや多い。県の財政力は高く、県民所得も上位であるが、女性の雇用率は低い。教育面では就学援助受給者割合が低く、不登校率が高い。高齢者用施設や在所者数、介護職員数は極めて少ない。人権侵犯件数は少ないが、子どもの一時保護所受入れ日数が多く、課題を抱える。文化施設数、地縁団体数、NPO 団体数が少ない。留学生数や外国人居住者数は多く、外国人の増加を歓迎する割合が高い。

**トップクラス**　（1 位）高齢者用施設在所者数が少ない

**取り組み課題**　高齢単身世帯割合（47 位）の改善、女性の平均寿命（46 位）の向上、不登校率（40 位）の削減

## 41位 福島

人口 186.5 万人（20 位）　面積 1 万 3784 km² （3 位）

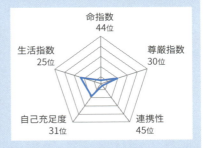

**総評**　命指数が極めて低い。主観的な自己充足度はやや低く、社会的連携は極めて低い。平均寿命（男性 41 位、女性 43 位）は低位だが、健康寿命（男性 37 位、女性 24 位）は中位である。自然災害の死者・行方不明者数が多く、人口減少率、自殺死亡者数が多い。喫煙率、虫歯罹患率、健康保険料滞納世帯割合が高く、人口あたり医師数が少なく、スポーツ行動者率が低い。可処分所得は高く、非正規雇用率、障害者雇用率は低い。高校中退率が低く、いじめ件数は少ないが、待機児童率が高い。人権侵犯件数が少なく、外国人居住者の増加を歓迎する人が多い。

**全国トップクラス**　（1 位）高校中退率が低い、（2 位）可処分所得、外国人の増加を歓迎する割合

**取り組み課題**　東日本大震災、原発事故によって多くの被災県民が依然不安定・不自由な生活を強いられており、震災復興の促進、原発事故の処理が最大の課題。社会的連携（45 位）の強化、人口減（46 位）の対策、喫煙率（44 位）、虫歯罹患率（43 位）の削減、待機児童率（44 位）、女性の地方議員割合（41 位）の増加、リサイクル率（43 位）、公共施設の耐震化率（42 位）の改善、介護職員数（45 位）の増加

第 4 章　都道府県別プロフィール

## 42位 和歌山

人口 93.4万人（40位）　面積 4725 km² （30位）

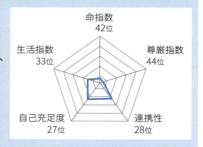

**総評**　命指数と尊厳指数が低い。主観的な自己充足度と社会的連携はともに中位。平均寿命（男性44位、女性41位）、健康寿命（男性44位、女性37位）ともに下位。未婚率は低いが、人口減少率が高く、生産年齢人口割合が低く高齢化が進んでいる。自殺意識率が低く、人口あたり医師数も多いが、平均歩数が少なく、スポーツ行動者率が低く、虫歯罹患率が高く、健康の改善が課題。所得の格差が比較的大きい。失業率は低く、高齢者有業率、障害者雇用率は高いが、ひとり親世帯の正規雇用率、財政力指数は低い。児童養護施設数、社会教育学級講座数が多いが、児童扶養手当受給率、いじめ件数、高校中退率の改善が課題。リサイクル率、汚水処理率、上水道の耐震化率が極めて低い。文化財の件数は多いが、ボランティア活動の行動者率が低く、技能実習生数が極めて少ない。

**トップクラス**　（2位）失業率が低い

**取り組み課題**　リサイクル率、汚水処理率（46位）、上水道の耐震化率（45位）、1人あたり温室効果ガス排出量（43位）の改善、平均歩数（45位）の向上、外国人の増加を歓迎する割合（47位）の向上

## 43位 大阪

人口 882.4万人（3位）　面積 1905 km² （46位）

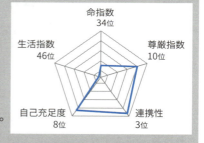

**総評**　生活指数は極めて低いが、尊厳指数は高い。主観的な自己充足度と社会的連携が極めて強く、人生を楽観視する人が多い。平均寿命（男性38位、女性38位）、健康寿命（男性40位、女性34位）ともに低位。交通事故死者数は少なく、平均歩数は多いが、出生率、健康診断受診率が低い。財政力指数は高いが、失業率、ひとり親や障害者の雇用が課題。就学援助受給者割合、高校中退率、不登校率が高い。子どもの運動能力、里親委託率も低く、子ども・教育の向上が課題。リサイクル率が低く、刑法犯認知件数が多い。女性の地方議員割合が高く、情報公開度は高いが、DV被害者の一時保護件数が多く、ボランティア活動の行動者率が低い。

**トップクラス**　（2位）弁護士数　（4位）女性の地方議員割合

**取り組み課題**　生活保護受給率、生活困窮者自立支援の相談件数（47位）、ケースワーカーの担当世帯数、ひとり親の正規雇用率（46位）の改善、就学援助受給者割合（46位）、女性雇用率、児童相談件数、子どもの学力の達成度（45位）、里親委託率（46位）、刑法犯認知件数（47位）の改善、ボランティア活動の行動者率（47位）の向上

## 44位 北海道

人口 528.5 万人（8 位）　面積 7 万 8420 km²（1 位）

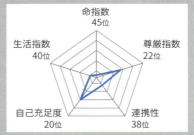

**総評**　命指数と生活指数が極めて低く、主観的な社会的連携が弱いが、自己充足度は低くない。平均寿命（男性 34 位、女性 37 位）に比べ、女性の健康寿命が課題（男性 25 位、女性 46 位）。人口あたり病院、病床数は多いが、出生率、健康診断率が極めて低く、ひとり親世帯の子どもの割合が最も多く、高齢単身世帯割合、虫歯罹患率、喫煙率が極めて高い。失業率、非正規雇用率、生活保護受給率が極めて高い。夜間中学・定時制高校数は多く、教員あたり生徒数は少ない。子どもの学力の達成度及び運動能力が低く、就学援助受給者割合が高く、大学進学率が低い。リサイクル率、汚水処理率は高いが、公共施設の耐震化率が低い。里親委託率が高く、法テラスへの問合わせ件数、弁護士数、国際支援団体への寄付人数が多い。

**トップクラス**　（2 位）夜間中学・定時制高校数

**取り組み課題**　女性の健康寿命（46 位）及び出生率、虫歯罹患率（45 位）、健康診断受診率（44 位）の改善、喫煙率（47 位）の削減、ひとり親世帯の子どもの割合（47 位）、高齢単身世帯割合、生活保護受給率の改善（46 位）、子どもの運動能力、公共施設の耐震化率（45 位）、バリアフリー率（41 位）の向上

## 45位 宮城

人口 231.3 万人（14 位）　面積 7282 km²（16 位）

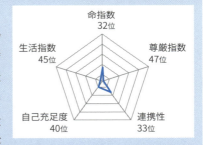

**総評**　生活指数と尊厳指数が極めて低く、主観的な自己充足度が低い。平均寿命（男性 15 位、女性 20 位）、健康寿命（男性 12 位、女性 36 位）ともに中位。健康診断率は最も高いが、出生率が低く、自殺意識率が高い。自然災害の死者・行方不明者数が最も多く、東日本大地震の被害の大きさが再認識された。生産年齢人口割合、高齢者有業率が高いが、可処分所得、女性の雇用率、障害者雇用率、高齢者有業率が極めて低い。不登校率、高校中退率が高く、いじめ件数が多く、子どもの学力の達成度が低い。児童相談件数、子どもの一時保護所受入れ日数が極めて多く、里親委託率は高いが、児童養護施設数が最も少ない。生活困窮者自立支援の相談件数も極めて多い。公共施設・上水道の耐震化率が高い。

**トップクラス**　健康診断受診率（1 位）

**取り組み課題**　東日本大震災の被災県民が依然不安定・不自由な生活を強いられており、震災復興の促進が課題。可処分所得（47 位）、高齢者有業率（46 位）、女性の雇用率（42 位）の向上、不登校率、児童相談件数（47 位）、いじめ件数（45 位）、待機児童率（42 位）、子どもの一時保護所受入れ日数（44 位）の改善、児童養護施設数（47 位）の拡充

## 46位 沖　　縄

人口 144.8 万人（23 位）　面積 2281 km² （44 位）

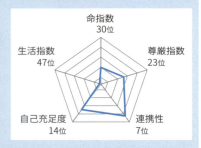

**総評**　生活指数は最下位だが、主観的な社会的連携が強く、自己充足度も高く、人生を楽観視する人が多い。平均寿命（男性 36 位、女性 7 位）、健康寿命（男性 25 位、女性 10 位）ともに男女差が大きい。出生率と生産年齢人口割合が極めて高く、若い活気にあふれる一方、未婚率が最も高く、ひとり親世帯の子どもの割合が多い。県民所得は最も低く、失業率、非正規雇用率が最も高く、高齢者有業率も低い。待機児童率、児童扶養手当受給率、高校中退率、不登校率が極めて高く、子どもの学力の達成度が低く、大学進学率が最も低く、教育面の課題も多い。米軍基地問題に日本全体で取り組みながら、沖縄の固有の強みを生かしつつ、本土との格差解消を実現することが急務である。

**全国トップクラス**　（1 位）人口増減率、出生率、男女の賃金差が少ない、外国人居住者数の増加率、（2 位）高齢者用施設数

**取り組み課題**　未婚率、虫歯罹患率の削減、県民所得、失業率、非正規雇用率、高齢者有業率の改善、待機児童率、児童扶養手当受給率、高校中退率、子どもの学力の達成度、大学進学率の向上、DV 被害者の一時保護件数の改善（すべて 47 位）

## 47位 青　　森

人口 126.3 万人（31 位）　面積 9646 km² （8 位）

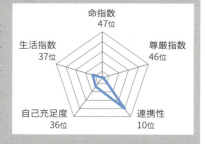

**総評**　命指数と尊厳指数が極めて低い。主観的な社会的連携が極めて強いが、自己充足度は低い。平均寿命（男性 47 位、女性 47 位）は最下位だが、健康寿命（男性 35 位、女性 20 位）は中位。人口減少率、喫煙率、未婚率、高齢単身世帯割合、保険料滞納世帯割合、虫歯罹患率が極めて高く、自殺死亡者数が多く、人口あたり医師数が少なく、スポーツ行動者率は極めて低く、保健面での課題は大きい。県民所得、可処分所得が極めて低く、ジニ係数、失業率、生活保護受給率が極めて高く、経済活動の活性化が課題。教員あたり生徒数は少ない。汚水処理率が低い。情報公開度は高く、刑法犯認知件数が少ない。女性の地方議員割合が最も少ない。

**トップクラス**　（1 位）待機児童が少ない

**取り組み課題**　平均寿命、スポーツ行動者率（47 位）、人口減少率（45 位）の改善、喫煙率（46 位）・虫歯罹患率（44 位）の減少、可処分所得、児童扶養手当受給率（45 位）、失業率（44 位）の向上、リサイクル率（46 位）・バリアフリー率（43 位）の改善、女性の地方議員割合（47 位）、の改善、ふるさと納税者数（46 位）、留学生数（45 位）の増加

第2部

# 取り残されがちな
# 個別グループの課題

## 取り残されがちな人々

　日本で誰が取り残されているか、取り残されがちであるかを知るためには、内閣府の「日本の人権問題として関心があるもの」に関する世論調査の結果（2017年12月発表）が参考になる。障害者の人権に最も関心が高く、前回調査（2012年）の39.4％から51.1％に増えた。「かわいそうだから助けないといけない」ではなく、障害者に対する人権意識が高まったといえる。次に、インターネットメディアでの人権侵害、高齢者、子ども、女性、東日本大震災の被災者に対する差別、拉致被害者、LGBT、外国人、同和問題、ハンセン病患者などが主たる関心事項といえる。

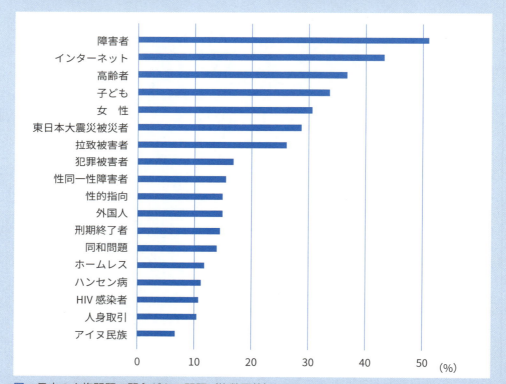

図　日本の人権問題で関心がある問題（複数回答）
出典：内閣府「日本の人権問題として関心があるもの」に関する世論調査、2017年12月発表

　プロジェクトチームは、以上の中から、取り残されるリスクの高いと思われる子ども、女性、若者、高齢者、障害者、LGBT、被災者、外国人の実態と課題を分析し、関連法規、民間団体による先駆的取り組みを紹介し、提言を作成した。情報が十分に紹介されず、人々が必ずしも深刻さに気がついていない事例も取り上げるよう努力した。

# 第5章　子ども

> SDGs 目標では、2030 年までに次の達成を目指すことが定められている。
>
> 貧困状態にある子どもの割合を半減させる（ターゲット 1.2）。5 歳未満の子どもの発育阻害の達成目標については 2025 年までに実現する（2.2）。新生児及び 5 歳未満児の予防可能な死亡を根絶する（3.2）。非感染性疾患による若年死亡率を、予防や治療を通じて 3 分の 1 減少させ、精神保健及び福祉を促進する（3.4）。すべての子どもが無償かつ質の高い初等教育・中等教育を修了できるようにさせる（4.1）。すべての子どもが質の高い乳幼児のケア、就学前教育にアクセスできるようにさせる（4.2）。脆弱な立場にあるこどもが教育・職業訓練に平等にアクセスできるようにする（4.5）。子どもに配慮した教育施設を建設し、安全で非暴力的、包摂的、効果的な学習環境を提供できるようにする（4.a）。すべての女性及び女児に対するあらゆる形態の差別を撤廃する（5.1）。すべての女性及び女児に対するあらゆる形態の暴力を排除する（5.2）。2025 年までにあらゆる形態の児童労働を撲滅する（8.7）。子どもにとって安全かつ安価な輸送システムへのアクセスを提供する（11.2）。利用が容易な緑地や公共スペースへのアクセスを提供する（11.7）。子どもに対する虐待、搾取、取引及びあらゆる形態の暴力、拷問を撲滅する（16.2）。すべての人々に出生登録を含む法的な身分証明を提供する（16.9）。

# 5-1　子どもの貧困

## 現状と実態

### ● 1　子どもの相対的貧困率

　子どもは発達、成長の過程にあるがゆえに、脆弱な立場にあり、自身のコントロールの及ばない様々な要因に影響を受ける。すべての子どもが守られ、ひとりも取り残されないようにすることは、私たちに課された責務である。SDGs では子どもの貧困の削減は先進国にとっても共通の課題であり、近年では日本でも貧困状態に置かれている子どもたちの存在が頻繁に取り上げられるようになっている。子ども期の貧困は、子どもに様々な不利益をもたらすだけではなく、健康、栄養、学習成果、学歴への影響等を通じて、生涯にわたる影響をも及ぼすおそれがある。

　日本では、高度成長期以降長い間、子どもの貧困（を含む貧困問題）に目が向けられることはなく、政府も貧困率の発表をしてこなかった。2000 年代に入り、経済協力開発機構

| 順位 | 国名 | 相対的所得ギャップ | 子どもの貧困率（中央値の50%） |
| --- | --- | --- | --- |
| 1 | ノルウェー | 37.00 | 4.5 |
| 2 | アイスランド | 37.76 | 6.4 |
| 3 | フィンランド | 38.34 | 3.7 |
| 4 | デンマーク | 39.54 | 4.8 |
| 5 | チェコ | 39.62 | 6.3 |
| 6 | スイス | 39.64 | 7 |
| 7 | 英国 | 39.94 | 9.3 |
| 8 | オランダ | 40.64 | 5.7 |
| 9 | ルクセンブルク | 41.21 | 13 |
| 10 | アイルランド | 41.49 | 6.9 |
| 11 | オーストリア | 41.87 | 9.6 |
| 12 | ドイツ | 43.11 | 7.2 |
| 13 | フランス | 43.95 | 9 |
| 14 | オーストラリア | 44.75 | 9.3 |
| 15 | 韓国 | 45.74 | 8 |
| 16 | スウェーデン | 46.23 | 9.1 |
| 17 | ニュージーランド | 46.52 | 11 |
| 18 | キプロス | 47.19 | 9.1 |
| 19 | スロベニア | 47.29 | 8.3 |
| 20 | マルタ | 48.21 | 14.5 |
| 21 | ハンガリー | 48.34 | 15 |
| 22 | ベルギー | 48.41 | 10.1 |
| 23 | ポーランド | 51.76 | 14.5 |
| 24 | カナダ | 53.19 | 16.9 |
| 25 | スロバキア | 54.21 | 13.7 |
| 26 | クロアチア | 54.59 | 14.8 |
| 27 | リトアニア | 54.81 | 17.8 |
| 28 | エストニア | 55.55 | 12.4 |
| 29 | トルコ | 57.07 | 22.8 |
| 30 | 米国 | 58.85 | 20 |
| 31 | チリ | 59.03 | 26.3 |
| 32 | ラトビア | 59.66 | 16.3 |
| 33 | ポルトガル | 60.17 | 17.4 |
| 34 | 日本 | 60.21 | 15.8 |
| 35 | イタリア | 60.64 | 17.7 |
| 36 | スペイン | 62.62 | 20.2 |
| 37 | イスラエル | 64.58 | 27.5 |
| 38 | ギリシャ | 64.69 | 22.3 |
| 39 | メキシコ | 65.00 | 24.6 |
| 40 | ブルガリア | 67.01 | 23.1 |
| 41 | ルーマニア | 67.08 | 24.3 |

(OECD)が「対日経済審査報告書」（2006年）の中で、日本の子どもの貧困率の上昇を指摘したことなどから、徐々に注目が集まるようになり、2008年には出版物や報道が相次ぐこととなった（首都大学東京教授阿部彩は、2008年を「子どもの貧困元年」と称す）。2009年、政府は初めて相対的貧困率を公表。2011年には、1985年まで遡った数値を公表し、子どもの相対的貧困率が1985年からほぼ一貫して上昇してきたことが明らかになった。子どもの貧困がようやく政策課題になったと言える。

2013年には、「子どもの将来がその生まれ育った環境によって左右されることのないよう」にするとの目的で、「子どもの貧困対策の推進に関する法律」が成立した。同年12月にユニセフの報告書が、日本の子どもの相対的貧困率は14.9％、先進31か国中で高い方から10番目であると発表したことは、大きな驚きをもって受け止められた（ユニセフ イノチェンティ研究所、阿部彩、竹沢純子「レポートカード11：先進国における子どもたちの幸福度」）。2014年には、「子どもの貧困対策に関する大綱」が閣議決定され、本格的な取り組みが進められることとなった。

図1は、先進41か国を所得階層の下位10％目の子どもの世帯所得と、中

図1　子どもの相対的所得ギャップと子どもの貧困率

出典：ユニセフイノチェンティ研究所『レポートカード13：子どもたちのための公平性』、2016年

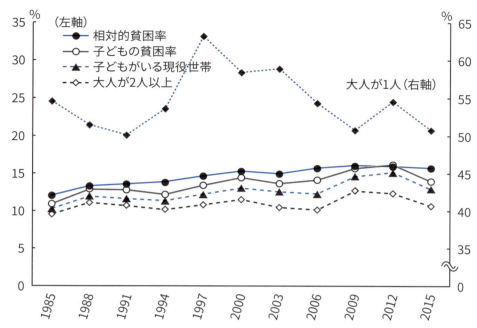

図2　貧困率の推移
出典：厚生労働省「2016年国民生活基礎調査」

位の子どもの世帯所得がどれほどかけ離れているかを示す「相対的所得ギャップ」の小さい順に並べており、日本はギャップが大きい方から8番目である。また、日本の子どもの貧困率は、高い方から15番目である（ユニセフイノチェンティ研究所「レポートカード13：子どもたちのための公平性」2016年）。日本はどれだけの子どもが貧困状態におかれているのかという貧困の「広がり」においても、また、貧困状態にある子どもたちが、標準的な家庭の子どもたちに比べてどれだけ取り残されているのかという「深さ」においても課題があることが、示されている。

子どもの相対的貧困率は、2012年の16.3％から2015年には13.9％へと、12年ぶりに低下した（図2）。これは主に、景気回復によって勤労世帯の所得が改善したことによると見られている。

ただし、ひとり親家庭の貧困率が50.8％と依然半数を超えることは、深刻な課題である。日本のひとり親家庭の貧困率は、OECD諸国の中でも特に高いレベルにある。日本のひとり親世帯の就労率は他の先進国に比べても高いにもかかわらず、ひとり親家庭の貧困率が極めて高いのは、就労していても貧困状態の解消につながらない

表1　ひとり親世帯の平均年間収入等

|  | 母子世帯 | 父子世帯 |
|---|---|---|
| 世帯数（推計値） | 123.2万 | 18.7万 |
| 就業状況 | 81.8% | 85.4% |
| うち正規の職員／従業員 | 44.2% | 68.2% |
| 平均年間収入（母または父） | 243万円 | 420万円 |

出典：厚生労働省「2016年度 全国ひとり親世帯等調査結果」

第5章　子ども

というワーキングプアの問題の存在を示している。それは表1の通り、母子世帯で特に深刻である。ひとり親世帯、中でも母子世帯の子どもたちは、最も不利な状況に置かれている子どもたちである可能性が高く、重点的な対策が必要と言える。

ひとり親世帯の子どもの割合は地域により大きな差があり、北陸地域では低いが、北海道、高知、宮崎、鹿児島、沖縄、和歌山、山口などで高い（指標A7、図3）。厚生労働省の「国民生活基礎調査」においては、都道府県単位ではサンプル数が少なくなるため、都道府県別の子どもの貧困率の推計は公表されていない。県レベルでは、現在のところ、沖縄、広島、高知、長野などが、税情報（住民税のデータ）などを用いて独自に子どもの貧困率を推計しているにとどまる。

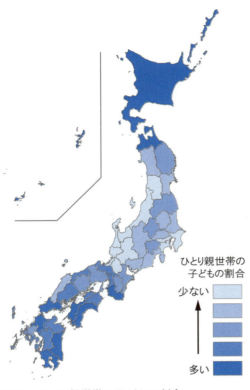

図3 ひとり親世帯の子どもの割合
出典：総務省国勢調査（2015年）

## ●2　多次元の貧困

SDGsターゲット1.2が「あらゆる次元の貧困の削減」を掲げているように、子どもの貧困が意味するのは所得の不足だけではない。取り残されている子どもの実態を知るためには、所得以外の側面も含め、多面的に子どもの状況を把握することが重要になる。

教育面では、家庭の経済状況と子どもの学力や進学との関係が明らかになっている。例えば、文部科学省「2017年度全国学力・学習状況調査」を活用したお茶の水女子大学の研究（2018年）では、家庭の社会経済的背景（家庭の所得、父親の学歴、母親の学歴による指標）が高いほど学力（平均正答率）が高い傾向が、小学校6年生と中学校3年生の双方で、各教科で示された（図4）。SDGsは初等中等教育について、修了するだけでなく「学習成果」の達成を目標としており、この調査結果は学習成果を達成するにあたっての課題を示している。

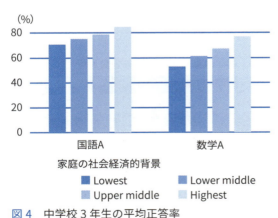

図4 中学校3年生の平均正答率
出典：文部科学省「平成29年度全国学力・学習状況調査」を活用した調査（お茶の水女子大学）

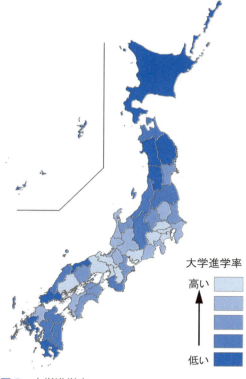

図5　大学進学率
出典：文部科学省、学校基本調査（2018年）

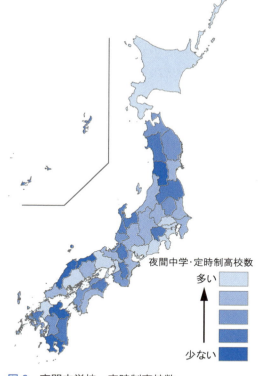

図6　夜間中学校・定時制高校数
出典：文部科学省「夜間中学に関する調査」「定時制高校に関する調査」（2017年）

表2　大学等への進学率

| | |
|---|---|
| 全世帯 | 73.3% |
| ひとり親世帯（参考） | 41.7% |
| 生活保護世帯 | 33.1% |
| 児童養護施設の子ども | 24.0% |

出典：内閣府資料（2017年）

公正な教育の「機会」についても課題がある。大学への進学率は、沖縄、鳥取、山口、鹿児島、岩手、佐賀、長崎、山形、秋田、北海道などで低く、大都市圏と地方との格差が顕著である（**指標D6、図5**）。また、世帯の属性によっても大学への進学率（専修学校を含む）は大きく異なっている（**表2**）。

貧困や個人の事情で教育を受ける機会を失った人にとって、外国人子弟も含め、夜間中学や定時制高校は貴重な学ぶ貴重な機会を提供する。しかし、その数は鹿児島、島根、大分、鳥取、山形、宮崎、佐賀、徳島、石川、富山、秋田などでは限られており、その充実が望まれる（**指標D11、図6**）。

健康状態についても、家庭の経済状況との関係を示す調査結果がある。例えば、所得が低い世帯の子どもは、高所得の世帯の子どもと比べて、乳児期に体重が増えないまま成長する発育不全のリスクが約1.3倍になることが明らかにされている（2001年生まれと2010年生まれの子どもを追跡調査している厚生労働省の「21世紀出生児縦断調査」のデータを活用した北里大学の調査、2018年）。また、生活保護を受給している世帯では、アレルギーや虫歯がある子ど

第5章　子ども

もの割合が、一般世帯の10倍以上にもなるとの調査結果もある（東京大学研究チーム、2019年）。現代の日本において、健康や栄養面の格差の問題が生じているという指摘は極めて重要である。政府が2016年にとりまとめた「SDGs実施指針」には、国内の健康分野の課題として生活習慣病対策や長寿の推進が掲げられたが、子どもの健康や栄養に関する課題は含まれていない。誰も取り残されない社会の実現のためには、当然含められるべき課題であろう。

「子どもの貧困対策に関する大綱」の策定時には、関係施策の実施状況や対策の効果等を検証するため、25の指標が設定された。教育関連の指標は含まれたが、十分に多面的とは言えず、研究者から、経済状況と教育以外の指標がないこと、生活保護世帯やひとり親家庭など特定のグループを分母にした指標が多く、貧困状態に置かれている子どもの全体像をとらえていないことが指摘された（「子どもの貧困指標-研究者からの提案」2015年）。2017年、内閣府は有識者会議での検討をふまえ、「経済状況のみならず教育や生育環境などの状況を多面的に把握した上で、貧困の連鎖の要因の解消を図る」目的で、指標の体系化と現行指標への8つの新たな指標の追加を発表した（朝食欠食児童・生徒の割合、学力に課題のある子どもの割合等、全世帯を対象とした高校中退率等）。既存のデータを活用するだけではなく、必要なら追加データの収集も検討し、子どもの貧困を多面的に理解することが重要である。

EU諸国やユニセフ等の国際機関では、貧困状態にある子どもの生活水準を包括的に把握するための多面的な貧困指標が用いられている。子どもが通常持っていると多くの人が考えるものや機会の欠如を示す指標で、「物質的剥奪指標」とも呼ばれる。ユニセフと日本の研究者の協力で可能になった物質的剥奪率の国際比較によれば、日本の子どもの剥奪率は、28か国の中で高い方から11番目であった（図7）。これは具

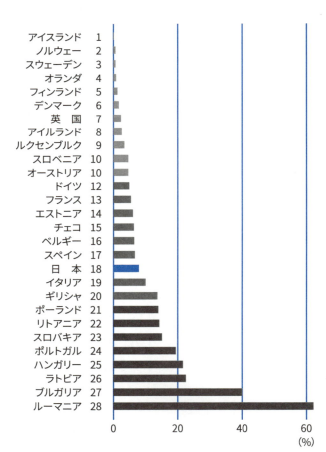

図7　子どもの物質的剥奪率
出典：ユニセフ イノチェンティ研究所、阿部彩、竹沢純子『イノチェンティレポートカード11 先進国における子どもの幸福度―日本との比較特別編集版』（2013）

体的には、①子どもの年齢と知識水準に適した本（教科書は除く）、②屋外レジャー用品、③屋内ゲーム、④修学旅行や学校行事の参加費、⑤宿題をするのに十分な広さと照明がある静かな場所、⑥インターネットへの接続、⑦新品の衣服、⑧誕生日等のお祝い、の8項目のうち、2つ以上が欠如している子ども（1–12歳）の割合で測ったものである。

国内でも、自治体レベルの調査で物質的剥奪指標を用いている例がある。例えば、東京都と首都大学東京の調査では、低所得、子どもの体験や所有物の欠如（15項目を用いた剥奪指標、子どもに対する調査）、家計のひっ迫（剥奪指標、保護者に対する調査）の3つの要素から、子どもの「生活困難」を分析している（2016年「東京都 子どもの生活実態調査」）。3つの要素のうち1つ該当する層を「周辺層」、2つ以上の層を「困窮層」と分類すると、中学2年生では、周辺層14.5％と、困窮層7.1％の合計21.6％の子どもが「生活困難」な状態にあることが明らかになった。それぞれの層ごとに、子どもの学び、生活、健康、自己肯定感や、家庭や保護者の状況との関連等を分析している。このように、所得の貧困指標と多面的な貧困指標を合わせて用いることが有効であることがわかってきている。

内閣府の有識者会議で、貧困対策大綱の指標の見直しの際（2017年）には、「物質的剥奪指標」の導入が検討されたが、相当の準備期間が必要であるとして今後の検討課題とされた。本来持っているべきものや機会が欠如している子どもがどれだけ、またどこにいるかを知ることのできる物質的剥奪指標は、人間の安全保障の観点からも、また、日本のような先進国でSDGsの「あらゆる次元の貧困」をなくしていく観点からも有効であり、これまでの調査結果を生かすこと、指標の導入を引き続き検討していくことが極めて重要であるといえよう。

## ●3　貧困の連鎖、社会的コスト

子ども期の貧困は、すでに見てきたような、教育機会の制約や健康への悪影響などを通じて、大人になっても取り返しのつかない影響を及ぼすおそれがある。

子どもの貧困の将来への影響を考える時、意欲、希望などの主体的側面に着目することも重要である。「自分の将来が楽しみだ」という項目に「そう思わない」と答えた子どもの割合が、貧困層の方が高いという調査結果もある（図8）。内閣府の調査では、「現実的にどの学校まで行くことになると思うか」との問いに対する答えは、相対的貧困層と貧困でない層とで大きな開きがある（表3）。

日本では、欧米諸国のように、同じ子どもを長期に追跡したデータはまだないものの、子ども期の状況を問う調査などにより、子ども期の貧困がおとなになっても困難な状況をもたらしていることが明らかになっている（阿部彩「子ども期の貧困が成人後の生活困難に与える影響の分析」2011年）。日本では雇用形態や学歴によって大きな賃金の格差があり、子ども期の貧困による学歴の違いが将来の所得の違いをもたらす。男性の大学・大学院卒の月額賃

第5章　子ども　107

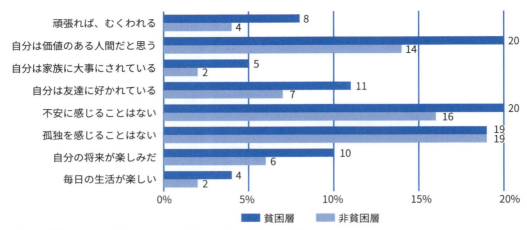

図8　設問に「そう思わない」と答えた割合、小学5年生
出典：阿部彩ほか「大阪子ども調査　結果の概要」(2014年)

表3　「あなたは現実的には、どの学校まで行くことになると思いますか」

|  | 中学校まで | 高校まで | 専門学校／高専／短大まで | 大学／大学院まで |
| --- | --- | --- | --- | --- |
| 相対的貧困層 | 3.2% | 47.3% | 19.6% | 27.7% |
| 相対的貧困ではない層 | 1.6% | 22.1% | 16.2% | 58.8% |

出典：内閣府「親と子の生活意識に関する調査報告書」(2012年)

金が約40.3万円に対し、高校卒は28.8万円である（厚生労働省「平成27年賃金構造基本統計調査」）。貧困状態が次世代にも影響していること（貧困の連鎖）は、親の学歴と子どもの学歴との関係、親の学歴と子どもの相対的貧困率との関係等のデータにも表れている。

　子どもの貧困は、次世代への連鎖だけではなく、社会全体への影響を及ぼす。子どもの貧困を放置し、その子どもが将来持って生まれた能力を社会で十分に発揮できないことは、社会にとっても損失である。高校を中退したひとりの18歳の若者に職業訓練を2年間行う場合と、行わない場合を比べ、貧困の社会的コスト（その若者が受け取る生活保護費と、就労したら支払うであろう税金・社会保険料との合計）は1億円近いとの試算もある（阿部彩、2010年）。また、子どもの貧困の放置による経済的影響について、現在15歳の子どもが19–64歳に得る生涯所得の合計が約2兆9000億円減少し、税・社会保障の純負担が1兆1000億円増加するとの推計結果が発表されている（日本財団「子どもの貧困の社会的損失推計」2015年）。

## ●4　子どもの貧困対策

　労働による所得から生じる格差を是正するため、政府は税制や社会保障制度を通じて、所得の再分配を行う。子どもをもつ家庭への社会保障給付として代表的なものは、「父または母と生計を同じくしていない児童が育成される家庭の生活の安定と自立の促進」のため、つまりひとり親世帯のための児童扶養手当である。母と子ども1人の家庭では、年間収入

130万円未満で全額（月額4万2330円）支給、2人目の加算額は全額で1万円等となっており、所得制限を上回る場合は所得に応じて一部支給される（2018年11月現在）。

児童扶養手当受給者世帯の割合は沖縄が最も高く、宮崎、青森、佐賀、熊本、和歌山、福岡、高知、鳥取、鹿児島が続いて高い（**指標 E1**、**図9**）。

児童手当は、発足当時は低所得世帯の第3子以降を対象とする制度であったが、その後対象が広げられ、現在では「家庭等における生活の安定と児童の健全育成を目的とし」て、所得制限も高めで多くの家庭がカバーされる給付となっており、子どもの貧困対策としての性格は薄い。具体的には、所得限度額960万円（夫婦と子ども2人の場合）未満の場合、3歳未満で月額1万5000円、3歳から小学生で1万円（第3子以降は1万5000円）、中学生で1万円である。所得制限を超える場合は特例給付と

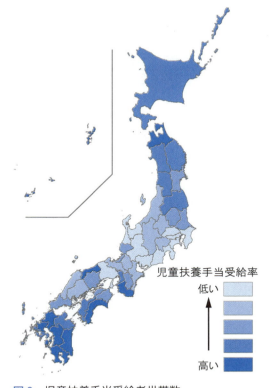

図9　児童扶養手当受給者世帯数
出典：厚生労働省、児童扶養手当受給者世帯数

して月額5000円である。貧困に対する最も大きなセーフティーネットである生活保護は、その受給の要件が厳しく定められているため、最低生活費を下回る世帯でも15–30％しか受給していない。そのため生活保護を受け取る世帯の子ども数は子ども全体の約1.2％にとどまり、貧困状態にある子ども全体に届く制度にはなっていない。

これらの給付等による所得の再分配は、子どもの貧困の改善にどれほど寄与しているのであろうか。社会移転の前後で子どもの貧困率がどれほど削減されたかを見ることで、所得の再分配（社会移転）の効果がわかる。**図10**のとおり、日本の社会移転による子どもの貧困率削減の効果は18％と、先進国の中でもかなり小さい（2014年データ）。最も効果が大きいフィンランド（66％）を大きく下回り、平均（37.5％）も下回っている。社会移転の効果は、移転前の貧困レベルによっても左右されるが、移転の規模、ターゲットの設定等の要因によっても決まる。この国際比較からは、日本において、社会移転が十分に子どもの貧困の改善に寄与するものとはなっていないことが示されている。

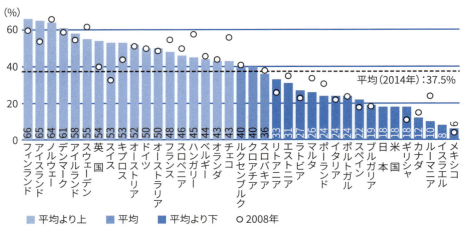

図10　社会移転による子どもの貧困率の削減幅（2008年、2014年）
注：子どもの貧困率の削減幅は、社会移転前後の子どもの貧困率の差異。子どもの貧困率は、中央値の60%を基準に算出。
出典：ユニセフ『イノチェンティレポートカード14 未来を築く：先進国の子どもたちと持続可能な開発目標』（2017）

## ● 5　教育の機会

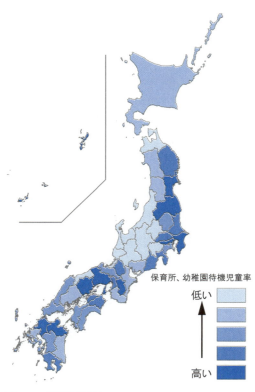

図11　待機児童率
出典：厚生労働省、0-3歳児保育所等関連状況とりまとめ（2017年）

保育所等に入れない「待機児童」解消のための取り組みが進められてきた。政府が待機児童「ゼロ作戦」を打ち出した2001年以降様々な施策が導入され、2018年には4年ぶりに減少に転じたものの、東京、千葉、福岡、兵庫、神奈川などの大都市圏、沖縄、宮城、福島など多数の都道府県で依然として解消には至っていない（**指標D1**、**図11**）。

2018年のユニセフの報告書「レポートカード15：不公平なスタート」によれば、義務教育開始1年前の時点で幼稚園・保育園に通っている割合は、日本では91.1%で、41か国中34位と国際的にみて低い。日本では「待機児童問題」は専ら、女性の職場復帰を阻む問題として、大人の立場からの議論に終始しているように見える。SDGs4.2が「すべての子どもの質の高い乳幼児の発達・ケア及び就学前教育へのアクセス」を掲げているように、幼稚園や保育園は、子どもがその成長において

重要な時期を過ごし、ケアや就学前教育を受ける場所である。「待機児童解消」を目指す際には、「保育の質」を重視し、子どもの成長・発達を中心におくことを忘れてはならない。

　2019年秋から、幼児教育・保育の無償化が予定され、3–5歳児について保育所・幼稚園の費用が全世帯について原則無償、0–2歳児についても保育所の費用が低所得世帯について原則無償となる。認可外保育施設も無償化の対象となっているが、設置の基準が低い認可外の保育施設で保育事故が起きていることも十分踏まえ、無償化が保育の質の低下につながらないようにする必要がある。また、子どもの貧困対策との関係においては、ひとり親家庭の子どもの就園率（保育所・幼稚園）は、「子どもの貧困に関する指標」としてモニターされている指標のひとつであるが、今回の無償化は、3–5歳についてはすべての世帯が対象となっており、子どもの貧困への対策とはなっていない。

## 主要な関連法規、公的措置

**子ども・若者育成支援推進法（2009年）：**
　子ども・若者育成支援施策の総合的推進のための枠組み整備（国は推進大綱を策定し、都道府県、市町村は子ども計画策定の努力義務）、社会生活を円滑に営む上での困難を有する子ども・若者を支援するためのネットワーク整備。

**子どもの貧困対策推進法（2013年、2019年改正）：**
　子どもの将来が、生まれ育った環境に左右されることのないような社会を目指す。

**「子どもの貧困対策に関する大綱」（2014年）**

## 民間団体等による先駆的取り組み

　貧困家庭や孤食の子どもに対する子ども食堂や学習支援、居所づくりの支援が全国で進んでいる。特に子ども食堂は3年間で7倍の2286か所（2018年3月）に全国で拡大している。

　中でも特色のある東京都文京区の子ども宅食は、区役所がふるさと納税を財源にして、認定NPO法人フローレンス、民間企業の協力を得て自宅に配達することで、個別の対応が可能となっている。2017年10月に150世帯で開始して、2年目は600世帯に増加した。

# 提 言

**①** 都道府県の子どもの貧困率の推計は一部を除き行われていないが、現状や施策の効果をモニターするためにも、データを整備し、公表するよう提言したい。

**②** 「SDGs 実施指針」に国内の子どもの健康に関する課題を含めることが望ましい。

**③** 子どもの貧困対策に関する大綱の中で、「子どもの貧困に関する指標を設定し、改善に向けて取り組む」と明記されている。物質的剝奪指標の導入の可能性を含め、多面的に子どもの貧困をとらえる指標を整備することは、人間の安全保障の観点からも、また、日本のような先進国で SDGs の「あらゆる次元の貧困」をなくしていく観点からも、非常に重要である。

# 5-2　子どもに対する様々な暴力

## 現状と実態

### ● 1　児童虐待

　SDGs ターゲット 16.2 は「子どもに対する虐待、搾取、取引及びあらゆる形態の暴力及び拷問を撲滅する」を掲げる。中でも、子どもの日常で起きる虐待は、最も広範に存在している子どもに対する暴力である。厚生労働省から毎年発表される、児童相談所の児童虐待相談対応件数は、1990 年度の 1101 件から増加の一途を辿っており、2018 年度には 15 万 9850 件（速報値）と、過去最多になった（図 12）。2000 年に成立した児童虐待防止法では、児童虐待の通告が義務付けられ、また、虐待が「身体的虐待」「性的虐待」「ネグレクト」「心理的虐待」を指すと定義された。2004 年の改正ではさらに、子どもの前で親が配偶者に暴力を振るう、いわゆる面前 DV も心理的虐待に含まれるとされた。相談対応件数の増加は、虐待に関する社会の認識が高まっていることの現れでもある（2018 年度の内訳は、心理的虐待 55.3 %、身体的虐待 25.2 %、ネグレクト 18.4 %、性的虐待 1.1 %）。

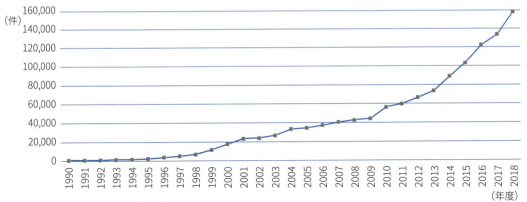

図 12　児童虐待相談件数の推移
出典：厚生労働省「児童相談所の児童虐待相談対応件数」

　児童虐待への対応強化のため、児童福祉法及び児童虐待防止法はたびたび改正されてきているが、依然深刻な事件が後を絶たない。2018 年 3 月、東京都目黒区で発生した 5 歳の女の子が虐待で死亡する事件を受け、同年 7 月には関係閣僚会議で、児童相談所間の情報共有の徹底、児童相談所と警察の情報共有強化、子どもの安全確認ができない場合適切な対応の徹底、乳幼児健診未受診者等の緊急把握、児童相談所における専門性強化等を内容とする、緊急総合対策がとりまとめたられた。さらに、2019 年 1 月の千葉県野田市で起きた小学 4 年生の虐待死亡事件をうけて、同年 2 月には、すべての虐待事案の緊急確認、緊

急総合対策のさらなる徹底・強化が決定されている。

　急増する相談に対応する児童相談所は、その数も職員の数も追い付いておらず、体制の強化が課題であることがかねて指摘されている。2016 年及び 2019 年の児童福祉法の改正や厚生労働省「児童相談所強化プラン」（2016 年）および「新プラン」により、設置する自治体の拡大や児童福祉司等の大幅な人員増、児童心理司、保健師、弁護士の配置による専門性の強化等が打ち出されている。

　死亡に至った虐待の事例や重症事例については、2003 年調査以降、厚生労働省が社会保障審議会児童部会に設置した専門委員会によって、詳細な検証が行われている。2017 年度に関する調査では、虐待によって死亡した子どもは 52 人（無理心中による死亡 13 人は含まない）、生命に関わるような重症事例が 7 人であった。

　これまでの調査（2003 年からの合計で心中を除く虐待死は計 779 人。以下 % はデータのある年が異なるため分母が異なる場合がある）からは、死亡に至ったケースの多くが 3 歳以下（77.2 %）、中でも 1 歳未満がおよそ半数（47.9 %）であること、虐待者で最も多いのは実母（55.1 %）、次いで実父（16.4 %）、実母の交際相手（4.9 %）であることなどが示されている。また、死亡に至った事例のうち母親が 10 代で妊娠していたケースが 17.8 % など、リスクが高いと考えられる家庭状況の特徴や、妊婦健診を受けていない（26.1 %）、地域社会との接触がほとんどない（39.1 %）等の、社会の支援が行き届いていない現状も明らかにされており、これらの重要なデータを予防に活用することが強く求められる。

　同じ調査で、虐待の加害の動機として、保護を怠ったことによる死亡（15.1 %）に次いで 2 番目に多かったのが、「しつけのつもり」（11.5 %）であることも示されている。2019 年の児童虐待防止法の改正により、しつけに際しての体罰が禁止されたことは、しつけを理由にした深刻な虐待・体罰を減らすことにつながることが期待される重要な進展である。

　この検証は、厚生労働省が都道府県等に対する調査により把握したものを対象としているが、実際は病死と判断された中にも虐待によるものが含まれている可能性があるとみられ、亡くなったすべての子どもの死因を分析するチャイルド・デス・レビュー（CDR）制度の導入が必要との指摘もある。

## ● 2　性的暴力

　性的搾取、性的暴力の被害に遭うことは、子どもの尊厳を傷つけ、心身に大きな影響を及ぼす。SDGs のターゲット 5.2 は、すべての女性および女児に対するあらゆる形態の暴力の根絶を目指している（なお、一般的に性的暴力は男性に対するものも含む）。国内では「児童買春・児童ポルノ等禁止法」や、児童の性的搾取等に係る対策の基本計画（子供の性被害防止プラン）」（2017 年 4 月犯罪対策閣僚会議において決定）等に基づく取り組みが進められているものの、依然被害は後を絶たない。

2017年度、児童ポルノ事件の被害にあった児童は1,216人、18年度上半期（615人）の内訳では、高校生の被害が38.0％、中学生が34.5％、小学生が22.4％であった。被害のうち39.0％がいわゆる「自画撮り」による被害であり、小学生以下の低年齢の子どもに限ると、盗撮による被害が61.3％であった。また、児童買春等の被害にあった児童は、2017年度に1,823人で、2008年の2,707人から、2015年の1,745人までは減少したものの、その後わずかに増加に転じている。

　また、急速に普及するインターネットが、子どもが性的被害に遭う場にもなっている。出会い系サイトに起因する事犯の被害児童数は、平成20年の出会い系サイト規制法の改正以降急激に減少したものの（2008年の724人から2017年には29人）、その間、SNSを通じた被害が増加を辿り、2017年には年間で1,813人の子どもが、SNSを通じて児童ポルノ、児童買春等の事件に巻き込まれている（図13）。

図13　SNSを通じた被害児童数の推移
出典：警察庁「平成29年におけるSNS等に起因する被害児童の現状と対策について」

　さらに、近年、いわゆる「JKビジネス」と呼ばれる女子高校生の性を商品化する営業により、大都市圏を中心に、女子高校生が児童買春等の被害に遭っており、地方にも広がりつつある。SDGsターゲット8.7が撲滅を掲げる児童労働の観点からも、実態の把握と対策が求められる。

● 3　学校における暴力

　学校は、家庭と同じように、子どもがもっとも安心して過ごせるはずの場所である。しかし学校も暴力と無縁ではない。学校において、教員による体罰は、学校教育法第11条において「校長及び教員は、（中略）児童、生徒及び学生に懲戒を加えることができる。た

第5章　子ども　　115

だし、体罰を加えることはできない」と明確に禁止されている[★1]が、2017年度、小学校、中学校、高等学校等合わせて、773件（699校）の体罰が報告されている。場面としては、多い順に授業中、部活動中、放課後であり（図14）、態様としては、素手で殴る・叩く、蹴る・踏みつける、投げる・突き飛ばす・転倒させるとなっている（図15）。部活動については、2012年、部活動中の体罰を理由に男子高校生が自殺した事件を契機に、文部科学省が体罰禁止の徹底、実態把握調査、運動部活動の指導のガイドライン策定等を行ってきたにもかかわらず、依然として184件が報告されている。

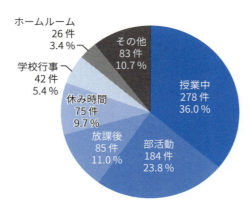

図14　体罰時の状況（場面別）
出典：文部科学省「体罰の実態把握について（平成29年度）」

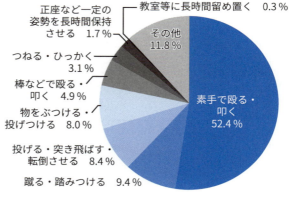

図15　体罰の態様
出典：文部科学省「体罰の実態把握について（平成29年度）」

学校における、また学校を超えてインターネット上にも広がる子ども同士の暴力としてのいじめの問題もある。2011年に大津でいじめによって中学生が自殺したことを受けて議論が高まり、2013年に「いじめ防止対策推進法」が成立した。同法は「いじめ」を、「児童生徒に対して、当該児童生徒が在籍する学校に在籍している等当該児童生徒と一定の人的関係のある他の児童生徒が行う心理的又は物理的な影響を与える行為（インターネットを通じて行われるものも含む。）であって、当該行為の対象となった児童生徒が心身の苦痛を感じているもの」と定義し、各学校にいじめ防止のための基本方針策定を求めた。

全国での2017年度のいじめの認知件数は41万4378件（小学校、中学校、高等学校、特別支援学校計）で、前年度の32万3143件から大きく増加し、現在の調査方法に改めた2006年以降で最多となった（図16）。しかし、この数字は、あくまで学校側が「認知」した数であり、認識が高まり調査等を強化すると件数が増える傾向にあるため、認知件数の変化がそのままいじめ件数の変化を示すものではない。いじめ件数の割合は、京都、宮崎、宮城、

---

★1　ここで認められる「懲戒」として文部科学省は、肉体的苦痛を伴わない注意、叱責、居残り、別室指導、起立、宿題、清掃、学校当番の割り当て、文書指導等の事例を示している。

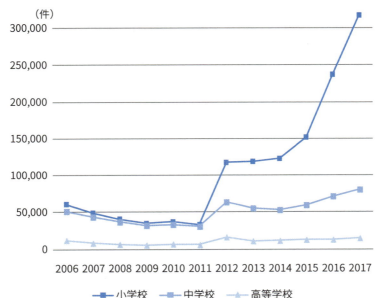

図16　いじめの認知件数
出典：文部科学省「児童生徒の問題行動・不登校等生徒指導上の諸問題に関する調査」

沖縄、山形、千葉、岩手、新潟、山梨、茨城で高い（**指標G1**、**図17**）。県別に大きな差があるが、同様に、そのまま県別の実態を表しているわけではないことに留意したい。

いじめの態様については小中高ともに、最も多かったのが「冷やかし、からかい、悪口や脅し文句、嫌なことを言われる」（いずれも認知件数の6割以上）であった。2番目は、小学校、中学校では「軽くぶつかられたり、遊ぶふりをしてたたかれたり、蹴られたりする」であったのに対し、高校では「パソコンや携帯電話等で、ひぼう・中傷や嫌なことをされる」、いわゆるネットいじめが入る。

「いじめ防止対策推進法」は、いじめの中でも特に子どもの「生命、心身又は財産に重大な被害が生じた疑いがある」ものと、子どもが「相当の期間学校を欠席することを余儀なくされている疑いがある」ものを「重大事

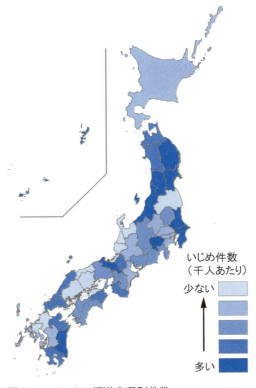

図17　いじめの都道府県別件数
出典：文部科学省「2016年度児童生徒の問題行動等生活指導上の諸問題に関する調査」

第5章　子ども　　117

態」として、速やかな調査を義務付けた。2014年度以降の件数の推移は表4のとおりである。ただし、調査が適切に行われてこなかったとの認識で、文部科学省は2017年に「いじめの重大事態の調査に関するガイドライン」を策定しており、実際の数はこれより多いとみるべきであろう。

表4　いじめ防止対策推進法第2条第1項に規定する「重大事態」の発生件数

| | | 2014年度 | 2015年度 | 2016年度 | 2017年度 |
|---|---|---|---|---|---|
| 生命／心身 | 小学校 | 25 | 40 | 42 | 46 |
| | 中学校 | 42 | 61 | 83 | 104 |
| | 高等学校 | 25 | 25 | 35 | 40 |
| | 合計 | 92 | 130 | 161 | 191 |
| 長期欠席 | 小学校 | 100 | 86 | 92 | 116 |
| | 中学校 | 253 | 104 | 128 | 143 |
| | 高等学校 | 32 | 27 | 59 | 71 |
| | 合計 | 385 | 219 | 281 | 332 |

出典：文部科学省「児童生徒の問題行動等生徒指導上の諸問題に関する調査」

　いじめの現状について知るためには、子どもを対象とした調査も不可欠であり、国立教育政策研究所が1998年から子どもを対象に行ってきた「いじめ追跡調査」からは貴重な示唆が得られる。例えば、図18からは、短期的な増減はあるものの、長期的に見ていじめの傾向に大きな変化はないことがわかる（小学生男子・女子についても同様）。また、同じ子どもたちの追跡調査から、いじめの被害も加害も、特定の子どもではなく、誰にでも起こりうるという重要な結果も示されている。

　いじめを含む、子どもたちの抱える問題が多様化する中で、教職員だけで子どもたちをサポートすることは難しくなっているため、文部科学省は、心理学に関する専門性を有するスクールカウンセラー（SC）と、社会福祉に関する専門知識を有し、関係機関との連携にもあたるスクールソーシャルワーカー（SSW）を配置し、多面的に子どもたちを支える試みが行われている。しかし、SCを配置している小中学校の割合は、小学校が37.6％、中学校が82.4％であり、他に教育委員会等に1534か所を設置（2012年度）、またSSWに関しては、全国で1008人（2013年度）の配置にとどまっている。

　子どもたちの中には病気や経済的理由だけではなく、いじめなど何らかの要因や背景によってある程度の期間、不登校もしくは学校に行けない状況にある子どもたちがいる。そのような子どもたちの受け皿として有益な役割を果たしているのが、フリースクールやフリースペースと呼ばれる団体または組織である。通常の学校のように固定的なカリキュラムや時間割を持たず、毎日をどう過ごすかは子どもの自主性にゆだねられていることが多い。フリースクールに通う生徒は、在籍する学校長がそのフリースクールが「不適切」と判断しない限り、出席扱いになる。小・中学生の出席扱いについては1992年から、高校

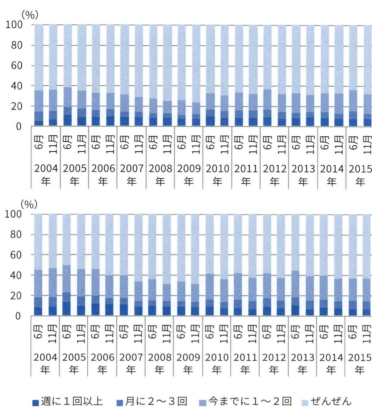

図18　中学生の「仲間はずれ・無視・陰口」被害等経験率の推移（上段、男子／下段、女子）2004-15年
出典：国立教育政策研究所「いじめ追跡調査 2013-15年」

生についても2009年から実施されている。しかし、あくまで民間の団体・組織がボランティアもしくはボランティアに近い形で運営している場合も多く、課題も多い。また、全国で確認されている17万人を超える子どもたちすべての受け皿になっているわけでもない。ひとつの選択肢である。

## ●4　あらゆる形態の暴力の根絶

　SDGsターゲット16.2の達成には、「あらゆる形態の暴力の撲滅」、子どもの尊厳を傷つけるいかなる暴力も許されないという視点が不可欠である。2018年2月にストックホルムで開催された「ソリューションズ・サミット」において、日本は、国内の子どもに対する暴力撲滅に向けて取り組むことにコミットする「子どもに対する暴力撲滅グローバル・パートナーシップ」の「パスファインディング国」となることを表明した。先進国ではスウェーデンに次いで2か国目、G7で初めてであり、高く評価できる。多様な関係者が参加する枠組みで進められている国内行動計画の策定によって、子どもに対するあらゆる形態の暴力をなくすための国内の取り組みが大きく進展することが期待される。

第5章　子ども　　119

国連子どもの権利委員会の一般的意見 13（2011 年）では、子どもへの暴力は、身体的暴力、性的暴力、精神的暴力、ネグレクトの 4 つに分類されている。また、子どもへの暴力担当の国連事務総長特別代表による「子どもに対する暴力報告書」（2006 年）は、子どもに対する暴力が起こりうる場所として、家庭・家族、学校、施設、働く場、地域社会の 5 つの「場」に焦点をあてた。これらの枠組みを用いて、包括的に子どもへの暴力の現状をとらえることは、SDGs の達成に向けても、人間の安全保障の観点からも有益であろう。

　子どもに対する暴力を根絶していくためには、正確に状況を把握するためのデータが不可欠である。途上国では、ユニセフの支援による複数指標クラスター調査（MICS）等の世帯調査を通じて、子どもに対する暴力に関する国際的に比較可能なデータが収集されてきた。一方で、日本に限らず先進国においては、かえってこの分野のデータの整備が遅れをとっていることが指摘されている（ユニセフ『レポートカード 14 未来を築く』）。

　家庭内の子どもに対する暴力に関する SDGs 指標 16.2.1 は、「過去 1 か月における保護者等からの身体的な暴力及び／または心理的な攻撃を受けた子どもの割合」であり、「身体的暴力」は身体的苦痛や不快を意図する行為であり（体罰含む）、「心理的な攻撃」は、子どもを怒鳴りつける、駄目な子だと言う等の行為を指す。虐待（や体罰）の状況に関する国際比較には、このような保護者を対象とする世帯調査による発生割合のデータが使われることが多いが、日本では同種のデータは集められていない。先に取り上げた「児童虐待相談対応件数」は、児童相談所が警察、学校、近隣住民から通告・相談を受け、対応を行った件数という行政データであり、国際比較には使えず、また対応した件数であるため発生傾向に関する時系列の分析にも使うことができない。現場にある行政データを活用し、児童相談所と市町村が対応したケースの重複も整理し、実際に虐待を受けたと判断された子どもの人数を含む、より実態の把握につながるデータを得ることが重要である。

　SDGs 指標に近い種類のデータは、内閣府の男女間の暴力に関する調査結果に含まれている。2018 年の 3 月に公表された「男女間における暴力に関する調査報告書」には、配偶者から暴力の被害を受けたことがあると答えた人に対し、配偶者から子どもへの虐待があったかを問う設問が設けられた。配偶者からの暴力があったと答えた人（全体の 26.2 ％）のうち、子どもがいる人を対象としたこの設問には、21.4 ％ が「あった」と回答し、その内訳（身体的・性的・ネグレクト・心理的）も示されている。家庭内における子どもに対する暴力発生の割合を示すひとつのデータとして有用であり、配偶者間の暴力と子どもへの虐待の関連を示すとともに、この設問でカバーされていない、（配偶者間の暴力はなく）子どもだけが虐待の被害にあったケースについて、合わせて調査することができれば、児童虐待の発生割合についての一定のデータが得られるのではないだろうか。

　また、この調査報告書には、性的暴力に関する SDGs 指標 16.2.3、「18 歳までに性的暴力を受けた 18–29 歳の女性及び男性の割合」に近いデータも含まれている。調査対象の年齢

は異なるが、「子どもの頃を含めてこれまでに無理やり性交等されたことがあるか」の設問があり、「ある」と答えた人には被害に遭った時の年齢等を質問している。結果は、「ある」と答えた女性の割合が7.8％、男性が1.5％で、被害に遭った時期は「小学校入学前」が3.0％、「小学生のとき」が12.2％、「中学生のとき」が6.1％、「中学卒業から17歳まで」が5.5％であった。さらに、18歳までに遭った被害について、加害者が監護者であったかについても質問され、監護者であった場合が19.4％、監護者以外であった場合が83.3％であったことが示されている（複数回答）。性的暴力については、子ども自身を対象とする調査には倫理上の問題も伴うため、SDGs指標も、大人を対象とする遡及的な指標となっており、この調査結果は、子どもへの暴力の発生を示すひとつのデータとしてすでに有用である。このように、主たる目的が異なる調査にも活用できるデータがある場合があり、それらを有効に活用すること、そのための関係省庁間の連携が求められる。

## ● 5　その他子どもの尊厳に関する課題

### （1）社会的養護を必要とする子ども

　虐待を含め何らかの事情により家庭で暮らせない子どもたちには社会的養護（代替養育）が提供される。国連の「子どもの代替的養護に関する指針」でも、そのような子どもたちは家庭的環境で養育されるべきとされているが、日本では施設で暮らす子どもの割合が諸外国に比べて極めて高いことが指摘されてきた（図19）。

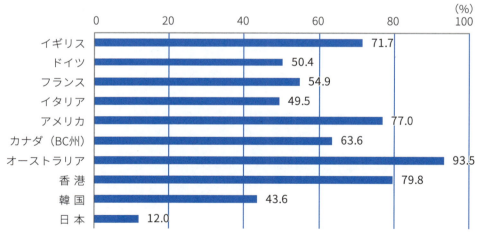

図19　各国の要保護児童に占める里親委託児童の割合（2010年前後の状況）
出典：「家庭外ケア児童及び里親委託率等の国際比較研究」（主任研究者 開原久代）

　2016年の児童福祉法の改正は、その第1条に「児童の権利に関する条約の精神にのっとり」と謳い、子どもをそれまでの保護の対象から「権利の主体」と位置付けたことが画期的であったが、社会的養護についても、大きな方針転換がはかられた。家庭における養

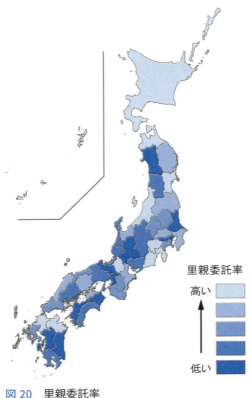

図20　里親委託率
出典：厚生労働省「福祉行政報告例」（2017年）

育が困難または適当でない場合には、家庭と同様の環境における養育を優先することが明記されたのである。2017年には、「新しい社会的養育ビジョン」が策定され、児童福祉法の優先順位、①家庭、②家庭における養育環境と同様の養育環境、③できる限り良好な家庭的環境の実現に向け、②については数値目標を定めた（里親委託率3歳未満：概ね5年以内に75％、3歳〜就学前、7年以内に75％、学童期以降：10年以内に50％）。また、③についても、施設を小規模化し地域分散型にするとした。これを受けて自治体においても方針の転換が求められているが、現状では、その取り組みに大きな差があり、里親委託率は都道府県別では新潟が最も高く、滋賀、沖縄、宮城、大分、静岡などで高いが、秋田が最も低く、大阪、京都、熊本、岐阜、宮崎、茨城、愛媛、徳島、東京などで低い（**指標G3**、図20）。三重等一部の自治体が主導する「子どもの家庭的養育推進官民協議会」が2016年に立ち上げられ、これに参加する自治体の中には、着実に里親委託や特別養子縁組を増加させる取り組みが行われているところもある。

## (2) 子どもの自殺

　非感染性疾患による若年死亡率の削減を目指すSDGsターゲット3.4の指標には、自殺率が含まれる。自殺対策基本法、自殺総合対策大綱等に基づき、自殺を予防する取り組みが行われ、人口全体では近年自殺者数の減少がみられる中、子どもの自殺は減っていない。2017年度、小学生6（11）人、中学生84（108）人、高校生160（238）人、合わせて250（357）人の子どもたちが自ら命を絶っている（文部科学省「児童生徒の問題行動・不登校調査」による。（　）内は警察庁統計による）（図21）。

　子どもの自殺数（人口割）は、福井、鳥取、山形、島根、高知、山梨、香川、佐賀、大分などで低いが、東京、埼玉、神奈川、千葉などの首都圏と愛知、北海道、福岡、兵庫、大阪、静岡などで高い（**指標G4**、図22）。

　15歳から19歳については、自殺が死因の第1位となっており、2017年には、戦後初めて10–14歳の死因の1位が自殺であった。

図21　子どもの自殺数の推移
出典：文部科学省「児童生徒の問題行動・不登校調査」

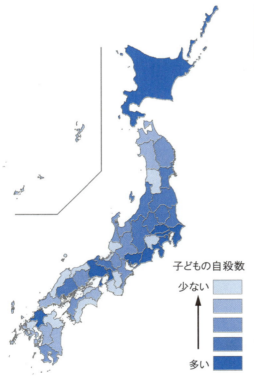

図22　子どもの自殺数の地域比較
出典：警察庁「平成27-29年における自殺の状況」

| | | | |
|---|---|---|---|
| 10〜14歳 | 悪性新生物 (21.6%) | 自殺 (16.1%) | 不慮の事故 (15.0%) |
| 15〜19歳 | 自殺 (36.9%) | 不慮の事故 (26.2%) | 悪性新生物 (10.3%) |

表5　子どもの死因
出典：厚生労働省「人口動態統計」

　自殺の要因については、2017年度に文部科学省が把握した250人のうち33人が進路、31人が家庭不和、10人がいじめであったが、140人は「不明」とされ（表5）、原因の解明と予防の強化が求められている。

### (3) 所在不明児童・無戸籍児童

　2014年、神奈川県厚木市で白骨化した男の子（死亡当時5歳）が発見されたことをきっかけに、住民票があるのに乳幼児健診を受診していない、学校に通っていない等、社会の中で、どこにいるのかわからない子どもの問題が明らかになった。いるはずの場所に子どもの姿が見えないことは、本来とても緊急度の高い事態であるはずだが、その情報が関係機関で共有されず、存在が確認されないまま放置されていた。厚生労働省は、そのような子どもは2014年5月時点で2908人、確認を進めた後の10月時点では141人いると公表

した。これ以降、毎年調査を行っており、2017年の6月1日時点で、健診を受診していない等で調査対象となった子どもは1183人、このうち家庭訪問や出国記録等で2018年5月31日までに所在が確認できたのが1155人、確認できなかったのが28人（14都道府県）であった（厚生労働省2017年度「居住実態が把握できない児童に関する調査結果」）。このうち4人は虐待の疑いがあるとされている。また、所在が確認できた子どもの6.7％（44人）が、虐待または虐待の疑いありとされ、市町村や児童相談所による支援につなげられている。

SDGsターゲット16.9は「2030年までに、すべての人々に出生登録を含む法的な身分証明を提供する」ことを目指すが、日本で生まれながら戸籍を持たず、そのために教育をはじめ様々な社会サービスが受けられず、「置き去りにされている」子どもたちがいることも明らかになっている。法務省が把握している無戸籍者（大人も含む）の数は2018年8月時点で715人である。法務省は、戸籍の記載に向けた支援を行うほか、離婚後300日以内に生まれた子どもを夫の子どもと推定する民法772条との関係で出生届けが出されていないケースが多い（全体の約75％とみられている）ことから、2018年10月に有識者研究会を発足させ、民法改正に向け議論を始めている。また、自治体においては無戸籍の子どもであっても教育や保健、各種手当等が受けられるような措置がとられている。

存在を証明するものを持たない子ども、存在自体が不明な子どもがゼロにならなければ、「誰も取り残されない」社会とは言えない。

## 主要な関連法規、公的措置

学校教育法（1947年。2007年、2018年等に改正）

児童福祉法（1947年。最近では2016年、2017年、2019年に改正）

児童買春・児童ポルノ等禁止法（1999年。2004年、2014年に改正）

児童虐待防止法（2000年。最近では2016年、2017年、2019年に改正）

児童ポルノ排除総合対策（2010年、2013年、2016年）

児童の性的搾取等に係る対策の基本計画（子供の性被害防止プラン）（2017年）

いじめ防止対策推進法（2013年）

新しい社会的養育ビジョン（2017年）

## 民間団体等による先駆的取り組み

### 「子どもにやさしいまちづくり」の取り組み（奈良市）

　　ユニセフの「子どもにやさしいまちづくり事業」は、子どもの権利条約に基づき、子どもに関わる事柄は子どもの意見を聞き、子どもと一緒に行う地方自治体の取り組み。子どもが健全に成長し、主体的に地域社会に関わり、未来に希望が持てる持続可能な社会形成を推進する、すべての人に「やさしい」取り組みです。奈良県奈良市では、2015年4月に「奈良市子どもにやさしいまちづくり条例」を施行し、子どもたちにやさしい奈良市にするための事業を行っている。奈良市の子どもにやさしい

まち事業は、子どもの権利を尊重し、子どもが自立するための知識と経験を得られるよう子どもへの支援及び子育て支援に社会全体で取り組み、一人一人の子どもが安心して豊かに暮らすことのできるまちを目指す。「奈良市子ども会議」を設けて、子どもの意見を市の施策に反映するという仕組みができている。

# 提　言

**① あらゆる形態の暴力の撲滅**

SDGs ターゲット 16.2 を達成するためには、子どもの尊厳を傷つけるいかなる暴力も許されないという視点が重要である。「ソリューションズ・サミット」において、日本が子どもに対する暴力撲滅に積極的に取り組む「パスファインディング国」入りを表明したことで、取り組みが進むことに期待される。さらに暴力は貧困の問題等とも関係するので、課題ごとの取り組みを越えて、ひとりの子どもの問題としてとらえる視点と関係者の連携が不可欠である。

**② データの活用と収集**

子どもに関する虐待死の検証等などの既存のデータをより有効に施策に活かすことが重要である。データを活かすという意味で、国際比較も重要である。例えば、ひとり親家庭の貧困、社会移転の効果、自殺率の高さ等、明らかに日本が突出しているデータからは重要な示唆が得られる。子どもに対する暴力については、先進国のデータ整備の遅れが指摘される分野であり、行政データをより有効に活用すること等による統計の充実が望まれる。

**③ 誰も取り残されない**

「所在不明児童」への対応で明らかなように、ひとりも取り残されないようにするための努力、すべての子どもを対象にすること、そのためには多岐にわたる関係機関が情報を共有することが非常に重要である。

（髙橋愛子）

第5章　子ども　125

# 第6章　女　性

SDGs 目標では、2030 年までに次の達成を目指すことを定めている。

目標 5 は、ジェンダーの平等を達成し、すべての女性と少女のエンパワメントを行う。

女性・少女に対するあらゆる差別を撤廃する（ターゲット 5.1）。人身売買や性的搾取など女性・少女に対するあらゆる暴力を排除する（5.2）。未成年者の結婚、早期結婚など有害な慣行を撤廃する（5.3）。公共サービス、インフラ及び社会保障政策の提供、家族内の責任分担、無報酬の育児・介護や家事労働を認識・評価する（5.4）。政治、経済、公共分野でのあらゆるレベルの意思決定への女性の参画、平等なリーダーシップの機会を確保する（5.5）。性と生殖に関する健康及び権利への普遍的アクセスを確保する（5.6）。女性に対し、経済的権利、土地所有権、相続財産などに対するアクセスを与えるための改革に着手する（5.a）。女性の能力強化促進のため、ICT など技術の活用を強化する（5.b）。ジェンダー平等の促進、女性・少女の能力強化のための適正な政策・拘束力のある法規を導入・強化する（5.c）。

さらに、目標 4 は、教育のジェンダー平等、職業訓練に平等にアクセスをできるようにする（ターゲット 4.5）。目標 8 は、2030 年までに、すべての男性及び女性の完全かつ生産的な雇用、同一労働同一賃金を達成する（ターゲット 8.5）。目標 11 は、女性、子どもなどのニーズに特に配慮し、交通の安全性改善、持続可能な輸送システムへのアクセスを提供する（ターゲット 11.2）。

## 現状と実態

### ● 世界からみた日本の女性

　世界経済フォーラムが 2018 年 12 月に発表した男女格差ランキングで、日本は 149 か国中 110 位であった（The Global Gender Gap Report 2018）。日本の順位がとりわけ低いのは、政治分野の国会議員数 130 位、閣僚数 89 位、経済分野の管理職 129 位、専門職や技術職 108 位、賃金格差 103 位、教育分野の高等教育（大学、大学院）進学率 103 位である。日本は政治や企業の方針を決定する役職に女性が極めて少なく、賃金格差と次世代の高等教育の男女格差が大きい。

### ● 1　地域格差と女性

　日本が直面する課題の一つは地域格差である。都市と地方の格差、さらに地方の中でも、地方中心都市と周縁化された地域（農村・漁村及び中山間地域）の格差が深刻化している。2018 年には人口の約 3 割が東京圏（東京、埼玉、千葉、神奈川）に集中し、約 14 万人の転入

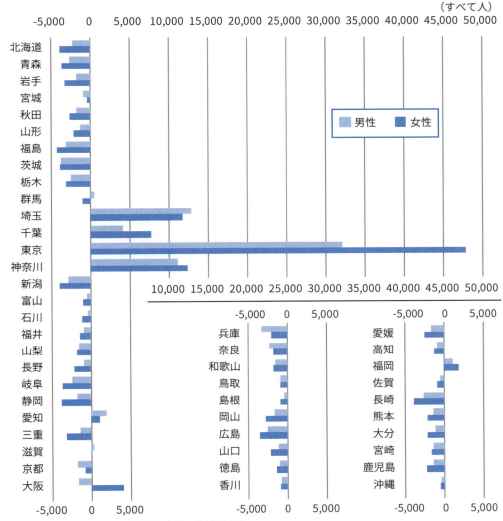

図1 都道府県別転入超過数（日本人移動者）
出典：総務省「住民基本台帳人口移動報告2018年結果」

超過[*1]があった（図1）。その大半は15–29歳の若年層で、東京圏へ12万人以上が流入した。2010年以降は東京圏への転入超過における男女差が拡大し、2018年の転入超過数は女性が57%、男性が43%と女性が14%多かった（総務省「住民基本台帳人口移動報告2018年結果」）。このように特に女性の東京圏集中が顕著である。

これまでも若者と女性は地方から都市へ移動していた。しかし、国立社会保障・人口問題研究所の林玲子の研究によれば、特に2000年以降、女性が都市へ集中し地方へ戻らない現象が起こっている。女性は、地方の周縁化された地域から地方中心都市へ、そして大都市へと移動する。一方で、移動できない女性や地方に住むことを選択する女性もいる。多

---

★1　転入超過とは、一定期間における転入数が転出数を上回っている状態。

くの地方では、未だ根強い家制度の社会規範により、地域コミュニティにおける女性の立場は脆弱だ。

都市と地方の賃金格差も大きい。企業約359万社（2016年）の99.7％を中小企業が占め、70％が地方に所在する（中小企業庁調査）。一方、大企業の従業員の77.5％は大都市で働いており、正社員の平均給与は大企業で37.9万円、中小企業で30.2万円と格差は大きい（図2）。15歳以上の就業者は、2000年から2015年までに東京圏で160万人増加したが、地方では228万人減少した。女性の就業者（15–64歳）も、東京圏では91万人増加したが、地方圏では72万人減少した（内閣官房まち・ひと・しごと創生本部事務局、2018年）。地方の中小企業は人手不足が続いており、企業規模が小さいほど女性の従業員が多い（「2019年度版中小企業白書」）。地域格差により取り残されがちな地方に住む女性に焦点を当てて課題を考えてみたい。

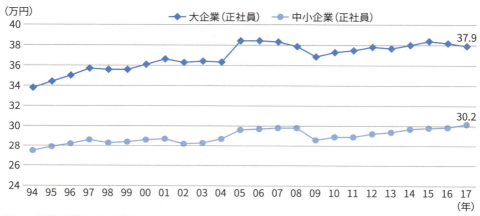

図2　規模別給与額の推移
出典：「2019年度版中小企業白書」

## ●2　女性に対する暴力

### a）ドメスティック・バイオレンス（DV）

DVは、一般的に「配偶者や恋人など親密な関係にある、又はあった者から振るわれる暴力」（内閣府男女共同参画局）という意味で使用されている。2018年に警察庁が受理したDV相談は7万7482件で、15年間で6.2倍増加した（図3）。また、配偶者からの暴力事案等に関連する刑法犯・他の特別法犯の検挙数は2018年に9017件と15年間で8.5倍増加し、被害者の79.4％が女性であった。警察以外でも、全国281か所の配偶者暴力相談支援センターにおける相談件数は2017年度10万6110件と15年間で3倍増加した（内閣府男女共同参画局）。DV相談増加の背景には、DV防止啓発により潜在的DV被害女性からの相談が増えた一方で、地方では「家の恥をさらすことはできない」等の社会規範の強さや、固定した性別役割分担等による女性の経済力の弱さから相談を躊躇する女性も多く、顕在化して

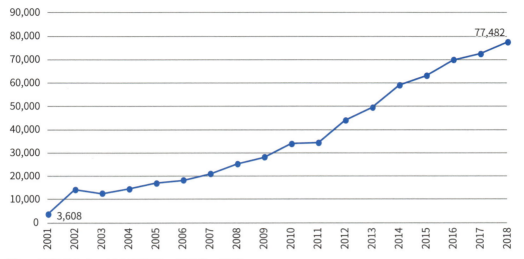

**図3 配偶者からの暴力事案等の相談数の推移**
出典：警察庁「平成30年におけるストーカー事案および配偶者からの暴力事案などへの対応状況について」

いない被害女性は多いとみられる。

都道府県別では、2017年度に配偶者暴力相談支援センターにおける、1センターあたりの相談件数が多かったのは、京都、宮城、愛知であるが、他県に比べて支援センターの数が少ないために、相談が集中した、あるいは相談窓口が足りていない可能性が考えられる。DV被害者の一時保護件数（人口あたり）では、沖縄が最も多く、次いで香川、和歌山、奈良、東京、滋賀、鳥取、北海道、高知、京都であった（指標G5、図4）。

**b）ストーカー**

ストーカー相談も2012年以降高水準で推移しており、2018年は2万1556件と15年間で1.8倍増加し、被害者の87.9％が女性であった。2018年のストーカー事案の検挙種別は、ストーカー行為罪が762件、強制性交等22件、強制わいせつ54件を含む刑法犯・特別法犯が1594件である。

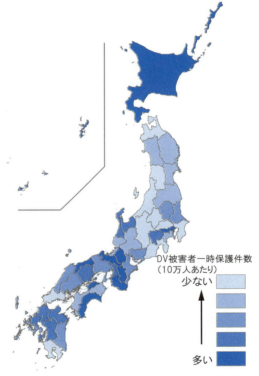

**図4 DV被害者の一時保護件数（人口あたり）**
出典：厚生労働省「配偶者からの暴力の防止及び被害者の保護等に関する法律の施行状況について」2015年

2017年に都道府県警別の相談件数が多かったのは、東京、福岡、愛知であり、相談件数が少なかったのは、島根、福井、山形であった。ただし、相談件数

第6章 女性　129

が最も少なかった島根（74件）でも、前年比で相談件数10件増加、ストーカー規制法による検挙数2件増加など、増加傾向にある。

## c) セクハラ

2018年度の男女雇用機会均等法に関する相談では、セクシュアルハラスメント（セクハラ）に関する相談が7639件（38.2％）と最も多い（厚生労働省「平成30年度 都道府県労働局雇用環境・均等部（室）法施行状況」）。内閣府男女共同参画局と監査法人トーマツの共同調査（2018年）によれば、全国の女性地方議員を対象としたアンケート調査で、議員活動で女性差別やハラスメントを受けたとの回答が29.6％に上る。91.8％がセクハラ防止に関する議員向け研修や勉強会は、「実施されていない」と回答し、その中でも町村議会が95.1％と最も高い。

日本国家公務員労働組合連合会（2018年6月実施）によれば、非常勤職員も含め国家公務員の職場で働く者を対象にしたアンケート調査で、職場でセクハラを受けたことがある、または見たことがあるとの回答が15.6％あり、勤務地別で見ると地方出先機関・地家裁支部が最も多く、雇用形態別に見るとセクハラを受けたことがあると回答した人は非常勤職員や派遣職員が正社員に比べて2倍近く多い。対処方法は、「誰にも言わずに耐えた」回答が3割を超え、対処の結果は、「何も変わらなかった」回答が54.9％と半数を超えた。

セクハラに関しては、大小問わず企業の事業主、従業員、行政職員、議員、学校の教職員、地域の自治会等への継続的なセクハラ研修の義務化が望ましい。相談窓口とセクハラ対処のための体制整備は、国、自治体や企業等が率先して行う必要がある。地方では、加害者と被害者が同じ地域や集落に住んでいる等の場合も多く、相談時の対応策など体制が十分でないと、セクハラを相談すること自体が難しいと考える女性も多いとみられる。

## d) 性犯罪

2018年の強制性交等罪（2017年以前の強姦罪）の認知件数は1307件（うち被害者が女性であったもの95.7％）、強制わいせつ罪の認知件数は5340件（同96.5％）で、いずれも全都道府県で発生している（犯罪統計資料、2018年1–12月分訂正版）。被害者の年齢は10–20代が最も多いが、12歳以下から80代以上までどの年代でも被害者がいる。また「平成24年版犯罪白書」によれば、性的事件の被害は18.5％しか被害申告がされていないという調査結果からも、実際の被害者数は相談件数や認知件数よりも相当多いと考えられる。

## e) 女児と少女の性的搾取

ツイッター社が2018年下半期に世界で永久凍結した児童の性的搾取関連のアカウント45万件のうち29％が日本のアカウントであった（2019年3月発表）。その時点の日本のユー

ザー数が世界のおよそ14％（4500万人）であることを考えると、永久凍結された日本のアカウント数は非常に高い比率である。SNSに起因する被害児童数は増加傾向にあり、2017年は1813人であった（警察庁少年課・情報技術犯罪対策課発表）。被害児童は中高生が約9割を占め、SNSへのアクセス手段は2017年下半期の時点で、89％がスマートフォン利用であったが、被害児童のうち9割以上は保護者がフィルタリング利用をしていなかった。

　2017年度にわいせつ行為等で処分を受けた教職員は210名（うち男性98.1％）であった。被害者のうち、自校の児童・生徒が46.2％を占めた（文部科学省「わいせつ行為等に係る懲戒処分等の状況（教育職員）（2018年度）」）。発覚のきっかけは、教職員への相談が42.3％、警察からの連絡が33.8％を占めた。児童・生徒が安心して学校に通えるよう、学校と警察の連携が重要であり、教職員、生徒、保護者を対象とする児童の性的搾取に関する研修・勉強会を開いたり、携帯電話会社と連携して未成年者のスマートフォンへのフィルタリング利用率を上げるなど、連携した取り組みが重要である。

　人身取引事犯による検挙件数は2018年に36件で、被害者の96％が女性、72.7％が日本人であった。過去5年間の外国人被害者の88％をフィリピン人とタイ人が占めた（警察庁「人身取引事犯による検挙状況等について」）。2017年には、女子高生15人がアダルトビデオ（AV）出演強要の被害にあい、小学校6年生女児がマッサージ店で働かされていた（2018年2月8日産経ニュース）。タレント・モデルのスカウトを装った街頭やインターネット上での募集は大都市だけでなく地方でも広がっている。

　全国70団体が実施するこどもの電話相談「チャイルドライン」で2017年度に受けた児童虐待相談1618件のうち、性的虐待は31.5％にのぼった。宮城県内の児童虐待相談は52件で、そのうち53.8％が性的虐待の相談だった。被害者は主に小学生から高校生の少女で、加害者の多くは実父とみられる。被害者のほとんどが「誰にも話していない」と訴えた（河北新報2019年1月7日）。

　すべての女性・少女に対するあらゆる形態の暴力を排除することは、すべての地域における最優先課題である。未だに性暴力の被害者が増えており、その多くが女性・少女である。被害者の周りの人も相談しやすい電話やSNSなどの窓口を整備し、被害者を一刻も早く救出する体制づくりが求められる。女性・女児の多くは被害を申告できない。彼女たちがプライバシーを保護され、2次被害を心配せずに被害を申告できるような制度や窓口を、すでに活動をしているNPOなどと連携して、地域及びセクターの境界を越えて作る必要がある。

　2019年3月、19歳の実娘への準強制性行罪に問われた父親を無罪にする判決が名古屋地裁で下された。判決文では、被害女性が小学生のころから実父からの暴力を受け、中学2年生からは性交を強いられ、抵抗し難い状態であったことは認められた。しかし、抵抗ができない心理状態であるとは認められなかった。この罪は「心神喪失」または「抗拒不

能」<ruby>（のう）</ruby>がないと成立しない。ようやく助けを求めた女性は、同意なき性行為と認定されたものの、それだけでは被告を処罰することがかなわなかった。

レイプは魂の殺人とも言われる。実父からの性暴力を認めながら有罪にできない現在の日本の法制度において、女性と少女の人権をどうやって守れるのか考える必要がある。

## ● 3　健　康

### a) 国民健康保険

国民健康保険（国保）は、市町村国保（91%）と国保組合（9%）からなる。2017年9月時点の国保加入者数は3225万人で、人口の29.5%が加入している（厚生労働省保健局）。市町村国保の保険料が軽減される低所得者層は、総数のうち52%であり、そのうち女性が56.4%、男性が45.6%である。保険料軽減世帯は女性が男性より142万世帯多く、最も軽減率の高い7割軽減世帯（総所得33万円以下）は女性世帯が男性に比べて100万世帯多かった。

### b) 健康診断

健康診断や人間ドックを受けた者の割合（2016年）は、女性の受診率がどの年代でも男性に比べて低い（表1）。特に30–39歳の女性は18.7%も低く、健康診断や人間ドックの機会が少ないことは、健康リスクが上がる可能性が懸念される。

表1　性・年齢別、検診や人間ドック受診率（20歳以上）

| 性別 | 総数 | 20-29歳 | 30-39 | 40-49 | 50-59 | 60-69 | 70-79 | 80歳以上 | 40-74歳<br>（再掲） |
|---|---|---|---|---|---|---|---|---|---|
| 総数 | 67.3 | 64.1 | 65.4 | 73.5 | 75.3 | 67.7 | 63.5 | 52.3 | 71.0 |
| 男 | 72.0 | 66.8 | 74.9 | 79.6 | 79.9 | 70.6 | 64.2 | 55.0 | 75.0 |
| 女 | 63.1 | 61.5 | 56.2 | 67.7 | 71.0 | 65.1 | 63.0 | 50.5 | 67.3 |

出典：平成28年国民生活基礎調査「性・年齢階級別にみた健診や人間ドックを受けた者の割合」
注：入院者は含まない。熊本県を除いたものである。

健康の男女格差をなくすために、国民健康保険、健康診断や人間ドックなどの基礎的サービスへのアクセスが男女平等であることが求められる。国民健康保険は2016年度には1468億円の赤字であり（「日本経済新聞」2018年3月9日）、2019年度からは運営主体が市町村から都道府県に移管され、改革案が検討される。抜本的な改革を行う際にこそ、ジェンダー平等の仕組みを組み込むことが必要である。

## ● 4 労　働

### a）労働力率

　2018年の女性の労働力人口比率[★2]は52.5％（3014万人）、男性は71.2％（3817万人）であった。2008年から2018年の10年間で女性の労働力率は4.1％増加、男性は1.6％減少した（図5）。女性の労働力率は、結婚・出産期の30代に減少し、育児が落ち着く40代から再び上昇する、いわゆるM字カーブを描くことが知られている。近年M字の谷の部分が浅くなっているものの、2018年もその傾向は解消したとは言えない（図6）。

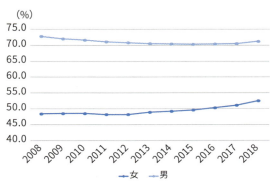

図5　労働力人口比率、男女（2008–2018年）
出典：総務省「労働力調査」を基に作成

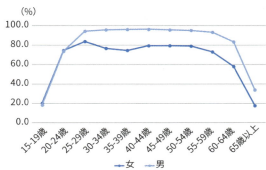

図6　労働力人口比率、男女、年齢（2018年）
出典：総務省「労働力調査」を基に作成

　都道府県別にみると、女性の雇用率が高いのは福井（74.8％）、富山（72.2％）、島根（71.8％）、鳥取（71.6％）、石川（71.2％）、山形（71.1％）、高知（70.1％）の順であった。低いのは奈良（58.5％）、兵庫（60.6％）、大阪（61.4％）、神奈川（62.0％）、宮城（62.9％）、北海道（62.9％）、千葉（63.0％）の順であった。女性が仕事を持つことに関する地域差が大きい（**指標C6**、図7）。

　また、それぞれの都道府県内でも労働力率の男女差の違いが大きい。人口が少ない町村、県庁所在地から遠い市町村で、女性の労働力率が低い現象が一般的にみられる。例えば、女性の有業率が全国で最も低い奈良では、人口2万人以上の市町で女性の労働力率が高

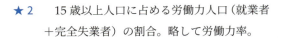

★2　15歳以上人口に占める労働力人口（就業者＋完全失業者）の割合。略して労働力率。

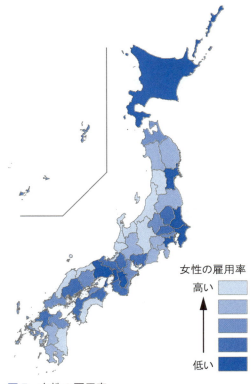

図7　女性の雇用率
出典：2015年国勢調査

く、高齢化率が低い。しかし、人口3500人以下の村は、女性の労働力率が低く、高齢化率が高い傾向がみられる。女性の労働力率が県内で最も低い（31.2％）川上村（人口約1300人）は、高齢化率が県内1位（58.7％）である。林業が村の基幹産業であり、観光業が減退している。日本創成会議の試算によると2040年までの若年女性減少率が全国第2位だった。一方、人口が少なくても女性の労働力率が高い村もある。曾爾村（人口約1500人）と天川村（同約1300人）は、女性の労働力率がそれぞれ45.6％、44.5％と高い。いずれも観光客が年間50–65万人訪れている。人口が少なくても女性の労働力率が相対的に高い村は、観光業が盛んであり、宿泊・飲食業や小売業などで働く女性が多い。

　全国で男女の労働力の差が最も少ない高知では、人口1万7000人以上の市町は、女性の労働力率が高く、高齢化率が低い。奈良同様に人口が少なく高齢化率が高いほど、女性の労働力率が低い傾向が見られる。人口約5500人の仁淀川町は、高知で最も女性の労働力率（35.3％）が低く、高齢化率（53.9％）が2番目に高い。四国山地中央部に位置し、土地の9割が山林だが、産業の中心は石灰鉱業、建設業、サービス業等で、2013年の観光客は7万5000人程度であった。一方で、高知で2番目に人口が少ない馬路村（人口約800人）では、女性の労働力率（50.3％）が高く、高齢化率（39.4％）もそれほど高くない。ゆずなど農産加工品による村内の仕事づくりに力を入れており、事務職、サービス業などで女性が多く働いており、2013年に観光客が6万人を超えた。

　女性の労働力率は4年間で2.2％増と増加傾向にあるものの、正社員率は4年間で0.3％増にとどまり、正社員の7割が男性、3割が女性という構造は変わっていない。女性の労働力率を指標としてみる際は労働形態にも注意が必要である。

## b) 就業構造の男女格差

　就業構造（2017年）をみると、有業者6621万3000人のうち、男性は自営業主、会社などの役員、正規の職員・従業員の7割前後を占める。女性は家族従業員、非正規職員・従業員、パート・アルバイト[★3]の7–8割を占める。農林業従業者は、男性従業者の8割が自営業主、役員、正規職員だが、女性従業者の自営業主、役員、正規職員は3割にとどまり、家族従業員、非正規職員が7割を占める。農林業でも、就業構造の男女格差は明らかである（図8）。

　OECD統計によれば、日本の男女の賃金格差（2018年）は、男性100に対し女性75.5で、OECD 43か国・地域の中で韓国、エストニアに次いで大きい（OECD, *Gender Wage Gap*, 2019年）。厚生労働省の調査によれば、一般労働者の賃金（2017年）は、男性33万7600円に対し、女性24万7500円であり、役職では、女性係長の賃金は男性の88％しかない。さら

· · · · · · · · · · · · · · · · · · · · · ·

★3　　非正規の64％を占める。

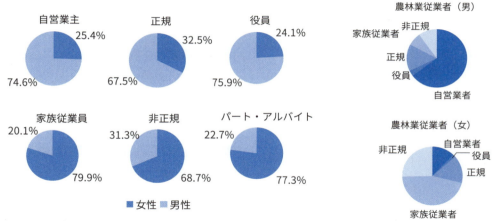

図8 就業構造、男女割合（2017年）
出典：総務省「平成29年就業構造基本調査」を基に作成

に、非正規の73.2％（1553万人）の収入が200万円未満であり、そのうち女性が75.7％（1176万人）と多くの女性が低賃金で働いている（総務省統計局、2018年）。

雇用形態別男女年齢別賃金（2017年）では、正社員男性、正社員女性、非正規男性、非正規女性の順に賃金が下がる（図9）。20–24歳と50–54歳の賃金を比べると、正社員男性は21万5200円が43万9900円と2倍、正社員女性は21万900円が30万300円と1.5倍、非正規男性は18万8500円が23万7200円と

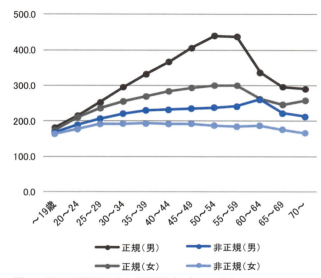

図9 雇用形態別男女年齢別賃金（2017年）
出典：厚生労働省「平成29年賃金構造基本統計調査」を基に作成

1.3倍に増加した。しかし、非正規女性の賃金は17万6900円が18万7300円と1.06倍に過ぎず、年齢が30歳上がってもほとんど変わらない。背景には、女性が出産・育児及び介護離職によりキャリアが途切れ、昇進の遅れにつながること、あるいは無償労働を担いながらパート勤務をすることなどがある。正規から非正規雇用に変わると賃金体系が変わり、女性の働き方の課題が賃金格差となって現れる。

都道府県別で女性雇用者の非正規率が高いのは、滋賀、奈良、埼玉であり、低いのは、徳島、山形、高知であった。滋賀と徳島の差は15.4％で、非正規職員の都道府県別での差が大きい（図10）。

第6章 女性　135

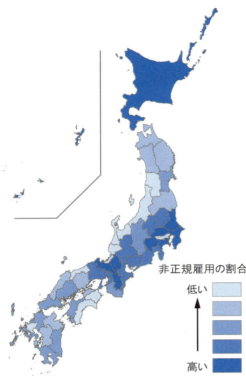

図10　都道府県別、女性雇用者に占める非正規の職員・従業員の割合（2017年）
出典：総務省「平成29年就業構造基本調査」第4表 男女、従業上の地位・雇用形態・起業の有無別有業者数及び雇用者比率—全国、都道府県（続き）

　意思決定の権限を持つ役職に女性の参画が確保されることも重要である。女性の役員比率や管理職が圧倒的に少ないことは、男女の賃金格差の要因であるだけでなく、女性が働きやすい制度づくりや職場環境づくりにも大きな影響がある。例えば、富山や福井で女性雇用率は高いが、女性管理職率は低位で、男性の家事負担が全国で中位にとどまっている。

　同一労働同一賃金の整備が進むことにより、非正規として働く女性が圧倒的に多い中で、女性が労働に見合った賃金を得ながらより柔軟に働ける機会を作り出していける可能性がある。また、女性の役員比率、正社員比率、非正規比率、賃金格差などのデータは、個別の課題として取り上げるのではなく、就業構造の課題として各指標を全体的にとらえる必要がある。

　労働力の男女比率、賃金の差は、依然として男性中心型労働慣行の働き方が主流であることを示している。男性が中心的に働き稼ぐ責任を負い残業も多く、女性が時短勤務やパート労働など補助的な仕事で稼ぎながら家事育児の責任を負う、いわゆるワンオペ育児状況である。周りにサポートしてもらえる人がいない場合、女性は仕事も精神状態も不安定になりやすく、孤立も懸念される。今後、男性の働き方、家事・育児の負担をいかに変えていけるかがますます重要になる。また、地方圏の女性の働き方を非正規に限定せず、教育や経験を生かせる働き方を提供できないと、ますます女性の都市部への移動が加速する可能性が憂慮される。

## ●5　女性の経済的権利

### a）相続

　女性の経済的立場の向上にとって、土地所有権、相続財産等に対するアクセスは重要である。明治安田生活福祉研究所の「女性の相続と財産に関する研究会」（座長：東京家政学院大学教授上村協子）は、2015年3月に全国の40代から60代の男女4800人を対象に調査した結果、父母から不動産を相続する割合は男性の方が女性より高い回答が一次相続では約

25％高かった。また、第一生命経済研究所の「高齢者の遺産相続に関する調査研究」（2005年）によれば、父親の遺産として不動産を相続する場合、男性が 16.3％、女性が 5.0％ と男性の相続率が高い。男女別の不動産相続や不動産所有データは公開されていないが、上記の調査で示されるように、男性が家や土地を相続するという考え方が、今も慣行として存在している地域は多いようだ。不動産所有或いは相続する女性の割合は低い。不動産を持つことで、ローンを借りられる、信用を得やすい、所得を増やす機会となるなど経済的利益を得られる機会が増えるため、土地及び相続の男女平等なオーナーシップはビジネスの機会などにも影響を与える。

### b）年金

厚生年金の平均受取月額は 2017 年に 14 万 7051 円だが、男性の平均月額 17 万 4535 円に比べて女性は 10 万 8776 円と、男性の 62.3％ にとどまる（厚生労働省「平成 29 年度厚生年金保険・国民年金事業の概況」）。2017 年の公的年金（共済組合の年金、恩給を含む）の平均額は男性の 182.8 万円に比べて、女性は 105.7 万円と、男性の 57.8％ であった（厚生労働省「年金制度基礎調査」）。男性は 200–300 万円が最も多く（42.2％）、女性は 50–100 万円が最も多かった（40.7％）。収入が公的年金に企業年金及び個人年金等を加えた年金収入が 100 万円以下だったのは、男性が 20.1％ であるが、女性は 54％ に上り、明らかな男女差がみられる。背景としては、男性は正社員中心（69.7％）、自営業（16.5％）が多いのに比べて、女性は正社員中心（22.5％）、常勤パート中心（17.3％）、自営業（15.6％）、収入を伴う仕事をしていない（17.1％）に分散しており、正社員率が低い。年金受給者のうち配偶者のいない世帯は 31.8％ であるが、このうち男性は 24.6％、女性は 75.4％ であった。平均年金額は、男性は 157.1 万円、女性は 134.9 万円であった。

年金受給額の男女格差は、個人の働き方の問題というよりは、男性中心型の労働慣行が続いてきた日本が抱える社会的課題でもある。日本はこれから急速に高齢化社会へ突入していく中で、高齢の単身女性の貧困の拡大が懸念される。

## ●6　デジタル

### a）パソコン

パソコン保有率は、男女別では、世帯及び年齢別のすべてで女性の方が低い。60 歳以上の単身女性が最も低く（35％）、30-59 歳の 2 人以上世帯男性が最も高い（90％）。地域別では、北海道・東北の単身世帯が最も低く（41％）、関東・東海・中国・四国の 2 人以上世帯は最も高い（80％）。収入別では、年収 300 万円未満の単身世帯が最も低く（39％）、年収 950–1200 万円の 2 人以上世帯が最も高い（97％）（図 11）。

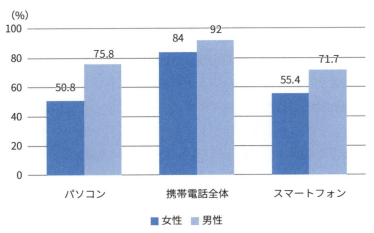

図11 男女別のパソコン保有率
出典：総務省「消費動向調査」(2018年3月)

## ●7 無償労働

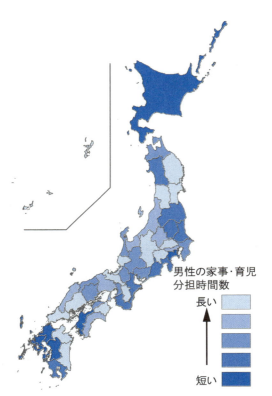

図12 男性の家事・育児分担時間数
出典：総務省「平成28年社会生活基本調査」

### a) 家事時間

　家事関連（家事、介護・看護、育児、買い物）に使った時間は、2016年に男性は1週間に44分、女性は3時間28分と、女性は男性の約5倍の時間を使っている。6歳未満の子どもを持つ夫婦の場合、夫が1週間に家事を17分、育児に49分、家事関連計1時間23分使うにとどまる。妻は家事に3時間7分、育児に3時間45分、家事関連計7時間34分であり、妻は夫の5.5倍の時間を使っている。家事関連の無償労働を女性が担っていることは、男女の働き方に影響を及ぼす。男性の家事・育児分担時間の地域差は大きい（**指標G6、図12**）。

### b) 出産による離職

　第1子出産前後の女性の離職率は46.9％（2010–2014年）と約半数にのぼった（国立社会保障・人口問題研究所）。出産を機に離職する女性は年間20万人にのぼり（東京新聞2018年7月30日朝刊）、第一生命経済研究所の試算では名目国内総生産（GDP）ベースで約1.2兆円の経済損失になると推計されている。2012年10月から2017年9月の5年間に出産・育

児のために102万5千人の女性が前職を離職した（総務省統計局「就業構造基本調査」）。

　なぜ出産を機に離職するのか、どうすれば出産後も継続して就業が可能か。内閣府による、第1子出産後も就業の継続を希望していたが継続しなかった女性を対象にした調査によれば、就業継続に必要なのは、(1)認可保育所・認証保育園等に子どもを預けられる、(2)短時間勤務等、職場に育児との両立を支援する制度がある、(3)職場に仕事と家庭の両立に対する理解がある、(4)休暇が取りやすい職場、(5)両親等親族のサポート、(6)配偶者の積極的なサポート、(7)残業が少ない職場、(8)通勤時間が短い、(9)職場で妊娠や育児に関する嫌がらせがない、(10)職場の先輩や上司の女性に両立の理想モデルがいる、といったことが挙げられた（2016年、第1子出産前後の女性の継続就業率の動向関連データ集）。ただし、この調査結果は、現状の働き方をベースにした回答であることに注意が必要である。また、男性の育児休業取得率が5.14％（厚生労働省「平成29年度均等基本調査」）と低いことも、女性が仕事を休んで育児をするものだという考え方を後押ししている。30代に限定して言えば、男性の育児時間は増えているものの、それ以上に女性の育児時間が増えている（図13）。

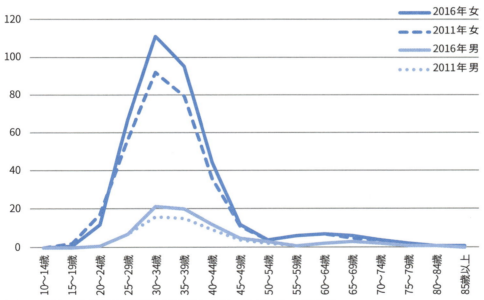

図13　男女、年齢階級別育児時間（2011年、2016年）―週全体
出典：総務省「平成28年社会生活基本調査」

　都道府県別（2017年）で、育児と仕事を両立している女性は、島根（81.2％）、福井（80.6％）、高知（80.5％）が高く、神奈川（57.1％）、埼玉（58.6％）、愛知（59.9％）は低い。全都道府県で育児と仕事の両立をしている女性が増加していた。しかし、島根と神奈川の差は24.1ポイントと大きく、育児と仕事を両立している女性の地域差が大きい（図14）。

### c）介護による離職

女性の介護者数は男性より3割以上多い（図15）。2016年10月～2017年9月の1年間に介護・看護のために9万9000人が離職し、内訳は女性が75.8％、男性が24.2％で女性が圧倒的に多い（総務省「就業構造基本調査」）。今後急速に高齢化が進行していくため、介護離職の問題は今後さらに深刻化が予測される。

都道府県別（2017年）で、介護と仕事を両立している女性の比率は、長野（56.0％）、岐阜（53.9％）、佐賀（53.3％）が高く、秋田（42.4％）、兵庫（44.7％）、和歌山（44.8％）は低い。長野と秋田の差は13.6ポイントで、介護と仕事を両立している女性の地域差が大きい（図16）。

### d）育児・介護による離職相談

育児・介護が原因で望まない離職が増えないよう、労働環境の整備も重要である。2017年度の男女雇用機会均等法などに関する相談は9万9596件で、育児・介護休業法の相談が最も多い（78.3％）。育児・介護休業法では、

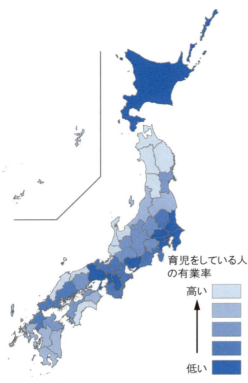

図14　都道府県別、育児をしている女性の有業率、2017年
出典：総務省「平成29年就業構造基本調査」

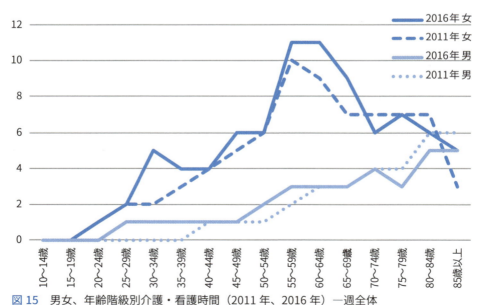

図15　男女、年齢階級別介護・看護時間（2011年、2016年）―週全体
出典：総務省「平成28年社会生活基本調査」

育児関係の相談が最も多く（69.1%）、その中でも育児休業の相談が最も多い（51.3%）。特徴的なのは、契約期間の定めがある労働者（派遣、パート、アルバイトなど）による相談件数が、契約期間の定めのない労働者よりはるかに多いことである。その差は、育児休業は2倍、介護休業は4.5倍、育児休業にかかる不利益取扱いは2.7倍、介護休業に掛かる不利益取扱いは1.7倍の相談があり、非正規職員は育児や介護時により脆弱な労働環境にあると言える（表2）。

公共サービス、インフラ及び社会保障政策を充実させることにより、無報酬の育児・介護や家事労働の負担を女性だけが引き受けるのではなく、配偶者や家族、そして社会サービスで負担を分散させる必要がある。特に、育児や介護のために女性が望まない離職をすることは、世帯所得を不安定にし、社会的つながりからの孤立、女性の非正規化・低所得化要因にもなる。無報酬労働の負担を分散させるためには、まずその価値を家族が評価し、その上で次の世代へと再生産しないよう教育していくことも重要である。

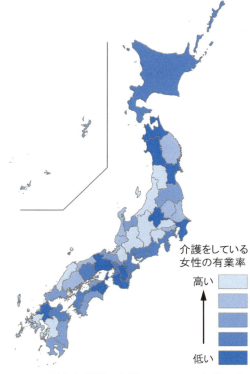

図16　都道府県別、介護をしている女性の有業率、2017年
出典：総務省「平成29年社会生活基本調査」

表2　雇用形態別相談の相談内容の内訳

|  | 契約期間の定めのない労働者 |  | 契約期間の定めがある労働者 |  |
| --- | --- | --- | --- | --- |
| 育児休業（第5条関係） | 2,851 | 59.2% | 1,101 | 63.8% |
| 介護休業（第11条関係） | 605 | 12.6% | 145 | 8.4% |
| 育児休業に係る不利益取扱い（第10条関係） | 1,282 | 27% | 451 | 26.1% |
| 介護休業に係る不利益取扱い（第16条関係） | 78 | 1.6 | 29 | 1.7 |
| 合計 | 4,816 |  | 1,726 |  |

出典：「平成29年度都道府県労働局雇用環境・均等部（室）での法施行状況」」

## ●8　教 育

### a) 女子学生への教育投資

2019年の大学在学者数における女子学生率は、短期大学が88.4%、4年制大学の学部が45.4%、修士課程が31.6%、博士課程が33.8%、高等専門学校が19.8%で、高等教育の女子学生率が低い（文部科学省「学校基本調査（令和元年度速報）」）。家庭からの給付のない学

生は、学部で男性が 4.3 %、女性が 4.6 %、修士課程で男性が 6.4 %、女性が 12 %、博士課程で男性が 28.1 %、女性が 31.3 % と、高等教育になるほど女性への教育投資が低くなる（日本学生支援機構「学生生活調査結果（平成 28 年度）」）。女子学生の 4 年制大学進学率は、46 都道府県で男子より低い。大学進学率の男女格差が大きいのは、北海道（男性 67.7 %、女性 44.3 %）、埼玉（男性 67.7 %、女性 54.6 %）、鹿児島（男性 48.7 %、女性 36.6 %）である。徳島（男性 50.2 %、女性 52.7 %）、では女子の方がやや高い。高校所在地と同じ県内大学への入学割合は、男子は 40.5 %、女子は 45.9 % と、女子学生の方が高い。

　女子だから大学へ進学する必要はないという考えは差別である。県外等への大学進学は生活費も高くなるため、女子学生の県内大学への進学率が高いのは、女子よりも男子学生への教育投資が積極的に行われているとみることができよう。

#### b）理工学部女子学生率

　2019 年の大学学部在学者の専攻分野別女子学生率は、家政学部（90.2 %）、芸術（69.0 %）、人文科学（65.3 %）などでは非常に高いが、工学部（15.4 %）、理学部（27.9 %）、医学部（34 %）など理科系では低い（文部科学省「学校基本調査（令和元年度速報）」、図 17）。大学院の修士課程では工学部（13.6 %）、理学部（23.7 %）、博士課程では工学部（18.3 %）、理学部（19.7 %）の女子学生率は極めて低くなる。

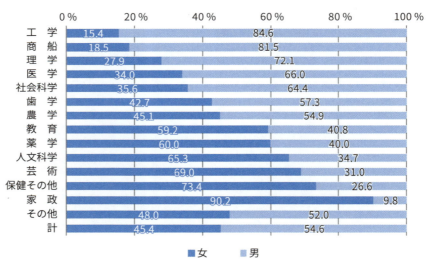

図 17　学科別学部学生の男女比率（2019 年度）
出典：文部科学省「学校基本調査（令和元年度速報）」を基に作成

　理工学部の女子学生割合が低いことは、将来の IT、科学研究、技術革新などの分野に従事する女性が圧倒的に不足することが憂慮され、将来にわたる男女格差が続いていくことが懸念される。今後さらに急速にすすむ ICT 技術革新においてさらに男女格差が拡大しないよう、女子生徒・学生への ICT 教育は喫緊の課題と言える。

### c）女子高生妊娠の 3 割が高校中退

2015 ～ 2016 年度に公立高校が把握した妊娠は 2098 件で、その 3 割が自主退学をしており、生徒または保護者が引き続きの通学を希望していた等の事情があるにもかかわらず学校側が自主退学を勧めたケースも 32 件含まれる。産前産後を除き学業を継続したのは、通学が 37.1 ％、転学が 8.5 ％ にとどまった。退学をした生徒に高卒認定試験や修了支援制度などの情報提供をしなかったケースも約 3 割あった（文部科学省「公立の高校における妊娠を理由とした退学にかかる実態調査」）。2017 年に人工妊娠中絶を実施した 18 歳以下の女子は 8555 人で、20 歳未満は 1 万 4666 人であった（厚生労働省「平成 29 年度衛生行政報告例の概況」）。

若年妊娠での高校中退は貧困の連鎖に陥りやすいことが指摘されている。若年妊娠という脆弱な状況におかれた女子学生を排除するのではなく、学業を継続できるよう支援していく必要がある。

## ●9　意思決定

内閣府男女共同参画局によれば、国、都道府県、市町村、自治会など意思決定の場で女性が 3 割を超えているところは極めて限られる。むしろ 1 割に満たない例も多い。世界経済フォーラムの男女格差ランキングでも指摘されているように、日本は意思決定の場に女性が圧倒的に少ない（図 18）。

女性のリーダーシップを強化することで、女性の視点からみた地域で取り残されがちな女性たち、脆弱な立場にある人たちへの対応を自ら起こしていくことが望ましい。

| 衆議院議員 | 参議院議員 |
|---|---|
| 10.1% | 20.7% |

| | 都道府県議会議員 | | | 市区議会議員 | | | 町村議会議員 | |
|---|---|---|---|---|---|---|---|---|
| 1 位 | 東 京 | 28.6% | 東 京 | 28.1% | 神 奈 川 | 22.9% |
| 2 位 | 京 都 | 19.0% | 埼 玉 | 21.3% | 大 阪 | 22.4% |
| 3 位 | 滋 賀 | 16.7% | 大 阪 | 20.3% | 埼 玉 | 18.3% |
| 45 位 | 山 梨 | 2.8% | 佐 賀 | 8.0% | 富 山 | 5.3% |
| 46 位 | 佐 賀 | 2.8% | 大 分 | 6.9% | 山 梨 | 4.8% |
| 47 位 | 香 川 | 2.6% | 長 崎 | 5.8% | 青 森 | 2.8% |

| | 都道府県の 地方公務員管理職 | | 都道府県の 審議会委員 | | 市町村の 審議会委員 | | 自治会長 | |
|---|---|---|---|---|---|---|---|---|
| 1 位 | 鳥 取 | 20.0% | 徳 島 | 49.8% | 福 岡 | 32.1% | 大 阪 | 15.3% |
| 2 位 | 東 京 | 16.6% | 島 根 | 43.9% | 滋 賀 | 31.8% | 高 知 | 13.6% |
| 3 位 | 岐 阜 | 13.5% | 鳥 取 | 43.9% | 鳥 取 | 31.7% | 東 京 | 11.7% |
| 45 位 | 福 島 | 5.6% | 和歌山 | 26.8% | 山 形 | 22.5% | 山 形 | 1.3% |
| 46 位 | 岩 手 | 5.5% | 山 梨 | 25.4% | 熊 本 | 21.3% | 長 野 | 1.1% |
| 47 位 | 広 島 | 5.4% | 秋 田 | 22.8% | 群 馬 | 21.2% | 群 馬 | 1.1% |

図 18　女性参画割合（2018 年）
出典：内閣府男女共同参画局「都道府県全国女性の参画マップ」（平成 31 年 1 月 9 日改訂版）

研修、サポート体制や実践により短期間で育てる、外部から登用する、一部にはクオータ（割り当て）制を導入するなど、女性が意思決定の場に着くために必要な方策が速やかに戦略的に取られることが求められる。有効な方法として、政治、企業など女性候補者リストを作る、仲間となる女性グループを作る、継続的なリーダーシップ研修、コーチングやメンターをつけるなど、すでに有効なツールは存在する。女性は多様であり、多様な女性が役職に就くことが、離職、非正規化、所得減など、女性の稼ぐ力が最小化してしまうことを防ぐことにもつながる。

## 主要な関連法規、公的措置

・男女雇用機会均等法改正（1985年）
　　雇用管理の各段階で性別を理由とする差別の禁止、ただし採用・昇進等での男女の機会均等は事業主の努力義務
　　1997年改正で差別的取り扱いの禁止へ、事業者にセクハラの配慮義務
　　2006年再改正で男性もセクハラ対象へ
・特定非営利活動促進法（1998年）
　　別表（第二条関係）20の活動の12番が男女共同参画社会の形成の促進を図る活動。
・男女共同参画社会基本法（1999年）
　　「都道府県男女共同参画計画」策定義務、苦情処理
・ストーカー規制法（2000年）
　　ストーカー行為の処罰、つきまといへの禁止命令
　　2016年改正で禁止命令関連を警察署長等から公安所轄へ、罰則強化
・DV防止法（2001年）
　　配偶者からの暴力は犯罪。
　　2004年改正で保護命令強化、2週間の委託期間
・女性活躍推進法（2016年）
　　企業は「事業主行動計画」を公表（労働者が300人以下は努力義務）
・政治分野における男女共同参画の推進に関する法律（2018年）
　　男女の候補者を均等にするよう政党などに努力義務

## 民間団体等による先駆的取り組み

### NPO法人人身取引被害者サポートセンターライトハウス

　子ども、若者、女性の性的搾取の相談・支援を行う。
　これまでの相談例は、AV出演強要、児童買春（JKビジネス・援助交際）、児童ポルノ（自画撮り被害）、性産業で従事の強要、外国籍者への売春強要など。電話、eメール、LINEで日本語と英語で専門の相談員が受け付け、面談後に弁護士・警察や福祉事務所、カウンセリウングへの同行などを行う。
　2019年9月時点で、全国からの65名の子どもや若者の買春や児童ポルノの相談・支援にかかわっているが、さらに毎日のように新しい相談が入る。スタッフは福祉や教育・医療現場の経験を生かし、

様々な社会資源と結びつけて寄り添うかかわりを続けている。自治体、警察、学校などがこのような
NPO と連携していくことはもちろん必要だが、子どもや若者の性が狙われる犯罪防止のための予算を
しっかり確保することが先決だ。NPO は、研修や講演活動も提供しているので、まずは基本と最新事
例を学ぶ機会を作ってみてはどうだろうか。

# 提　言

**① 女性の抱える課題を解決するための有効な手法として、人間の安全保障のアプローチである保護と能力開発（エンパワメント）の両面で相互補完的に対処する**

シングルマザー、性被害、DV、非正規雇用、デジタルデバイド、賃金格差、引きこもり、性別役割分担、性的指向におけるマイノリティ、外国籍など、脆弱な状況にいる女性は複合的な課題を抱えている場合が多い。それらが絡み合うと、複雑で解決困難な課題のようにみえることもある。しかし、課題に直面している女性の一人ひとりに焦点をあて、保護とエンパワメントの両面からの取り組みを継続することが重要である。人間の安全保障のアプローチによるエンパワメントとは、「困難に直面する人々に対し外側から何ができるかということよりも、その人々自身の取り組みと潜在能力をいかに活かしていけるか」であることを専門性と経験を持つ関係者が十分理解して、セクターを超えた共同の努力が求められる。

**② 出産・介護による離職を回避し働き続けられる職場環境を作る**

出産・育児、介護休暇制度を持つ企業は多いが、実際にその制度を活用できるかどうかは職場の雰囲気や人の関係性によるところも大きい。制度が活用しやすくなるように一歩踏み込んで当事者の中に介入していく必要がある。出産・介護でも続けやすい職場は、周りに経験者が多く理解をしてくれる、上司が積極的に応援してくれるなど、制度によるアプローチだけでなく、当事者の立場に立った人間中心のアプローチにより、関係する全員がかかわり、職場環境を変えていく必要がある。

第1部

第2部

第3部

取り残されがちな個別グループの課題

第6章　女性　　145

## ③ 夫が妻と同等の家事・育児を担う

家事・育児をパートナーと一緒に経験したいと考える男性は増えているが、依然として、妻がほとんどの家事育児を担い、夫が手伝う程度の世帯が圧倒的に多い。夫が家事育児の半分を担うことで、妻が30歳から60歳まで正規職員を続けられた場合、厚生労働省の2017年雇用形態別賃金をベースに単純計算すると、1億2996万円稼ぐ計算になるが、一旦離職し、パートや契約など非正規職員として働くと6819万円となり、およそ6177万円家計収入が減る。経済的な家計へのメリットと女性自身の幸せや自己実現も含めて話し合ってみてはどうか。

## ④ 男女別の統計データを開示する

統計データが男女別で集計されていない場合が未だ多い。SDGsの指標をモニターするためにも、あらゆる統計の男女別データが開示されることは必須であり、様々な意思決定、現状課題、成果を共有していくための透明性が今後ますます求められる。

## ⑤ 女性が暮らしやすい地域コミュニティづくり

地方に暮らす女性の大変さは、仕事の有無や賃金格差だけではない。地域コミュニティに家制度の社会規範がまだ残っていることも大きな要因であろう。第2次世界大戦後、民法改正で家制度は廃止されたが、妻は結婚すると夫の家に入り、不動産、相続などの重要な法律行為は夫が決めるという家制度の考え方が、地方には未だに根強く残っている。このレガシーが女性にとって不平等なものである限り、女性はよりよい機会が提供される都会へと今後も移動していくだろう。しかし、女性自身の手で変化をもたらせるよう地域が協力していけば、女性が暮らしやすいコミュニティづくりへと向かい、他の脆弱な立場の人にとっても暮らしやすい地域づくりにつながるのではないだろうか。地方の女性の生きづらさに気づく人が増えると、地方は暮らしやすくなる。幸せな地方には、そこを目指す女性も増えるかもしれない。

（石本めぐみ）

# 第7章　若　者

> SDGs 目標では、2030 年までに次の達成を目指すことが定められている。
> SDGs 目標 1（貧困）では、2030 年までにすべての年齢の貧困状態にある人の割合を半減させる（ターゲット 1.2）。SDGs 目標 4（教育）では、2030 年までに、すべての人々が男女の区別なく、手の届く質の高い技術教育・職業教育及び大学を含む高等教育への平等なアクセスを得られるようにする（ターゲット 4.3）。働きがいのある人間らしい仕事及び起業に必要な技能を備えた若者と成人の割合を大幅に増加させる（ターゲット 4.4）。SDGs 目標 8（仕事）では、すべての男性女性が、完全な雇用、働きがいのある人間らしい仕事、同一労働同一賃金を達成する（ターゲット 8.5）。就労、就学、職業訓練のいずれも行っていない若者を 2020 年までに大幅に減らす（ターゲット 8.6）。

　若者の定義は国際的に様々で、国連でも機関によって定義が異なる。国連の統計上、若者は 15–24 歳の年齢の人々であるが、「国連子どもと若者のメジャーグループ」は 30 歳以下をメンバーとしている。日本でも法律上規定された年齢区分はなく、政府の「若者白書」では 15–34 歳としている。ここでは、おおよそ 15–34 歳の年齢層の課題を中心に取り上げる。

## 現状と実態

　SDGs を基礎づけた国連文書の「2030 アジェンダ」では、今日世界が直面する問題として、国内・国際的な不平等の増加や、機会、富、及び権力の不均衡の問題、そして若年層の失業などを挙げている。しかし、日本における若者の就労に関わる問題としては、諸外国のような仕事自体の不足ではなく、むしろ人手不足という現状がある。にもかかわらず日本においてニート・フリーター・失業者の数が多いのは、長時間労働や低賃金、職場におけるハラスメントなどの労働環境、また学校での過去のいじめによる不登校から繋がる引きこもりなどが背景になっている。また、生活困窮、長期離職、傷病や障害を持つ若者にとっては、適切な働く場が不足しているのも事実である。若者が劣悪な職場に身を置き、ひきこもりや自殺といった問題を抱えるのは、個々人が努力を怠った結果なのではなく、経済的な格差や機会の差など様々な若者を取り巻く環境によって決まることが多い。

　SDGs の「誰も取り残されない」という理念にとって重要な人間開発、人間の尊厳、選択の自由の視点から若者の現状を分析してみたい。

## 1 教育と格差

**学歴と経済格差**　SDGs は、2030 年までに、貧困状態にある人の割合の半減、職業教育及び高等教育への平等なアクセス、仕事に必要な技能を備えた若者の割合を増加させることを目指している。

学歴は将来的に就ける仕事の幅に大きく関係する。募集時点で学士号取得者（見込み者）に限るケースも多く、中学・高校卒業で就職する者にとっては、自己の能力を仕事において発揮する前の段階で制限が多い。学士・修士号取得者の若者の中でも、卒業、修了した大学によって格差が生まれる。それらは自己努力の程度による自己責任として扱われるべきものではなく、個人を取り巻く家庭環境、経済状況などにも焦点を当て、努力することの容易さ及び困難さの部分から探る必要性がある。

学歴の違いは、また賃金の格差を生む。男性の 1 か月の給与は、大学・大学院卒が平均 40 万 5000 円、高専・短大卒が 31 万 3800 円、高校卒が 29 万 1600 円である。一方、女性では、大学・大学院卒が 29 万 1000 円、高専・短大卒が 25 万 8200 円、高校卒が 21 万 2900 円となっている（厚生労働省「平成 30 年賃金構造基本統計調査」）。

大学進学率は、家庭の経済状況、性別とともに地域で大きく異なる（**指標 D6**、図 1）。大学進学にあたっては、近年大学の入学料、授業料が高騰しているため若者は奨学金などの制度を使う場合が多い。独立行政法人日本学生支援機構の調査結果（2018 年）では、2.4 人に 1 人が同機構の奨学金を利用している。さらに、大学独自の奨学金や他の財団からの支援を受けている学生も 10 人に 1 人存在する。

現在の日本では、返済不要な給付型の奨学金は存在するものの、少数の非常に成績の良い学生に限られている場合が多いため、一般的な学生の手には届かない。普通の若者は、返済型奨学金という名前の借金を負い、多額の返済を卒業後に迫られることとなる。運よく給付型の奨学金を得られたとしても、成績や就職の事情を理由として留年した場合には、奨学金は打ち切られるか、代わりの返済型奨学金の額が加算されることもある。

若者が高等教育を受け、将来安定した就職ができるかどうかは、親や保護者の経済状況や家庭の状況が大きく関係する。有名大学へ

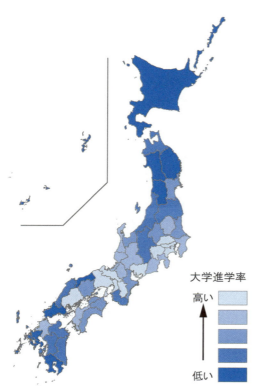

図 1　大学進学率の地域格差
出典：文部科学省「学校基本調査」(2016 年)

入学するために進学校や予備校に通い、進学校に進むために有名な小学校さらには幼稚園で競争が始まることはよく知られている。家庭の経済的な格差が将来の大きな格差への始まりとなるといえよう。

若者が奨学金を得て、大学を卒業して社会で働き始める時には、学歴と引き換えにすでに高額な借金を背負っていることが多い。地方出身の学生が都市部でのひとり暮らしを余儀なくされる場合は、学費返済に加えて住宅費が加算される。そのため、働き甲斐や会社の労働環境（社風・労働時間など）よりも、初任給の高さを基に就職先を決めざるを得ないケースも多い。

**文化資本**　格差は、経済的理由のみによって生まれるものではない。近年、社会学者ピエール・ブルデューの議論に触発されて、文化資本という言葉もよく使われる。例えば、暗記を中心とした従来型の大学入試から、全人的に人物を評価しようとする AO 入試（アドミッションズ・オフィス入試）などでは、ボランティアや課外活動、海外生活などの経験が重要視される。読書や芸術、ボランティアや課外活動といった若者の活動にしても、家庭環境が影響している。家計を助けるために高校時代からアルバイトに明け暮れた若者と文化的に豊かな家庭の若者では経験の幅に違いが生まれる。若者の格差は、受験や習い事の経験等、家庭の経済的な事情に影響を受けることが一見して明らかなものばかりでない。読書やボランティアの経験等、一見して経済的な事情とは無関係と思われるものについても、有利な環境にある若者と不利な環境にある若者との間に格差を生んでいるのである。

## ● 2　雇用と不安定な就労

**就職活動**　日本生産性本部による「働くことの意識調査」（2001–2013）によれば、若者の就労意識として、「自分の能力、個性を生かせるから」と自分の能力にあう会社を選択する者、「仕事が面白いから」と主体的に企業を選択する者、「社会や人から感謝される仕事がしたい」という意識を持つ者の割合が増えている傾向にある。現代の若者にとって、給与の高さだけではなく、それ以外の要素も勘案して仕事を探すことが理想なのだと言える。

就職活動の大変さは社会問題となっている。1 人で何社も内定を持つ者もいれば、100 社応募してもすべて落とされる者もいる。就職活動においては、学歴・資格・特性・ジェンダーなどが採用に大きく影響する。中学・高校卒業後に働き始める場合と比較して、専門学校や大学に進む場合の方が選択肢の幅は広がり、一般的に雇用形態が良くなり、年収も上がっていく。しかし、教育には多額の費用がかかる。高校や大学への進学に多額の教育費が必要なばかりでなく、資格を取得するために専門的な学校に通わないと難しい場合があり、ここでも、親の収入の格差が子どもの将来に影響を及ぼしている。

大学（学部）の進学率は 2018 年に 53.3 ％で過去最高となったが、反対に高学歴ワーキングプアと呼ばれる社会現象も起きている。優秀な学生が国内外の大学院に進学し、修士

号・博士号まで取得したにもかかわらず、実質的な年齢制限によって一般企業の就職は困難なことがある。文部科学省の発表（2018年）によると、進学あるいは就職をしていない者の割合は高校卒業者（5 %）、大学学部卒業者（7 %）に比較して、大学院修士課程修了者（9.6 %）、大学院博士課程修了者（19 %）で高く、大学院卒業後に不安定な状況に置かれる者が多いことがわかる。

　競争の激しいアカデミアに残ったとしても、大学教員のポストは限られ、不安定な雇用条件で働かざるを得ないケースが多い。これまで努力して借金まで背負ってきた若手研究者は、今後の日本を支えていくはずの存在なのだが、一般企業の研究職に入った場合は、一般学生とあまり変わらない賃金で使われるため、奨学金の返済と共に日々の生活にも困るというケースも存在する。日本では新卒一括採用という考え方によって、職場教育を通じて人材を育てるという文化が強い。近年は即戦力となる者を優遇する傾向が出てきているが、勤続年数を重視する伝統は強く、専門知識があり優秀な者であっても、勤続年数が限られる若手の待遇はなかなか改善しない。

**雇用形態**　　近年、「正規雇用による終身雇用中心の日本的経営」が大きく変化しており、終身雇用制が弱体化し非正規雇用が急増している。1989年には19.1 %だった非正規雇用者が、2003年に初めて30 %を超え、2018年には37.9 %に増加し、総数は2120万人に達している。若者層での非正規雇用者の割合は、15–24歳（272万人）が50.1 %、25–34歳（264万人）が25.0 %で、両世代合わせてみると33.5 %であるが、35–44歳（372万人）では28.9 %である。特に、女性では15–24歳が53.3 %、25–34歳が37.9 %、35–44歳が52.5 %、男性では15–24歳が46.9 %、25–34歳が14.4 %、35–44歳が9.3 %となっている（図2）。若者の非正規雇用では、パート・アルバイトに次いで契約社員、派遣社員、嘱託その他の順に多い（図3）。フリーター数は217万人（2003年）をピークに5年連続で減少し、2010–2013年には180万人、2018年には143万人（うち男性66万人、女性77万人）に減少し

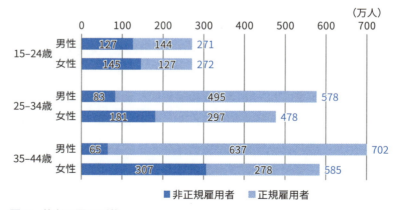

図2　若者の雇用形態
出典：総務省「平成30年労働力調査（速報）」

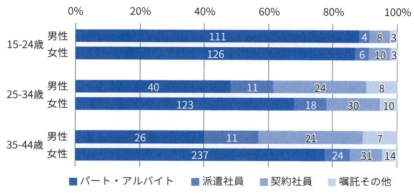

図3 若者の非正規雇用の種類（棒グラフ内の単位：万人）
出典：総務省「平成30年労働力調査（速報）」

た（総務省「平成30年労働力調査（詳細集計）」）。

非正規雇用者の割合は、いずれの年齢層をとっても女性のほうが高い。「男性正社員の稼ぎ手モデル」（男性は終身雇用、女性は主婦という日本型雇用システム）の弊害が女性の雇用形態に現れているといえよう。子どもを持った女性が働こうとする場合、仕事に加えて子どもの世話や家事もこなさなければならない。日本の労働市場においてそういった女性は、高賃金で責任ある正規雇用に就くことが難しい。

この数年、比較的売り手市場となっている就職活動だが、「就職氷河期」（1971–81年生まれ）に卒業した若者（現在35–44歳）の非正規雇用者数は男性65万人、女性307万人の多数にのぼる。新卒時に就業機会が少なく非正規雇用にならざるを得ずそのまま正規雇用に移れなかった者、正規になってもバブル世代で昇進できず、転職すれば勤続年数はゼロになり給与が下がるのでそのままになった者などである。

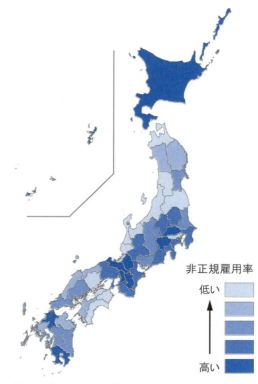

図4 非正規雇用者比率
出典：総務省「労働力調査特別調査報告書」

非正規雇用者の割合は、徳島、山形、富山、香川、福井、新潟、福島、東京などで低いが、沖縄、京都、奈良、山梨、滋賀、北海道、鹿児島、大阪、埼玉、福岡などで高い（**指標C5**、図4）。

第7章 若者　151

**非正規雇用による賃金の低さ**　非正規雇用者の賃金水準（2018年の平均月額20万9400円）は、正規雇用者（同32万3900円）と比べて低く、非正規雇用者の苦しい生活状況を生んでいる。収入の特に低い非正規雇用者は、ワーキングプアの状態にあり、就労貧困者と呼ばれる。閣議決定された「一億総活躍プラン」の指標はあるが、正規雇用者に対する非正規雇用者の賃金割合は2017年の時点で65.5％にすぎない。また、男性の給与水準を100としたときの女性の給与水準は、正規で75.6、非正規で80.9にとどまっている（図5）。

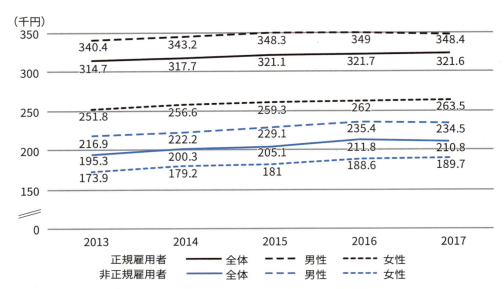

図5　正規と非正規雇用の収入格差
出典：厚生労働省「賃金構造基本統計調査」

現在、若者層での国民健康保険料や国民年金保険料の滞納率は非常に高くなっている。国民年金では、25–29歳で納付率は54.87％と最も低く（図6）、老後のセーフティーネットが外されることが懸念される。

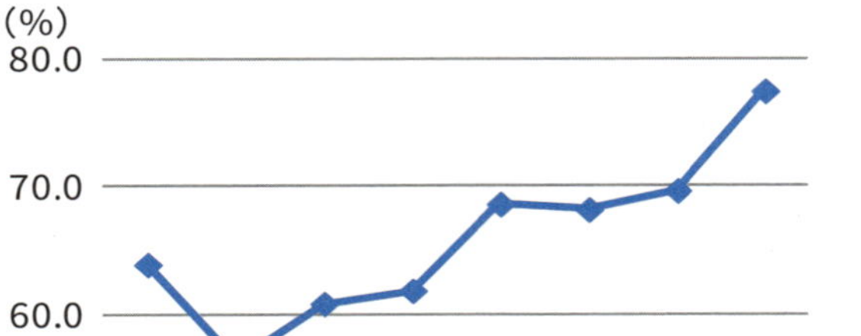

国民健康保険料の滞納率が最も高いのは東京で、次いで熊本、茨城、三重、福島、埼玉、青森、神奈川、岡山、大阪の順であった。最も低いのは島根で、次いで佐賀、高知、福井、奈良、山形、京都、富山の順であった（**指標B7**、図7）。

SDGsのターゲット8.5は、2030年までに同一労働同一賃金の達成を掲げている。日本政府も働き方の改革を行いつつあり、パートや契約社員、派遣社

図6　国民年金保険料納付率（2017年度）
出典：厚生労働省

員など非正規雇用者の待遇改善を図っている。労働契約法、パートタイム労働法、労働者派遣法の改正により、大企業では2020年4月から、中小企業では2021年4月から、企業に待遇格差の内容と理由を非正規雇用者に対して説明する義務を課した。そこでは正規雇用者と非正規雇用者の仕事の性質や目的等に照らして、不合理かどうかを判断することになっている。また、非合理な格差を認めない原則から「責任の違い、転勤移動の有無等の違いを考慮してバランスをとる」ことになったが、具体的にいかなる待遇格差が違法とされるかはガイドラインで定められる。2016年のガイドライン案「各種手当の均等均衡待遇の確保」における「非正規を一掃する」をスローガンに終わらせないような検討が望まれる。物流や小売り、製造業などで非正規職員の賃金を正社員の水準に引き上げ、正規社員

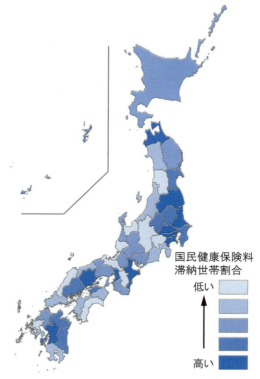

図7　国民健康保険料滞納世帯割合
出典：厚生労働省「被保護者調査」(2017年)

化して格差を是正する動きがある一方で、日本郵政グループが一部職員に対する住居手当を廃止することで非正規との格差を埋める動きなどが報じられている（朝日新聞2018年4月13日）。また、司法の場でも、この原則を具体的にいかに適用するかが争われており、賃金項目の趣旨を個別に考慮した判決が続いている（例：最高裁の2018年6月1日判決）。待遇を高い水準でそろえる方向で同一労働同一賃金の目標が達成されることが望ましい。

有期契約から無期契約への転換の制度は、改正労働契約法（2013年施行）で期間つき従業員（非正規社員）が同じ会社で5年間を超えて働き、本人が希望すれば無期契約に転換可能にする制度であるが、再雇用まで6か月の空白期間があれば通算されないという抜け穴もある。また、改正労働者派遣法（2015年施行）では、派遣期間を一律3年に変更したが、3年後に正規雇用になれず、別の派遣職員に切り替えられたり、正規社員への転換の前に雇い止めをされる例もあり、非正規の派遣の雇用は不安定である。

**長時間労働**　2018年の政府の働き方改革実行計画では、また長時間労働の是正を目指している。関連法制の改定によって、繁忙期など臨時に超える必要がある場合でも残業の上限を「月100時間未満とし、2-6か月の平均なら月80時間、3か月240時間、年720時間」を上限と定め、上限を超えて働かせた企業に懲役、罰金を科す改正を行った（大企業は2019年4月、中小企業は2020年4月から適用）。また、同時に、仕事を終えてから次に始めるま

第7章　若者　153

での勤務間インターバルを確保する制度を企業の努力義務として定めた。

　しかし、残業時間の上限が高く、勤務間インターバルも努力規定にとどまっているので、「過労死ラインぎりぎりまで働かせることにお墨付きを与える」との批判も呼んでいる。育児の面を考え、男女共同参画計画では、週労働時間60時間以上の雇用者の割合を5％に減らす目標を打ち立てている。

　パワハラや長時間労働などの原因でうつ病を発症する例も多いと推測されるが、2011年の厚生労働省労災認定基準（3か月連続で100時間以上の超勤）が厳しすぎることもあり、2016年に認定された者はわずか498人、また過労死等の労災補償状況も2016年は7.7％にとどまる。過労死等防止対策白書（2018年）によれば、勤務時間が特に長い職種は、教職員、医療、IT分野であり、過労死などの労災認定件数は毎年200件前後が続いており、政府が目指す過労死ゼロの目標には程遠い。

　かつて、日本では年功序列制度のもとで働けば働くだけ給料が上がり、生活の保障がなされる傾向があった。現在その制度は半分崩れているものの、若者の給与が低いことは変わっておらず、多くが長時間労働を依然強いられている現状にある。

**若者の就労支援**　若者サポートステーション（サポステ：15–39歳向け）が全国160か所に設置され、多くの若者に活用されているが（年間来所者45万人）、さらに若者の職業自立支援を強化するために、若者向けの職業訓練制度を拡充し、オリエンテーションを含む多面的支援（青年の社会教育）を実施することが求められている。

　生活困窮者自立支援の相談件数（人口当たり）が最も多いのは大阪で、次いで高知、沖縄、石川、宮城、長崎、福岡、岩手、三重、東京の順であった（**指標E5**、図8）。

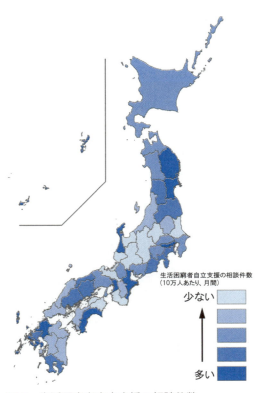

図8　生活困窮者自立支援の相談件数
出典：厚生労働省「生活困窮者自立支援制度における支援状況」（平成29年度）

## ● 3　若者の引きこもりと孤立

**引きこもり**　引きこもり・ニートも現在、社会問題となっている。ニート（NEET）とは"Not in Education, Employment or Training"の頭文字を取ったものであり、教育や就職のためのトレーニングを受けておらず、働いていない者を示す。SDGsのターゲット8.6も、これらの若者の割合を大幅に減らすことを目標としている。

　最近の内閣府による調査では、15–39歳の引きこもりは約69.6万人に上っており、そのうち7年以上の引きこもりは2009年の時点では16.9％であったが、2015年には34.7％に増加している。引きこもりは、不登校を契機に長期化する例が多い（内閣府「平成30年度生活状況に関する調査」）。実際に、2017年度の小中学校の児童・生徒の不登校は14.4万人を超えている。若者の引きこもりを減らすためには、労働環境の問題や幼少期からの不登校の問題にも焦点を当てる必要がある。また、「KHJ全国引きこもり家族連合会」は、40歳以上でも16万人が引きこもりであると推計したが、内閣府「平成30年度生活状況に関する調査」によれば、40–64歳の中高年の引きこもりが61.3万人（内訳は男性76.6％、女性23.4％）に上ると推計され、そのうち7年以上の長期引きこもりが半数を超えることが判明し、引きこもり状態の人の高年齢化と長期化が裏づけられた。

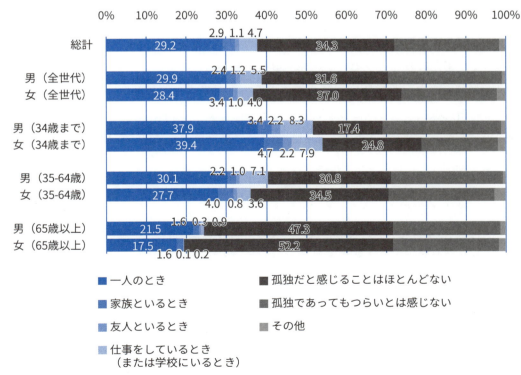

図9　どんな時に孤独でつらいと感じるか
出典：今回のアンケート調査（2018年8月）

第7章　若　者　155

40–50 代の収入のない引きこもり当事者と、70–80 代になり精神的にも経済的に限界を迎えた親が困窮し、社会から孤立する「8050 問題」と呼ばれる問題も指摘される。

若者の孤立　　若者が孤独をどう感じているのかを問うた今回のアンケート調査の問（あなたはどんなときに孤独でつらいと感じるか）に対して、15–34 歳の 38.6 ％が一人の時に孤独でつらいと答えている（35–64 歳では 28.9 ％、65 歳以上では若者の半分の 19.5 ％に減少する。図 9）また、別の質問で悩みを話せる人、困ったときに相談する人はいるか尋ねたところ、15–34 歳では、25.8 ％が誰もいないと回答しており、特に男性の割合が高い（第 1 部第 3 章、図 11）。15–34 歳世代の約 4 割が一人の時に孤独でつらいと答え、4 分の 1 が困ったときに相談できる人がいない孤立感を味わっている。

## ●4　若者の自己肯定感の喪失、自殺

先進国の中で 15–34 歳の最多の死因が自殺であるのは日本だけである。自殺者数は、2010 年以降連続して減少しているものの、2 万 840 人（2018 年）のうち 20 代以下は 2596 人（12.2 ％）と依然高い水準にある（人口 10 万人あたりでは、2003 年のピークから 2018 年までに 40 ポイント減少したが、20 代以下の自殺はピークの 2011 年から 2018 年までに 30 ポイント減にとどまる。警察庁統計）。15–34 歳の 10 万人当たりの自殺者数国際比較（2012–14 年）では、日本 17.8 人、米国 13.3 人、カナダ 11.3 人、フランス 8.3 人、ドイツ 7.7 人、英国 6.6 人、イタリア 4.8 人であり、政府も「国際的に見ても深刻」であると認識している（平成 30 年版「自殺対策白書」）。SNS や掲示板等での自殺願望者の交流サイトが存在し、ネットで「死にたい」、「生きるのをやめたい」とメッセージを発することも多い。

日本の若者の自己肯定感は国際比較でも低い。将来への期待が低いことが、2011 年の日米中韓研究機関による「高校生の心と体の健康に関する調査報告書」で明らかにされた。今回のアンケート調査で、あなたはどんなことに自分を誇りに思うか尋ねたところ、35 歳未満の 48.6 ％が何もないと回答した（35–64 歳では 50 ％、65 歳以上では 44.9 ％。第 1 部第 3 章、図 5）。

また、「自殺意識調査 2016」（日本財団、2017 年発表）によれば、「本気で自殺したいと思った」割合は 25.4 ％で、20 代、30 代の若年層で自殺念慮（死にたい気持ち）が強く自殺未遂が多いという結果になり、職場や学校、家庭での人間関係の問題、精神疾患などが主な原因とされている。女性の場合はさらに深刻で、若年層の女性の 37.9 ％が本気で自殺したいと考えたことがあると答えている。「平成 28 年度自殺対策に関する意識調査」（厚生労働省）でも「自殺したいと思ったことがある」の回答が 23.6 ％とほぼ同様な結果を示しており、「生きていれば良いことがあると思う」割合が、20 代では 2008 年には 62 ％であったが、2016 年には 37 ％まで減少している。

さらに、気分の落ち込みや自己肯定感の低さがうつ病につながることもある。うつ病は治

療も年単位でかかり、治りにくい。大量服薬の自殺を防ぐため、病院は一度に処方する薬の量を制限する傾向にあり、市販の向精神薬も存在しないので、病院に定期的に行かなくてはならない。それは若者の金銭面や時間面での負担となり、通うのをやめてしまうケースも存在する。

　また、うつ病と自殺は切り離して考えることができない。精神科や心療内科に通うことができるのは比較的症状が落ち着き、安定したうつ病患者の場合であり、進行して重度になっている場合は自力で病院に行くことが困難になる。家に引きこもることによってうつ病は悪化し、精神的な不安から最悪の結果につながる可能性もある。近年は、不安や苦痛の多い職場や学校などに行くとうつ病を発症し、その場を離れると症状が緩和する新型のうつ病と呼ばれるものもあり、複雑化している。一口にうつ病といっても様々なレベルがあるので、個人に寄り添った対応が必要不可欠である。

## 主要な関連法規、公的措置

「子ども若者育成支援推進法」（2010年施行）
　　国は「子ども若者育成支援大綱」の策定の義務、県は「子ども若者計画」の策定の努力義務──総合的支援策を推進する枠組。
社会生活を円滑に営むのに困難を有する子ども若者を支援するネットワーク（支援地域協議会）
「雇用対策法」
　　青少年の雇用機会の確保に関して事業者が適切に対処する指針。
「自殺対策基本法」（2006年）
　　政府がSNSによる自殺防止相談を13のNPOに委託（2018年）

## 民間団体等による先駆的取り組み

### 認定NPO法人育て上げネット

　失業、ひきこもり、ニートなどの社会経験のない若者とその保護者や家族へのサポートを行っている。また、地域社会、行政、企業と連携しながら、社会問題解決のために「社会的投資」の担い手を増やしている。若者に提供する就労基礎訓練プログラムは、それぞれの悩みや希望に応じて個別的な課題設定をしながら、グループ行動を基本とした継続的なメニューに取り組むことにより、就労に向けて少しずつステップアップしていく。共同作業のリーダーの経験、ビジネスマナーなどインターンのための準備、プログラミングやIT技術の習得、ビジネスマナーなどを学び、実際の現場で応用実習も実施している。

### 認定NPO法人自立生活サポートセンター・もやい

　路上・公園・施設・病院など、ホームレスの人や生活困窮者、ワーキングプア状態の人、生活保護についての相談、居場所事業、自立生活の支援を行っている。
　他にも自殺の防止などを行う自殺対策センターなども有意義な支援活動を行っている。

第7章　若者　157

# 提　言

**① 同一労働同一賃金の実質的改善**

非正規雇用者と正規雇用者との格差は、自己責任論で解決できる範疇を超えた労働市場の構造に起因する問題である。不安定な雇用と低賃金は、勤労意欲を減らし消費の低迷をもたらすだけでなく、未婚率の増加など社会的問題にもつながりかねない。

同一労働同一賃金の原則に基づく法制度が 2020 年 4 月から順次導入されるが、政府や企業は、声をあげられない非正規雇用者（自営業、農業者も含む）にも耳を傾けて、賃金、待遇を改善し、非正規雇用者への被用者保険の適用拡大など正規雇用者との格差を可能な限り減らす更なる努力が求められる。

**② 若者の職業自立**

若者向けの職業訓練制度を拡充し、若者の職業自立へのオリエンテーションを含む多面的支援（青年の社会教育）を強化することが求められる。生活困窮者自立支援制度及び失業時の生活を保障するセーフティーネットの拡充が求められる。

（唐木まりも）

# 第8章　高齢者

> SDGs 目標では、2030 年までに次の達成を目指すことが定められている。
> SDGs 目標 1 は、すべての人に対し適切な社会保障制度・対策を実施し、貧困層・脆弱層に対し十分な保護を達成する（ターゲット 1.3）。SDGs 目標 3 は、すべての人に質の高い保健サービスの提供、ユニバーサル・ヘルス・カバレッジ（UHC）を達成する（ターゲット 3.8）。目標 8（雇用）は、すべての男性及び女性の、完全かつ生産的な雇用を達成する（ターゲット 8.5）。目標 10（不平等の是正）は、2030 年までに、年齢などに関係なくすべての人の能力強化及び社会的、経済的、政治的な包含を促進する（ターゲット 10.2）。目標 11（持続可能な都市・人間居住）は、高齢者などのニーズに特に配慮し、交通の安全性改善、持続可能な輸送システムへのアクセスを提供する（ターゲット 11.2）。特に、高齢者の社会的孤立や貧困格差、医療・介護サービスへの公正なアクセスは、日本が SDGs の達成を目指す上で重要な課題と考えられる。

　日本を含む多くの国で、高齢者は年齢 65 歳以上と定義されている。これは、国連の報告書『人口高齢化とその経済的・社会的意味』（1956 年）において、65 歳以上の人口が総人口の 7 ％ を占める社会を「高齢化社会」とする見解を発表したことによる。国連の「高齢化社会」の定義を基に、65 歳以上が人口に占める割合が 14 ％ を上回ると「高齢社会」、21 ％ を超えると「超高齢社会」と分類されている。日本の高齢化率（65 歳以上人口割合）は、1950 年時点で 5 ％ に満たなかったが、1970 年に 7 ％ を超え「高齢化社会」となった。その後、1994 年に高齢化率が 14 ％ を超え「高齢社会」に、2007 年には 21 ％ に達し「超高齢社会」に入った。

　高齢化の速度について、高齢化率が 7 ％ を超えてから倍の 14 ％ に達するまでの所要年数（倍加年数）は、フランスが 115 年、スウェーデンが 85 年、英国が 46 年であったのに対し、日本は 1970 年から 24 年後に 14 ％ に達し、高齢化が著しく速いスピードで進展してきた。このため、超高齢化社会に対応した社会保障制度の整備、地域コミュニティによる支援の確立が十分に間に合わない現状があり、人間の安全保障上の課題も多い。

## 現状と実態

### ●1　急激に進む高齢化

　日本の総人口に占める 65 歳以上人口は 3558 万人となり、高齢化率は 28.1 ％ となった（2018 年 10 月 1 日現在）。政府の将来推計では、人口が減少する中で 65 歳以上人口は増加を続け、2036 年には高齢化率が 33.3 ％ に達し、3 人に 1 人が高齢者になると見込まれる。

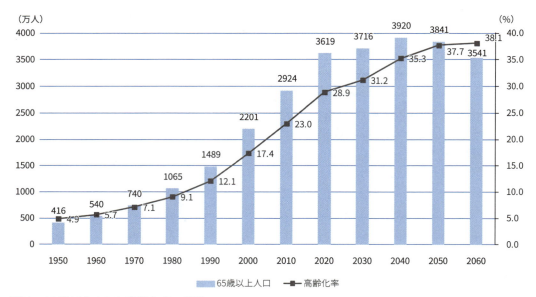

図1　65歳以上人口と高齢化率の推移
出典：内閣府「令和元年版高齢社会白書」

2042年に65歳以上人口はピークを迎えその後は減少に転じるが、高齢化率は上昇を続け、2065年には38.4％に達し、2.6人に1人が65歳以上となると推計されている（「令和元年版高齢社会白書」）。

日本は、「高齢者の医療の確保に関する法律」において、「65歳から74歳」を「前期高齢者」、「75歳以上」を「後期高齢者」と定めている。2017年には、65–74歳人口（1767万人）が75歳以上人口（1690万人）を上回っていたが、2018年には75歳以上人口（1798万人）が65–74歳人口（1760万人）を初めて上回り、その後も増加傾向が続くと見込まれている（図1）。日本は、世界で最も急激に高齢化が進んだ国であり、日本老年学会と日本老年医学会は高齢者の定義を75歳に引き上げ、65–74歳を準高齢者とする提言を行っている。

都道府県別に高齢化率を見ると、65歳人口割合が最も高い県は秋田（36.4％）で、高知（34.8％）、島根（34.0％）が続く。高齢化率が最も低い県は沖縄（21.6％）で、東京（23.1％）、愛知（24.9％）が続く（図2）。将来的に、高齢

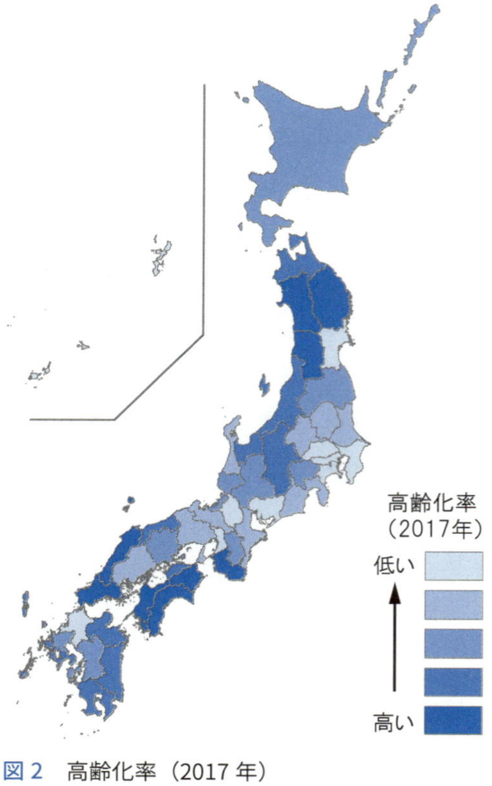

図2　高齢化率（2017年）
出典：内閣府「令和元年版高齢社会白書」

化率はすべての都道府県で上昇し、2045年には、秋田で50.1％、東京でも30％を超えると見込まれている。

65歳以上人口の推移を見ると、大都市圏の高齢者人口も急増することが予想される。都市部に移転してきた世代が、そのまま都市部で高齢を迎えることによるものであり、2015年から2045年にまでに最も高齢者人口が増加するのは、東京（111万人）、神奈川（74万人）、埼玉（53万人）となり、首都圏での高齢者人口増加への対応が急務である（国立社会保障・人口問題研究所、2015年）。

## ●2　高齢者の社会的孤立

日本社会の高齢化の進展に伴い、都市、農村を問わず一人暮らしの高齢者が増えており、体調の急変にもかかわらず、医療へのアクセスが手遅れになる事態、さらに万が一の状況でも人に発見されずに時間が経過する「孤独死」あるいは「孤立死」が大きな社会問題となっている。若い人々の一人暮らしも少なくないが、職場を含め何らかの組織に属することによって、あるいは交友関係を含む多様な社会的ネットワークの中に身を置くことによって、万が一の状況にも周囲の目が向きやすい。高齢者の場合、こうした社会的ネットワークが希薄化し、核家族化や配偶者の死去に伴い孤立しがちになり、その消息に周囲の関心が行き届きにくくなる。特に、近隣関係が希薄な都市生活者、人口の少ない地域などで一人暮らしをする高齢者は、こうした危険と背中合わせの日常を過ごしている。「高齢社会白書」は、孤独死を「誰にも看取られることなく息を引き取り、その後、相当期間放置される」と表現しており、東京23区内においては、孤独死とみなされる「一人暮らしで65歳以上の人の自宅での死亡者数」は、2017年には3333人となり、過去10年間で1.8倍に増加している（東京都監察医務院）。高齢者の社会的孤立は、高齢者の生活に深刻な影響を与えるだけではなく、尊厳のある死をも奪いかねない。

**高齢者の独居世帯**　高齢者の社会的孤立には、核家族化による世帯構成の変化、家族・地域関係の変化、低所得問題、医療・介護制度の変化等の複層的な要因が影響している。小辻寿規「高齢者社会的孤立問題の分析視座」（2011年）は社会的孤立を「地域関係、経済情勢、政策などの変化を受け『つながり』が希薄になった状態」と定義している。

65歳以上の一人暮らしの人数は、2015年に592万に上り、1980年（88万人）から急増している（図3）。男女ともに増加は顕著であり、65歳以上人口に一人暮らしが占める割合は、1980年には男性4.3％（19.8万人）、女性11.2％（68.8万人）であったが、2015年には男性13.3％（192.4万人）、女性21.1％（400.3万人）となっている。一人暮らし高齢者と孤立の発現状況を調べた先行研究によると、独居高齢者の約15–25％が孤立していることが示されており、孤立の潜在的リスクに直面する高齢者は90万人を超えると考えられる（斎藤祥茂2010年、小林江里奈2015年）。社会的孤立の影響として、「犯罪白書」によれば、生活困

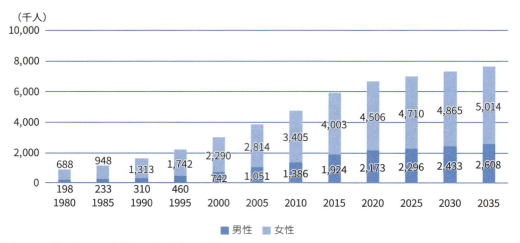

図3　65歳以上の一人暮らし高齢者の推移
出典：2015年まで「国勢調査」、2020年以降は国立社会保障・人口問題研究所による推計。

窮による窃盗や介護疲れによる殺害には、高齢者の社会的孤立が寄与していることが指摘されている。

　高齢者における特徴的な変化である身体機能の衰退、身体疾患、経済力の低下、配偶者等の離・死別らが複数同時に起こった場合には、「つながり」の喪失となり、活動の機会を失い、生きる目的や希望を失うこともある。人間の安全保障は、個々の多様性に応じた尊厳のある生き方を保障するものであり、指標の数量化において抽出することができない側面をもつ。「誰も置き去りにされない」社会の実現のためには、尊厳を奪われた人々の個別性の問題にも焦点をあてる必要がある。

　さらに、高齢者の身近な生活を脅かしかねない課題として、日常の生活物資の確保という切実な問題がある。地方の小規模な村落、過疎地域などでは、高齢者も自ら車を運転して遠方まで買い出しせざるを得ないことが少なくない。都市生活者でも、日常的な食材、必需品を調達していた近隣の小規模商店が郊外の大規模店舗にとって代わられつつあり、自動車を使った日常品の調達が定着している。高齢化が進むとこうした消費行動が不可能となる事態も予想される。高齢者ドライバーによる交通事故など問題視される社会問題を生んでいる現実にも目を向ける必要がある。

　近隣にスーパーなどが存在すれば、宅配を利用することも可能であろうし、物によってはネット・ショッピングに頼ることもできる。遠隔の居住地域では定期的な訪問販売なども存在するが、普及度は決して十分ではない。将来、AI（人工知能）、IoT（モノのインターネット）、また、車の自動運転技術などの開発により、高齢者が恩恵にあずかれる可能性は十分予想できる。しかし、人手による配送によってのみ可能な人間同士のコミュニケーションは、様々な意味で高齢者にとっては貴重である。高齢者を対象とした宅配サービスの範囲を拡大し、より充実したものにすることが期待される。

高齢者の生活支援が必要とされる状況のひとつが、大規模な災害への対応である。大規模な自然災害の頻発は、特に高齢者の緊急避難支援、その後の生活再建で特別な配慮を要する課題が少なくないことを明らかにしている。政府機関、自治体、NGO、ボランティアなどの支援の経験が蓄積、共有されるようになっていることは歓迎される。こうした緊急事態の対応について高齢者を含む地域住民自らが共助組織を立ち上げて取り組んでいる事例もある。冬季の豪雪で知られる秋田県の横手市狙半内地区では「狙半内共助運営体」を組織し、有償で雪下ろし、買い物、日常の買い物支援、さらに通院の送迎など高齢者支援活動を実施しており、「横手モデル」としても知られている（毎日新聞 2015 年 12 月 18 日）。

**高齢者の社会参加**　　命と生活を守ることに加え、人間としての尊厳を守るということにも着目したい。高齢者が孤立感を感じないようにするためには、他者と交流し続けることができるような社会的ネットワークの構築と維持が欠かせない。頻繁に会話をする相手がおらず、孤立しがちな高齢者が他人と会話の機会を持ち、喜びや不安を分かつことができるのは、心の豊かさという人としての尊厳を維持するためにも、極めて重要である。

　内閣府の「高齢社会白書」によると、高齢者単身世帯において、家族や友人と「ほとんど毎日」会話をしている世帯は54.3％にとどまり、19.6％が一週間に一回以下しか家族や友人と会話をしていないと回答している。

　定年退職、核家族化、配偶者の死去などにより、高齢者の他者との交流の機会が著しく希薄にならざるを得ない環境は、現代社会の特徴の一つである。現役時代との意識ギャップ、老化に伴う意欲の減退なども加わり、高齢者の引きこもり、果てはうつ病の発症につながってしまう場合も少なくない。さらに、認知症などの要因が加わると、徘徊など社会的問題の原因となり、周囲の人々への負担を増やす結果ともなりかねない。

　高齢者の他者との交流という点については、我が国には欧米などと比べ、様々なインフォーマルな社会的ネットワークが存在している。同窓会やかつての職場の同僚との会合、旅行や趣味のサークル、カルチャー・センター、スポーツ・ジムなどへの参加を通じ、他者と交流する高齢者も少なくない。本人に意欲と積極性があれば、多様な交流ネットワークへの参加が可能である。しかし、「国民健康・栄養調査」（2016 年）によると、60 歳以上の社会活動（勤労、ボランティア活動、地域社会活動、学習活動等）に参加している割合は男性62.0％、女性 56.0％に過ぎず、社会活動に参加していない人数は約 4 割を占める。その割合は 70 歳以上になると 5 割を超え、年齢が上がるとともに、社会参加の割合が減少している。内閣府の「高齢者の経済・生活環境に関する調査」（2016 年）では、住んでいる地域での社会的活動に「特に活動はしていない」が 7 割を占め、社会活動による地域とのつながりは希薄である。

　社会参加をしていない、または参加の意欲がない高齢者に関する研究では、「不参加・意欲がない」人は、生活・人生の満足度が低い、外出頻度が少ない、社会的孤立の回避意欲

第 8 章　高齢者　　163

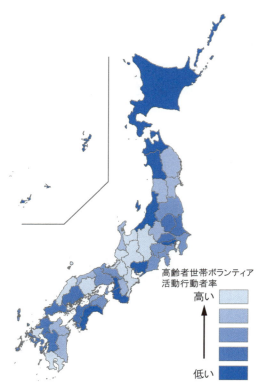

図4 高齢者世帯ボランティア活動行動者率
出典：総務省「社会生活基本調査」（2016年）

が低く孤立の可能性が高まることが示されている（東京大学高齢社会総合研究機構、2013年）。また、社会的参加の介入研究では、社会的参加は、主観的健康度の改善や要介護認定率の減少にも寄与することが報告されている[1]。総務省の「社会生活基本調査」（2016年）より算出した都道府県別ボランティア活動行動者率によると、35％から19％と地域の違いによる参加率の差が大きい。最も高いのは滋賀（35％）で、富山（32％）、長野（31.5％）、岐阜（31.4％）、岡山（30.9％）が続く。最も低いのは高知（18.9％）で、青森（20.9％）、大阪（21％）、東京（21.3％）、沖縄（21.5％）が続く（図4）。

社会的参加は、高齢者の孤立を防ぐだけでなく、心理的、身体的健康の改善に寄与することが期待されるため、行政、コミュニティによる社会参加の促しが重要となる。

## ●3　高齢者の貧困と就労

**貧困格差**　世帯構成の変化、経済状況、社会保障制度に関わる構造的な理由より、高齢期の経済的生活が成り立たず、尊厳のある生活を過ごせない高齢者が増えている。

高齢者は、定年退職により就業による収入から公的年金や貯蓄へと生活を支える基盤が変わる。厚生労働省の「国民生活基礎調査」（2016年）によれば、65歳以上の高齢者世帯の生活意識で、「大変苦しい」と「やや苦しい」の合計は、1995年の37.8％から増加し、2016年は過半数（52.0％）を占め、高齢者を取り巻く経済的不安定さが顕著となっている。

特に、高齢者世帯は富裕層と貧困層の二極化が深刻化し、総務省による65歳以上世帯の貧困率は13.6％（2014年）と高い数値である。とりわけ、単身世帯と女性世帯で貧困率が高い特徴がある。これは、高齢期に低所得に陥りやすい要因とされる、勤労収入がないこと、年金給付水準が低いこと、子世代以下と同居していないこととも符合している（みずほ総研、2008年）。生活保護基準に満たない収入で暮らす高齢者は、2016年で27％に上

---

[1]　Yukinobu Ichida ほか "Does social participation improve self-rated health in the older population? A quasi-experimental intervention study"（2013年）。

ると示している研究報告もあり、その世帯数は実に650万世帯を超える（唐鎌直義「高齢者の貧困とその原因、2016年」）。

生活保護受給でみれば、2017年度の月平均の受給世帯数の164万世帯のうち、高齢者世帯は50％を超える86.4万世帯となり、前年度より2.7万世帯増加した。母子世帯、障害者・傷病者世帯、その他の世帯が減少している中で、高齢者世帯のみが前年度より増加している。高齢者者世帯の受給者のうち、単身世帯が9割を占めている。また、住宅に困難を抱える低所得で単身の高齢者が頼れる宿泊所の数は限られており、社会としてセーフティーネットをより拡充していくことが求められる。

就労　高齢者の貧困は、高齢期に就労の機会が少ないこと、年金の無給、現役時代の就労期間や賃金が十分でなく受給年金が低いことなどによると指摘される。就労希望の高齢者の働く機会を保障することも喫緊の課題である。「高年齢者雇用安定法」により、健康で働き続けることを望む60歳以上の人々が65歳まで働き続けることが可能になった（60–64歳の就業率を、2016年の63.6％から2020年には67％に増やすことが目標とされている）。

都道府県別に高齢者の有業率を見ると、最も高いのは高知（16.9％）で、長野（16.8％）、島根（16.6％）、山梨（15.5％）、和歌山（15.2％）、山口（15.2％）、秋田（14.9％）、岩手（14.9％）が続く。最も低いのは沖縄（8.5％）で、宮城（11.0％）、滋賀（11.1％）、神奈川（11.1％）、愛知（11.6％）、福岡（11.7％）、埼玉（11.9％）、兵庫（12.0％）、千葉（12.2％）、大阪（12.2％）が続く（指標C9、図5）。

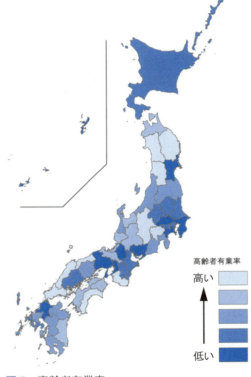

図5　高齢者有業率
出典：総務省「国勢調査」（2015年）

内閣府は、60歳以上の高齢者の65％が65歳を超えても働くことを希望しており、健康が許す限り働き続けたい高齢者は29％を占めていると報告している。総務省の「労働力調査」（2018年）によれば、2018年時点で仕事に携わっている65歳以上の雇用者数は862万人にのぼり、15年連続で増加している。さらに、政府は、これを70歳まで延長する検討を行っている。実現すれば、健康で働くことを希望する高齢者の労働意欲に積極的に応えることにもなろう。また、多様な働き方に応じて、70歳を超えて働く人は、年金の受給開始を70歳以上に引き上げることを可能にする改訂も検討されている。

高齢者が健康で働き続けることは、高齢者の知識と経験を活用し続けられること、社会とのつながりを維持し、社会からの隔絶感に陥ることを防ぎ、生活の経済的基盤を安定的に確保できる利点がある。一方で、企業にとっては、人件費の増大は避けがたく、また、若い人々の雇用機会を制限する側面があることも忘れてはならない。高齢者の労働意欲や生産性、若者の雇用への影響など多面的な視点からの検討が必要とされよう。

## ●4　高齢者の健康格差

健康寿命　　　日本の平均寿命は、生活環境の改善や医学の進歩により急速に延び、男性81.09歳、女性87.26歳（2019年）と世界の長寿国のひとつとなっている。「健康上の問題で日常生活が制限されることなく生活できる期間」である健康寿命についても、男性72.14年、女性74.79年（2016年）で世界トップクラスである。一方で、平均寿命と健康寿命の差には大きな変化はなく、男性は9年前後、女性は12.5年前後で推移している。日常生活に制限のある「不健康な期間」は、個人や家族の生活の質の低下を招き、尊厳のある生き方の阻害要因ともなる。

　今回のアンケート調査で、人生で一番不安に思うことを問うたのに対して、高齢者の約半数（47.1％）にとって健康が最大の不安材料であると答えている（次いで、老後が31.8％）。

　2013年の平均寿命と健康寿命より算出した日常生活の制限期間の長さは、最長と最短の都道府県を比べると、男性では3年、女性では3.5年の差が見られた。健康ではない期間が長くなることは、高齢者の生活の質を下げ、家族の負担も重くなる。平均寿命の延び以上に健康寿命を延ばすことは、尊厳のある高齢者の生活を守り、社会的負担を軽減する観点からも、重要である。

　都道府県別に健康ではない期間を見ると、男性では、最も長いのは京都（10年）で、滋賀（9.63年）、徳島（9.59年）、長野（9.43年）、奈良（9.1年）、東京（9.06年）が続く。最も短いのは青森（6.99年）で、山梨（7.02年）、沖縄（7.26年）、茨城（7.43年）、秋田（7.51年）、鹿児島（7.63年）が続く。女性では、最も長いのは広島（14.1年）で、京都（13.54年）、大阪（13.44年）、島根（13.27年）、岡山（13.1年）、滋賀（12.94年）、東京（12.8年）が続く。最も短いのは秋田（10.5年）で、茨城（10.57年）、静岡（10.61年）、群馬（10.64年）、青森（10.7年）、栃木（10.83年）が続く（図6）。

　2016年における有訴者率（「ここ数日、病気やけが等で自覚症状のある者（入院者を除く）」の人口千人当たり人数）によると、高齢者の半数近く（446.0）が何らかの身体に関する自覚症状を訴えている。65歳以上の高齢者の日常生活に影響のある者の率（「現在、健康上の問題で、日常生活動作、外出、仕事、家事、学業、運動等に影響のある者（入院者を除く）」の人口千人当たり人数、2013年）はおよそ4人に1人（258.2）であり、年齢層が高いほど上昇する傾向がある。また、都道府県別の有訴率においては、最も多い地域との少ない地域の差は人口千人当たり

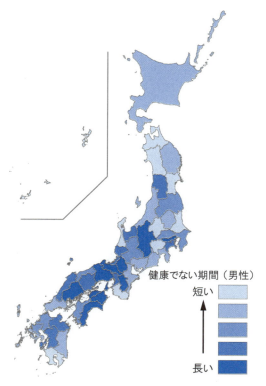
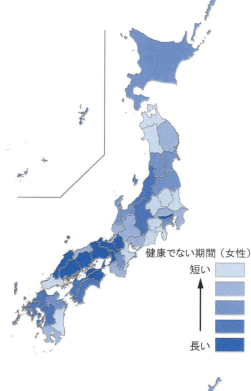

図6　健康ではない期間
出典：厚生労働省「国民生活基礎調査」（2013年）

100人であり、日常生活に影響のある者の率では30人の違いがある。有訴者または日常生活に影響のある高齢者は、外出頻度の減少や社会活動の参加が妨げられ、社会的孤立や認知症のリスクも高くなる。

都道府県別に日常生活に影響のある者（対人口千人）を見ると、最も多いのは香川（146.9人）で、島根（145.7人）、京都（144.9人）、徳島（143.8人）、高知（142.8人）が続く。最も少ないのは沖縄（107.4人）で、茨城（111.3人）、群馬（112人）、山梨（113.2人）、静岡（114.5人）が続く（図7）。

**介　護**　健康寿命と寿命の間の人生、すなわち、日常生活を送るうえで他人の支援が必要になる期間については、「介護保険制度」の導入（2000年）により、一定の公的補助を提

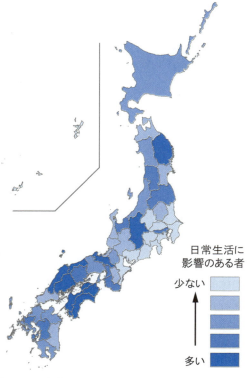

図7　日常生活に影響のある者
出典：厚生労働省「国民生活基礎調査」（2013年）

第8章　高齢者　　167

供することが可能になった。具体的な介護の提供は、必要度に応じ5段階に分けられるが、公的施設である「特別養護老人ホーム」（特養）に入所できるのは、要介護3–5の対象者である。要介護1–2は、基本的に在宅介護の対象となる。介護保険制度における要介護又は要支援の認定を受けた者は、2015年度末で606.8万人となっており、2005年から10年間で1.5倍増加している（厚生労働省「介護保険事業状況報告」）。

介護の提供には、施設のみならず介護就業者の十分な確保が必要なことは言うまでもない。介護の需要と供給を見る場合、在宅介護や民間施設での介護実態も考慮する必要はあるものの、特養の申請者、すなわち待機者は、介護需要に対してどの程度の充足度が達成されているかを判断するひとつの指標となる。都道府県別に特養施設への入所待機者数を見ると、最も多いのは東京（2万4815人）で、神奈川（1万6691人）、兵庫（1万4983人）、北海道（1万2774人）、大阪（1万2048人）、新潟（1万1070人）、千葉（1万165人）、愛知（1万6人）が続く。最も少ないのは徳島（1161人）で、佐賀（2083人）、鳥取（2084人）、石川（2244人）、福井（2292人）、長野（2343人）、高知（2584人）、沖縄（2587人）が続く（**指標E8、図8**）。

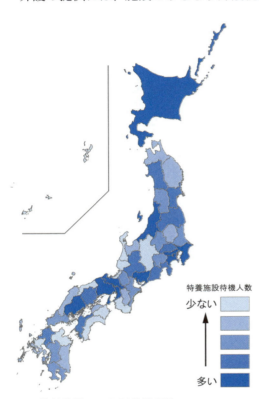

図8　特養施設への入所待機者数
出典：厚生労働省「高齢者支援調査結果」（2016年）

また、介護においては、65歳以上の高齢者が高齢者を介護する「老老介護」が深刻な問題になっている。高齢の夫婦間での介護、高齢の兄弟姉妹間での介護、高齢の子供がさらに高齢の親や身内の介護をするケースがこれに該当する。「国民生活基礎調査」では、在宅介護している世帯の過半数以上が老老介護の状態にあると報告している。老老介護においては、要介護者の介護度の程度にもよるが、高齢になるほど身体の機能が衰え、介護者の肉体的・精神的な負担が高まる。介護者本人も周囲のサポートがないと生活できない、「共倒れ」の状態になる懸念もある。また、育児介護休業法の改正（2018年）による介護休業期間の延長、地域包括支援センター相談窓口の増加などの施策がとられているが、家族の介護のために離職する人が毎年約10万人を超え、仕事と介護の両立に悩む人が多い。

介護における深刻な問題として高齢者虐待がある。高齢者虐待は、身体的虐待とされる暴力行為や、暴言や無視、いやがらせなどの心理的虐待、必要な介護サービスの利用や世話

をしないなどの放棄・放任や、高齢者の財産を無断で使用する経済的虐待が含まれる。厚生労働省によると、高齢者の虐待に関する相談・通報件数は年々増加し、養護者、養介護施設従事者等からの件数をあわせると、2万9693件（2016年度、養護者による2万7940件、養介護施設従事者等による1723件）にのぼり、虐待と認められたケースは1万6836件（養護者による1万6384件、養介護施設従事者等による452件）であった。虐待の程度は高齢者の要介護度が重い場合に深刻度が高くなることが報告されている。

　虐待の主要な発生要因は、養護者では介護の疲れやストレス（27%）、虐待者の障害・疾病（21%）が約5割を占め、介護者の負担軽減と必要な福祉サービスの拡充が求められる。介護施設では教育・知識・介護技術に関する問題（67%）、職員のストレス（24%）である。2025年には介護従事者が38万人不足すると推計されており、介護人材の育成と知識と技術を高める継続教育が喫緊の課題である。

　高齢者の中には、辛くても不満があっても、声を出せないまま虐待を受け続けている人もいる。高齢者が、尊厳のある人生を過ごすことは、介護の有無に関わらず保障されなければならない。家族や親族、介護従事者による高齢者の人権侵害を引き起こさないための対策と支援に社会全体で取り組むことが肝要である。

**自　殺**　日本は、先進国の中でも自殺者が多い国であり、2万840人の自殺者（2018年）が報告されている（厚生労働省、自殺の統計）。60歳以上の自殺者は全体の4割（8367人）を占める。減少傾向にあるが、依然深刻な事態であるといえる。高齢者の自殺は、若年者に比べて、自殺行動が既遂となる割合が非常に高いことが報告されている。高齢者の自殺の「原因・動機」は、健康に関する問題が6割以上を占め、経済・生活問題、家庭問題がそれに続いている。その背景にはうつ病などの精神疾患が存在していることが多い。高齢になると生活習慣病である慢性的疾患を有する頻度が増え、同時に複数の疾病を併発することも多くなる。高齢自殺者の90%以上がなんらかの身体的不調を訴え、85%が入通院による治療を受けていたことも報告されている（張賢徳・中村理佳「高齢者の自殺」、2012年）。

　継続的な身体的苦痛がうつ病の引き金となりうる危険性を持つとされ、また、家族や親族の死亡などによる環境変化、家庭内での人間関係のもつれを経験することが多くなり、こうした状態もうつ病の危険因子となる。うつ病に罹患するとすべてのことに対して悲観的なとらえ方をするようになり自殺志向が強まると考えられている。高齢者のうつ症状は、認知症と誤認されることがあり、そもそも診療の受診をいやがることも指摘されている。早期の診断と治療によりうつ症状の悪化を防ぐ取り組みとともに、高齢者の生きがいを創造することも、結果的に高齢者の自殺予防にもつながると考えられる。

## 主要な関連法規、公的措置

**介護保険法（2000 年）**

　介護や医療を必要とする人について、「尊厳を保持し、その有する能力に応じ自立した日常生活を営むことができるよう、必要な保険医療サービス及び福祉サービスに係る給付を行う」（第 1 条）

**高齢者雇用安定法（2013 年）**

　企業は定年制の廃止ないし 65 歳まで雇用（70 歳への引き上げが検討されている）

**高齢社会対策基本法**

**高齢社会対策基本理念**

(1) 国民が生涯にわたって就業その他の多様な社会的活動に参加する機会が確保される公正で活力ある社会

(2) 国民が生涯にわたって社会を構成する重要な一員として尊重され、地域社会が自立と連帯の精神に立脚して形成される社会

(3) 国民が生涯にわたって健やかで充実した生活を営むことができる豊かな社会

**一億総活躍推進法**

**住宅セーフティーネット法（2017 年 10 月）**

**高齢社会対策大綱（2017 年）**

① 年齢による画一化を見直し、すべての年代の人々が希望に応じて意欲・能力をいかして活躍できるエイジレス社会を目指す。

② 地域における生活基盤を整備し、人生のどの段階でも高齢期の暮らしを具体的に描ける地域コミュニティを作る。

③ 技術革新の成果が可能にする新しい高齢社会対策を志向する。

## 民間団体等による先駆的取り組み

　孤立した状況にある高齢者の安否確認のために、全国で自治体、生活協同組合（コープ）、その他の組織、団体により、高齢者の見守り支援活動が行われている。郵便配達、新聞配達、電気やガスの検針、宅配など一人暮らしの高齢者宅を訪問する機会を活かした多様な安否確認の方法が試みられている。また、民間の警備会社やスマホのアプリ、さらに将来は IoT、AI など最新の技術の活用が見込まれる。SNS などに慣れ親しんだ世代が高齢化を迎える頃には、こうした技術を利用した遠隔の安否確認もより広く利用されるようになろう。

　日常の生活物資の調達が、近隣の小規模商店から郊外の大型店舗にとってかわられつつある状況は、高齢者を買い物弱者としかねない。宅配、通販、訪問販売、買い物支援といった取り組みもなされているが、高齢者のニーズに対応できるよう広範かつきめ細かなネットワークとして構築される必要がある。一人暮らしの高齢者が精神的孤立感を深めることを防ぐ目的で、様々な交流の場を設けることも各地の自治体、コープ、あるいは NPO などにより試みられている。

　高齢者を対象とした支援活動を展開している栃木県宇都宮市を拠点とした社会福祉法人「ふれあいコープ」の先駆的な取り組みについて紹介したい。

## ふれあいコープ

とちぎコープ生活協同組合を母体として2006年に設立された。人と人の互助を目指す社会、すべての人が尊厳を持って生きられる社会を目指し、介護、子供や大人、高齢者や障害者が集う場所づくり、お互いに助け合う有償ボランティア活動「おたがいさま」など多岐にわたる。「おたがいさま活動」は、助けを必要としている人と、誰かの役に立ちたい人をつなぎ、必要な手助けを実現していく活動である。

一例として、ある中年男性のケースを紹介いただいた。彼は、家庭環境や学校、職場で様々な困難に見舞われ、安定した職に就くこともできず、当時は生活保護を受け、ほぼ引きこもり状態に陥っており、ごみ屋敷同然のアパートの一室に暮らしていた。アルコール依存もあり、自分で歩行することすらままならない状態であったそうだ。部屋の清掃、病院での診療などの支援が必要とされたが、自分も引きこもりを経験した若者が「自分ならその人の気持ちを理解できる」と言って、清掃支援に名乗り出てくれた。

車いすで通院させる必要が生じた際には、登録していた高齢者男性が手助けに来てくれた。当日はあいにくの雨だったが、車いすの男性が濡れないようにと、雨合羽を持参してくれたそうだ。その高齢者は、被支援者男性のアパートの電気の不具合を直したことをきっかけに、電気工事士の資格をとってしまったそうだ。しばらくして、中年男性から再び部屋の清掃を依頼する電話が施設にかかってきたが、その時、この男性は明らかに酒気を帯びていた。さすがのスタッフもその身勝手さに腹を立てたが、リーダーの「見捨ててはだめ」という一声で支援に向かった。この男性は、曲折を経て救護施設に入り、いまは自主的に明るく生活を送ることができるようになったそうだ。人の支援には、その時目に入る問題に対処する支援だけでなく、その人が抱えている複雑で多様な背景にまで思いを致したきめ細かな支援でないと、根本的な窮状からの脱出の糸口は見出せないのだという。

別の事例では、90歳を超えた女性が「ふれあいコープ」の介護施設に入ってきた。立ち上がることもできず、目を合わせて話すこともままならない、寝たきりの状態にあった女性の背中には痛々しい床ずれができていた。彼女の寝る向きを頻繁に変え、床ずれを治すとともに、少しでも本人が自ら動けるようにできないか、と期待を寄せながら地道な支援努力が続いた。その結果、テーブルに手をついて自ら立ち上がることができるようになった。高齢者の支援では、失われた能力は回復不能であるという前提に立って考えがちである。しかし、高齢者でも適切な支援を得られれば回復し得る能力があり、それを復活させ得るという観点からの介護の大切さを再認識させられたようだ。

「ふれあいコープ」では、高齢者宅を毎日3回訪れ、安否確認のみならず、毎日の暮らしぶりを把握しながら、支援する随時対応型の訪問介護も行っている。認知症のある80代前半の女性は、精神障害のある息子とともに生活保護と年金のみに頼って暮らしていた。結局息子は入院したが、母親は、在宅医、保健師、看護師などの連携の下にスタッフが定期的に自宅を訪問し、日々の暮らしを支えてもらいながら生活している。高齢者の自宅を定期的に訪問することにより、高齢者の生活上の危機を回避できる。

さらに、孤立しがちな高齢者に交流の場を提供するために、体操プログラムも実施している。体操であれば、健康維持という面もあり、男性高齢者にとっても参加のハードルが低いようだ。高齢者の心理に付け込んだ、悪質な商法の犠牲にならないよう、早めに気づき、適切な助言や対応で、深刻な事態に至ることを防ぐことも可能だという。「ふれあいコープ」の事例は、高齢者に寄り添い、一人一人の事情や背景も踏まえた、地道で粘り強い支援活動の重要性を雄弁に物語っているように思われた。

第8章　高齢者　171

# 提　言

　人々は日常生活に必要な様々なサービスをお金で買うか、行政からの提供を受けている。しかし、こうした方法では必要なサービスを受けられない、あるいはそのネットワークの狭間に落ちてしまう人々がいる。高齢者への支援についても、様々な支援を市場や行政を通じて調達するだけでは不十分だ。人々の相互の助け合いという社会の基本的な絆を前提とした支援体制を人々の意識のうちに、また、社会的制度としてもしっかりと構築することの必要性が痛感される。介護にしても生活物資の宅配にしても、人間が行ってこそ、という面があることは否定できない。人が人を支え合うコミュニティの中で高齢者が生きられることが望ましい。

❶　高齢者が住み慣れた地域で自立した生活を送るため、医療、介護、介護予防、住まい及び自立した日常生活の地域密着型支援が包括的に確保されるシステムの拡大を提言したい。そのためには、社会福祉協議会、シルバー人材センター、民生委員、町会、企業、NPO、生協などを巻き込んだ地域での支え合い体制づくりの推進が求められる。ふれあいコープの例などは大いに参考になろう。

❷　高齢者の孤立を防ぐ居住形態として、グループ・ホームなど多世代世帯からなるコミュニティ作りの取り組みを提言したい。シンガポールでは、集合住宅の一角に老人ホーム、保育園や幼稚園に加え、住民が日常的に顔を合わせるスペースを組み込み、多様な世代が共存する都市型コミュニティを創出している。高齢者を隔離、保護するのではなく、社会の主要な構成員として、多世代の日常世界に自然な形で組み込み、その中で高齢者に必要な支援が提供されることが望ましく、日本でも参考になる。現役世代にとっても、ボランティア活動、コミュニティ活動、趣味を通じた交流ネットワークの構築など、多元的なライフスタイルに変えていくことを心掛けることで、退職後の生活へのスムーズな移行に役立つであろう。

（佐々木諭、石原直紀）

# 第9章　障害者

SDGs 目標では、2030 年までに次の達成を目指すことが定められている。

目標 1（貧困）では、社会保障制度（ターゲット 1.3）、土地や経済的権利（ターゲット 1.4）、気候変動に対する強靭性（ターゲット 1.5）、目標 2 では、食料と栄養（ターゲット 2.1）を、障害者を含む脆弱な立場にあるすべての人が等しく得られるようにする。目標 4（教育）は、障害者の教育、職業訓練へ平等にアクセスできるようにする（ターゲット 4.5）。目標 8（雇用）は、障害者の完全雇用、同一労働同一賃金を達成する（ターゲット 8.5）。目標 9 は、すべての人がアクセスできる強靭なインフラを開発する（ターゲット 9.1）。目標 10（不平等の是正）は、障害者も含めすべての人の能力強化、包摂を促進し（ターゲット 10.2）、差別的な法律、政策、慣行を撤廃し（ターゲット 10.3）、社会保障政策の平等の拡大を漸進的に達成する（ターゲット 10.4）。目標 11（人間居住）は障害者の交通機関へのアクセス（ターゲット 11.2）、安全で包摂的な緑地や公共スペースを提供する（ターゲット 11.7）。目標 17（パートナーシップ）は、障害者を観察グループとして細分化したデータを作成する（ターゲット 17.18）。

　SDGs と障害者権利条約との関係では、包括性が重要である。すべての事項が相互に関連する問題であり、特定の目標やターゲットに偏ることなく、「誰も取り残されない」政策を心掛けなければならない。

# 9-1　障害者全般

## 現状と実態

### ● 1　障害者の範囲と人数

　「2019 年版障害者白書」（推計）によると、身体障害、知的障害、精神障害の各区分における障害者の概数は、在宅・施設入所者も含め身体障害者（身体障害児を含む。以下同じ）が 436 万人、知的障害者（知的障害児を含む。以下同じ）が 108 万 2000 人、精神障害者が 419 万 3000 人となっている（障害者（在宅）の年齢別内訳は図 1 の通り）。これを人口千人当たりの人数でみると、身体障害者は 34 人、知的障害者は 9 人、精神障害者は 33 人となる。行政が把握していない障害者も多いと思われるし、複数の障害を併せ持つ者もいるため単純な合計にはならないものの、統計的には、国民のおよそ 7.4 ％ が何らかの障害を有していることになる。2016 年全国在宅障害児・者等実態調査によると、障害者全体のうち男性が 52.5 ％、女性が 47.0 ％、65 歳未満は男性が 57.1 ％、女性が 42.6 ％ を占め、男性が多い。

　この推計の基礎となっている障害者の定義は、身体・知的・精神の 3 障害を含むという

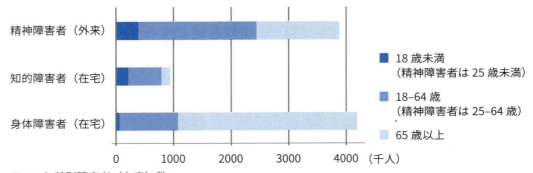

図1　年齢別障害者（在宅）数
出典：「2019年版障害者白書」p.235

点では、障害者基本法（第2条第1項）に沿っていると言える。しかし、「障害がある者にとって日常生活又は社会生活を営む上で障壁となるような社会における事物、制度、慣行、観念その他一切のものをいう」との社会的障壁の定義を十分に反映できていないという意味において、障害者権利条約（以下権利条約という）が定める障害の社会環境モデルに沿った定義とはなっていない。権利条約第1条では、「障害者には、長期的な身体的、精神的、知的又は感覚的な機能障害であって、様々な障壁との相互作用により他の者との平等を基礎として社会に完全かつ効果的に参加することを妨げ得るものを有する者を含む」と定義している。

都道府県別に障害者数（1万人当たり）を見ると、最も多いのは沖縄（897人）で、秋田（875人）、北海道（863人）、京都（852人）、宮崎（840人）の順であった。最も少ないのは千葉（486人）で、埼玉（486人）、茨城（502人）、神奈川（524人）、群馬（535人）の順であった（**指標B8**、図2）。

国際的には、世界保健機関（WHO）が2011年に「障害に関する世界報告」の中で、「全世界の人口の15％はなんらかの障害を抱えて生活している」と報告する基礎となった定義がある。それは、国連で組織された研究者グループ（ワシントングループ、以下WG）が提唱する障害者を特定するアンケート設問（ショートリスト）に基づく障害者の定義である。SDGs指標においても、

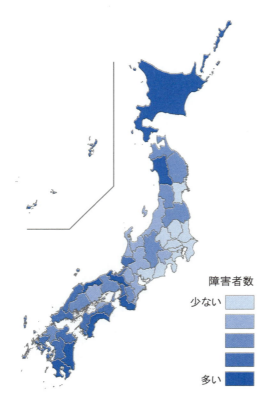

図2　障害者の都道府県別人数
出典：厚生労働省「福祉行政報告例」

表1 身体障害者手帳所持者数、年齢階層別（年次推移）（単位千人）

| 年　齢（歳） | 0-9 | 10-17 | 18-19 | 20-29 | 30-39 | 40-49 | 50-59 | 60-64 | 65-69 | 70- | 不詳 | 総数 |
|---|---|---|---|---|---|---|---|---|---|---|---|---|
| 2016年 | 31 | 37 | 10 | 74 | 98 | 186 | 314 | 331 | 576 | 2537 | 93 | 4287 |
| 2011年 | 40 | 33 | 10 | 57 | 110 | 168 | 323 | 443 | 439 | 2216 | 25 | 3864 |
| 対前回比（%） | 77.5 | 112.1 | 100.0 | 129.8 | 89.1 | 110.7 | 97.2 | 74.7 | 131.2 | 114.5 | 372.0 | 110.9 |

出典：平成28年全国在宅障害児・者等実態調査

2018年現在146か国中37か国がWGの定義を採用している。日本でも、障害者権利条約や障害者基本法が目指す「他の者との平等」を実現するために、国際比較が可能な障害者数をデータとして整備することが求められている。現状として日本の障害者人口は、高齢化によって特に身体障害者の数が増加している（表1）。

## ●2　障害者の生活・社会参加

### (1) 働きがいのある人間らしい雇用及び経済的自立

　障害者雇用促進法（1960年制定）は、障害者の雇用を促進するため、民間企業と国及び地方公共団体の任命権者に対し、常時雇用する従業員の一定割合以上の障害者の雇用を義務付けている。そして、障害者の雇用状況が一定の水準を満たしていない場合は、厚生労働大臣が「障害者雇入れ計画」の作成命令（第46条第1項）や障害者雇入れ計画の適正な実施に関する勧告（適正実施勧告）（第46条第6項）を行い、勧告に従わない場合は、民間の場合は企業名を公表できることになっている（第47条）。直近では2017年度の状況が2018年3月に公表されているが、民間企業、国及び地方公共団体などで勧告に従わず企業名を公表されたところはなかった。しかし、2017年に初めて半数の企業が雇用率を達成したにとどまり、障害者の雇用が進んでいるとは言えない。障害者差別解消法の成立を受けて、2018年4月に同法の改正が行われた。そこでは、雇用の分野における障害者に対する差別の禁止及び障害者が職場で働くに当たっての支障を改善するための措置（合理的配慮の提供義務）を定めるとともに、障害者の雇用に関する状況に鑑み、精神障害者を法定雇用率の算定基礎に加える等の措置を講ずるとされた。また、法改正と同時に、法定雇用率が民間企業で2.0％から2.2％に、国・地方公共団体等が2.3％から2.5％、都道府県等の教育委員会が2.2％から2.4％に引き上げられた。さらに、2021年4月までに各0.1％引き上げが決まっている。また、精神障害者が法定雇用率に算入された。しかし、実際の民間企業における障害者の雇用状況は法定雇用率を下回っている（表2）。

　2018年7月に中央官庁や地方公共団体の障害者雇用率の数値に不適切なものがあることが指摘された。対象となる障害者の範囲に誤りがあり、手帳や医療機関の証明などの確認が徹底されていなかったことが明らかになった。同年8月厚生労働省は再点検結果を公表したが、国の行政機関で雇用されている障害者数は前年12月の報告から3460人減少し、

表2　民間企業における障害者の雇用状況（2017年6月1日現在）

| 法定雇用障害者数の算定の基礎となる労働者数 | 障害者の数 | 実雇用率 | 法定雇用率達成企業の数／企業数 | 達成割合 |
|---|---|---|---|---|
| 25,204,720.0 人 | 495,795.0 人<br>［406,981 人］ | 1.97 % | 45,553／91,024 | 50.0 % |
| (24,650,200.5 人) | (474,374.0 人) | (1.92 %) | (43,569／89,359) | (48.8 %) |

注：[　] 内は実人員。
出典：厚生労働省「平成29年『障害者雇用状況』の集計結果」

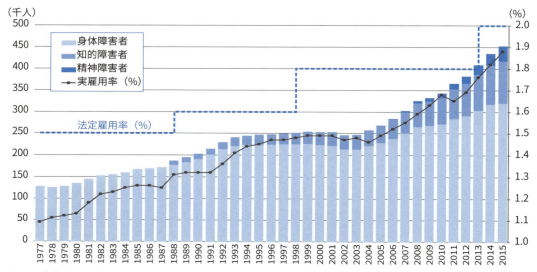

図3　障害者雇用状況の推移
出典：厚生労働省職業安定局障害者雇用対策課　第72回労働政策審議会障害者雇用分科会参考資料1

3407.5人となり、実雇用率は2.49％から1.19％と改訂された。その後、2019年6月の発表でも、国の行政機関における実雇用率は1.24％と法定雇用率（2.5％）は達成されていない。

障害者の雇用は、精神障害者で近年伸びているが、企業規模では大企業に雇用率達成の企業が多いのに対し、中小企業の達成率が低くなっており、産業別にも福祉医療系で高く、農林漁業で低いなど、偏りがある。

誰も取り残されないというSDGsの理念に照らして、障害種別だけでなく、性別や国籍別、地域間の格差についても注視する必要があるが、法定雇用率の調査「障害者雇用状況」では、性別を問いに含めていない。業務統計においても、ジェンダーや地域別の分析のために、調査票の点検が必要である。

都道府県別に障害者雇用率を見ると、最も高いのは奈良（2.62％）で、山口（2.56％）、佐賀（2.54％）、岡山（2.52％）、大分（2.44％）の順であった。最も低いのは東京（1.88％）で、愛知（1.89％）、千葉（1.91％）、大阪（1.92％）、神奈川（1.92％）の順であった（指標C8、図4）。

障害者の社会参加の促進の視点からは、稼働年齢層（15–64歳）の把握が特に重要である。

OECDの報告書（2003年）では20–64歳人口における「障害者」の割合を、1990年代後半時点において国際比較した結果が紹介されている（『図表でみる世界の障害者政策――障害をもつ人の不可能を可能に変えるOECDの挑戦』明石書店）。同報告書には日本は入っていないが、同志社大学教授埋橋孝文の推計（2006年）によれば、OECD平均が13.5％のところ日本は3.54％と極端に低いという考察がある。就労率についても同様にOECD平均43％のところ、日本は32％と低いという結果が示されている。この違いは障害者の定義の違いが影響している部分もあると考えられる。OECDが比較した20か国中14か国は欧州家計研究パネル調査がベースとなっており「あなたは、慢性的な心身の健康問題、病気、障害をもっていますか」と、「あなたは、その慢性的な心身の健康問題、病気、障害によって、あなたの日常活動が制限されていますか」という、2つの質問が用いられた。障害認定や各種手帳所持が前提となる日本の障害者の定義よりも広い可能性がある。日本においても、全国規模の統計調査で同様の設問をいれれば、国際比較の手掛かりができる。

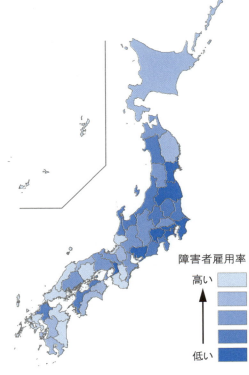

図4　障害者雇用率
出典：総務省、国勢調査

### (2) 障害者の所得保障

　障害者の所得保障については、1986年に国民基礎年金制度が始まり年金が個人給付に変わり、新たに障害基礎年金制度が始まった。それまで生まれつき障害のある人は成人しても、自分の年金を受けることができず、家族の経済的支援に頼るか、生活保護を受けるしか生活していく方法はなかった。しかし障害基礎年金によって障害者が自分名義の公的年金を受給できるようになった。20歳以上で障害者になった人の場合、障害基礎年金の受給要件には、障害を負う前の国民年金加入と保険料負担の条件があるため、それを満たしていない、例えば、学生のときに保険料を滞納していて障害を負った場合、無年金状態になる人がいることも事実である。障害基礎年金の受給には定期的に障害程度の審査があるため、障害が軽度になれば支給が停止されることもあるが、その審査において自治体間に判断の違い（差）があることを問題視する意見もある。障害の程度により給付額の違いがあり、介護や医療的ケアを必要とする重度障害者では年金ですべてを賄えないという現実も

ある。したがって、障害者の就労支援は社会参加のみならず、障害者の経済的自立にとって不可欠なことであり、賃金の一部を公的費用で補助することによって成り立つ保護雇用などの公助が重要になっている。

　生活保護制度の受給世帯の中で、障害及び傷病者世帯は2017年に44万世帯（27.3％）となっており、障害基礎年金創設後も生活保護が障害者の重要な所得保障になっている。

## (3) 障害者支援サービス

　障害者に対する福祉サービスを総合的に定めた障害者総合支援法（2013年4月施行）は、それ以前の障害種別ごとに縦割りのサービス体系を是正し、年齢的にも障害児を含む包括的な制度を可能にした。それまで障害当事者だけの支援だった障害者福祉サービスの考え方から脱し、障害児者のいる家族の支援が福祉サービスの中に含まれるようになった。一方、サービスの実施主体である市区町村に実施が委ねられる部分があるため、障害者総合支援法のもと全国一律で実施されるサービスと市区町村で独自に行うサービスがあり、これによって、住む場所によってサービスの内容に違いがでている。例えば、医療費の自己負担部分を補てんする制度がある市区町村がある一方、そのような制度がない自治体も多い。また、地方単独事業として障害児者のタクシーによる移動支援に給付を出す奈良県香芝市などの自治体もある。障害者の福祉サービスのひとつである移動支援給付が、通学や通勤に使えないことが大きな問題になっている。住む場所によって異なる障害福祉サービスの地域間格差であり、障害者団体は是正を求めている。

## (4) インクルーシブ教育

　日本ですべての障害児が義務教育を受ける権利を保障されるようになったのは、養護学校義務化がなされた1979年からである。それ以前は、就学猶予・免除によって全国で一万人以上の在宅障害児が義務教育から排除されていた。養護学校（2007年から特別支援学校に改称）の整備が進んだ一方で、地域の普通学校に通いたくとも通えなくなったという新たな問題もでている。少子化で全体として小中高在籍者数が減少する一方で、特別支援学校の在籍者数は年々増加しており、2018年には14万3000人と前年より千人増加し、過去最多になった（文部科学省「平成30年度学校基本調査」）。少子化の時代に専門的で手厚い教育がより広く障害のある児童に提供されるようになったとみるか、普通学校から排除される児童が増えたとみるか、意見は分かれるところである。特別支援学校高等部の卒業生の就職率は3割程度にとどまっている。インクルーシブ教育が社会への包摂を目指すものであるとしたら、日本の教育はその成果を十分に発揮していないのが現実である。

　特別支援学校高等部の卒業生の大学進学率は3％という調査結果（「学校基本調査」）がある。学習能力の違いを考えても、障害のある人の高等教育進学率の低さは問題である。最

近は大学において障害のある受験生に配慮した入試が実施されるところも出てきたが、入学後に充分な支援が受けられるかどうかは、それぞれの大学にまかされている。

**(5) ユニバーサルデザイン**

　2006年、バリアフリー新法（高齢者、障害者等の移動等の円滑化の促進に関する法律）がスタートした。それ以前にあった建物のバリアフリー法と公共交通機関に関する交通バリアフリー法を統合したものだが、時を同じくして、ユニバーサルデザインという言葉が頻繁に使われるようになった。バリアフリーが障害者のように特定の人のバリア（障壁）を解消することを目的として設計するのに対して、ユニバーサルデザインは、最初から多くの利用者が使いやすいものを作る設計手法という違いがある。

　都道府県別にバリアフリー化率（鉄道駅）を見ると、最も低いのは大分（10.3％）で、宮崎（11.8％）、鹿児島（12.9％）、山口（13.2％）、青森（15.0％）、秋田（15.2％）、北海道（18.7％）の順であった。最も高いのは鉄道が限られる沖縄（100％）で、神奈川（87.1％）、東京（86.9％）、大阪（80.5％）、埼玉（76.5％）、愛知（70.3％）、千葉（69.1％）の順であった（**指標F3**、図5）。

　ユニバーサルデザインの考え方は、障害者に対してハード面だけでなくソフト面でも支援の必要性があることを表すのに用いられている。聴覚に障害のある人には手話や要約筆記や字幕による情報保障（知る権利を保障すること）の重要性を表明している。ユニバーサルデザインは、障害者だけでなく、社会的少数派である日本語を母国語としない人々や性的マイノリティなどにも利用される概念になっている。

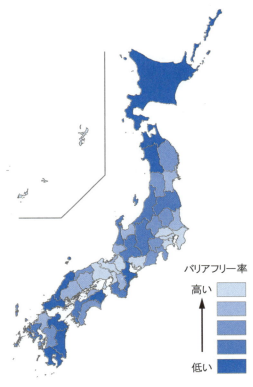

図5　バリアフリー化率（鉄道駅）
出典：国土交通省「段差解消への対応について」（2018年）

## ●3　不当な差別的取扱いの禁止

**(1) 差別や偏見**

　国は、差別解消の推進に関する基本方針（2015年）の下に、地域フォーラム開催などを通じて障害者に対する不当な差別の解消に努めてきた。障害者差別解消法（2016年4月施行）は、障害者権利条約を批准するにあたって、障害者差別を禁止する根拠法として整備が不

可欠のものであった。障害の社会環境モデルは、社会的障壁をハード面だけでなく、偏見・慣習などソフト面にも広げているが、同法施行後、具体的な差別事例が各地で報告されている。

　雇用で合理的配慮をしないことが障害者差別として位置付けられ、事業主にその解消が義務付けられたことは障害者就労施策にとって大きな前進と言える。ただ、障害者の就労には労働法に位置付けられた就労だけでなく、福祉として位置付けられている福祉的就労があるため、統一のとれた対応ができないのが実態である。福祉的就労においては最低賃金も適用されず、月に数千円というわずかな工賃での就労が大多数を占めている。

　内閣府「障害者に関する世論調査」（2017年9月公表資料）によれば、障害者に対する差別や偏見があると答えた人の割合が83.9％となった。5年前の89.2％から少し改善したとはいえ依然として極めて高い水準にある。障害者権利条約が障害者の人権の保障を目的に策定されたことを考えると、批准国の国民が障害者に対する差別や偏見を、人権の問題として認識できるようにならなければならないだろう。「障害者差別禁止法はできたが、ろう者の苦しみは変わらない」との声が依然として聞かれる。障害を理由とした権利の制限、欠格条項（資格や免許の取得を門前払いにする）を含む法制度がまだ残っているので、関連法令の削減、除去に取り組む努力、障害者に対して性別による差別をしてはならないという法改正の検討などが課題である。

　障害者虐待防止法が2012年10月に施行された。本法は「障害者に対する虐待が障害者の尊厳を害するもの」とし、「障害者の権利利益の擁護に資することを目的」としている。養護者、障害者福祉施設従事者等、使用者（雇用主）が虐待する側になりうると定め、虐待の通報義務を定めている。まさに、人権擁護の基本が担保されるための法といえる。本法施行後、障害者に対する虐待の通報は確実に増え、虐待が人権侵害にあたることの認識が社会に広まってきている。


## (2) 旧優生保護法（1948-96）と不妊手術

　2018年3月、旧優生保護法の下、強制的に不妊手術をされたとして国家の謝罪と賠償を求めて、70歳代の女性が仙台地方裁判所に提訴した。その後、日本各地で様々な障害をもつ男女が同様の訴えを起こしている。旧優性保護法（1948~96年）は、戦後のベビーブームの頃に制定された法律で、「優生上の見地から不良な子孫の出生を防止する」すなわち病気や障害をもつ子どもが生まれてこないようにすることと、「母性の生命健康を保護する」すなわち女性の、妊娠・出産する機能を保護するという2つの目的のもと制定された。日弁連によると全国で2万5000人が不妊手術を受け、うち強制されたのは1万6500人といわれている。国連の性差別撤廃委員会が「強制不妊手術の実態調査」の実施を日本政府に対して勧告していたが、政府は旧法の下では合法であったとして調査を拒否してきた。し

かし、仙台の訴訟を機に、各地の自治体に強制不妊手術の実態調査を求める動きが活発化し、国会でも与野党超党派の議員連盟が発足し、2019年4月、被害者に一時金を支給する法律が議員立法で成立し、施行された。

兵庫県では1966年から1972年にかけて、「不幸な子どもの生まれない運動」が県の推奨する運動として実施され、そこで、出生前診断が推奨された。しかし後に障害者の人権を著しく阻害する活動だと批判を浴び中止された。旧優生保護法は1996年に母体保護法として改訂された。しかし、障害のある子どもを持つことは不幸であるという偏見は人々の中に依然強く残っており、近年新型出生前検査による人工妊娠中絶の増加に結び付いている。障害児を生んだ親の相談の受け入れ強化や支援の拡充なしに、根強い偏見はなくならない。

### (3) 長期入院する精神障害者

1年以上入院している精神障害者は20万人という推計が厚労省の検討会から出された（2014年3月）。日本精神科病院協会が厚労省の委託を受けて行った調査「精神障害者社会復帰サービスニーズ等調査事業」の報告書（2003年10月）によると、通算入院期間が5年以上10年未満が14.8％、10年以上20年未満が18.8％、20年以上が29.8％との結果が発表された。OECDの保健データ（2012年）によると、日本の平均入院日数は突出して長く54.4~79.7日で、その主な原因は、長期に入院している精神障害者の存在だと言われている。OECDの報告では、人口10万人当たりの精神病床数でも日本は269床とOECD平均68床の約4倍になっている。この実態について、OECDは、日本の精神医療においては脱施設化への移行が進んでいないと分析している。そして、長期入院患者が自宅や地域に戻って効果的な治療を続けることができるよう、さらなる入院期間の短縮と入院病床の削減を行うべきだと述べている。精神障害者の社会福祉が進んでいない現状は、日本社会の精神障害者に対する偏見や閉鎖性を裏付けるものである。

## 主要な関連法規、公的措置

　障害者に関する施策は障害者基本法の理念に沿って制度やサービスの普及が図られてきた。障害者の施策に係る計画は障害者基本法第11条により、国・自治体（都道府県と市区町村）それぞれで定めることになっている。国では第4次障害者基本計画（2018~2022年）を実施中で、都道府県では障害者政策の全般をめぐる方向性・指針を定め、市区町村では具体的な施策の障害者計画を定めている。2013年の基本法の全面的改正を受けて、在宅での生活支援、就労の促進、バリアフリーに加えて情報保障の充実などが図られてきた。障害者施策の最前線である市区町村では、様々な呼称で計画が策定されている。

　重要法規は以下の通り。

障害者雇用促進法（1960年4月施行）

バリアフリー新法（2006年10月施行）

障害者権利条約（2007年署名 2014年2月批准発効）

障害者虐待防止法（2012年10月）

障害者基本法　（2013年6月改正）

障害者総合支援法（2013年4月）

障害者差別解消法（2016年4月）

旧優生保護法に基づく優生手術等を受けた者に対する一時金支給に関する法律（2019年4月）

## 民間団体等による先駆的取り組み

### 全国自立生活センター協議会

　障害当事者が自立生活を進める運動体として1986年、日本独自に開始以来、現在全国に124の加盟団体に発展している。各事業所はすべて、代表・事務局長が障害者であること、運営委員の51％以上が障害者であること、障害種別を越えたサービスを行っていること、情報提供と権利擁護を基本サービスとして行っていること、の要件を満たさなければならない。

　加盟団体は、事業と運動の両方を行っている。事業として、障害者の自立生活をサポートする研修や相談、介助者の派遣を行っている。障害当事者が相談を受けるピア・カウンセリングをはじめ、障害者の自立生活に必要なサービスを提供している。初めてひとり暮らしをする人のための自立生活体験室、車椅子のまま乗れる車による移動サービス、車椅子生活にあわせた住宅改造などがある。特に、重度で医療的ケアの必要な人のためには、特別の支援、介助が欠かせないが、介助者の養成に導入された重度訪問介護研修システムは、同センターの提案が基礎となっている。現在では、国内のみならず、アジア諸国で自立生活センターの普及に協力しているほか、国際協力機構（JICA）などの国際協力にも講師として障害者の自立生活の普及に協力している。

# 提　言

**❶** SDGs 目標の確実な実施を図るためには、障害者の就労率に加えて、バリアフリー化などでも具体的な数値目標を設定するよう提言したい。

**❷** 事実に基づく政策立案と事後評価のために国と自治体は様々な統計データを活用しなければならないが、そのための調査データがないことが問題になっている。SDGs 指標では障害者に特化した指標はなく、様々な状況にある人々を比較するときに障害者が取り上げられる。社会保障制度（人口割合）では、障害者、女性、外国人に細分化されたグループ間での比較を求めている。障害のある人とない人の比較には、全国規模の調査で障害のある人を特定する設問が必要である。国連で組織された研究者グループ（ワシントングループ）は障害者を特定したアンケート設問を採用している。

日本においても、厚生労働省による国民生活基礎調査の 3 年に一度の大規模調査年に、ワシントングループの設問をいれることを提言したい。また、障害者を対象にした調査である生活のしづらさ調査（全国在宅障害児・者等実態調査）は、現状の世論調査の位置づけから基幹統計調査に格上げすることで、統計法（第 32 条及び第 33 条）に基づく調査の個票データの二次利用が可能になり、政策立案に関わる行政関係者や研究者による再集計・解析の途が開かれる。

**❸** 複合差別の解消に役立てるためには必ず性別を設問に入れることが必要である。障害者雇用調査などの業務統計では、性別をきかない調査もあるが、同じ調査の中での比較が重要であるから、性別は必ず含めるよう提言したい。

（勝又幸子）

第 9 章　障害者　　183

# 9-2　ハンセン病患者・回復者

## 現状と実態

### ● 1　ハンセン病の疾病としての歴史と現状

　ハンセン病とは末梢神経と皮膚に病変を起こす感染症である。疾病としての歴史は古く、旧約聖書（レビ記 13 章 45-46）などをはじめとする古文献にハンセン病を思わせる記述は多いとされる。しかしながら、古文献に見られるのはいずれも難治性の皮膚病としての記述であり、ハンセン病を必ずしも意味しないため、その起源を精密に同定することは長く困難であった。しかしながら近年の分子生物学の知見により、その起源は東アフリカまたは近東地域に求めることができ、他地域へは、移民や殖民、または奴隷貿易などに伴う人口移動によって、徐々に広がっていったことが判明している。ハンセン病が他の皮膚疾患とともに認識されていたことから、各地域への伝播の時期は諸説あるが、概ね紀元前 300 年頃までには欧州に伝播し、日本には 6 世紀頃、南北アメリカにまで伝播したのは 500 年以内のこととされている（森修一「ハンセン病と医学——第 1 回、ヨーロッパへのハンセン病の伝播」国立感染症研究所ハンセン病研究センター、2014 年）。

　現在では世界で年間約 21 万人が、新たにハンセン病と診断されている。世界保健機関（WHO）が推奨する治療期間は最長 12 か月であるため、毎年発見される患者は新しい集団である（表 3）。日本における新規発見患者数は、過去 10 年間は年間 10 人未満にとどまっており、過半が外国籍か高齢者である（表 4）。また過去の隔離政策によって設置された全国 13 か所のハンセン病療養所における入所者数は 1338 名である（2018 年 5 月現在）。入所者はいずれも治癒しており、平均年齢は約 85 歳である。

### ● 2　生活と社会参加にかかわる政策の展開

　1897 年に開催された万国癩会議において、感染症たるハンセン病の予防策として隔離が適当であると合意されたこと、そして欧米諸国との条約改正により内地雑居が開始され、当時 3 万人を超えるとされたハンセン病患者の存在が国辱であるとの文脈で政策論議が進んだことを受け、1907 年、法律第 11 条「癩予防ニ関スル件」が成立した。当初は資力のない放浪患者を対象にした法律であったが、1931 年癩予防法の施行とともに、強制隔離へと方針が転換された。同法の施行は、無癩県運動に代表されるすべてのハンセン病患者を社会から隔離するという官民一体の運動と、優生学的観点から断種、強制中絶を施すことで「望ましくない性質の子孫への伝達を断つ」という施策が並行して進められたことで、その権利主体性の否定へと大きく舵を切った契機であったと言える。

184

表 3　ハンセン病の新規発見患者数（WHO の地域別、2008–2017 年）

| | 2008 | 2009 | 2010 | 2011 | 2012 | 2013 | 2014 | 2015 | 2016 | 2017 |
|---|---|---|---|---|---|---|---|---|---|---|
| アフリカ | 29,814 | 28,935 | 25,345 | 20,213 | 20,599 | 20,911 | 18,597 | 20,004 | 19,384 | 20,416 |
| アメリカ | 41,891 | 40,474 | 37,740 | 36,832 | 36,178 | 33,084 | 33,789 | 28,806 | 27,356 | 29,101 |
| 地中海東部 | 3,938 | 4,029 | 4,080 | 4,357 | 4,235 | 1,680 | 2,342 | 2,167 | 2,834 | 3,550 |
| 東南アジア | 167,505 | 166,115 | 156,254 | 160,132 | 166,445 | 155,385 | 154,834 | 156,118 | 163,095 | 153,487 |
| 西太平洋 | 5,859 | 5,243 | 5,055 | 5,092 | 5,400 | 4,596 | 4,337 | 3,645 | 3,914 | 4,084 |
| 欧　州 | | | | | | | | 18 | 32 | 33 |
| 合　計 | 249,007 | 244,796 | 228,474 | 226,626 | 232,857 | 215,656 | 213,899 | 210,758 | 216,615 | 210,671 |

出典：WHO, *Weekly Epidemiological Record*, Vol. 93, No. 35, p. 448（2018 年 8 月）

表 4　日本のハンセン病患者数推移（1993–2019 年）

| | 日本人 | | 外国人 | | 合　計 |
|---|---|---|---|---|---|
| | 男 | 女 | 男 | 女 | |
| 1993 | 7 | 1 | 9 | 1 | 18 |
| 1994 | 2 | 7 | 4 | 2 | 15 |
| 1995 | 5 | 3 | 9 | 1 | 18 |
| 1996 | 4 | 2 | 14 | 4 | 24 |
| 1997 | 3 | 3 | 6 | 2 | 14 |
| 1998 | 3 | 2 | 2 | 3 | 10 |
| 1999 | 6 | 2 | 7 | 4 | 19 |
| 2000 | 2 | 4 | 5 | 3 | 14 |
| 2001 | 3 | 2 | 5 | 3 | 13 |
| 2002 | 4 | 3 | 6 | 3 | 16 |
| 2003 | 1 | 0 | 6 | 1 | 8 |
| 2004 | 2 | 2 | 7 | 1 | 12 |
| 2005 | 0 | 0 | 5 | 1 | 6 |
| 2006 | 1 | 0 | 6 | 0 | 7 |
| 2007 | 1 | 0 | 10 | 1 | 12 |
| 2008 | 2 | 1 | 1 | 3 | 7 |
| 2009 | 0 | 0 | 1 | 1 | 2 |
| 2010 | 0 | 0 | 4 | 0 | 4 |
| 2011 | 1 | 1 | 2 | 1 | 5 |
| 2012 | 0 | 0 | 3 | 0 | 3 |
| 2013 | 0 | 1 | 2 | 0 | 3 |
| 2014 | 1 | 0 | 1 | 3 | 5 |
| 2015 | 1 | 0 | 4 | 2 | 7 |
| 2016 | 0 | 0 | 3 | 0 | 3 |
| 2017 | 0 | 1 | 1 | 0 | 2 |

出典：国立感染症研究所「ハンセン病医療関係者向け」（2018 年 4 月 12 日）

この隔離方針は、1953年らい予防法成立で一層強化されることとなる。この間に化学療法の治験が進み、ハンセン病は治る病気へと移行しつつあったが、80年代に開発され、現在も使用されている治療薬が導入された後も同法は継続し、その廃止は1996年まで待たなくてはならなかった。

　らい予防法廃止後の2001年には「ハンセン病療養所入所等に対する補償金の支給等に関する法律」が、2009年には、「ハンセン病問題の解決の促進に関する法律」が施行され、前者においては、ハンセン病療養所入所者等の被った精神的苦痛を慰謝するための補償金の支給、後者においては入所者に対する住環境、医療・介護サービスの提供についての保証、名誉回復のための国立ハンセン病資料館の設置、歴史的建造物の保存、啓発活動などの措置を講ずるものとすることが定められている。

## ●3　差別・偏見による被害の態様

　戦前からの隔離政策の推進に伴い、社会におけるハンセン病に対する恐怖、嫌悪感が醸成されたことは否めない。その結果として、ハンセン病の患者のみならず、治癒した後のいわゆる元患者、さらにはその家族たちにまで、就学、就業、結婚等の社会生活の面で甚大な影響を及ぼした。加えて、強制隔離による療養所における処遇は、入所者の外部社会への復帰を妨げる要素ともなった。日弁連法務研究財団が行ったハンセン病療養所入所者に対する調査によれば、生活満足度は日本の一般高齢者よりも低く（LSIK得点2.3）、うつ病（4.3％、調査対象の77歳の平均は3.0％）、不眠（24.1％、70歳以上の平均は7.8％）で治療を受けている者の割合、自殺率（人口10万人あたり自殺者数は45.2人、全体平均は20人）がいずれも有意に高い（ハンセン病問題に関する検証会議「ハンセン病問題に関する被害実態調査報告」2005年3月）。また2016年3月に実施された入所者及び退所者を対象とした調査でも、77％が「病気への差別や偏見がいまだにある」と回答している（毎日新聞「アンケート調査」2016年3月27日）。

## 主要な関連法規、公的措置

「らい予防法の廃止に関する法律」（1996年）

「らい予防法の廃止に関する法律」附帯決議（1996年3月、衆・参厚生委）

「らい予防法」違憲国家賠償請求事件判決骨子（2001年5月）

ハンセン病問題の早期かつ全面的な解決に向けての内閣総理大臣談話、政府声明（2001年5月）

ハンセン病療養所入所者等に対する補償金の支給等に関する法律施行規則（2001年厚労省令第133号）

ハンセン病問題対策協議会における確認事項（2001年12月）

ハンセン病問題の解決の促進に関する法律（2008年）

ハンセン病国家賠償請求訴訟熊本地裁判決（2019年6月20日）に関する首相談話（2019年7月）

# 提　言

**①** 医科学的裏付けのないままに差別的な法制が継続したという歴史を繰り返さないためにも、当事者の権利に関する体系的な整理、疾病を理由とする差別・偏見低減のための啓発が求められる。

**②** 入所者の平均年齢が85歳を超えている日本においては、喫緊の課題として次世代に教訓を残し、伝えるための歴史保存が求められる。保存すべき歴史とは、「生きた証」としての文書記録、芸術・文芸作品のほかに、オーラル・ヒストリーに代表される「記憶」が含まれる。オーラル・ヒストリーについては、入所者の平均年齢からも、収集が年を追うごとに困難となることが予想される。

（世古将人）

第9章　障害者　　187

# 第10章　LGBT

2030アジェンダは、LGBTも含めてすべての人の人権が尊重され、尊厳と平等の下に、健康な環境で、潜在能力を発揮できることを目指している。SDGs目標では、2030年までに次の達成を目指すことが定められている。

目標3（医療・福祉）は、質の高い保健サービス、効果的な必須医薬品へのアクセスを含む、ユニバーサル・ヘルス・カバレッジ（UHC）を達成する（ターゲット3.8）。目標4（教育）は、2030年までに、働き甲斐のある人間らしい仕事に必要な技能を備えた人の割合を大幅に増加させる（ターゲット4.4）。あらゆるレベルの教育、職業訓練に平等にアクセスできるようにする（ターゲット4.5）。SDGs目標5（ジェンダー平等）は、性と生殖に関する健康及び権利への普遍的アクセスを確保する（ターゲット5.6）。SDGs目標8（就労）は、2030年までに、すべての男性及び女性の完全雇用、働きがいのある人間らしい仕事、同一労働同一賃金を達成する（ターゲット8.5）。目標10（不平等の是正）は、すべての人の能力強化と包摂を促進する（ターゲット10.2）。差別的な法律・政策・慣行の撤廃、及び適切な法規・政策・行動の促進を通じて、機会均等を確保する（ターゲット10.3）。社会保障などの政策を導入し平等の拡大を漸進的に達成する（ターゲット10.4）。目標16（公正な社会）は、持続的開発のための非差別的な法規、政策を推進し、実施する（ターゲット16.b）。

「世界中どこにもあって、一部の国では受け入れられ公にされているのに76か国では違法とされているのは何？」――国連人権高等弁務官事務所が2013年に作成した動画に出てくる問いかけだ。答えはLGBTであること。その前年には潘基文国連事務総長（当時）がLGBTについて人権理事会で次の演説を行った。「性的指向や性自認は扱いが難しい、微妙な問題であると言う人たちがいます。その気持ちはわかります。実際、私も若い頃、成長する過程で同世代の多くの人たちと同じくそうした問題について話をしたことはありませんでした。しかし、私は声をあげることを学びました。それは生命にかかわる問題だからです」。

昨今、LGBTをめぐる議論は国際社会で白熱している。すべての人は生まれながらに自由で平等だと世界人権宣言では述べられているのに、LGBTの人々は住む家や仕事を奪われたり、病院にもアクセスできなかったりと、多くの国で大変な迫害にさらされている。国によって程度の違いはあるが、日本でもLGBT当事者たちは様々な困難に直面している。

「誰も取り残されない」の対象からLGBTの人々が抜け落ちないためにはどうしたらよいかとの視点から、日本国内のLGBTの人々が置かれた状況とSDGs目標3（医療・福祉）、目標4（教育）、目標8（就労）、目標10及び16（非差別的な法規）との関連を取り上げたい。

## 現状と実態

### ● 1　LGBT とは何か

　人の性には、大きく分けて ① 生物学的な性、② 性的指向、③ 性自認、④ 性表現 の 4 つの要素があるとされる。

　それぞれ解説すると、① 生物学的な性は、ある人が生物学的にオスなのかメスなのかという染色体、生殖腺もしくは解剖学的な事象を表す。② 性的指向とは、ある人がどのような性別の人に惹かれるかを表す。③ 性自認とは、ある人がどのような性別であるかという内的な感じ方を表す。④ 性表現とは、ある人の服装や仕草、外見から読み取られる男らしさや

| 人の性に関する 4 要素 |
| --- |
| ① 生物学的な性 |
| ② 性的指向 |
| ③ 性自認 |
| ④ 性表現 |

女らしさを表す。この 4 要素は、人によって組み合わさり方が異なり、その違いが社会によって許容されることもあれば、排除の理由にされることもある。LGBT とは、② 性的指向および③ 性自認をめぐり周縁化されやすい人々のことをいう。

**性的指向**　　性的指向については「人間はだれもが異性に惹かれるものだ」という決めつけがなされやすいが、実際には同性に惹かれる人も、どちらの性別にも惹かれる（あるいは恋愛において相手の性別は重要ではない）人もいて、これらは血液型と同じように個人の意思では変更や選択ができない。世界保健機関（WHO）は、同性間での恋愛ないし性愛について 1993 年に「人間の自然なセクシュアリティのひとつであり、いかなる意味でも治療や矯正の対象とはならない」と宣言している。一般に男性に惹かれる男性をゲイ、女性に惹かれる女性をレズビアンという。また、男性にも女性にも魅力を感じる人または好きになる相手の性別を重視しない人をバイセクシュアルという。誰にも性的魅力を感じない A セクシュアル（エイセクシュアル）の人もいる。異性に惹かれる多数派の人をヘテロセクシュアルという。定説によればゲイやレズビアン、バイセクシュアルなど同性に魅力を感じる人々はどの社会でも人口の概ね 3–5 % 程度が該当する。

**性自認**　　ほとんどの人は性自認が生物学的な性と一致しているシスジェンダーだが、性自認と生物学的な性が一致しないトランスジェンダーの人もいる。トランスジェンダーの人口は国連開発計画による報告書「討議資料：トランスジェンダーの健康と人権」（Discussion Paper: Transgender Health and Human Rights, 2013 年）では、成人人口の 0.3 % 程度（米国での推定値）とされる。男性として生まれ女性の性自認を持つ人をトランス女性、逆に女性として生まれ男性の性自認を持つ人をトランス男性と呼ぶ。男女どちらかではなく中間的、あるいは流動的な性自認を持つ人もいる。性自認に沿った髪型や服装、周囲からの扱われ方を必要とするトランスジェンダーもいれば、身体的な性別移行（希望する性別に近づけるホルモン療法や外科的手術など）を必要とするトランスジェンダーもおり、当事者の生き方は多

様である。身体的な性別移行のためには日本では性同一性障害の診断を受けることがガイドライン上求められているが、性別越境を病理ととらえることには批判もある。世界保健機関は2018年、国際疾病の分類上、性同一性障害を精神疾患の分類から外し、名称も性別不合と改めた。今後も医学的位置付けは変更される可能性がある。

　ここにいうLGBTとは、レズビアン、ゲイ、バイセクシュアルという性的指向におけるマイノリティと、性自認のあり方をめぐるトランスジェンダーの、それぞれ頭文字を取って並べた用語であり、狭義の性的少数者と同義で使われる。ただ、便宜上多数・少数との区分をしても、そもそも人の性のあり方は人間の数だけ多様である。

　LGBTはSDGs目標の関連で、以下に挙げる医療・福祉、教育、就労、差別等に関する困りごとを抱えているが、これらの課題は必ずしもLGBTに限定されない。

## ●2　医療・福祉

　LGBTにとってしばしば医療や福祉サービスはアクセスしづらいものである。保険証に記載されている性別や氏名が出生時から変更されていないトランスジェンダーは受診の際に事情の説明を求められやすい。理解されるかどうか不安になりながら窓口で性別のことを伝え、待合室で戸籍上のフルネームで呼び出されようものなら、今度は「あの人、女性の服を着ているけど男性なの？」などと周りからの奇異の目にさらされてしまう。必然的に受診抑制や生活圏外の病院を探すことが増える。トランス男性の婦人科系受診やトランス女性の泌尿器科受診はさらに困難で、そもそも検診などにもアクセスできず症状は進行しがちである。入院時に希望しない性別の大部屋に入れられてしまう、国内での医療資源が乏しいゆえに海外で性別適合手術を受けたがアフターケアが受けられないといった課題もある。

　同性パートナーを持つ人々も不安を抱えている。事実上の家族であるパートナーに自分の病状や治療方針について医師から説明してほしい、あるいは手術の同意書にもサインさせてほしいと願っても認められないことがある。法的な親族が優先されパートナーの臨終の際、締め出されることさえある。悲嘆ははかりしれない。

　福祉サービスにつながるのにも不安がある。就職上の困難を抱え貧困に陥るトランスジェンダーは多いが、ホームレスになった場合にも男女別のシェルターは使用しづらい。異性間で発生するドメスティック・バイオレンスや性暴力はLGBTの間でも起きるが、被害が想定されていないことが多いため相談のハードルは一段と高くなっている。そもそも日頃から無理解や偏見を恐れてカミングアウトしていない当事者にとって、何かがあったときに自己開示して支援を求めることは容易ではない。

　このような現状を変えるべく新たな動きもある。2017年、厚生労働省はトランスジェンダーの健康保険証について通称名の記載、戸籍の性別を裏面記載できるように通知を出

した。通称名で診察券を出す病院、待合室では番号で呼ぶ病院などもある。横須賀市の市立病院では同性パートナーも法的な親族と同様に面会や手術の同意を可能とする旨の方針を明らかにした。そもそも医療福祉の現場においては本人の意思こそが最も重要とされるべきで対応は可能なはずである。日頃の業務を見直し、LGBTのニーズを想定して先進事例を共有することが現場では求められている。LGBTと医療福祉をめぐる状況は、NPO法人 Queer and Women's Resource Center（QWRC）が発行している冊子『LGBTと医療福祉（改訂版）』が詳しく、インターネット上から無料でダウンロードできる（http://qwrc.org/2016iryoufukushicmyk.pdf）。

## ●3 教 育

　男子はズボン、女子はスカートの学生服に象徴されるように、学校は子どもたちを生物学的な性によって男女に二分する場面が多い。学校が安全だと感じられないために十分な教育の機会が得られず、そのことが生涯にわたる低賃金や機会の不平等につながることがある。1999年から2010年にかけて岡山大学病院ジェンダークリニックを訪れて性同一性障害と診断された1167人（成人を含む）のうち、不登校の経験を有する者は約3割にのぼり、その背景には性自認と異なる学生服の着用などがあげられた。また、民間団体「いのちリスペクト。ホワイトリボン・キャンペーン」による2013年の調査では、男児として生まれたトランスジェンダーの8割がいじめや暴力を経験していた。

　文部科学省は2014年に性同一性障害の児童生徒を対象とした全国調査の内容をまとめ、2015年には性同一性障害の児童生徒に対するきめ細やかな対応を呼びかける通知を、2016年には教職員向けの性的マイノリティに関する資料を作成するなど、性別違和のある子どもたちへの個別対応に取り組んでいる。性別違和を有する生徒は希望する性別の学生服着用やジャージ着用、トイレや更衣室、プールの授業や健康診断など男女で区別されやすい場面での個別対応が受けられるとされ、道半ばではあるが、教育現場での対応は少しずつであるが進んでいる。

　一方、多様な性について学校ではほとんど教えられていない。宝塚大学教授日高庸晴が行った「LGBT当事者の意識調査」（有効回答者数約1万5千人、2016年）によれば、学校教育で同性愛についての知識を習ったかどうか聞いたところ、68％が一切習っていないと回答した。LGBT当事者の10代では一切習っていないのは48％に下がるが、学校教育の中で同性愛について「肯定的な情報を得たことがある」のは23％にとどまった（図1）。

　2016年に10年ぶりの改定となった学習指導要領では、性的指向について「思春期になると人は異性に惹かれる」とだけ記載されている。このような環境の中で当事者の多くは、同性を愛することについて適切なロールモデルや周囲からの共感を得られることなく孤立した思春期を送る。前出の日高庸晴らの調査（2005年）によれば、ゲイ・バイセクシュア

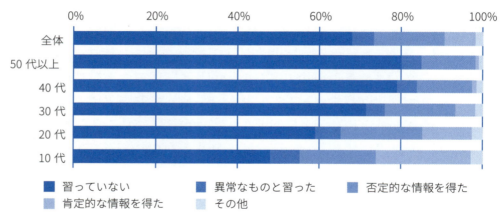

図1　学校教育における同性愛について
出典：日高康晴「LGBT当事者の意識調査」（2016年）

ル男性5731人のうち、65.9％が自殺を考えたことがあり、14％が実際に自殺未遂経験を有することが報告されている。筆者は10年以上LGBTの子どもや若者の支援に取り組んでいるが、「自分が同性愛者だと気づいた時に、目の前が真っ暗になった」と語る当事者の声をずっと聞いてきた。ゲイやレズビアンを笑いのネタや異端者としてしか認識しない地域社会の中にいて、ほかでもない自分が当事者だと気づき、自分を受け入れて人生を歩んでいこうと思うまでにはかなりの逡巡がある。思春期ともなれば、恋愛の話で休み時間や放課後に盛り上がることも少なくないが、性的指向が多数派と異なる子どもたちは自分の本当の気持ちを言えず、LGBTを茶化す冗談が飛び交うクラスで孤立している。

　国よりも積極的な取り組みをしているのが自治体である。大阪市では淀川区・阿倍野区・都島区が合同で2016年に「性はグラデーション」という教職員向け資料を作成し、インターネット上にも無料で公開した。これは「学校の図書館にLGBTに関する本を置く」「ポスターを貼る」など、子どもが安心して過ごせる環境を作る方法にも言及した内容である。2018年には大分県が人権啓発マンガ冊子「りんごの色　LGBTを知っていますか」を作成・配布した。情報が必要なのは当事者の生徒だけではない。多様な性についての授業を受けた生徒からは「この授業があったおかげで友達を傷つけないで済む」との反応が寄せられている。私たちは知らない人権は守ることができない。当事者を孤立させないためだけでなく、多様性を豊かさに変えられる社会にするためにも教育に期待される役割は大きい。

## ●4　就　労

　就労において、LGBTは性的指向や性自認を理由とした困難を多く抱えている。NPO法人虹色ダイバーシティの調査（2016年）によると、LGB（同性愛や両性愛者）の約4割、T（トランスジェンダー）の約7割が求職時に困難を感じている（図2）。

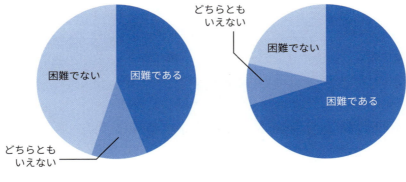

図2　求職時に困難を感じるか
出典：NPO法人虹色ダイバーシティの調査（2016年）

　例えばトランスジェンダーは、戸籍上の性別と自認する性が一致していない場合、履歴書の男女欄やスーツ選び等で困難を抱えている。面接官に戸籍上の性別との不一致を指摘されトランスジェンダーであることを伝えると、その場で面接を打ち切られるといった事例も多い。入社してからもトイレや制服、更衣室といった男女分け設備を自分の望む性別で利用できるのか、または個別対応等が受けられるのか、ホルモン治療や性別適合手術といった経済的にも身体的にも負担がかかることに関して、会社の理解や有給休暇の利用ができるのか等で困難が生じることがある。

　一方、LGB（同性愛や両性愛者）等は、面接時には自身の性的指向を打ち明けなかったとしても、会社に入ってから異性愛者であることを前提に扱われるため、例えば同性のパートナーがいた場合、その存在を隠さざるを得ず、コミュニケーションの不一致から職場に居づらくなる、パートナーの緊急時に会社に理由を伝えられない、転勤に関しても考慮されないといった困難が生じる。また、飲み会でのいわゆる「ホモネタ」などのハラスメントを受ける場合もある。さらに本人のセクシュアリティを第三者に暴露される「アウティング」によって、セクシュアリティが社内に知られてしまい、解雇に追い込まれるといった事例も存在する。

　連合が2016年に行った調査では、職場でLGBTに関するハラスメントを見聞きしたことがあると回答した人は約15％だったのに対し、当事者を身近に感じている人に絞ると約6割にのぼった（図3）。

　この調査の結果はLGBTに関する差別やハラスメントが無意識的に行われていることを表している。近年、性的指向（Sexual Orientation）や性自認（Gender Identity）を理由としたハラスメントを「SOGIハラ」と呼び、解消していこうとする動きがでている。

　2020年の東京オリンピック・パラリンピックに向けて、五輪憲章で性的指向による差別が禁止されていることから、2017年に日本オリンピック委員会が策定する「調達コード」

第10章　LGBT　　193

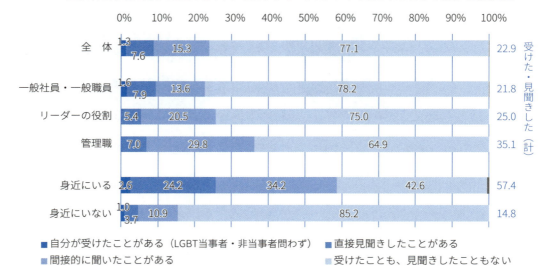

図3 職場でのLGBTに関するハラスメント
出典：連合のLGBT調査（2016年）

に性的指向・性自認による差別の禁止が盛り込まれた。企業では、就業規則に性的指向・性自認による差別禁止の明文化、相談窓口の設置、福利厚生の見直し、男女別の制度・施設の見直し、社内でのLGBTに関する研修といったLGBTに関する施策が進められつつあるが、取り組む企業の数はまだ限られている。一方、2019年5月に成立した「パワーハラスメント関連法」（労働施策総合推進法の改正案）の指針で、企業に「SOGIハラ」や「アウティング」に対する対策が義務づけられることが決まった。差別やハラスメントのない職場環境の整備に向けた今後の取り組みの広がりを期待したい。

## ● 5　非差別的な法規

　日本国憲法第14条は、「すべて国民は法の下に平等であつて、人種、信条、性別、人種、社会的身分又は門地により、政治的、経済的又は社会的関係において、差別されない」としているが、日本の法制度はLGBTの存在を「想定」していない。例えば、職場でゲイであることを伝えたところ、不当な異動や退職を勧奨されたり、トランスジェンダーが公共サービスを利用する際に、公的書類の性別欄と見た目の性別が異なるため、本人確認ができないと利用を断られたりしたという事例がある。こうした性的指向や性自認を理由とした不当な差別的取り扱いを受けた場合に救済されるための根拠となる法律がない。2015年に「LGBTに関する課題を考える議員連盟」が発足し、超党派でLGBTに関する法整備について立法作業が始まったが、2016年に自民党は、「差別の禁止ではなく理解の促進を目

指す」として「性的指向・性自認に関する特命委員会」を設置した。与野党で意見が一致せず未だ法制化には至っていない。差別を禁止する実効性のある法整備が早急に求められる。

　世界では約24か国で同性婚が認められているが、日本では認められておらず、同性間のパートナーシップを保障する法律もない。同性カップルは法的な配偶者にはなれないため、例えば同性のパートナーが病院で緊急手術を受ける場合に「家族ではない」と手術の同意や面会を拒否される、生命保険の受取人に同性パートナーを指定することができない等の困難が生じることがある。大阪府で40年以上連れ添った同性パートナーの死後、親族に火葬への立ち会いを拒否され、共同経営していた事務所も廃業させられたことに対する訴訟や、愛知県では異性間であれば事実婚でも受けられる犯罪被害給付制度に基づく遺族給付金が同性カップルでは受けられないことに対する訴訟が起きている。

　このように異性間であれば婚姻によって法的な配偶者として当然受けられる権利を、同性カップルは得ることができない。また、公団や公営住宅に同姓パートナーでも入居できる動きがあるとはいえ、差別は依然として強い。2019年2月14日、複数の同性カップルが「同性カップルが結婚できないのは憲法違反だ」として、札幌、大阪、東京、名古屋で国を相手取り一斉提訴した。2015年に東京都渋谷区・世田谷区で開始されたのを発端に、2019年8月現在全国の24自治体で施行されている「パートナーシップ制度」が年々広がりを見せているが（表1）、法的効果はなく、国レベルで同性間のパートナーシップを法的に保障する制度が求められる。

表1　パートナーシップ制度を導入している
自治体の一覧（2019年8月現在）

| 都道府県 | 自治体（導入年月） |
| --- | --- |
| 北 海 道 | 札幌市　　　（2017年6月） |
| 茨　　城 | 県単位で導入（2019年7月） |
| 栃　　木 | 鹿沼市　　　（2019年6月） |
| 群　　馬 | 大泉町　　　（2019年1月） |
| 千　　葉 | 千葉市　　　（2019年1月） |
| 東　　京 | 渋谷区　　　（2015年4月） |
|  | 世田谷区　　（2015年11月） |
|  | 中野区　　　（2018年8月） |
|  | 豊島区　　　（2019年4月） |
|  | 江戸川区　　（2019年4月） |
|  | 府中市　　　（2019年4月） |
| 神 奈 川 | 横須賀市　　（2019年4月） |
|  | 小田原市　　（2019年4月） |
| 三　　重 | 伊賀市　　　（2016年4月） |
| 大　　阪 | 大阪市　　　（2018年7月） |
|  | 堺市　　　　（2019年4月） |
|  | 枚方市　　　（2019年4月） |
| 兵　　庫 | 宝塚市　　　（2016年6月） |
| 岡　　山 | 総社市　　　（2019年4月） |
| 福　　岡 | 福岡市　　　（2018年4月） |
|  | 北九州市　　（2019年7月） |
| 熊　　本 | 熊本市　　　（2019年4月） |
| 宮　　崎 | 宮崎市　　　（2019年6月） |
| 沖　　縄 | 那覇市　　　（2016年7月） |

## 主要な関連法規、公的措置

　トランスジェンダーに関しては、2003 年の「性同一性障害者の性別の取扱いの特例に関する法律」の成立により、戸籍上の性別を変更することが可能となった。その条件は「二十歳以上であること」「現に婚姻をしていないこと」「現に子がいないこと」「生殖腺がないこと又は生殖腺の機能を永続的に欠く状態にあること」「その身体について他の性別に係る身体の性器に係る部分に近似する外観を備えていること」の 5 つ。特にトランスジェンダーの中には手術を望む人もいればそうではない人もいるため、人によっては大変厳しい条件となっている。また国際的には非病理化が進んでおり、要件緩和なども含め今後の論点となるであろう。

　こうした日本の LGBT を取り巻く人権状況に関して、国連人権理事会の定期審査では日本に対する勧告が回を追うごとに増加している。まずは LGBT の存在を保護・承認する法整備が求められている。

## 民間団体等による先駆的取り組み

　医療・福祉、教育や就労などあらゆる領域で LGBT が直面する困難は山積している。その課題の解決のために、民間団体の取り組みが重要な役割を果たしている。

　教育領域では、認定 NPO 法人 ReBit は、LGBT や性の多様性について伝える出張授業を全国の教育機関、自治体、企業等で実施している。

　就労領域では、NPO 法人虹色ダイバーシティが、LGBT が職場で抱える困難について調査を行い、全国の企業に対して LGBT についての研修を実施している。また、任意団体「work with Pride」は、2016 年より企業の LGBT 施策を評価する「PRIDE 指標」をはじめ、LGBT に関する取り組みを評価・表彰してしている。

　全国の LGBT 当事者や支援者、専門家など約 80 の団体から構成される連合体「LGBT 法連合会」は、LGBT が様々な領域で抱える困難をリスト化し、差別をなくす法制化に向けて超党派で働きかけている。他にも、コミュニティや場づくりを通じて LGBT への理解を促進する認定 NPO 法人グッド・エイジング・エールズなど様々な団体が活動している。

# 提　言

　近年 LGBT の認知度が向上し、メディアを通じた当事者の可視化により、若い世代を中心に LGBT をはじめ、性のあり方に対するとらえ方は多様化している。毎年東京都渋谷区で行われている日本最大級の LGBT 関連イベント「東京レインボープライド」では、年々動員数が増えており、2019 年は過去最高の 20 万人に達した。LGBT の存在の可視化や社会の受容が進みつつある一方で、依然として学校での LGBT に対するいじめや、職場でのハラスメント等は多数確認されており、差別や偏見により当事者はカミングアウトしづらく、自殺

やうつになるハイリスク層であるのが現実である。

「誰も取り残されない」というSDGsの理念に従い、人権の観点から、LGBTをはじめ多様な性のあり方を包摂する社会の実現が求められる。そのために、次の提言をしたい。

①　教育では、学習指導要領にLGBTを盛り込み、多様性を認め合える学びの場を作る必要がある。

②　医療・福祉では、性自認や性的指向の視点を入れることで、真の意味で「本人の意思が尊重される」医療・福祉の実現が求められる。

③　就労では、企業のLGBTに関する取り組みの広がりによって、安全に自分らしく働ける就労環境の早期実現を期待したい。

④　こうした取り組みのベースとして、LGBTに対して「差別をしてはいけない」という基本的なルールを示す法律の整備によって、当事者が差別的取り扱いを受けた場合の救済と、性的指向や性自認を理由とする不当な差別をしてはいけないという社会の共通認識を広げる必要がある。

⑤　さらに、同性パートナーを法的に保障する制度や、トランスジェンダーの戸籍上の性別移行に関する要件緩和についても早急な整備を期待したい。

（松岡宗嗣、遠藤まめた）

# 第 11 章　災害被災者

SDGs は、近年頻発化、甚大化する災害を持続可能な開発に対する課題であるととらえ、脆弱な状況にある人々や人間居住地の強靭性（レジリエンス）を構築し、災害のリスク削減にむけた取組を強化するよう各国に求めている。特に目標 11 や 13 は直接関連するものであり、ターゲット 13.1 は、自然災害に対する強靭性、適応能力を高めることを目標に掲げ、指標 13.1.1 で、10 万人当たりの災害による死者数、行方不明者数、直接的負傷者数を、13.1.2 と 13.1.3 で国、地方レベルで採択された防災戦略の数を一つの指標としている。

## 現状と実態

災害と日本　「災害」とは、地震や火事といった危険を引き起こす原因（ハザード）が人間や社会に及ぼした被害のことを言う。ハザードの性質によって、災害は自然現象に起因する自然災害と人為的な原因による事故や事件に大別されるが、本稿は主に、近年の自然災害により影響を受けた被災者を念頭に置く。

環太平洋地震帯に立地し、また豪雨や豪雪が発生しやすい気候帯に属する日本は、世界有数の災害大国である。東北地方太平洋沖地震とそれに伴う津波、原子力災害（東日本大震災、2011 年）以降に限っても、御嶽山噴火（2014 年）、熊本地震（2016 年）、九州北部豪雨災害（2017 年）、西日本豪雨（2018 年）、北海道胆振東部地震（2018 年）など、数多くの災害に見舞われてきた。

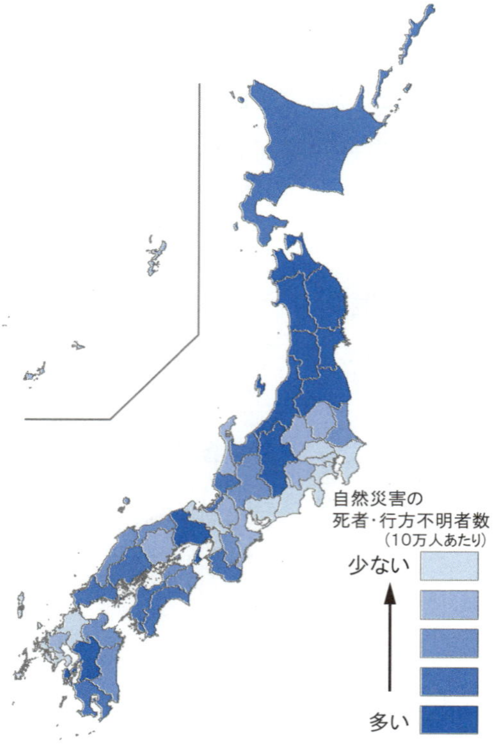

指標 A10 では、1995–2016 年の各都道府県の自然災害による死者・行方不明者数（10 万人あたり）を示した（図 1）。都道府県別に見ると、最も多いのは宮城（508.0 人）で、岩手（498.9 人）、福島（216.8 人）、兵庫（117.1 人）、秋田（19.6 人）、熊本（16.5 人）、新潟（14.5 人）が続く。最も少ないのは埼玉（0.2 人）で、愛知（0.3 人）、大阪（0.4 人）、神奈川（0.5 人）、東京

図 1　自然災害による死者・行方不明者数
出典：防災白書

（0.5人）が続く。当然、近年の大規模災害が発生した地域は被害者数が多いが、それ以外にも被害者数が多い地域がみられる。また、災害は周期的に発生するものも多いとされる。現在発生が危惧されている南海トラフ巨大地震や首都直下型地震により甚大な被害が想定される地域ではこの期間の被害者数が少なく、災害の周期性を見て取ることができる。災害は、長期的かつ都道府県という枠組みを超えた全国的な視点に基づき取り組むべき課題だと言える。

## 1　災害被害の偏在性と災害時要援護者

　災害はハザードが生じた場所、社会に存在する脆弱性と結びつき発生する。誰もが当事者になりうる一方で、その被害は高齢者や障害者等、特定の社会的属性を持つ人々に集中する傾向がある。

　東日本大震災では、海沿いに病院や高齢者施設が数多く立地していた、そもそも自力での避難が困難であった等の理由から、高齢者に多大な人的被害がもたらされた。岩手・宮城・福島の3県沿岸市町村における発災時の高齢化率は概ね20–30％程度であったが、収容され年齢が判明した死者1万5767人のうち、60歳以上の人が約3分の2（66.1％、1万420人）を占めた（内閣府「令和元年版高齢社会白書」、図2）。

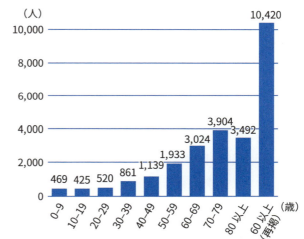

図2　東北地方太平洋沖地震における年齢階級別死亡者数
出典：内閣府「令和元年版高齢社会白書」

　年代別にみると、60歳代で人口構成比の男性が1.5倍、女性が1.3倍、70歳代で男性が2.6倍、女性が2.0倍、80歳代では男性が3.4倍、女性が2.6倍と、高齢になるほど被害が大きかったことがわかる（内閣府「平成24年版男女共同参画白書」）。さらに、避難生活での疲労や持病の悪化などによる「関連死」についても、死者3701人（2018年9月30日）のうち、66歳以上は3279人と全体の88.6％を占めている（内閣府「令和元年版高齢社会白書」、復興庁資料）。表1に示したように、この傾向は近年の大規模災害による犠牲者にも当てはまる。

　また障害者についても、被害の偏在が指摘できる。NHKが東日本大震災の被災自治体を対象に実施した聞き取り調査（2011年）によると、岩手・宮城・福島の3県の沿岸27自治体では、住民全体に占める死亡率が1.03％であったのに対し、障害者の死亡率は2.06％であった。宮城では、沿岸13自治体で障害者手帳所持者のうち3.5％（1027人）が亡くなっており、死亡率は住民平均の2.5倍であったという民間団体の報告もある。中でも身体障

表1 100名以上の死者・行方不明者を出した近年の災害における高齢者（65歳以上）の被害
（東日本大震災を除く）

| 災害名 | 死者・行方不明者数の全体の人数 | 65歳以上の高齢者の人数 | 高齢者が占める割合（%） |
|---|---|---|---|
| 阪神・淡路大震災（1995年）[※1] | 6,402 | 3,172 | 49.5 |
| 平成18年豪雪（2006年） | 152 | 99 | 65.1 |
| 平成22年の大雪等（2010年） | 128 | 84 | 65.6 |
| 平成23年の大雪等（2011年） | 132 | 85 | 64.4 |
| 平成24年の大雪等（2012年） | 103 | 69 | 67.0 |
| 熊本地震（2016年）[※2] | 249 | 208 [※3] | 83.5 |
| 平成30年7月豪雨（2018年）[※4] | 231 | 136 | 58.9 |

※1 兵庫県内。 ※2 2017年8月末時点。2019年4月12日時点における死者・行方不明者は273人で、新たに24人が関連死に認定されたが、年齢が明らかにされていない方も含まれるため、ここでは2017年8月末時点の人数を掲載している。 ※3 熊本県分の関連死174名については、60歳以上（熊本県）。 ※4 2018年9月10日時点。2019年1月9日時点における死者・行方不明者は245人で、新たに14人が関連死に認定されたが、年齢が明らかにされていない方も含まれるため、ここでは2018年9月10日時点の人数を掲載している。
出典：兵庫県・熊本県・大分県・内閣府発表、牛山素行他「平成28年熊本地震による人的被害の特徴」を基に作成

害のある人の被害が大きかったという。

　さらに、男女で人的被害に差があることも、特に地震災害において示されている。阪神・淡路大震災では犠牲者6402人のうち女性が3680人であり、男性より約1000人多かった。東日本大震災の犠牲者をみても、計1万3135人のうち、7036人（53.6％）が女性で男性が5971人（45.5％）である（内閣府「平成23年版防災白書」）。海外の災害事例においても女性のほうが災害の犠牲になりやすいとの指摘がなされているが、日本の場合は高齢者人口に占める女性の割合が高いことも考慮する必要がある。

　1987年の「防災白書」は、災害の犠牲者になりやすい人を包括的にとらえた「災害時要援護者」（災害弱者、要配慮者）を定義している。災害時要援護者としては、高齢者や障害者のみならず、妊産婦や乳幼児（と幼児を連れている親）、傷病者、病弱者らが想定されているが、近年は日本語が不自由な外国人、地理に不案内な観光客等も適切な支援なしには災害の犠牲者になるリスクが高いとの指摘がある。民間調査によれば、熊本・大分県内に滞在していた外国人が熊本地震発生時に困ったこととして、「外国人向けの地震避難のマニュアルが無く行動が理解できなかった」（47.1％）、「言葉が分からずどこに行けばよいかわからなかった」（41.2％）を挙げており、対応に戸惑う外国人らの姿が浮き彫りになった（サーベイリサーチセンター「熊本地震における訪日外国人旅行者の避難行動に関する調査」）。

　一方、災害対策基本法では、高齢者、障害者、乳幼児ら発災時の避難等に特に支援を必要とする人を「避難行動要支援者」と定義し、その名簿作成を各市区町村に義務付けている。消防庁によれば、1739市町村のうち97.0％（1687自治体）がすでに作成済みである（2018年6月1日現在）。

しかし、災害時にこの名簿を活用するかどうかは各自治体任せなのが実情である。大阪府北部地震（2018年）の際、災害救助法が適用された13市町のうち、3人の死者を出した高槻市を含む5市が、発災3日目までに名簿を全く活用しなかったという（朝日新聞、2018年6月22日付）。また国は、個々の要支援者と具体的な打合せを行いながら避難の個別計画を策定するよう市町村に働きかけているが、全国の要支援者約714万人に対し、計画があるのは約9.3％（約67万人）だという。都道府県別の計画策定率（2016年4月–2017年11月）も、最高が新潟の33.2％（2016年4月時点）で、最低は沖縄の0.3％（同）と低い（同紙、2018年1月1日付）。西日本豪雨（2018年）において甚大な被害を受けた岡山県倉敷市真備町では、死者51人中、要支援者は42人だったが、個別計画は策定されていなかった（同紙、2018年8月8日付）。

## ●2　避難生活において取り残されるのは誰か

### （1）公設避難所と災害時要援護者

災害が発生すると、地方自治体の職員などにより避難所が開設・運営されるが、避難所滞在中も、災害時要援護者らは困難な状況に置かれる。例えば、避難所は学校の体育館や教室である場合が多く、バリアフリー化されていない物的環境、雑居、温度調節の難しさなどは高齢者らに負担となる。避難所における食事に関しても栄養価の偏り等の問題点が指摘されているが、熊本地震の際、高齢者への食事の配慮に取り組んだ熊本県内の自治体は15.7％にとどまった（内閣府「平成28年度避難所における被災者支援に関する事例等報告書」、以下「事例等報告書」）。また避難所のトイレは屋外に設置されていたり、混雑していたりすることが多く、高齢者は水分の摂取を控えがちになって脱水症のリスクが高まる。衛生面の管理は行き届かず、感染症のリスクも高い。持病が悪化し、認知症が進行することも指摘されている。東日本大震災発災後の避難所滞在において健康状態の悪化を示した人の割合を見ても、災害時要援護者（50％）の方がそうでない人（25％）よりも高い（内閣府「避難に関する総合的対策の推進に関する実態調査結果報告書（平成25年）」、以下「結果報告書」）。避難所生活におけるストレスについて、年齢があがるにつれ直線的に増大していくことを明らかにした研究もある。

認知症高齢者に限らず精神障害や知的障害、自閉症などを抱えた障害者（児）にとって、しばしば雑居は周囲とのトラブルを誘発してしまう。また、視覚障害者や聴覚障害者には物資や食事などの支援情報が十分に伝わらないこともある。熊本地震発生後に内閣府が熊本県内の市町村に実施した調査では、避難所における障害者への情報提供として、掲示板（26.3％）、手話通訳・要約筆記など（5.3％）、音声（10.5％）、手書き文字（5.3％）などが挙げられているが、限定的な対応にとどまったことが窺える（図3）。一方、手話通訳ボランティアによる支援や筆記による情報共有などの手法により、聴覚障害者へうまく対応した

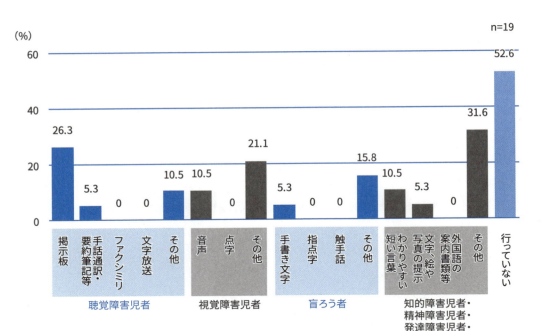

図3 避難所における要配慮者に対する情報提供の方法（複数回答、熊本県内市町村への調査）
出典：内閣府「平成28年度避難所における被災者支援に関する事例等報告書」

避難所も見られたという。

　阪神・淡路大震災後は、災害時要援護者に対して特別な配慮ができる避難所として「福祉避難所」が制度化されているものの、多くの課題が指摘されている。内閣府の調査によれば、福祉避難所について平時から住民に周知していたという自治体は全国で66.9％であるが、東日本大震災発生時、福祉避難所の設置も設置場所も知らなかった被災者が約7割であり、要援護者のうち福祉避難所に行った人はわずか6％であるなど、認知度の低さが指摘されている（「結果報告書」）。また熊本地震の際、避難所から福祉避難所への移動等の呼びかけについて「特に実施しなかった」県内市町村は55.2％を占めた（「事例等報告書」）。さらに、全国9割超の市区町村が管内に1か所以上の福祉避難所を指定しているものの、収容できるのは対象者数の1割強のみであることなど、収容能力の面でも課題が指摘されている（朝日新聞、2018年10月28日付）。

　他方、避難所での生活は、女性の負担も大きいことが指摘されている。避難所の多くは男性によって運営されており、「女性だから」と当たり前のように食事の準備や清掃等が割り振られる一方で、女性らの意見は反映されにくく、子育てや介護ニーズは見過ごされがちである。生理用品など女性特有のニーズに沿った物資についても、男性の配布担当者に要望を出しづらかったという声も聞かれる。また、生活環境に関しても間仕切りや更衣室、授乳室がない場合も多く、プライバシーの確保が困難である。さらに、災害時に女性や子どもへの暴力が増加することは世界的な傾向として知られているが、しばしば国内の避難

所、特にトイレ等においても女性への性的暴力が生じる。東日本大震災に際して報告された82事例のうち、「同意のない性交の強要（強姦・強姦未遂）」が10件、「その他のわいせつ行為、性的ないやがらせ」が19件であり、暴力のふるわれた場所としても、27件が「避難所」であった（東日本大震災・女性支援ネットワークの調査）。

　上記のような問題が顕在化したため、内閣府は「男女共同参画の視点からの防災・復興の取組指針」（2013年5月）を作成・公表し、地方公共団体が取り組むべき対策の基本的事項を示した。熊本地震後に内閣府が熊本県内市町村を対象に実施した調査によれば、避難所内での男女別の配慮について、「避難所運営者に女性を含めた」（55.2％）、「男女別にトイレを設置した」（27.6％）などの具体的取り組みが見られたが、全体として「十分取り組まれていた」と回答した自治体はわずか9.4％であった（図4）。また避難者にも同様の質問をしたところ、「男女別の配慮はなかった」が63.1％であり、自治体による配慮が、被災者にとっては不十分であったことが読み取れる（図5）。一方、5市町村（15％）が母子等を対象とする避難所や女性専用の避難所を設置、運営するなど、新しい動きもある。

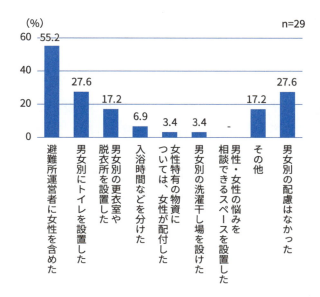

図4　避難所における男女別の配慮に関する取り組み（複数回答、熊本県内市町村への調査）
出典：内閣府「平成28年度避難所における被災者支援に関する事例等報告書」

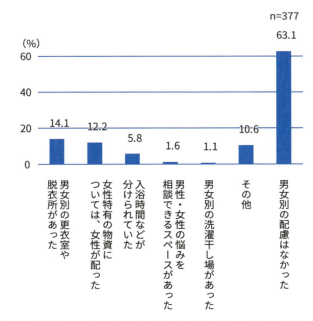

図5　避難所における男女別の配慮に関する取り組み（複数回答、避難者）
出典：内閣府「平成28年度避難所における被災者支援に関する事例等報告書」

第11章　災害被災者

## (2) その他の避難先における課題

　プライバシーや避難所の収容能力等の問題、余震への警戒、災害時要援護者が家族にいるなど様々な理由から、自家用車や親戚・知人宅など公設避難所以外の場所に避難する人や、やむを得ず被災した自宅に戻って避難生活を送る「在宅被災者」も多い。熊本地震の被災者のうち、最初から避難所以外の場所に避難した人は 52.9％ に上った（「事例等報告書」）。こうした被災者は避難所単位で行われることの多い食料や支援物資の配布、掲示された情報などへのアクセスが課題となる。例えば、在宅被災者の状況を把握するための具体的な体制や行動を計画している市区町村は全国で 7％、計画していない市区町村は 90％ である（「結果報告書」）。また熊本地震後の調査でも、健康相談などに関する巡回や往診について「なかった」と答える避難所外の被災者が約 85％ に上っており、避難所被災者（54.9％）との間で偏りが見られる（「事例等報告書」）。

　加えて、車中泊はエコノミークラス症候群を誘発することが指摘されている。車中泊を経験した熊本地震の被災者は、74.5％ にも上る（図6）が、因果関係は明らかではないものの、関連死に認定された 200 人のうち、3 割にあたる 59 人が車中泊を経験していたと報じられている（毎日新聞 2018 年 1 月 4 日）。

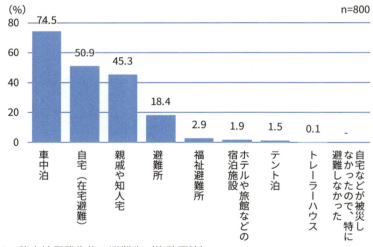

図6　熊本地震発生後の避難先（複数回答）
出典：内閣府「平成 28 年度避難所における被災者支援に関する事例等報告書」

## ● 3　復旧・復興過程において取り残されるのは誰か

### (1) プレハブ仮設住宅・災害公営住宅と孤立・孤独

　災害に関わる脆弱性の偏りは、復興に向けた長い活動が本格化する段階においても顕著に現れる。災害救助法は、自然災害などにより自宅を失い、自らの資力では住宅を新たに得ることのできない人に対し、地方行政が応急仮設住宅（「プレハブ住宅」と「みなし仮設」）を建設・貸与するよう規定している。

阪神・淡路大震災に際し 1995 年 12 月に実施された仮設住宅入居者実態調査によれば、入居者の高齢化率は 31.2％ であり、当時の高齢化率（1995 年国勢調査によれば、神戸市は 13.5％）と比べると非常に高かった。内閣府「阪神・淡路大震災教訓情報資料集」によると、仮設住宅では自宅への閉じこもり・対人関係の断絶がもたらす過度のアルコール摂取、不十分な栄養、慢性疾患の放置などの要因により 233 人が「孤独死」したが、多くは無職または非正規雇用の低所得者であった。その性別年齢別分布は一般的傾向と同様、女性よりも男性のほうが多く、50–70 代の件数が突出している。その後建設された災害公営住宅にもやはり高齢者や低所得者が多く入居しており、同住宅での孤独死者は累計 1097 人にも上る（2018 年末現在、毎日新聞 2019 年 1 月 11 日）。

このように脆弱な立場に置かれた人々の孤独死が多発した背景として、「コミュニティ」の欠如が指摘されている。当時の仮設住宅団地は従前居住地から離れた臨海部や郊外に偏在し、従前コミュニティが解体された。また当初は、高齢者や障害者らの入居を優先したうえで抽選が実施されたため、こうした人々の割合がより高い団地ができるなど偏りが生じた。さらに、当初の団地は店舗や集会施設等がない場合も多く、コミュニケーションの場が不足していた。

その後の災害においては、従前コミュニティの保全を図るような入居者選定手法（集落ごとの入居等）の導入、団地内への店舗や集会所等の設置の推進、自治会による高齢者らの見守りの強化など、被災者間の新しいコミュニティの形成を促すような工夫が各所になされている。しかし、近年は東日本大震災被災者の災害公営住宅への入居が進むが、多くの自治体では入居者を抽選によって決定しており、仮設住宅団地で形成されたコミュニティが再度解体される結果となった。岩手・宮城両県の災害公営住宅における孤独死者数は、2013–2018 年の 6 年間に岩手で 34 人、宮城で 120 人の計 154 人と報じられており（朝日新聞 2019 年 3 月 11 日）、今後もさらなる孤独死の発生が危惧される。

### （2）みなし仮設

災害被害の大規模化とプレハブ住宅建設用地の不足、費用負担の増加、空き家の増加等を背景に、民間の賃貸住宅を都道府県が借り上げて被災者に供与する「みなし仮設」住宅制度が注目を集めている。被災者が空き物件を自ら探して契約した場合も仮設住宅とみなされるため、職場や学校などの条件に合う物件を自分で選ぶことができる。被災者にとっても魅力的な制度であり、近年の災害では急速に利用が進んでいる（表 2）。

ただし、被災者が集住するプレハブ住宅に対し、みなし仮設では被災者が分散・点在し、元のコミュニティとの交流の維持や、避難先地域コミュニティとの関係構築が困難で、孤立する傾向にある。熊本県によれば、熊本地震後にみなし仮設に住んでいた被災者のうち、災害発生から 3 年間で孤独死した人は県内で 22 人に上る（プレハブ住宅は 6 人）。

表 2　近年の大規模災害における仮設住宅の内訳

| | 阪神・淡路大震災 | 新潟中越地震 | 東日本大震災 | 熊本地震 |
|---|---|---|---|---|
| プレハブ住宅 | 48,300 戸 | 3,460 戸 | 53,194 戸 （※ 1） | 4,303 戸 （※ 3） |
| みなし仮設 （a） | 139 戸 | 174 戸 | 68,645 戸 （※ 2） | 14,447 戸 （※ 4） |
| 合計 （b） | 48,439 戸 | 3,634 戸 | 121,839 戸 | 18,750 戸 |
| a/b | 0.3 | 4.8 | 56.3 | 77.1 |

（※ 1）2014 年 3 月 1 日、（※ 2）2012 年 3 月 30 日、（※ 3）2017 年 8 月 31 日、（※ 4）2016 年
出典：国土交通省、内閣府、熊本県発表

　またプレハブ住宅では情報の伝達・共有が容易であるが、みなし仮設の入居者は、必要な情報や行政支援を得にくくなる可能性がある。オンライン上で情報収集したり、支援を受けるための手続きをすることも可能であるが、高齢者には難しい。個人情報保護関係の法令が壁となって、ボランティアや NPO 法人等の支援の手が届きにくいことも指摘されている。

### (3) 被災者間の復興格差

　災害復興の進捗状況については、「被災者の生活復興」や「インフラの復興」、「住宅復興」など様々な観点に基づくとらえ方がある。例えば、東日本大震災からの復興に関して、災害公営住宅の建築工事完了率（計画戸数に占める）は 2018 年 9 月末時点で 98 ％、民間住宅等用宅地の造成工事完了率も 93 ％ で、インフラや住宅復興については「終わり」が近いように思える（復興庁「公共インフラの本格復旧・復興の進捗状況」）。しかし、個々の被災者には、同時期に自身の「復興度」について「18 ％」「50 ％」と評価した人がいる（河北新報 2018 年 9 月 11、12 日）。

　加えて、被災者の社会的属性によって、復興の度合いに差異が生じることも指摘されている。住居を失った被災者の住宅復興では、世帯収入が高い層が早期に自力再建する一方で、高齢者や低所得者は仮設住宅からの退去が遅れるなど、取り残される傾向がある。また、仮設住宅への入居などの避難や復興の過程で世帯分離が進み、夫婦や独居の高齢者のみの世帯が増加することも指摘されている。

　さらに、災害に際し離職を迫られたり、解雇されたり、休職を余儀なくされる被災者の事例は多く聞かれるが、中でも非正規雇用、とりわけ女性の中で失業や収入の減少といった課題が深刻化しているとされる。

### (4) 復興にかかる政策決定のプロセスから取り残される人々

　災害発生後、被災した地方公共団体は災害対策本部を設置して対応にあたり、その後今後の復興の道筋を示す復興計画を策定する。このような復興に関する政策・方針決定の場においても、女性や高齢者、障害者、外国人らには参画の機会が十分に確保されていると

は言い難い。

一例として、「阪神・淡路震災復興計画策定調査委員会」の委員50人中女性は5人程度であり、神戸市の「復興計画審議会」では100人中10人に満たなかった。東日本大震災でも、岩手・宮城・福島県及び同3県の全市町村における復興計画の策定や推進のための委員会等に占める女性の割合は、14.4％（2015年）である。また、設置された83の委員会等のうち、女性委員がいない委員会等は15（17.2％）に上った（復興庁「復興と男女共同参画等に関する調査報告」）。

熊本地震では、復興対策本部が設置された1県10市町村のうち、常勤の構成員の数について、県（16.0人）では、男性15.0人（94％）、女性1.0人（6％）である。市町村の平均（20.1人）では、男性19.1人（95％）、女性1.1人（5％）である。なお、災害対策本部の常勤の構成員についても、県及び市町村でほぼ同様に女性が少ない（内閣府男女共同参画局「平成28年熊本地震対応状況調査報告書」）。

## ● 4　孤立する原発避難者

### (1) 原子力災害−原子力発電所事故

東日本大震災では、復旧・復興の遅れが度々指摘されている。特に福島では、大量の放射性物質が放出された原子力災害−東京電力福島第一原子力発電所事故の影響により、2019年7月時点で未だ3万人を超える人々が県外避難を継続している。なお原子力被災者生活支援チームによれば、同県では最大時約16.4万人（2012年6月）もの人々が全国に避難したが、これは強制避難の対象となる3区域「帰還困難区域」「居住制限区域」「避難指示解除準備区域」の人口約8.1万人を大幅に上回っており、後述の通り「自主的に」避難した人が相当数いたことがわかる。

発災時、原発周辺に居住していた避難者の多くは、「どこへ行くのかもわからず」「着の身着のまま」「数日程度の避難のつもりで」用意されたバスなどに乗り込み、そのまま終わりの見えない避難生活を強いられた。原子力災害−事故は現代の科学技術に対する過信が招いた「人災」であり、その被害者である原発避難者の避難生活は、帰還の見通しが立ちにくいこと、東京電力との間で賠償金に関するやり取りがあったこと、避難が広域に及んだことなどの点において、津波避難者らのそれとは異なる展開を見せている。

### (2) 差別・いじめ

原子力災害−事故への公的な対応は、賠償や除染という形で行われてきたが、他方、避難者は避難に伴う問題（例えば世帯分離や二重生活に伴う家計の圧迫、子どもの転校など）を私的な問題として処理するよう迫られている。避難先で生じた差別やいじめも、そのような問題のひとつである。

第11章　災害被災者　207

発災直後から、福島ナンバーの車が追い返されたり、タクシーへの乗車を拒否されたり、病院での診療やホテルへの宿泊を断られるなど、「放射能汚染」を理由に原発避難者が差別された様々なケースが報告されている。また賠償金の受け取りを理由に、心無いことを言われるケースも散見された。特に、被災地域でありながら多くの原発避難者を受け入れた福島県いわき市では、市役所に「被災者帰れ」と黒スプレーで落書きされるなど、避難者と地域住民の間に軋轢が生じた。

　こうした差別の実態は報道機関や研究者によりたびたび指摘されていたが、2016–2017年に、横浜・川崎・新潟・山形など避難先地域における児童・生徒への「避難者いじめ」問題が報道されると、全国で大きな反響を呼んだ。2017年4月、文部科学省は福島から県内外に避難した子ども（約1万2千人）を対象に調査し、いじめが計199件（同年3月末）報告されたと発表した。同時期の別の調査でも、「原発事故で避難したことによって、差別やいじめの被害を受けたり、周囲で見聞きしたことはあるか」との問いに対して、全回答者174人のうち81人（46.6％）が「見聞きしたことがある」、33人（19.0％）が「自分や家族が被害に遭った」と回答している。また、「避難していることを近所の人たちに言いたくないと思うことがある」との回答は44.5％にも上り、差別やいじめの現象が社会において根深く蔓延している様子が窺える（朝日新聞社と福島大学今井照研究室による「原発災害避難者の実態調査（第6次）」）。

### (3)「自主」避難と迫られる帰還

　さらに、避難元自治体の状況、支援団体との関係、原発に対するスタンスの違いなど様々な要因によって、原発避難のあり方が多様化、複雑化している実態にも注意が必要である。例えば、原発避難者は避難指示区域からの避難者（強制避難者）と区域外からの避難者（自主避難者、あるいは区域外避難者）に大きく分類される。自主避難者には東京電力からの定期的な賠償はない。また母子が遠隔地に避難し、夫が県内に残る二重生活を送る世帯も多く、強制避難者に比べて経済的困難に直面する傾向がある。2015年1月から3月にかけてのアンケート調査では「ローン、借金がある」が自主避難者で40.7％（強制避難者で19.8％）、「生活費が心配」が同74.6％（同56.6％）であった（NHK仙台放送局と早稲田大学災害復興医療人類学研究所による）。

　他方で、避難指示区域の再編・解除が進む中、従前の住宅が住める状態でない、生活環境が未整備である、低線量被ばくの不安があるなどの理由のために、帰還した住民は未だ3割に満たず（図7）、それも年金を受給する高齢者層に偏っている。従前居住地の避難指示が解除された避難者が「帰れない」「帰らない」と判断した場合、今度は彼らが「自主」避難者として扱われることになる。自主避難者への仮設住宅の無償提供はすでに終了している。強制避難者への無償提供についても、全町で避難指示が出ている大熊町と双葉町を

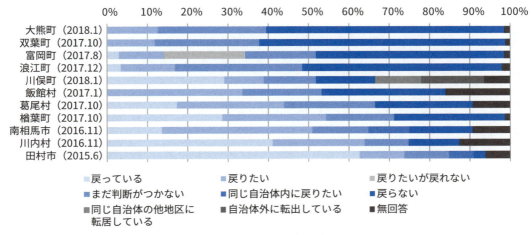

図7　国・福島県・市町村が共同で実施した住民意向調査の結果
出典：復興庁福島復興局「福島復興加速への取組」

除き原則として2019年度末までに終了する方針であるが、その点に関して福島県幹部から「避難生活が長期化すると、復興の遅れにつながりかねない」という発言が聞かれるなど（朝日新聞2015年5月17日）、復興の遅れから避難を続けていたはずの人々が、その遅れの原因であるかのように語られている状況もある。

本稿は主に自然災害（いわゆる天災）を念頭に置いているとはいえ、「防ぎ得る人災」の被害者である原発避難者が、理不尽にも上述のように「取り残されて」きた現状を等閑視するわけにはいかない。このような事態の再発を防ぐためには、原子力分野における専門家と市民の垣根を取り払ったリスクコミュニケーションが重要となるであろう。

## ●5　災害ボランティア

被災後の日常生活の再構築に関して、個人（自助）で対応しきれない課題については、地域や市民レベルでの助け合い（共助）や、法制度に基づいた公的支援（公助）を組み合わせた対応が必要となる。近年は、被災者のニーズに積極的かつ柔軟に対応する「災害ボランティア」が共助として大きな役割を果たしている。

災害が多発する日本では、地縁・血縁による助け合いをはじめ、古くから様々な民間団体による無償の救援活動が行われてきた。それが災害のたびに大規模に展開される「災害ボランティア活動」として定着・拡大したのは、阪神・淡路大震災以降のことである（菅磨志保「災害ボランティア──1.17から20年の軌跡と今後の課題」）。同震災では、新聞やテレビ報道などで被災地の惨状を知った延べ137万人ものボランティアが全国から駆け付け、「ボランティア元年」と称された。その後大規模災害が相次ぐ中で、災害ボランティアに対する社会的な認知も大きく向上した（表3）。

災害ボランティアには、個人参加のボランティアに加え、特定非営利活動法人（NPO）や

表3　近年の主な災害と災害ボランティア

| 主な災害とボランティア活動 | | | 政府の対応 |
|---|---|---|---|
| 発生年 | 名称 | 延べ参加人数 | |
| 1995 | 阪神・淡路大震災（ボランティア元年） | 約137.7万人 | ■災対法改正（1995年）行政が『ボランティアによる防災活動の環境整備』に努める旨明記 |
| 1997 | ナホトカ号海難事故 | 約27万人 | |
| 2004 | 台風23号 | 約5.6万人 | ★災害ボランティアセンターの設置・運営を主に社会福祉協議会が担うことが主流に |
| 2004 | 新潟県中越地震 | 約9.5万人 | |
| 2007 | 能登半島地震 | 約1.5万人 | |
| 2007 | 中越沖地震 | 約1.5万人 | ■防災ボランティア活動検討会2004年から内閣府にて開始 |
| 2009 | 台風9号 | 約2.2万人 | |
| 2011 | 東日本大震災 | （※）約150万人 | ★ネットワーク化が課題に |
| 2014 | 広島豪雨災害 | 約4.3万人 | ■災対法改正（2013年）『行政がボランティアとの連携に努める』旨明記 |
| 2015 | 関東・東北豪雨災害 | 約4.7万人 | |
| 2016 | 熊本地震 | 約11.8万人 | （※）災害ボランティアセンターを経由せず活動した人を含めると推定で約550万人 |
| 2017 | 九州北部豪雨 | 約6万人 | |

出典：内閣府資料

様々な組織・団体に所属する者、医療や看護分野での職業ボランティアなど多様な主体が含まれる。阪神・淡路大震災におけるボランティア活動の盛り上がりは「特定非営利活動促進法」（1998年）制定の直接の契機となり、**指標J7**で示されたように各都道府県で多くのNPO法人が設立された。その後の災害ではこうした団体の果たす役割が拡大しており、内閣府によれば、東日本大震災では推定1420、熊本地震では約300のNPO法人等支援団体が活動したとされる。

　阪神・淡路大震災の時に、災害ボランティアが実際に活動するにあたって、支援を求める被災者とボランティアを「つなぐ」仕組みがなかったことへの反省から、その後の災害では、被災者からのニーズを把握・整理し、災害ボランティアが被災地で活動するためのコーディネートを一元化して行う災害ボランティアセンター（以下、「災害VC」）が設立されるようになった。現在では、災害VCの立ち上げマニュアルや災害VCを支援する組織も一般化している。一方、自力で資金や人材を集められるNPO法人等の中には単独で行動するものも多い。表3にあるとおり、東日本大震災における災害ボランティア数は約150万人であるが、災害VCを経由せず活動した人を含めると約550万人と推定されている。

　「災害ボランティア」の定着は、災害対応の担い手としての市民の活動を強く印象づけた。防災の領域では、地方行政が地域防災計画においてボランティアを被災者救援・支援の担い手として位置づけ、連携・協働を模索する動きを促した。また、幾度かの改正を経て、災害対策基本法には行政がボランティアとの連携に努める旨が明記されている。さらには、災害時の行政・ボランティア間の連携・協働を円滑化し、適切な支援活動につなげ

るため、平時から訓練やワークショップ（2016年度は新潟県、2017年度は広島市、2018年度は福岡県）を通じて交流が図られている。

## ●6　将来の被災者の痛みを和らげるための取り組み

多くの災害は周期的に発生するため、被災後の復興は次なる被災への準備期間であると考えられる。災害大国たる日本では、全都道府県・市区町村がすでに地域防災計画を策定しているが、以下では、将来の被災者が受ける痛みを和らげるための防災・減災分野における具体的取り組み等について見ていきたい。

### (1) 防災と減災

災害はハザードが社会の脆弱性と結びつき発生するが、ハザードが自然現象である場合、その制御は非常に困難である。したがって災害を防ぐためには、社会の側における「被害抑止」と「被害軽減」の取組が重要となる。

日本では関東大震災（1923年）以来長きにわたり、土木・建築分野のエンジニアを中心とした防災対策、すなわち、被害を抑止するために地震で破壊されない建物、構造物、洪水時に決壊しない堤防を作るというハード防災が推進されてきた。例えば、**指標F8**は公共施設の耐震化率に言及しているが、地震被害の多い日本は、大地震に見舞われるごとに耐震基準を改定、耐震補強を推進する取り組みを強化してきた。公立小中学校施設の耐震化状況は、2002年（44.5％）から2018年までの17年間で、99.2％まで上昇しており、ほぼ完了したと言える（図8）。一方、防災拠点となる公共施設（社会福祉施設や文教施設、庁舎など）の耐震化率（2017年度末）を都道府県別に見ると、東京（99.0％）、三重（97.4％）、静

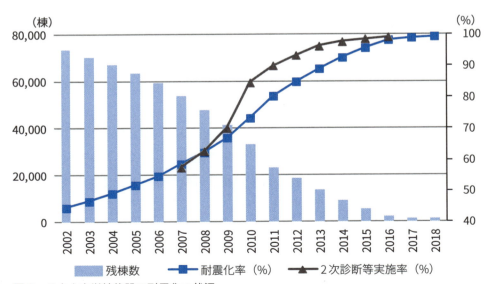

図8　公立小中学校施設の耐震化の状況
出典：「令和元年版防災白書」

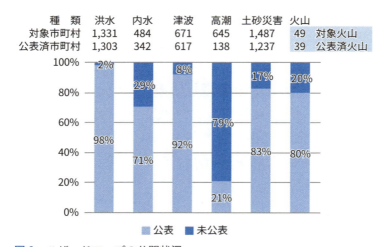

図9 ハザードマップの公開状況
出典：内閣府「平成30年版　防災白書」

岡（97.3％）が高いのに対し、90％に届かない県も北海道（84.9％）、広島（85.4％）、山口（86.2％）とあり、対策の進度に差がある（消防庁「防災拠点となる公共施設等の耐震化推進状況調査報告書」）。

他方「被害抑止」は、ハザードが構造物の設計外力を上回った場合は成立しない。日本では、都市に甚大な被害をもたらした阪神・淡路大震災（1995年）を契機に、「被害をゼロにする」従来型の防災から、被害を許容したうえでその最小化を目指す「被害軽減」へと切り替えが進み、「減災」という言葉が多用されるようになった。「減災」で重要なのは、防災教育や避難訓練、ハザードマップなどのソフト防災である。図9に各種ハザードマップの公開状況を示したが、洪水や土砂災害を中心に、各市町村において公開が進んできている様子が窺える[1]。

また消防庁では地方公共団体に対し、住民参加の下に防災訓練を実施するよう要請しているが、2017年度は各都道府県主催の防災訓練が、計856回（うち実働428回）実施されている（内閣府「令和元年版防災白書」）。これは阪神・淡路大震災発生前の1992年度（計254回、うち実働121回）と比べると3倍以上の数値である。

### (2) 防災・減災にかかる政策決定のプロセスから取り残される人々

こうした防災・減災、また実際に災害が発生した際の応急対応、復旧・復興に関して行政が行う対策は、各自治体が地方防災会議において作成する地域防災計画に記載される。しかし明らかにしてきたように、災害による影響や支援ニーズが、性や年齢、障害の有無などといった社会的属性によって異なる一方で、防災に関する政策・方針決定過程や防災の現場への「災害時要援護者」らの参画、多様な視点の確保は、十分に進んでいるとは言えない。

これまで政府は、防災基本計画の修正、災害対策基本法の改正、「男女共同参画の視点か

---

★1　「令和元年版防災白書」においては、各ハザードマップの整備状況に関し一部基準に変更が加えられている。また令和元年度は相次ぐ台風が各地に甚大な被害をもたらし、改めてハザードマップに注目が集まっている。各自治体には、継続した取り組みが求められる。

らの防災・復興の取組指針」の策定などを通し、女性や障害者、高齢者らの多様な意見を取り入れるための環境整備、防災・復旧・復興などの意思決定の場への参画の促進を地方公共団体に求め、「第4次男女共同参画基本計画（2015年12月）」において具体的な成果目標とその期限を定めた。一例として、都道府県防災会議の委員に占める女性の割合を30％（2020年）まで引き上げるとしている。しかし2018年4月現在、図10に示したように上昇傾向にはあるものの、女性委員の割合は都道府県防災会議で15.7％にとどまっている。都道府県別に見ると、最も高いのは徳島（48.1％）で、鳥取（43.3％）、島根（40.8％）、佐賀（29.4％）が続く。最も低いのは愛知（2.6％）で、広島（3.4％）、福井（3.6％）、東京（6.0％）と続き、差が大きく（図11）、成果目標達成にはさらなる努力が必要であると言わざるを得ない。女性のみならず障害者、高齢者らの多様な意見を取り入れるという、より大きな目標までの道のりは非常に遠い。

### (3) 防災・減災と自助・共助・公助

他方、発災後に救出された人のうち、6–9割が近隣の住民等の手によるものであったとされる阪神・淡路大震災以降、「公助」のみの災害対応には限界があり、防災・減災においても「自助」「共助」が重要であることが強調されるようになった。内閣府の「防災に関する世論調査」による自助、共助、公助に対する意識の推移（図12）を見ると、その後の東日本大震災や熊本地震等の大規模災害の経験を経て、自助や共助を重視する意識がさらに高まっていることがわかる。

このような認識の変化に加え、地方公共団体等による働きかけもあって、各地で自主防災組織（地域住民による任意の防災組織）の結成が進んでいる（図13）。2018年4月1日現在、1741市区町村のうち、1679（96.4％）で自主防災組織が設置されており、自主防災組

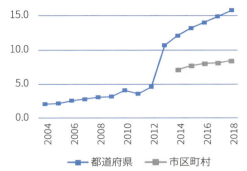

図10　地方防災会議の委員に占める女性の割合
出典：内閣府「男女共同参画白書　令和元年版」

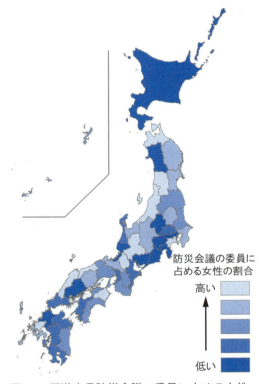

図11　都道府県防災会議の委員に占める女性の割合
出典：内閣府「男女共同参画白書　令和元年版」

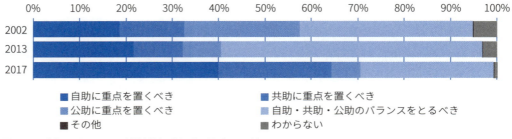

図12 重点を置くべき防災対策（自助、共助、公助）
出典：内閣府「防災に関する世論調査」

図13 自主防災組織の推移
出典：内閣府「令和元年版　防災白書」

織活動カバー率（全世帯数のうち、自主防災組織の活動範囲に含まれている地域の世帯数の割合）は83.2％である。ただし、活動カバー率を都道府県別に見てみると、高い順に兵庫（97.3％）、山口（97.0％）、大分（95.8％）、石川（95.3％）、低い順に沖縄（24.3％）、青森（48.7％）、北海道（56.2％）、千葉（63.5％）と差が大きい（「地方防災行政の現況」、図14）。既述のように、災害と防災は都道府県の境界を越えた全国的な課題であるため、カバー率を向上させるさらなる働きかけが必要となるだろう。ただし、災害への対応は自助・共助・公助を適切なかたちで組み合わせていくことが望ましく、過度に自助・共助を偏重する風潮には注意すべきである。

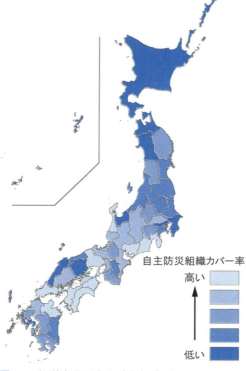

図14　都道府県別自主防災組織活動カバー率
出典：総務省消防庁「地方防災行政の現況」

## 主要な関連法規、公的措置

災害救助法
災害対策基本法
被災者生活再建支援法
大規模災害からの復興に関する法律

## 民間団体等による先駆的取り組み

### NPO法人ウィメンズアイ

　東日本大震災の被災地支援のために結成されたボランティア組織内の女性支援チームとして発足し、その後独立、法人化した支援団体である。生活に根差した女性の視点に立ち、コミュニティ復興に関わる女性たちと共に、被災地の女性が直面する様々な課題に取り組んできた。当初は避難所で生活する女性のための物資支援やサロン活動に取り組んだ。仮設住宅入居後は、編み物、料理、体操などの講座を提供して共通の趣味等でつながる小さなサークルを作り、女性たちの孤立を防ぐ「テーマ型コミュニティ育成事業」を展開した。約4年4か月間（510回）にのべ5122人が参加した同事業は、国連国際防災戦略事務局（UNISDR）による「2015年世界のグッドプラクティス」に選ばれている。その後はシングルマザー親子の会など当事者による自助・課題解決型グループを通じてのエンパワーメントへと活動の幅を広げ、現在は復興に携わる活動を続ける次世代女性リーダーの育成事業にも注力している。

# 提　言

　災害は非日常の生活をもたらす一方で、社会に存在する脆弱性の構造と密接に関連し、平時から「弱い」部分に被害が偏在する。災害からの復興においても、脆弱な人々ほど生活再建が遅れ、復興過程から取り残されるなど、不平等が拡大していく。日本が将来の災害において「取り残される」人を生まないためには、「災害を防ぐ」、「被害の拡大を防ぐ」ことを目指すだけでは、不十分と言わざるを得ない。平時から格差や不平等を改善して社会的な脆弱性を緩和・低減し、すべての人が生きやすい社会を築いていくこと、特に防災・減災の現場において女性や高齢者、障害者など「取り残されがち」な人々の多様な意見を取り入れていくメカニズムを強化することが必要である。そして災害が生じた際は、被災者を「被災者」として一括りにとらえるのではなく多様な個々の人間を尊重する視点を持ち、復旧・復興にかかる意思決定の場において多様性を高めていくべきである。

　現状では災害対策本部、復興対策本部など国や地方公共団体が、災害応急対策を行ったり、復興の道筋を示す復興計画を策定し、方針を決定する場において、女性や高齢者、障害者、外国人らには参画の機会が十分に確保されているとは言い難い。今後はこうした「取り残されがち」な人々の多様な意見を取り入れていくメカニズムを強化することを提言する。

　その第一歩として、まず災害対策本部や復興施策に関する委員会への女性の参加を増やすよう提言する。

（山﨑真帆）

# 第12章　外国人

> SDGs宣言は、「人の強制移動」や「強制労働」など、脆弱な人々が受けうる被害について言及。SDGs目標では、2030年までに次の達成を目指すことが定められている。
>
> 目標8（就労）は、移住労働者、特に女性の移住労働者や不安定な雇用状態にある労働者など、外国人も含むすべての労働者の権利を保護し、安全・安心な労働環境を促進する（ターゲット8.8）。目標10（不平等の是正）は、計画に基づき良く管理された移民政策の実施などを通じて、秩序のとれた、安全で規則的かつ責任ある移住や流動性を促進する（ターゲット10.7）。移住労働者による送金コストを3％未満に引き下げ、コストが5％を超える送金経路を撤廃する（ターゲット10.c）。

## 現状と実態

### ● 1　在留外国人の急増

　日本の人口に占める居住外国人の割合は2％程度であり、他の先進国との比較では依然として低いとはいえ、近年は、毎年10万人以上の伸びを示しており、2018年末には在留外国人数は273万1千人と過去最多を更新した（図1）。50人に1人が外国人という時代が日本に到来している。

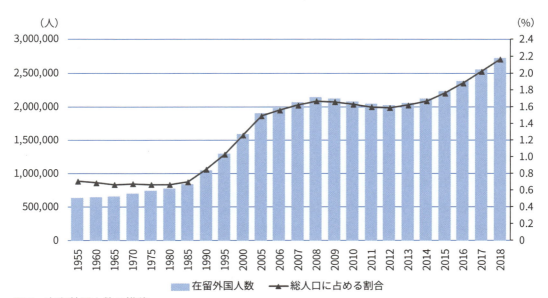

図1　在留外国人数の推移
出典：法務省「出入国管理（2018年版）」より抜粋。

　特に働く外国人が増え続けている。厚生労働省の「外国人雇用状況調査」によれば、2018

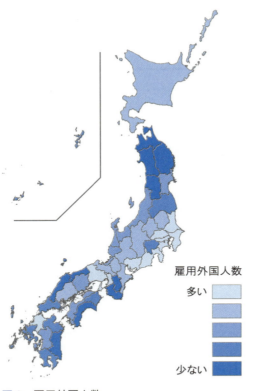

年末には前年より18万人増加し、146万人に達した。2008年には50万人以下であったので、近年の急増ぶりが窺える。なお、この数字には、在日コリアン等の法的地位である「特別永住者」(32.1万人) のうち就労に従事する者は含まれない。地理的分布をみれば、日本で働く外国人のうち、4分の1弱は東京に集中し、愛知や大阪、神奈川といった都市圏での雇用が多い。ここ数年は全国的に増えており、北海道や九州、沖縄などで高い増加率を示している（図2）。

図2　雇用外国人数
出典：厚生労働省「『外国人雇用状況』の届出状況まとめ」

## ●2　人手不足を補う役割

　外国人労働者の増加の背景には、1990年代の中頃に始まった生産年齢人口の減少がある。日本の失業率は2014年に3％台に低下し、2017年以降は2％台となり、深刻な人手不足が続いている。日本人労働者が集まらない産業や職種に、外国人労働者が参入している。外国人労働者の割合は、総務省の「労働力調査」と厚生労働省の「外国人雇用状況調査」に基づいて算出すれば、2017年に全業種で千人当たり20人となり、2009年から約2倍に増加した。特に依存度が高い分野は、食品製造（千人当たり80人）、繊維（67人）、輸送機械（60人）、電気機械（44人）、宿泊サービス（40人）などである（日本経済新聞2018年9月2日朝刊）。増加率は、建設、漁業、運輸、農林業、医療福祉、小売りなどで大きい。多様な就労分野で、外国人の就労が進んでいる現実が見てとれる。これらの分野の人手不足は、少子高齢化の加速により将来さらに深刻になることが見込まれる。

　現在、就労を前提とする外国人の在留資格としては、四年制大学卒業者等が就労する場合に取得できる在留資格「技術・人文知識・国際業務」などがある。就労のための在留資格には多くの種類があるが、「技術・人文知識・国際業務」が最も多く（2018年末現在約22.6万人）、次いで「技能」(4万人) である。とはいえ、このように就労が正式に認められる在留資格を持つ外国人は、日本で働く外国人全体の約19％に過ぎない（2018年10月のデー

タ)。外国人労働者全体の中で高い割合を占めているのは、技能実習生(21.1%)、主に留学生のアルバイトである資格外活動(23.5%)、定住性が高い永住者や日本人の配偶者、日系南米人等で構成される身分に基づく在留資格(33.9%)である(図3)。

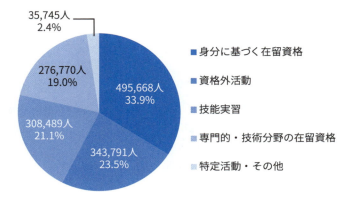

図3　在留資格ほか別にみる雇用外国人の割合
出典：厚生労働省「『外国人雇用状況』の届出状況まとめ」(2018年10月末現在)

この他、不法な形で労働に従事する外国人は、正確な捕捉は困難であるが21万人程度に達するとの推定もある(「日本の職場　外国人頼み」『日経速報ニュースアーカイブ』2018年1月13日)。「単純労働」とも称される現場労働者の受け入れに対して、政府は従前から、「雇用対策基本計画」などにより慎重な姿勢を示してきたが、2018年は「労働開国」へと舵が切られた。同年12月には「出入国管理及び難民認定法(入管法)」が改正され、新規の在留資格「特定技能」が設けられ、外国人労働者を広く受け入れる方針が明確にされた。

## ● 3　技能実習制度の問題点と新たな就労資格の拡大

技能実習制度については、「途上国への技術移転による国際貢献」を制度の趣旨としながらも、労働不足を補うために、非専門職の低賃金労働者として活用されている実態がある。技能実習制度は1993年に設けられ、当時は研修制度の2年目以降の受け皿であった。その後、実習期間の上限が伸び、また、独立した在留資格としても認められるようになった。

都道府県別に技能実習生の数(2017年末)を見ると、最も多いのは愛知(2万8805人)で、茨城(1万3841人)、広島(1万3840人)、千葉(1万3362人)、埼玉(1万2616人)の順であった。最も少ないのは秋田(847人)で、和歌山(892人)、沖縄(1330人)、高知(1355人)、鳥取(1378人)の順であった(指標J10、図4)。図4は、地域の国際性を比較するために技能実習生数の分布を示すもので、下記の通り受入れ人数が多ければ課題が少なくなるわけではない。

2016年には、外国人技能実習生を雇う事業主への監督機能の強化を目的とする「外国人の技能実習の適正な実施及び技能実習生の保護に関する法律(技能実習法)」が成立し、翌年11月に施行された。その背景として、賃金未払いや過重労働の問題が指摘されている。実習生が過労死認定されたケースもあり、人権団体等からの批判も絶えない。技能実習生の失踪者の数は毎年数千人にのぼり、この制度それ自体に問題があるか、または制度が必ずしも健全に運用されていないことを示唆している。技能実習制度の特徴は、事業所ごとの

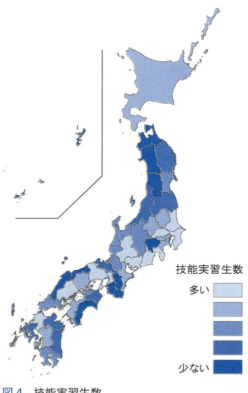

図4　技能実習生数
出典：法務省「在留外国人統計」

受入れ人数と期間が限定され、雇用先の変更が原則として認められないことにある。例えば、規模301人以上の優良と認定された企業では5年間で常勤職員の5分の3までを限度に雇用できる。期間については、2017年11月に、要件を満たした場合に限り5年までとなり、従来の3年から延長された。しかしこれを上限として帰国しなければならず、滞在期間中、家族の呼び寄せは原則として認められていない。

　技能実習生の境遇は一様ではないが、その多くは、最低賃金レベルの給与で働いているとみられる。ボーナスや退職金はない。職場の変更も理由なくは認められない。来日にあたって多額の紹介料・手数料を払っており、それを工面するために借金を背負っているケースが多い。こうした事情もあり、技能実習生は職場に縛り付けられたいわば「債務奴隷」に陥りやすく、厳しい勤務条件を甘受することを余儀なくされる。職場を逃がれて、滞在期間中により多く稼げる他の仕事を選ぼうとする者も出てくる。限られた期間により多くの給料を得ようとする生存戦略ともいえるが、その選択により、「不法状態」とみなされるため、手取りの賃金が増えたとしても、その立場は脆弱である。

　政府は、技能実習制度では人材不足を埋めるには限界があるとして、2019年4月に「特定技能」の在留資格を新設し、外国人労働者の受け入れ拡大を図っている。広い職種で受け入れが認められ、その相当数が技能実習生からの移行が見込まれている「特定技能」の1号では、技能実習生と同様、就労できる期間が5年までと定められており、家族の帯同は認められない。職種によっては、滞在中に高い専門性を身に付け、熟練した技能を持つと判断されれば、在留資格を「特定技能」の2号に変更して長期にわたり働き続け、家族を呼び寄せ、定住の道も開けてくる。制限的なルールが課されている中で、例外的なケースがどれほどの頻度で生じるのか、制度の運用次第ということになろう。

　政府は、「移民政策を取らない」と明言しており、家族とともに定住する外国人労働者の増加を必ずしも歓迎しているわけではない。国会答弁や政府文書（閣議決定等）、自由民主党のマニフェストにも、この方針は繰り返し明示されている。

## ● 4　就労を目的とした留学生の増加

　留学生は、週28時間以内の就労が認められる。他国と比べると、日本で学ぶ留学生は留学期間中に比較的長時間働けるため、「デカセギ留学生」と呼ばれる外国人の増加を招いている可能性がある。このことが、留学生の総数を押し上げている要因の一つになっている。留学生も多様であり、全体像や平均像を示すのは難しいが、近年、一部には授業や勉学よりもアルバイトに精を出す留学生の姿が、様々な報道を通じて明らかになっている。日本への留学パターンは様々であるが、日本語教育機関で学ぶ留学生の中には、技能実習生と同じく、多額の借金を背負ってきた者も少なくない。本人にとっては、日本滞在中、借金の返済や母国への送金が重大事で、勤労に励むあまり、学習のための時間や動機が損なわれている場合がある。勤労そのものが来日の目的というケースもみられる。こうした背景から、2018年以来留学生の在留資格審査が厳格化され、当該資格の交付率の減少や取り消しの増加傾向が表れている。

　都道府県ごとにみれば、留学生が多く集まる地域（主に都市圏）と、そうではない地域の差が大きい。都道府県別に留学生数（人口1万人あたり）を見ると、最も多いのは東京で、京都、福岡、大分、群馬、大阪、茨城の順であった。最も少ないのは山形で、岩手、青森、高知、滋賀、鳥取、和歌山、福島の順であった（指標J9、図5）。

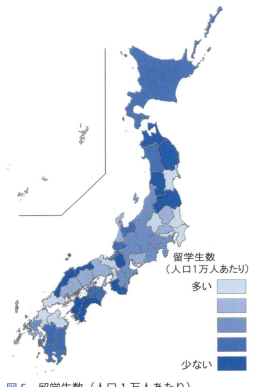

図5　留学生数（人口1万人あたり）
出典：日本学生支援機構「外国人留学生在籍調査結果」

　日本語教育機関は留学生の受け皿として機能しており、1100を超える教育機関が全国各地にできている（2018年8月）。三分の一強が東京都内にあり、数が三桁に届いているのは、東京を別とすれば大阪のみである。

　政府は、外国人留学生が卒業・修了した後、日本で就労できる機会の拡大をはかってきた。日本での就職希望者がすべて雇われるわけではなく、2017年には2万人弱と、過去最多の数であったが、決して多くはない。また、政府は、高度外国人材ポイント制（2012年）や在留資格「高度専門職」の新設（2015年）などを通じて、日本経済の活性化に資する外国人材の確保を奨励している。

## ●5　定住外国人の生活状況

　定住外国人の生活状況は様々である。「技術・人文知識・国際業務」による外国人労働者は専門性を持ち、勤務条件も概ね良好といえる。一部の永住者や技能実習等で労働に従事するその他の外国人の所得レベルは低く、時給計算では最低賃金に近い。外国人の生活保護受給者数は7万2千人を超え、全国平均は外国人百人あたり3人を超えている。特に、大阪、京都、兵庫、和歌山、山口、奈良では4人を超える（都道府県別人口千人あたりの生活保護受給率は**指標E4**を参照）。生活保護を受給することができる外国人の在留資格は、基本的に、「特別永住者」、「永住者」、「永住者の配偶者等」、「日本人の配偶者等」、「定住者」であり、日本に定住実態がある外国人が対象になる。

　外国人児童の教育や日本語学習についても課題が多い。政府は移民を認めないとしつつも、合法的に働く外国人は増えており、外国人労働者の中の多数を占めている。定住外国人の子どもの中には日本語指導が必要な者も少なくなく、増加基調にある。

　公立学校に通う外国籍の子供約8万人のうち、3万4千人以上が日本語の指導を必要としており、この数も近年急増している。都道府県別にみれば、南米出身の日系人が多く住む愛知が最も多く、神奈川、東京、静岡、大阪と続く。このことは、受け入れた外国人の社会統合が円滑に進んでいない現実を物語る（図6）。

　また、不就学ないしは不登校の外国人への支援が求められる。文部科学省の調査によれば、日本語学習支援が必要な高校生の中退率は9％に上る（朝日新聞2018年9月30日朝刊）。同省は、2019年に初めて外国籍の不就学児の実態調査を行い、外国籍児の15.8％にあたる1万9654人が不就学児の可能性があると発表した（日本経済新聞2019年9月28日）。外国人住民を社会から疎外しないために、生活や教育、キャリアにかかわる配慮、支援のあり方が、今後いっそう問われるであろう。法的には、日本国民のみが子女に普通教育を受けさせる義務を負うため、外国人の児童がドロップアウトしやすい法的環境がある。日本で暮らす外国籍住民、あるいは日本国籍か外国籍かを問わず、外国にルーツを持つ人々が増えることが予想される。2018年12月に示され

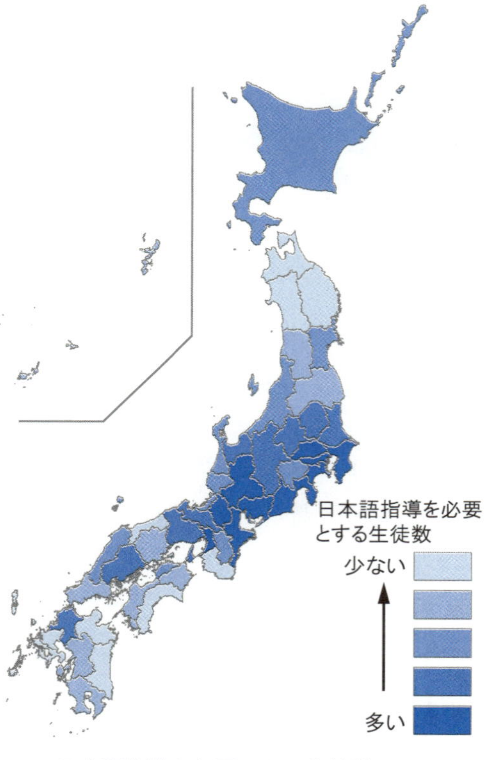

図6　日本語指導を必要とする生徒数
出典：文部科学省「日本語指導が必要な児童生徒の受入状況等に関する調査」（2016年）

た後述の「外国人材の受入れ・共生のための総合的対応策」が成果を上げるか否かが、将来の日本社会のあり様に大きな影響を与えることは間違いない。

(第1節からここまで明石純一)

## ●6 難民、難民申請者等

　紛争や迫害によって移動を強いられた人（以下、強制移動民）の数は、2013年末に5000万人を超えた。2018年末の時点では7080万人にのぼり、世界は第二次世界大戦以来となる、最悪の難民危機に直面している。それゆえ、国際社会は増加の一途を辿る強制移動民をいかに保護するかという大きな課題を抱えている。2018年12月には、難民支援における国際社会の連携を促進するための枠組みとして「難民に関するグローバル・コンパクト」が国連総会で採択された。同コンパクトには、① 難民受け入れ国の負担軽減、② 難民の自立促進、③ 第三国定住の拡大、④ 安全かつ尊厳ある帰還に向けた環境整備、という4つの目標が掲げられている。

　日本は1982年に難民条約に加入したが、難民認定数および難民認定率は先進国の中で最低の水準にあり、難民受け入れに対する消極的な姿勢が批判されてきた。国連難民高等弁務官事務所（UNHCR）によれば、2017年の難民認定数（括弧内は難民認定率）は、ドイツ14万7671人（25.7％）、アメリカ2万6764人（40.8％）、フランス2万5281人（17.3％）、カナダ1万3121人（59.7％）、イギリス1万2496人（31.7％）、日本20人（0.2％）である。

　日本における難民申請数は2010年頃から急増してきた。法務省の統計によれば、難民申請数は2000年が216件、2010年が1202件、そして2017年末の時点では過去最多の1万9629件であった。難民申請数が急増した主な理由は、難民認定制度を利用して日本での就労機会を得ようとする南アジア・東南アジアの人々による申請が増加したためだと思われる（図7）。

　しかし、就労目的の難民申請が多いとはいえ、難民認定の基準を満たす人が数十人程度しかいないとは考えにくい。日本の法務省や裁判所は「難民の定義」に関して厳格な基準を設けており、難民受け入れ数が少ない主要な原因となっている。加えて、日本が難民受け入れに消極的な背景には、多くの日本国民もまた難民受け入れに後ろ向きであるという事情が存在する。なお、難民としては認定されないが、紛争などのやむを得ない理由で出身国に帰ることができない者には人道配慮による在留特別許可が付与されている。

　前述した就労目的の難民申請を後押ししたのが「難民認定制度」の運用の見直しである。2005年以降、難民申請者は「特定活動」という6か月の在留資格を取得できるようになった。加えて、2010年3月以降は、難民申請を行った6か月後から認定手続が完了するまでの間、就労が許可されるようになった。その結果として、日本での就労を目的とした難民申請が増加したと考えられる。そのため、法務省は、難民申請の「濫用・誤用的な申請」

第12章　外国人　　223

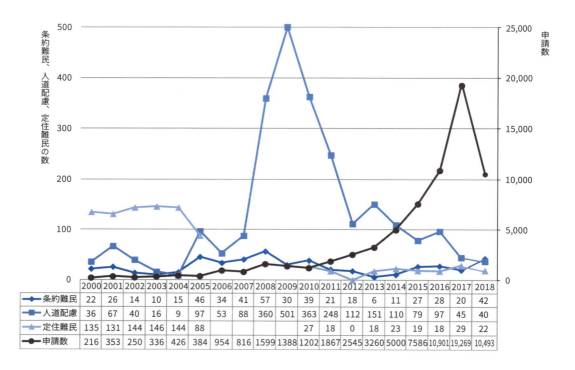

**図7 日本における難民庇護の状況**

注1)「条約難民」とは、入管法の規定に基づき、難民として認定された者の数である（難民不認定とされた者の中から不服申立ての結果認定された数を含む）。なお、一次審査で「人道配慮」の扱いを受けた後、不服申立てで条約難民として認定された者については、重複して計上されている。

注2)「定住難民」とは、インドシナ難民及び第三国定住難民であり、1978年から2005年まではインドシナ難民、2010年以降は第三国定住難民の数である。

出典：法務省「我が国における難民庇護の状況等」を参考に筆者作成。

を抑制する目的で、2015年9月及び2018年1月に難民認定制度の運用の見直しを行った。この見直しによって、難民申請者の就労や在留が大きく制限され、難民申請者の生活基盤はさらに不安定となっている。

　なお、難民認定者は更新可能な5年間の在留資格が与えられ、在留資格の更新を繰り返すことになる。難民認定者の中には永住資格を取得する人もいる。さらに、永住資格を得た人が帰化する場合もある。永住資格の取得、そして帰化と進むにつれて日本国内での法的な基盤が固まり、難民認定者の「人間の安全保障」が達成されていく。ただし、難民認定者の中で永住資格を取得し、帰化した人の数についての公表された統計は存在しない。

　他方、日本政府は2018年10月に、オリンピック開催年の2020年度から第三国定住制度による難民受け入れの拡大を検討することを発表した。第三国定住とは、すでに他国（1次庇護国）で難民として保護されているものの、受け入れ国での定住が困難な人々を、別の国（2次庇護国）が受け入れる制度である。日本がアジア最初の第三国定住難民の受け入れを開始したのは2010年であり、年間30人を上限にミャンマー難民を受け入れてきた。

日本国内における難民認定者や難民申請者の生活に焦点を当てると、十分な支援が行き届いているとは言い難い。政府レベルでは「難民認定者」に対する半年間の日本語学習プログラム、職業紹介、国民健康保険への加入といった支援を行っている。しかし、「難民申請者（申請中の人々）」に対する政府レベルの支援はほとんど存在しない。とりわけ、「難民不認定」処分が行われて再申請する場合は、申請者に対する就労許可は与えられない。そのため、彼らの生活、生存、尊厳が制限され「人間の安全保障」が脅かされてしまう。

民間レベルでは、多数の団体が日本国内に暮らす難民、難民申請者への支援を行っている。支援の形態は、①難民認定手続きをサポートする法的支援、②衣・食・住の確保をサポートする生活支援、③自立した生活の実現をサポートする就労支援、④日本語教育の実施や社会的包摂の実現をサポートする支援などに分けられる。

他方で、近年は政府レベル、民間レベル（プライベート・スポンサーシップ）での新たな難民受け入れの試みが実施されている。これらは難民受け入れの新たな合法的ルートを開くだけでなく、教育機会を提供する支援である。政府レベルでは、文部科学省と国際協力機構（JICA）を実施機関として、2017 年から 5 年間でシリア難民を留学生として最大 150 人受け入れる取り組みがなされている。そして、民間レベルでは、UNHCR 駐日事務所と国連 UNHCR 協会による「難民高等教育プログラム」（日本国内に暮らす難民が日本の大学で就学するための支援）や、国際基督教大学（ICU）と難民支援協会（JAR）などによる「シリア人学生イニシアチブ」（トルコに居住するシリア人の若者に ICU で学部教育を受ける機会を提供）などが行われている。政府レベル、民間レベル双方の取り組みによって、より多くの難民の「人間の安全保障」が実現することに期待が寄せられる。 （宮下大夢）

## ● 7　災害時の外国人

大規模な自然災害の多い日本では、日本に住む外国人の安全確保が課題となる。1923 年の関東大地震の際には、混乱の中で流言飛語が発生し、多数の朝鮮半島出身者が殺害された。2011 年の東日本大震災では流言飛語はあったものの大事には至らず、この側面から見ると外国人の防災対策が大きく進化したといえる。しかし、地震・津波・原子力発電所事故による複合的な災害であったことから、新たな課題が見つかった。混乱の中、慌てて日本から出国した外国人もいたが、その移動を推進した多くは在日大使館と外資系企業であった。このため危機対応に必要な交通機関に一部で混乱をきたしただけでなく、外国人による労働力の確保、外国人観光客の受入れにも影響を及ぼした。急増する外国人と災害の関係を再考する必要があることが明らかになった。

外国人と災害の関係では 2 つの基本的な課題がある。第 1 は、言語的差異への対応であり、様々な対策が講じられてきている。1995 年の阪神・淡路大震災時の民間の多言語放送の経験が、東日本大震災などでは生かされた。全国の地域国際化協会は経験を共有して、

資料を作成し訓練を実施している。災害直後には、自治体を支援する多言語ホットラインやNHKによる多言語で緊急情報を提供するサービスも行われている。自治体では多言語による防災マニュアルを配布している。避難所で多言語標識を準備している自治体もある。総務省では災害時外国人支援の情報コーディネーター制度を準備している。

安否確認に関しては、3.11の後に外務省はフェイスブックと協力して、緊急事態に自分の状況を知り合いに伝えられる機能を開発した。グーグルや赤十字社は、安否確認のためのアプリケーションを用意した。外務省も在日大使館や領事館との情報共有の改善を図っており、大使館も防災訓練を行うなど災害時の情報提供体制を強化している。先述の「外国人材の受入れ・共生のための総合的対応策」には、「災害時外国人支援情報コーディネーター」の養成という項目があり、その実効性が注視されている。

第2の文化的差異への対応は、より困難な課題である。例えばハラール食品、菜食主義者への備蓄をすべての避難所で行うのは現実的ではない。避難所でお祈りの場所を用意したり、男女別々の区画を作るのは、災害時の混乱の中で難しい。地域に根差す小売店、教会などが独自のネットワークによって備蓄などで有効な役割を担えるであろう。東日本大震災時の外国人の避難行動によって、多文化共生の経験がない一般市民は、外国人と同じ場所で暮らしたり、知らない言語を聞いたりすることが不安の増加につながった。この不安から避難所に行かない人も出た。このような事態を予防するためには、日頃より多文化共生を推進することが重要である。

これ以外の課題も多い。「外国人」とひとくくりにとらえることはできない。永住者、配偶者、研修生、留学生、観光客などそれぞれ必要性は異なる。2018年、台風21号で大きな被害を受けて孤立した関西国際空港で多数の旅行者への対応が問題になったが、旅行者のニーズと、東日本大震災や熊本地震でのニーズは異なる。被災時の外国人にとっての様々な状況に応じた対策が求められる。災害時には、公的な支援だけではなく、地域の人々との協力が不可欠になる。例えば、地域国際化協会が災害時でも機能するためには、多言語に対応できる地元の留学生や永住者がボランティアとして一緒に活動をするなど、能力強化を目指す災害対策が今後の課題である。

情報提供の体制整備が進んでいるが、災害緊急時の情報の国内外の非対称性は依然として課題である。国内と海外で放送される情報に違いが出ることから、報道から海外で想像される状況と、現地の実態に乖離が生じる。海外の親戚や友人が日本にいる本人だけでなく、政府にも早期帰国の圧力をかけるので、結果的に影響を及ぼすことになる。外国政府や企業が日本政府と違う対応をとることは、日本政府の措置に対する信頼性に影響を与え、社会の不安感が増大する。情報社会では多様な情報源からでなければ信頼性は得られないので、災害対策には様々なアクターの参加が必要である。今後、災害政策の立案に当たっては、日本社会で暮らす人誰もが等しく保護され、また貢献が求められるような防災計画

を講じるべきである。緊急に必要な時にそれぞれのニーズに応えながら、一つのコミュニティとして対処できないと、効果的な対応は難しくなる。

（ゴメス・オスカル）

## ●8　外国人に対する受容度

　在住外国人の急増は、日本社会との摩擦を引き起こすだろうか。在住外国人の生活保護受給に対する批判や、外国人に対するヘイトスピーチにみられる排外主義も、懸念材料である。本プロジェクトが実施した全国アンケート調査で、外国人が自分の住む地域に増えることを歓迎するか問うた。増えることを歓迎する者が17.8％であるのに対して、そう思わないが37.4％で、自分の住んでいる地域に外国人が増えることを歓迎しない人が、歓迎する人の倍以上いることを示している。全く歓迎しない（15.1％）が強く歓迎する（3.2％）を大きく上回っており、外国人の増加に同意できないとする人々は少なくない。ただし、どちらともいえない（33％）とわからない（8％）を合わせると、4割が断定的な意見を持っていない。外国人に対する受容度は流動的であり、受入れ賛成派と反対派が入れ替わる余地は大きい。年齢別でみれば、男女とも、年齢層が上がるほど歓迎するが減り、歓迎しないが増加する傾向が看取される。若い世代ほど外国人が近所で増えることに対する抵抗感が少ない傾向が読み取れる（**指標J11**、**図8**）。

　外国人が自分の住む地域に増えることを歓迎する割合を都道府県別に見ると、最も多いのは長崎で、福島、栃木、佐賀、鹿児島、山梨、高知の順であった。最も少ないのは和歌山で、群馬、京都、滋賀、静岡、茨城、福井の順であった。

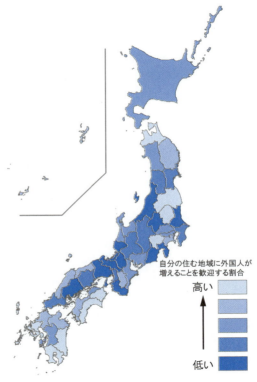

図8　自分の住む地域に外国人が増えるのを歓迎する人の割合
出典：今回のアンケート調査（2018年8月）

## 主要な関連法規、公的措置

政府は、2006年、「「生活者としての外国人」に関する総合的対応策」を示した。同年、総務省は、「地域における多文化共生推進プラン」を策定、通知した。2017年に『多文化共生事例集』を刊行して、地域社会や自治体レベルにおける外国人支援等の取組みが広がってきた。2018年12月に、「外国人材の受入れ・共生のための総合的対応策」が策定され、総額211億円の予算案が盛り込まれた。

この「総合的対応策」の基本的な考え方には、「在留資格を有する全ての外国人を孤立させることなく、社会を構成する一員として受け入れていくという視点に立ち」という文言が含まれる。その施策の軸は、「外国人との共生社会の実現に向けた意見聴取・啓発活動等」、「生活者としての外国人に対する支援」、「外国人材の適正・円滑な受入れの促進に向けた取組」、そして「新たな在留管理体制の構築」が含まれ、これまでにない取組みや仕組み作りが進む可能性もある。

日本語の教育機会の充実などは典型的な取組みであるが、他にも、行政や生活に関する情報の提供や相談を多言語（11言語）で行う「多文化共生総合相談ワンストップセンター（仮）」の全国100か所における整備や地域の基幹的医療機関における医療通訳の配置などにより、制度的支援の厚みが増すことが期待される。

外国人労働者の分野では、技能実習生の受入れの適正化や、2019年4月より、新規在留資格「特定技能」のもとでの多様な職種での受入れが決定した。加えて、社会保険の加入促進や、悪質なブローカーを排除するための二国間政府文書の作成なども最近は進んでいる。外国人労働者の受入れ増大と併せて拡充が試みられてい

る支援策が今後どれほどの効果を生み出すのか、各界から関心が寄せられている。

政府による取り組みの評価は、正規滞在外国人の社会統合に関する国際調査であるMIPEX（移民統合政策指数）が参考になる。2015年に38か国を対象として実施され、日本は27位（44点）であり、スウェーデンが1位（78点）、ポルトガルが2位（75点）、ニュージーランドが3位（70点）である。日本の政策指標の中では、教育及び差別反対がそれぞれ29位（21点）、37位（22点）と特に低い。

その後、教育に関しては、「義務教育機会確保法」が施行され（2016年）、国籍等に関わりなく、国・地方公共団体に、教育機会を確保する施策を策定・実施する責務が生じている。差別反対については、2016年、「ヘイトスピーチ対策法」が成立している。ただしこの法律は、いわゆる理念法であって罰則規定が設けられているわけではない。2019年には、「日本語教育推進法」が公布、施行され、同法では、国のほか、地方公共団体の責任も述べられている。

政府の政策の実効性に影響するのは、多文化共生施策を中心とする自治体レベルでの対応である。例えば、川崎市の外国人市民代表者会議のように、外国籍住民の声を市政に反映させる仕組みもある。また、県によっては、マルチ・ステークホルダーによる「技能実習生受入適正化推進会議」で対策をとっている例がある。「外国人材の受入れ・共生のための総合的対応策」においては、共生社会を推進する地方公共団体の「先導的」な取組みに対して地方創生推進交付金が支給されることが明記されているため、外国人の支援を行う地域社会にとっては追い風となっている。

（明石純一）

## 民間団体等による先駆的取り組み

### 新宿区多文化共生まちづくり会議

　東京都新宿区は全国でも最も多国籍化が進んだ地域の一つである。133 か国・地域出身の 4 万 3 千人の外国人 ( 総人口の 12% ) が暮らしている。新宿区は 2005 年に、増え続ける外国人に対して日本語教育やカウンセリングを行う「しんじゅく多文化共生プラザ」を開設した。2012 年には、新宿のまちづくりを日本人、外国人双方の視点から考え、より住みやすい街にする目的で「新宿区多文化共生まちづくり会議」を設置した。現在、日本人、外国人区民、学識経験者 30 数名が参加している。初めに外国人の子どもの教育と防災問題に取り組んだ後、「住宅」と「暮らし」をテーマに審議し、2018 年 8 月報告書を区長に提出した。外国人が最も差別を感じるのが住宅を借りるときである。差別をどう解消し、トラブルを未然に防ぐか、大家、不動産業者協会を交えて解決方法を検討した。

　まちづくり会議は、外国人を巡る課題の解決のために、在住外国人と日本人住民が対等な立場で話し合う貴重な場を提供している。提言を区役所が積極的に取り上げ、解決策の事業化を図ることで、外国人住民、日本人住民、区役所の間の信頼関係も深まってきた。地域で日々発生する課題を自治体だけで拾い上げることは難しい。外国人と日本人住民が議論を通じて、具体的な解決に結びつく提案を行うには、このような場が重要である。

　今後、全国で外国人住民が増加することが想定される。新宿区の例は、外国人と日本人住民の間で起こりえる課題解決に導く有効な方法の一つであろう。

（新宿区多文化まちづくり会議会長　毛受敏浩）

### NPO 法人 WELgee

　組織名は WELCOME と refugee の掛け合わせ。日本にいる難民申請者（以下、申請段階であっても難民と呼ぶ）の社会参画を目指す NPO。国籍・人種・宗教等の違いを超え、国際色豊かなメンバーが集っている。一緒に立ち上げたアフリカ青年が語ったのは、祖国での虐殺、ブローカー、日本文化にまつわる葛藤、独りで寂しく食事する日常、そして平和への想い、故郷への愛、弱者への思いやり、日本がもつ可能性だった。家族も友人も、キャリアも社会での役割も置いて、文化・慣習・言語が異なる新境地 Japan での生活を始めざるを得なかった人たち。難民への一方的な支援ではなく、共に活動する事業が中心だ。①難民が日本社会へとつながるための対話の場「Talk with」、②住む場所を必要とする難民と、次の一歩を一緒に考える「Live with」、③働くことを通じて専門性や経験を生かす「Work with」。難民との対話「WELgee サロン」には、毎月、中学生からシニア、専門家、会社員等 30–40 人が集う。また、クラウドファンディングにより千葉にシェアハウスを購入。リノベーションを経て、申請者と地域の住民とがつながり、地域の可能性を広げる。難民認定率が 1 % 以下の日本では、ほとんどが不認定で、多くは結果待ちの不安定な状態。難民認定はかなわなくても、彼らの良さが生かされる就労によって、安定的な法的地位を得る道を探る中で、「生きることは働くこと」という声が IT、機械分野で少しずつ実現してきた。制度や事業に人を当てはめるのではなく、人間中心でとことん考え付き合いたい。逆境を超えてきたからこそ描ける夢やビジョンを実現できる選択肢を作る。命をつないだ日本で学び、働き、将来、平和になった社会の担い手となる人々だからこそ、共にもっとおもしろく、ずっと平和で、寛容な世界を築いてゆきたいと思う。

（NPO 法人 WELgee（WELCOME+refugee）代表　渡部清花）

# 提　言

　少子高齢化に伴う人口減少が進む日本において、経済と社会の維持に外国人の力を頼っている現状がある。外国人を、単なる労働力として受け入れていく向きもあるが、現実には、日本に定住・永住する外国人の規模は着実に増えており、今後さらなる増加が見込まれる。必然的に、外国人の日々の生活を支援する体制の充実が望まれている。外国人児童の日本語能力を含めた教育を手助けする制度のさらなる整備も不可欠であろう。

**❶** 政府関係当局は、政府の「外国人材の受入れ・共生のための総合的対応策」に基づき、所要の施策・措置を着実に実施し、フォローアップに努めるとともに、日本に住む外国人の尊厳を確保し、その境遇を向上させるための取り組みを引き続き強化することが求められる。

**❷** 外国人材の受け入れ・共生のためには、政府主導の政策や法制度のみならず、人々の意識に訴える教育の拡充、地方自治体、企業や市民社会の積極的対応が重要であり、地方自治体や民間部門による外国人の生活境遇の改善を促す施策や事業の推進が必要である。政府関係当局においては、地方自治体や民間部門によるこれらの取り組みをさらに奨励・支援するよう期待したい。

**❸** 2018 年 12 月に国連総会で採択された、移民そして難民に関するグローバル・コンパクトなどの国際規範の実現に向けて、日本と国際社会の連携強化が重要である。

　様々な国籍、人種や民族性、宗教等を持つ在住外国人との共生のための国と地域レベルの仕組みづくりは、今後、どれほど進むのであろうか。日本が直面している喫緊の課題のひとつといえよう。

（明石純一）

第 3 部

# 結論と提言

# 貧困・格差・差別

　SDGs の目標である「誰も取り残されない」社会を目指して、人間の安全保障の要素である命、生活及び尊厳で構成される日本の人間の安全保障指標を作成し、関連する都道府県別データを総合指数、命指数、生活指数、尊厳指数に指数化した。また、既存の統計では浮き彫りにしにくい、個人の主観を調べるためのアンケート調査を行い、個別グループごとの実態と課題を分析し、現在の日本で取り残されている人はどのような人なのか、地域によってどの程度差異があるのか可視化を試みた。指標とアンケート調査のデータ、個別セクションの分析結果から読み取れる貧困と格差、差別など日本の人間の安全保障の実態を概観してみたい。

# 第13章
# 日本の人間の安全保障の課題

## ● 1 　貧困と格差

SDGsでは、貧困と格差を解消するための指標を多数組み入れている。

> SDGs目標では、2030年までに次の達成を目指すことが定められている。
> SDGsの目標1（貧困の撲滅）は、すべての年齢の男性、女性、子どもの貧困割合を半減する（ターゲット1.2）。貧困層、脆弱層の人に社会保障を実現する（ターゲット1.3）。目標2（飢餓をなくす）は、すべての人が安全な食料を十分得られるようにする（ターゲット2.1）。目標3（健康・福祉）は、すべての人に必須の保健サービス、ユニバーサルヘルスを達成する（ターゲット3.8）。
> 目標4（教育）では、すべての子どもが小中教育、就学前教育、高等教育への平等なアクセスを得られるようにする。目標5（男女平等）は、育児・介護や政治、経済などあらゆる分野での男女平等を確保する。目標8（就労）は、すべての人に完全雇用、同一労働同一賃金を達成する（ターゲット8.5）。2020年までにニートの割合を大幅に減らす（ターゲット8.6）。目標10（不平等の是正）は、税制、賃金、社会保障政策などを通じ、平等の拡大を漸進的に達成する（ターゲット10.4）。目標16（包摂的な社会）は、非差別的な法規・政策を推進、実施する（ターゲット16b）。

　近年の問題意識の高まりを受け、政府、地方公共団体も貧困を減らすために法律、（子ども、若者、高齢者など）大綱の制定、追加措置などの努力をした結果、子どもの章（第5章）で述べた通り、2015年には相対的貧困率は15.6％、子どもの貧困率は13.9％に低下した。相対的貧困率が低下したことは歓迎すべきであり、対象を絞った施策は成果を上げられることの証明になっている。それでも、1985年の10.9％と比べればまだまだ高く、過去30年にわたって貧困率の上昇傾向が続いてきたことは、重く受け止めなければならない（図1）。
　また、この貧困率には計算上の問題点もあり、この数字が下がったことで貧困が改善したとみるのは誤りとの指摘もある（後藤道夫「『相対的貧困率』の改善と貧困の拡大・深化」2018年）。また、沖縄県では子どもの貧困率を全国

図1　日本の相対的貧困率と子どもの貧困率
出典：厚生労働省「2016年国民生活基礎調査」
（注）OECD諸国の相対的貧困率は平均11.9％で、子どもの貧困率は平均13.3％（2015年）

の2倍以上の29.9％（2016年）と算出しており、貧困率の地域間の格差も大きいと思われるので、実態がどの程度改善したかは掘り下げた分析が必要である。

貧困率の算出基礎となる可処分所得では、1990年代から企業が賃金を抑制する一方で、税金と社会保障保険料（健康保険料、介護保険料、年金保険料率）の負担は増加し、日本の可処分所得の伸びは過去20年間ほぼゼロである（日興リサーチセンター「低迷する消費」2017年）。労働分配率が低下し（2017年には43年ぶりの低水準）、大企業の過去20年間の経常利益は拡大しつつも、コストカットに努め賃金を抑え非正規雇用を増やした結果、労働分配率は60％（2000年）から53％（2016年）に下がり（財務省、法人企業統計調査）、賃金の伸びが過去20年間生産性の伸びを下回る。平均でみれば雇用労働者の実質給与はほぼ横ばいを続けている。

人口全体の可処分所得が下がれば、生活の必要経費とは関係なく、相対的貧困率を計算する貧困線（中位可処分所得の半分の所得）が下がる。貧困線額は、90年代末は150万円であったが、最近は名目122万円（2015年）で1988年の114万円以来の最低額、実質可処分所得額（106万円）でも1988年（113万円）以来の過去最低額になる（図2）。貧困基準の実質値が下がり、名目の貧困基準で営める生活の質が低下している。可処分所得が伸びず、貧困線が下がって、貧困率以下の人口率が低下したから貧困が改善したと結論づけるのは早計となる。15.6％は、先進国の中では依然として高い貧困率であり、人口にして1980万人に相当する大きな社会問題であることは間違いない。

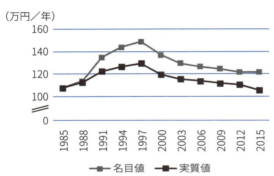

図2　貧困線の推移
出典：「国民生活基礎調査」

特に、ひとり親世帯の貧困率がやや改善したとはいえ（3.8％改善し、2015年は50.8％）、依然として50％を上回っている。多くの先進国では平均2割程度にとどまっており、日本が主要国の中で最悪レベルであり、子どもの貧困は依然として深刻な課題である。ひとり親世帯の就労率は高い（男性9割、女性8割）のに半数以上が貧困状態であるのは、女性の非正規雇用者（パート）の賃金が低いことによる。共働きの世帯とひとり親の世帯との貧困率が1割程度しか変わらないのは、家族が追加的に働いても家計は大きく変わらない、それだけ女性の給与が低く抑えられていることを示している。家庭を支える保護者の不安定な就労状況を背景に、特に母子世帯の平均雇用所得は209.3万円（全世帯は373.6万円）にとどまり、児童扶養手当や就学援助の支援はあるが、シングルマザー家庭は子育て、教育出費で苦しい家計状況にある（厚生労働省によれば児童扶養手当の受給は115万世帯）。

また、高齢化の進行もあり、65歳以上（3459万人）の家計所得ベースで格差が拡大している。税引き後、所得配分後でみると、全体で見れば勤労世代との格差は縮小したが、高

齢者世帯の83.9万世帯（千人当たり2.89人）が生活保護世帯であるように高齢者世帯間の格差が大きい（図3）。

生活保護受給世帯数は（月平均で）、2017年9月に、調査開始（1951年）以来、最多を記録した（164.2万世帯、215.5万人万人、受給者は人口の1.7%）。2018年には受給者の過半数（54%）が高齢者世帯、そのうち9割以上が単身高齢世帯である。次いで、障害者、傷病者世帯（25%）、母子世帯（5%）が占める（図4）。

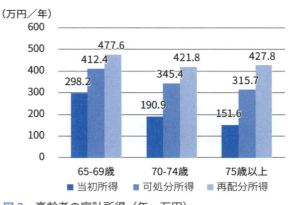

図3　高齢者の家計所得（年、万円）
出典：厚生労働省「所得再分配調査」（2014年調査）

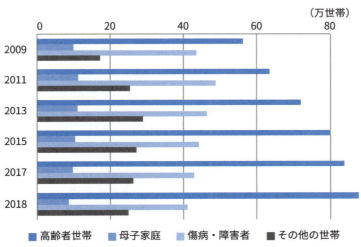

図4　生活保護世帯数の推移
出典：厚生労働省「被保護者調査」（2018年）

都道府県別に生活保護受給人数（千人当たり）を見ると、最も多いのは大阪（32.1人）で、北海道（30.1人）、高知（26.2人）、沖縄（25.0人）、福岡（24.5人）、青森（22.8人）の順であった。最も少ないのは富山（3.3人）で、福井（5.1人）、長野（5.2人）、岐阜（5.7人）、石川（6.3人）、山形（7.0人）の順であった（**指標E4**）。

今や、生活保護が年金資格のない人や年金だけでは生活できない高齢者のセーフティネットになっている。貧困線が下がっている大きな要因は高齢者の人口増であり、高齢層の貧困が深刻な状況にあることを示している。年金制度の抜本的な改革が短期的に困難であるとすれば、貧困高齢者の比率が今後ますます増えると予想される。65歳以上の単独世帯の割合が増加（2017年度、47.4%）し、特に、高齢になるほど女性の単身世帯が増加し男

性との格差が広がっているので、このままいくと単身高齢女性はその半数が生活保護に頼らざるを得なくなるとの推計もある。

　また、生活保護受給期間が長期化する傾向があると指摘される。例えば大阪市では平均600日（2011年）から900日（2016年）に長期化している（五石敬路「大阪市公共セクター分析プロジェクト」2017年）。さらに、貧困基準が実質では低下している一方で、公式の貧困線（年収122万円）は上回っているが生活保護基準に届いていない層が増えている（厚生労働省は、生活保護基準未満の世帯597万世帯、うち、生活保護を受ける要件を満たしている世帯229万世帯と推計）。生活保護の申請に行っても認められずに帰ってくる人が年40万人と推定されており、資格検査や受給条件（預金額など）が厳しく、申請手続きも複雑なため、受給資格があるにもかかわらず生活保護から排除されている人々（漏給と呼ばれる）を600万人から850万人と見積もる報告もある。国民健康保険料の滞納者（336万人）も多数いる一方で、金融資産保有世帯のうち3000万円以上の割合は2018年に最高水準（15.6％）に達しており、格差が確実に拡大しているといえよう。

　今や、年間給与が300万円以下の低所得層が増え、年収900万円までの中流上層が減り、平均所得も下がっている。地域差も大きく、世帯ごとの当初所得では、関東、東海、北陸では高く、沖縄・九州、四国、北海道が低い傾向にある（**指標C1**）。

　所得格差を示すジニ係数は、高齢化、ワーキングプアの増加により2000年以降急激に上昇する傾向にあり（0.4983〈2002年〉から0.5704〈2014年〉に拡大）、社会保障と税による再配分後はある程度の改善をみているが、依然として高いレベルにある（同時期に0.3812から0.3759に微減）（図5）。所得再配分効果によって全般的な不平等がある程度改善されたとしても、比較的限定された世帯数とはいえ絶対的な貧困に取り残される人がそこにいるとすれば、すべての人の人間の安全保障が実現しているとはいえない。所得格差の程度は地域により異なる。ジニ係数を都道府県別に見ると、東京、大分、高知、島根、青森などで大きく、岩手、長野、鳥取、新潟、愛媛などで小さい（**指標C3**）。全国の相対的貧困率だけみても、貧困の実態の全体像からは程遠いと言わざるを得ない。

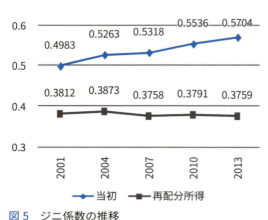

図5　ジニ係数の推移
出典：厚生労働省「所得再分配調査」（2014年調査）

　近年有効求人倍率が高水準で（2019年7月、1.59倍）、完全失業者も減り（2019年6月期、162万人）、雇用状況は大きく改善しているが、雇用条件が不安定な非正規雇用者（パート、アルバイト、派遣社員、契約社員など）の割合が急増している（2120万人、雇用者の37.9％）（図6）。

性別では、非正規雇用者全体の 3 分の 2 を女性が占め、特に 35–54 歳が最も多い。男性は、15–24 歳から 54 歳までは年齢を増すごとに非正規が減るが、55 歳以上になるとまた増加する（図 7）。女性の非正規雇用の 79 %、男性の 51 % がパート・アルバイトで最も多い。しかし、男性では、25–34 歳より 55–64 歳世代まで、契約社員や派遣が 40 万人前後でパート・アルバイトを大きく上回り、特に 55–64 歳から 65 歳以上では、契約社員・嘱託がそれぞれ 97 万人、76 万人に増加する。女性でも、契約社員や派遣・嘱託が、25–34 歳、35–44 歳、45–54 歳と順次、58 万人、69 万人、72 万人と増加し、相当数を占める。非正規雇用になる理由は、「自分の都合のよい時間に働きたいから」が総数では最も多いが、25–64 歳の男性では、「正規の職員・従業員の仕事がない」ことが最も多い（計 127 万人）。同程度の女性が「正規の職員・従業員としての仕事がない」ことを挙げている（129 万人）。25–44 歳の女性では「家事・育児・介護等と両立しやすい」こと、45–54 歳の女性では、「家計の補助・学費などを得る」ことの割合が上回る（労働力調査）。

図 6　正規と非正規雇用者の推移
出典：総務省「労働力調査」（2018 年）

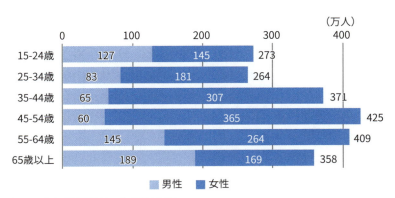

図 7　非正規雇用者の年齢別内訳
出典：総務省「労働力調査」（2018 年）

非正規雇用者の割合は地域での差が大きいことも注目される（43.1–32.6 %、平均 38.2 %）。若者の章（第 7 章）で述べた通り、非正規雇用者の割合は、徳島（32.6 %）、山形（32.8 %）、富山（33.1 %）、香川（34.5 %）、福井（34.6 %）などが低いが、沖縄（43.1 %）、京都（42.5 %）、奈良（41.1 %）、山梨（40.8 %）、滋賀（40.6 %）などで高い（**指標 C5**、図 8）。

第 13 章　日本の人間の安全保障の課題

就労者間の所得格差は大きく、非正規雇用の男性の賃金は正規雇用の66.2％、女性は70.8％にとどまっている（2018年度の月平均賃金は、男性の正規351.1千円、非正規232.5千円、女性はそれぞれ265.3千円、187.9千円）（図9）。

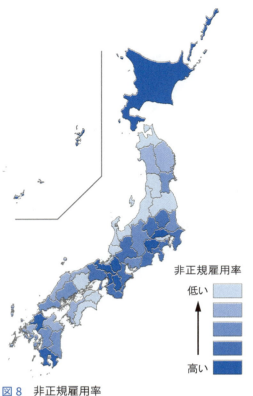

図8　非正規雇用率
出典：厚生労働省「就業構造基本調査」(2019年)

図9　正規と非正規雇用の賃金差
出典：厚生労働省「賃金構造基本統計調査」(2018年)

非正規雇用の年収は200万円未満が男性の6割近く、女性の8割以上を占めており、このため非正規雇用者の貧困率は、38.7％（女性では48.5％）に達している（図10）。

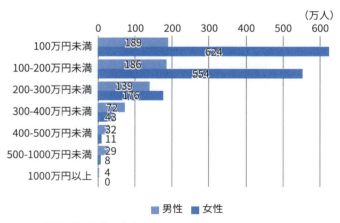

図10　非正規雇用者の年収
出典：総務省「労働力調査」(2017年)

非正規雇用者の多くは、正規雇用者に与えられている失業保険、厚生年金、医療などの社会保険、企業による福利厚生、安定した雇用などから排除されており、容易に貧困状態

に滑り落ちてしまうと指摘されており、この懸念は、経営トップにも認識されている。

「私の経営者としての感覚としては、第一にここ 20 年以上に渡る低成長時代に相対的に賃金の上昇を抑えすぎてきたと思ってきました。30 才代の仕事に打ち込む年代の人の意識が『一生懸命にやろうがやるまいが大して賃金は変わらない』と思っているように感じ、これでは日本の経済成長はできないと感じました。第二に日本の終身雇用制が徐々にですが崩れてきたことがあります。その一面が不正規雇用の低賃金でありますが、ことはそれだけに限りません。人手不足問題、特に特定職能者の不足を背景に賃金水準の市場化が進展しています。経営者は働く方々に如何にやる気を出してもらえるかに日々腐心しているというのが現実であります」(2018 年 8 月 14 日付、日本経済団体連合会の中西宏明会長から笹川陽平日本財団会長への書簡より引用)

雇用市場が大きく改善している一方で生活保護率が高止まりしているのは、高齢者の貧困世帯の増加とともに若年層の貧困が根強いことを示している。失業者(184 万人)の中で長期失業者（1 年を超す）が 55 万人（30.4 ％）を占め、25–54 歳の男性が多い（労働力調査）。就職氷河期世代（現在 35–44 歳）が長期失業者の 2 割超を超えており、卒業期に正規就職できなかったことが現在まで影響していることを示している。仕事も求職活動もしていない無業者も、この年齢層では 41 万人（2017 年、厚生労働省）と高い水準にあり、この世代が高年齢に達した時の生活保障の課題が大きい。

格差拡大は 1980 年前後からすでに 40 年も続き、今や非正規雇用者層が最貧のアンダークラス階級を形成しており、格差が収入、生活態度、生活の仕方、意識の違いなどで 5 つの階層に固定化していると分析されている（橋本健二『新・日本の階級社会』2018 年）。格差が拡大している現実を認識することが重要である。

子ども、女性、高齢者、外国人などは、取り残されるリスクの大きいグループであるが、同じグループの中でも個人差が大きいことを個別セクションの分析で明らかにした。子ども、女性、高齢者では特に顕著である。ひとり親世帯の半数以上が貧困線以下の収入で、特にシングルマザー家庭の子どもは苦しい家計状況の中で育っている。非正規のシングル女性の貧困率も高い。65 歳以上の年齢層では、今回の調査で 6 割の人（61.6 ％）が自分の人生に満足している一方で、満足でない比率（14.0 ％）はその 4 分の 1 とはいえ、一定割合を占めている（高齢人口で計算すれば 484.2 万人に相当する）。高齢世帯が生活保護世帯に占める割合が増え続ける状況で、社会の中で一定割合の人々が生きにくさを強いられている状況を是正して、その割合を減らすことは大切である。同時に、人数の多少にかかわらず、特定の人々が、その属性によって生き方の幅を極端に狭められてしまう状況は、それ自体として解決されなければならない。そのためには、人生に満足でないと答えた人や貧困の実態

第 13 章　日本の人間の安全保障の課題　　239

を可視化することが求められる。

## ●2　格差の弊害

　格差の拡大は社会全体に様々な弊害をもたらし、世代を超えて連鎖する。

**学歴格差**　貧困家庭で進学が困難な子どもの場合には、学力、学歴の差を生み、さらには就職での格差、生涯賃金の格差を生む重要な要因となる（労働研究・研修機構の調査では、生涯賃金は大学・大学院卒が 3.2 億円、高卒が 2.4 億円と 8,000 万円の差がある）。大学等進学率（専修学校は除く）は、全世帯が 52.0 % に対し、生活保護世帯は 19.0 %、ひとり親世帯は 41.9 % にとどまる（内閣府 2017 年度報告）。また大学進学率の地域格差、男女格差が大きいことが注目される。都道府県別にみると、京都、東京、神奈川、広島、兵庫、大阪の順で高いのに比して、沖縄、鳥取、山口、鹿児島、岩手、佐賀の順で低く、大都市圏と比べて大学進学率に 26 ポイント以上の差が出ている（**指標 D6**、図 11）。

　家庭の経済格差と子どもの能力格差を調査した日本財団の報告（「家庭の経済格差と子どもの認知・非認知能力格差の分析」2017 年）によれば、貧困状態の子どもの学力は小学校 4 年生（10 歳）を境に急激に低下し、貧困世帯の子どもの学力は低位に、非貧困世帯の子どもの学力は高位に集中していくと分析している。生活保護世帯の子どもの全日制高校への進学率は 67.1 % にとどまり、その他は中卒（6.4 %）で就職するか、定時制（10.9 %）や通信制高校（6.7 %）に進むが、高校中退率（4.1 %）も全世帯（1.4 %）より高く、専修学校も含め高等教育に進むのは 35.3 %（全世帯 73.0 %）にとどまっており、貧困を脱出するための技術や知識・学歴を獲得することが極めて難しい。首都大学東京教授阿部彩の研究（「子ども期の貧困が成人後の生活困難に与える影響の分析」2011 年）は、15 歳時の生活困難な経済状況という人生の初期段階の不利が大人になってからの生活水準にも影響し続け、再チャレンジできる社会からは程遠いことを明らかにした。家庭の貧困のために、教育や人生の初期段階に習得すべき機会を失うと、成人してから習得し直すことは極めて難しい。

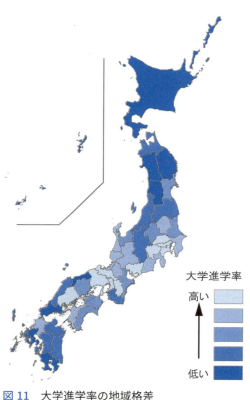

図 11　大学進学率の地域格差
出典：文部科学省「学校基本調査」(2018 年)

**生活設計**　　若者の貧困は家庭にも影響をもつ。男性は年収が低いほど結婚していない傾向が明らかにされている（労働政策研究・研修機構「若年就業支援の現状と課題」2005年）。男性では、年収が300万円以下になると既婚率が大きく低下する。30代前半の男性では正規雇用者の有配偶者率が58％に対し、非正規社員では23％にとどまる。貧困で生活困窮に直面した結果、自分自身の存在価値や将来への希望を見つけられず、生活設計も立てられずに、未婚になる男性の率が増えており、男性の生涯未婚率（50歳時の未婚率で計算する）は25.7％に達している（2017年、女性は14.0％）。20代の若者の国民年金保険料の未納率が50％に達し、50代でも20％であるので、老後になっても年金を受け取れずに生活設計も立てにくい人が増える状況にある。

**生活・健康**　　貧困層は精神的ストレスや生活健康を害しやすいといわれる。所得が低いほど男女とも野菜や肉の摂取が少なく、食事内容などの違いで肥満者の割合が高く、健康診断の未診察率も男女とも低所得層が高い（厚生労働省「2014年国民健康・栄養調査」）。また、低所得世帯ほど借家住まいの割合、世帯収入に占める家賃の負担割合、腐朽、破損した不健康的な住宅に住んでいる割合が高いので生活健康に影響するとの研究がある（丸山桂「低所得世帯の居住水準」2018年）。生活健康に悪影響がでれば、平均寿命の引き下げ、健康格差の拡大、医療費の増加にもつながる。

**社会的損失**　　格差の拡大による社会的コストの弊害も大きい。総合研究開発機構の調査（「就職氷河期世代のきわどさ」2008年）は、貧困層が増えると税金を負担できない人が増え、社会保障費が増大するので、17.7–19.3兆円の生活保護費の増大が見込まれると推計した。また、日本財団の調査（「子供の貧困の社会的損失推計」2016年）は、現在15歳の子どもが、19–64歳までに得る所得、税・社会保険料収入、及び社会保障給付を算出し、子どもの貧困を放置した場合と教育格差を改善する対策をとった場合の差を比較して社会的損失として計算し、2.9兆円の生涯所得の損失、1.1兆円の政府負担増になると推計した。可能性のある若者に手を差し伸べずに放置すると莫大な人的資源の損失であると同時に社会全体の損失になりかねない。

　所得格差があっても経済成長により低所得層にも効果が及ぶとの仮説は、OECDの国際比較研究で否定され、所得格差は経済成長を鈍化させるため、適切な再配分政策こそ成長を促すというのが定説となっている（山田篤裕「国際的パースペクティブから観た最低賃金・公的扶助の目標性」2010年）

**社会的影響**　　また、貧困と格差の拡大により、公共心や連帯感の弱まり、社会の分断、犯罪の増加の可能性など社会的な悪影響も検討しなければならない。

## ● 3　根深い差別

　第2部冒頭で述べた内閣府の「人権に関する世論調査」（2017年12月）は、障害者、イ

ンターネットによる人権侵害、高齢者、子ども、女性、東日本大震災被災者、拉致被害者、犯罪被害者、LGBT、外国人、刑期修了者、同和問題、ホームレス、ハンセン病患者・回復者、HIV感染者、人身取引、アイヌの人々の順で日本の人権問題としての関心事項を上げた。人権侵犯は、2018年度に救済手続きを開始した件数（1万9063件）が前年より微減（2.4％）したが、パワハラ（1378件）、セクハラ（410件）の件数は増加した。学校でのいじめ（2955件）のほか、障害者、同和問題、外国人、高齢者、LGBTなどへの差別待遇（615件）が前年より減少している（法務省「人権侵犯事件統計」2018年版）（図12）。

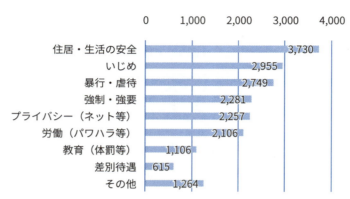

図12　人権侵犯事件の種類
出典：法務省「人権侵犯統計」(2018年度)

都道府県別に人権侵犯件数（1万人当たり）を見ると、最も多いのは高知で、香川、徳島、鳥取、三重、長野の順である。最も少ないのは埼玉で、千葉、山梨、静岡、栃木、神奈川の順である（**指標H6**、**図13**）。

これらの差別の多くは、本人の自己努力だけでは克服できない問題である。とりわけ本人の責任とは無関係の原発事故でふるさとを離れざるをえない避難者に対する差別、いじめは深刻であり、受け入れた地域全体で解決に取り組む課題である。災害被災者の章で取り上げたように、朝日新聞社と福島大学今井照研究室による「原発災害避難者の実態調査（2017年）」では、避難先で自分や家族が被害を受けた（19％）、差別を見聞きした（47％）と合わせて62％がいじめや差別を経験したと答えている。文部科学省が、2017年3月末までに、福島原発事故で福島県から県内外に避難した子ども（約1万2千人）を対象に調査したところ、いじめが199件報告された。

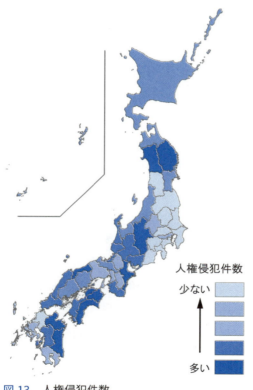

図13　人権侵犯件数
出典：法務省「人権侵犯統計」(2017年度)

外国人の章（第12章）で取り上げたように、外国人が増えることで、住まいを始め生活上の様々なトラブルが増えており、自分の住んでいる地域に外国人が増えることに対する強い反発が一部にあることは無視できない。今回の調査では若い世代ほど外国人が近所で増えることに対する抵抗感が少ない傾向がみられた。自分の住む地域に増えるのを歓迎しない割合は地域差が大きい。外国人が自分の住む地域に増えることを歓迎する割合を都道府県別に見ると、最も多いのは長崎で、福島、栃木、佐賀、鹿児島、山梨の順であった。最も少ないのは和歌山で、群馬、京都、滋賀、静岡、茨城の順であった（指標J11、図14）。

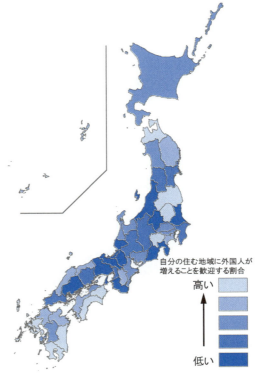

図14 自分の住む地域に外国人が増えるのを歓迎する人の割合
出典：今回のアンケート調査（2018年8月）

## ●4　誰が、どこで、どう、取り残されているか

貧困と格差、孤立、差別によって取り残されている人たちを可視化する作業を通じて、すべての人の命、生活、尊厳が尊重され、皆が人間らしい誇りを持って生きているとはいえない日本社会の現実が改めて明確になった。SDGsの理念である誰も取り残されていない包摂性のある社会を目指すためには、人間の安全保障指標と個別グループの分析で浮き彫りになった次のような課題に焦点を当てた取り組みが求められる（第1部及び第2部の該当部分参照）。これらの優先課題はSDGs目標に含まれる貧困と格差をなくすための指標との関連も強い（表1）。

改めて強調すべきは、SDGs指標（17目標、169ターゲット、232指標）は国際公約となっており、その指標を達成するために着実な行動をとることが重要であるが、日本において誰も取り残されない社会を目指すためにはSDGsの個別指標の達成を機械的に目指すだけでは十分でないことである。ここに、人間の安全保障指標が補完的な役割を果たす意義がある。誰も取り残されない社会を目指すためには、人間の安全保障指標で可視化した取り残されがちな人に焦点を当てて、貧困や差別をなくし偏見を減らす努力が求められる。今後、焦点をあて、誰も取り残されない社会を目指した支援策を検討することが重要である。

表1　誰が、どこで、どう、取り残されているか

| | 貧困と格差 | 孤立 | 差別 |
|---|---|---|---|
| 子ども | 母子家庭の子どもの貧困 | 虐待やいじめ | 虐待やいじめによる自殺<br>無国籍の子ども |
| 女性 | 育児と仕事の両立<br>待機児童 | | 進学、就職での差別<br>セクハラ、パワハラ |
| 若者 | 非正規雇用のワーキングプア、ニート<br>経済的理由で家庭を持てない青年 | 引きこもり、ニート<br><br>（中高年の引きこもり） | |
| 高齢者 | 貧困高齢者 | 一人暮らし高齢者（孤立、孤独死） | |
| 障害者 | 未就労の障害者 | 障害者の社会活動参加 | 特に複合的な差別（障害のある女性や子ども）<br>障害者の雇用機会 |
| LGBT | | | LGBTへの偏見、法的地位 |
| 被災者 | | 災害被害者<br>（高齢者、女性、子ども、外国人） | 原発事故避難者への差別 |
| 外国人 | | 日本語の学習指導が必要な外国人 | 外国人差別、ヘイトスピーチ<br>低賃金の外国人労働 |

　問わなければならないのは、人間の安全保障指標で可視化した貧困と格差、孤立、差別によって取り残されている人たちを社会のセーフティネットが支え、人間としての尊厳を守れるか否かである。

　同時に、貧困と格差問題の全体像をとらえる視点を強調したい。子どもの貧困が話題になると、子ども食堂が過去2年で7倍に増加するなど、共感の集まりやすい問題は注目を浴びて、短期間で支援活動が急増することは歓迎される。しかし、ワーキングプア、ホームレス、高齢者の貧困や孤立も子どもの貧困から続く要因が絡み合っている。

　個別の対象グループに焦点が分断化され、現状に不満を持つ多数派の層が個別グループの少数派に対する優遇措置のために自分たちの生活がよくならないと反発を強め、その結果、すべての人を結びつける社会を作る努力、全員を底上げする政策がおろそかになる危険があることに警鐘を鳴らす意見がある（フランシス・フクヤマ "Against Identity Politics"（2018年））。1人も取り残されない社会を目指すにあたって、決して忘れてはいけない視点である。そのためには、貧困や差別に苦しむ人を救済する支援の一層の改善をはかるだけではなく、格差を縮める施策、差別を減らし解消する取り組みが重要である。気づきにくい、目に見えにくい格差を可視化して、教育、雇用など様々な機会を均等化し、事実上の格差を縮小するよう努めることが求められるのではないか。かわいそうだから助けてあげないといけない、負担であるが善意で何かやってあげようではなく、貧困と格差拡大による弊害は、す

べての人が、人間として生をうけたにも拘わらずその能力を最大限生かして、誇りのある人生を送ることが困難になるという意味で、尊厳にかかわる問題であり、社会的損失の問題としても取り組む必要がある。

## ● 5　現行の支援策

　取り残されている人に対してすでに様々な公的支援が行われている。しかし、社会保障や税制度による所得再配分の効果は限定的といえよう。

**a. 公的支出に占める社会支出の割合**　　日本の医療、年金、教育等を含めた社会支出（2016年、GDP比）は 26.2％で、OECD諸国平均（25.5％）を上回り、公的支出の割合が低いわけではない。しかし、日本では基礎年金の半分が税で賄われ社会支出の相当部分（12.1％）を占めるため、学校教育費への公的支出の GDP 比（3.2％）が OECD 諸国の中で下から 2番目で、家族（1.3％）、障害者（1.0％）、雇用（0.4％）への公的支出が極端に少ない。

表 2　OECD 諸国の公的支出（GDP 比 %）

| | 医療 | 年金 | 家族 | 障害者 | 雇用 | その他 | 教育 | 合計 |
|---|---|---|---|---|---|---|---|---|
| 日本 | 7.8 | 12.1 | 1.3 | 1 | 0.4 | 0.4 | 3.2 | 26.2 |
| OECD 平均 | 6 | 8.7 | 2.1 | 2.1 | 1.4 | 0.9 | 4.3 | 25.5 |
| フランス | 8.6 | 14.3 | 2.9 | 1.7 | 2.5 | 1.5 | 4.6 | 36.1 |
| オランダ | 7.9 | 6.4 | 1.3 | 3.1 | 2.5 | 1.7 | 4.5 | 27.4 |
| イタリア | 6.8 | 16.4 | 1.4 | 1.7 | 2.1 | 0.2 | 3.5 | 32.1 |
| スウェーデン | 6.6 | 10 | 3.6 | 4.3 | 1.8 | 1.2 | 5.2 | 32.7 |
| ドイツ | 7.9 | 10.1 | 2.2 | 2.1 | 1.7 | 0.8 | 3.7 | 28.5 |
| 英国 | 7.1 | 6.6 | 3.8 | 2 | 0.5 | 1.8 | 5.1 | 26.9 |
| 米国 | 8 | 7 | 0.7 | 1.4 | 0.5 | 1.2 | 4.2 | 23 |

出典：2016 年 OECD 社会支出データベース

**b. 不十分な所得再配分**　　日本では税制や政府の社会移転費による再配分をみても、低所得層に効果的な配分ができていないことが格差の一因として指摘されている。日本の所得分布の下位 20％に投入される社会移転割合は総額の 17.1％にとどまり、オランダ（34.4％）、英（33.8％）、ドイツ（29.4％）、北欧（25–42％）、米（21.8％）など主要国の低所得層への分布より下回り（OECD 諸国平均は 23.1％）、日本の貧困

　日本では逆進的な社会保険料のため低所得者の負担率が高く、税負担でも消費税を上げる一方で、所得税（1986 年に最高 70％から 45％）、住民税（4.5–18％を一律 10％）を減らし累進課税の傾向が弱まった。日本の税、社会保障制度は OECD 諸国の中でも極めて累進度が低い。（国民所得に占める税（24.9％）と社会保障（17.5％）の負担の割合は 42.5％（2018年度）。OECD によると、所得再配分の効果は 32か国中 29 位。

率、格差は OECD 諸国と比べ大きい。税と社会保障による再配分でジニ係数の改善度は34.1％（2014年）にとどまっている（「所得再配分調査」）。

**c. 自己責任論の限界**　　貧困で困窮している人に対するさらなる所得再配分に対しては消極的立場が多い。首都圏調査（2016年）で「豊かな人の税金を増やして、恵まれない人への福祉を充実させるべきだ」の問いに対して約6割が支持したが、「生活に困っている人がいたら国が面倒を見るべきだ」への支持は4割にとどまる。貧困は自分のせいだとして個人に帰す傾向は根が深い。生活保護受給者のほかにも LGBT、障害者などいわゆる「弱者」とみなされる人たちが立場の弱さを利用して権利を主張しているとのいわゆる「弱者利権」に対する批判も強い。インターネットでのヘイトスピーチにも共通性が見られる。立教大学教授木村忠正（講演「SNS拡散の光と影」2017年7月7日）は、多数派として満たされていないと感じている人々が、現状にいら立ちながら無力感を抱き、「弱者」や「少数派」より優遇されるべきだと主張していると分析する（先に述べたように、フランシス・フクヤマも先進国共通の現象として同様の分析をしている）。

　しかし、格差や差別の実態は、個人の努力、自立支援だけでは克服できない構造的要因があることを示している。非正規雇用は増加の一途で、今や雇用者の37.9％（2120万人）を占めている。また、高齢化が進み、現在は定年と平均寿命の間に20年の期間があるので、高齢者の生活設計は容易ではない。自己責任論の前提は、自分に選択できる余地があって、自分で選んだ場合である。貧困家庭で育ち高等教育を受ける機会が限られ就職で苦労する若者、正規雇用を望みながらやむを得ず賃金に大きな差がある非正規雇用で働いている者に対し、自己の努力不足で片付けることはできない。厚生労働省調査（2017年度派遣労働者実態調査）では、派遣社員のうち4割が正規社員で働くことを望んでいるが、派遣から正規社員に採用する制度がある事業者は限られる（24.4％）ので、本人の努力だけでは限界がある。また、女性の場合、配偶者との離別、死別により貧困に陥った例などは本人の責任論で片付けることはできない。

**d. 持続可能な社会保障制度**　　日本の社会保障予算の配分は、年金と医療が中心で子ども、家族向けの給付に向けられる割合が極めて低い（高齢者100とすると、子どもは26.2. ドイツは子どもに40.5）。現役世代は雇用による生活保障政策（雇用の安定、機会の拡大）を中心に、定年後の高齢者世代には社会保障を集中している（公的年金55兆円、生活保護4兆円）。しかし、少子高齢化が進み、終身正規雇用が主流ではなくなりつつあるので、勤労世代は雇用、高齢世代は年金で保障する社会保障制度は見直しを迫られている（図15、図16）。

　政府は、少子高齢化、人口減少、財政赤字という3重苦を克服するには、「全世代型社会保障」として高齢者偏重を是正する以下の方向性を出している。

（1）女性、高齢者、障害者が働きやすい環境を整え就労の機会を増やす。そのため労働時間の柔軟化、労働市場の流動化を進める。元気な高齢者が支える側になる。就労を希

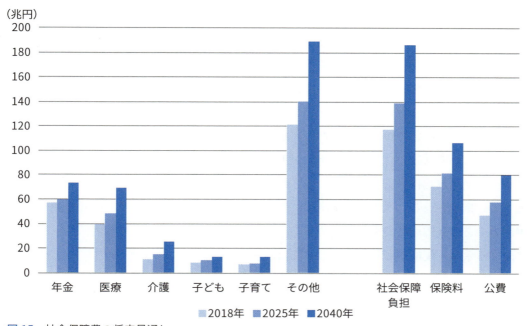

図15 社会保障費の将来見通し
出典：国立社会保障・人口問題研究所

望する高齢者は、現在の65歳から原則70歳までの雇用を企業に義務付ける（企業は、定年延長、再雇用、定年廃止を選択できるようにする）。公的年金の受け取り開始年齢を70歳超に延長する選択を可能にする。

(2) 高齢者であっても医療・介護費の負担が可能な人には負担を分かち合ってもらい、高齢者向けの支出の伸びを抑制する（応

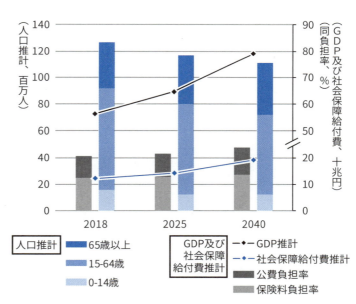

図16 2040年を見すえた社会保障の将来見通し
出典：経済財政諮問会議への政府公表資料（2018年5月21日）、経済ベースラインによる

能負担の原則）。また予防に重点を置いた医療制度の構築、健康寿命の延伸（現在男性72.14歳、女性74.79歳、2040年までに3年）を目指す。

(3) 子育て世帯への支援、若年層や失業層への就労支援を強化する。身近な地域で介護や育児、障害者、就労支援などのサービスを提供する。

第13章 日本の人間の安全保障の課題

（4）地域包括ケア制度、多様なサービスを組み合わせることで地域の活性化を図る。

　以上の方向に沿って、政府は、2017年12月、幼稚園保育園の無償化、待機児童対策、高等教育の無償化を決定した。将来世代（子育て世代、雇用不安の若者世代）をどう育てるかは社会全体の将来にとって核心的な課題である。しかし、単に高齢者への支出を減らして、子どもや若者という次世代に回すというのは適切ではない。日本の社会保障に占める高齢者向けの割合が高いのは、急速に進む高齢人口の増加を反映したもので、一人当たりの支出が増えているわけではない。貧困線が下がっている大きな要因も高齢者の人口増であり、高齢者の生活保護世帯割合の増加にみられるように、貧困高齢者の比率が今後ますます増加すると推定される。次世代に配慮し、働く意欲と能力のある高齢者に機会を増やし、負担能力のある高齢層に負担増を求める方向性は正しい。しかし同時に貧困に陥った高齢層に対する手厚い配慮がおろそかになってはならない。

（高須幸雄）

# 第14章
# 誰も取り残されない社会を作るために

## ●1 貧困と格差を縮小する方途

**a. 数値目標の検討**　　政府は、SDGsアクションプランを設定し、「あらゆる人の活躍する社会」を推進しているが、貧困と格差、差別によって取り残されている人に焦点を当てたよりきめ細かな公的支援（政府および地方公共団体による公助）が重要である。現状では、子どもの貧困対策基本法以外にSDGsの求める「貧困の撲滅」、「格差是正」に関する法的枠組み、数値目標はない。一部の地方公共団体を除いて地区ごとの子どもの貧困率を公表していない。子どもの貧困対策基本法、（子ども、若者、高齢者など）大綱の制定など、貧困率の低下に効果的であると思われる制度的枠組みを拡大するとともに、SDGsの目標年である2030年までの貧困率や格差削減の具体的な数値目標を国及び都道府県・自治体レベルで設定するよう検討すべきであろう。

**b. 財政健全化と効率化**　　人口減少、少子高齢化、人生100年時代を迎える一方で、膨張する公的債務、財政赤字、社会保障費の自然増を考えれば、何をすべきかだけではなく、社会保障制度を持続可能なものにするために「何ができるか」を問わざるを得ないであろう。政府は、プライマリーバランス（基礎的財政収支）を2025年までに均衡させる方針であり、健康保険、年金、介護の効率化、経費の圧縮、受益者負担増など社会保障改革は必至である。中長期にわたり持続可能な社会保障制度に改革するためには、どこに焦点を当てるか、現在の負担レベル（2019年度は、税25.4％と社会保険料17.4％で国民所得の42.8％）からどこまでなら国民が負担増を受け入れ、給付の抑制を受け入れるかの国民的議論が求められる。東京大学教授武川正吾の調査によれば（座談会「本来の全世代型社会保障とは何か」『世界』2018年2月号）、高福祉高負担か低負担低福祉かについて、前者の支持が2010年の調査まで上昇して7割近くに達したが、2015年には高負担支持が減り低負担への支持が上昇し、負担に対する抵抗が強いが、若者世代では高福祉高負担への支持が相対的には増えており、年齢による差が縮まっている。社会保障を持続可能な制度にするための改革は先延ばし出来ないことが、広く認識されつつあるといえる。社会関係資本を拡大するための財源として、消費税率の引き上げと並び、税と負担の公平性を担保する観点から、富裕層の所得税の累進性、相続税率の見直し、金融所得課税、社会保障負担率の逆進性の是正などの課題が検討される必要がある。

**c. 経済の活力**　　しかしこれだけでは限界がある。パイの配分をできるだけ公平にするだ

けでは、経済や社会の活力が失われる。AI、IoT などの技術の活用によるイノベーションを通じて経済の活力を維持し、生産性の向上、パイの拡大の方向性を維持しながら、これらの課題について国民的議論が進むことを期待したい。

d. 労働者の待遇改善等　給付と負担の均衡、税や負担の公平性を担保する努力に加えて、次の待遇改善が格差の縮小に効果をもたらすであろう。

i) **非正規雇用者の待遇改善**：SDGs の目標 8（就労）のターゲット 8.5 で確認された 2030 年までの「同一労働同一賃金」の達成は、世界人権宣言（1948 年）にも盛り込まれた労働者の権利の基本的原則の一つであるが、非正規雇用者の正規雇用者との賃金格差をはじめとして労働条件の差は大きい。今や雇用者の約 4 割（2018 年、37.9 ％）の 2 千万人を超える非正規雇用者（若者、女性や定年退職後の雇用）の貧困率は 4 割近く（38.7 ％）と極めて高い。政府は、2018 年の働き方改革の一環として「同一労働同一賃金」の原則を明確にしたが、あくまで正規と非正規社員との間の不合理な労働条件格差の禁止であり、「同一労働」の勤務条件の解釈により、依然として待遇に差が残る。2020 年 4 月から順次導入される仕組みがどこまで実効性を持ち、非正規雇用者の待遇改善につながるかは、企業や組織の経営側の努力に期待するところが大きい。非正規雇用者の待遇改善の一環として、非正規雇用者の厚生年金保険の加入資格（2016 年改訂）をさらに拡大することで、厚生年金収支の改善、生活保護水準に届かない貧困高齢者の伸び率の半減が可能との試算は検討に値する（山田篤裕「日本の最低生活保障を考える」日本経済新聞 2018 年 8 月 15 日）。

ii) **最低賃金制度の改善**：最低賃金制度は、生活保護制度と並んで、最低生活を保障する主要な制度の一つである。日本ではフルタイムの労働者の中位賃金（全体の中央値となる賃金）の 40 ％弱に相当し、OECD 諸国の下位 5 分の 1 の低い水準にある（2015 年）。最低賃金ではフルタイムで働いても貧困に陥るレベルなので、就労を促進しても就労貧困者（ワーキングプア）が増えるだけになると指摘されている。

　政府も、最低賃金法を改正（2008 年施行）し、徐々に引き上げ、生活保護より低い逆転現象はなくなったとされるが（2019 年に改訂された全国平均の時給 901 円でフルタイムで働いて年収 173 万円）、地方差も大きく、一層の改善を望みたい（図 17）。

iii) **人的投資の拡大**：貧困と教育の格差を縮小するためには、給付型奨学金の充実が極めて重要である。苦学生を援助するためではなく、可能性のある人材すなわち人的資本（human capital）を生かすための投資へと発想を切り替えるべきである。政府は、2018 年以降に返済が不要な給付型奨学金を拡充し、低所得層の進学率の向上を目指しているが、それでも支援の対象は 2 割程度にとどまると推計されている。格差の固定化の解消のためにはさらなる拡充が望まれる。

　また、非正規雇用者、失業者、若年無業者に対する再教育、職業訓練、職業紹介の

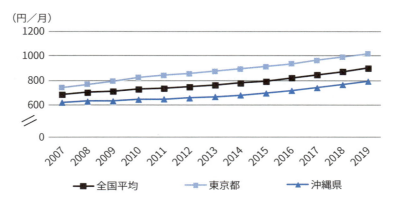

図17　最低賃金の推移
出典：厚生労働省「最低賃金に関する審議会」

充実は、若者、女性、高齢者、障害者が働きやすい環境を整え就労の機会を増やすための人的投資として効果的である。

## ●2　孤立させない先駆的取り組み

若者や中高年の引きこもり、障害者、一人暮らしの高齢者、LGBT、災害被災者など社会で孤立しがちな人に対して、地域とのつながりを強め、社会参加を促進するためには、多様な人々が共に生きる社会のモデル作りが重要である。多様な世代、職業、文化の背景を持つ人々が、分断、孤立から声掛け、見守り、共鳴し、共に働き、共に創り、共に課題を解決し、連帯、共生へと発展していくことが共生社会に近づく道である。特に、複合的な困難を抱えている人に対しては、縦割りを超えた包括的支援によって、社会活動、働く意欲のある人の雇用につなげていくことが重要である。第2部の個別グループの課題の中で取り上げた事例の中から、特に次の先駆的な取り組みの意義を強調したい。

a. ユニバーサルデザイン　　バリアフリー新法（2006年）以降、ユニバーサルデザインという言葉が頻繁に使われる。バリアフリーが障害者、高齢者など特定の人のバリアを解消することを目的として設計するのに対して　ユニバーサルデザインは最初から年齢、性別、障害の有無に限らずすべての人に使いやすいものをデザインする設計手法である。ユニバーサルデザインさらにインクルーシブデザインは、障害者だけでなく、日本語を母国語としない人、LGBTなどの利便性も考慮した広く使いやすい設計であり、多様な人々が共に生きる社会のモデル作りになっている。

b. 包括ケアシステム　　高齢者が住み慣れた地域で、単身でも自立した生活を送れるように、見守り、医療、介護、介護予防、住まい及び自立した日常生活の地域密着型サービスを包括的に確保するシステムを拡大することは、孤立させない取り組みとして効果的である。そのためには、宇都宮のふれあいコープの例にみられるように、生協、福祉施設、社

会福祉協議会、シルバー人材センター、民生委員、町会、企業、NPOなどを巻き込んだ地域での支え合いの体制作りの推進が求められる。

**c. 多様な人々が共に暮らす社会**　高齢者、障害者や引きこもりの若者や中高年の孤立を防ぐためには、多世代世帯からなるコミュニティ作りの取り組みが有効であろう。多世代の多様な人がグループ・ホームで同居したり、空き家をリフォームして子育て世代をふやす街作り、多世代が共存するコミュニティ作りで孤立を防ぐ例が増えている。高齢者、障害者や引きこもりを社会的弱者として隔離、保護するのではなく、社会の主要な構成員として、多様な人々が自然な形で日常生活を共に過ごし、包摂される社会を目指すことが望ましい。

## ●3　差別をなくす努力

　多様な生き方、多様性を認め、敬意を払い、尊重しあう共生社会を目指して一人一人ができることを実行してみてはどうか。一人一人の行動が変わらない限り社会は変わらない。

**a. 理解する努力**　日常生活、家庭、学校、職場など自分の身の回りで、異なる意見を持つ人、少数派の人を排除しない、無視しない。多様な人と対話し、相手を知り、考えを理解しようと努めることが基本的な出発点になる。

**b. 幼少期からの社会関係**　そのためには、子どもの時から保育サービス、就学前教育を通じて、他の子どもと遊び、親以外の大人と接する習慣をつけることで社会関係資本の基礎が培われる。また、2019年から学校教育の指導要領にSDGs教育が盛り込まれることなったことは喜ばしいが、SDGsの理念である「誰も取り残されない社会」の実現は、途上国や紛争国に対する国際協力の課題であるとともに日本と自分自身の課題でもあることを理解させることが重要である。

**c. 外国人との共生**　日本の文化、伝統、自分の個性を活かしつつ、異文化を理解し、受容性のある社会を目指すためには、外国人と地元住民が対話する場の設定が役立つであろう（東京都新宿区の多文化共生会議、浜松市の多文化共生政策など例が多い）。差別を許さない社会に向けた努力を強めることも重要である。増加する外国人に対する日本語教育など生活環境を支援する体制は国と自治体が責任をもって対応すべきである。本邦外の出身者に対する「不当な差別的な言論活動」解消のため、ヘイトスピーチ規制法が成立したが、理念法にとどまっている。実効性を確保するためには自治体レベルでの多文化共生の取り組みが重要であり、ヘイトスピーチの可能性がある場合、条例で基準を設けて公共の施設の利用を制限する動きも出ている（東京都2018年9月）。

**d. 法的枠組み**　人種、信条、性別、社会的身分又は門地による差別の禁止は、日本国憲法第14条で定める大原則である。人権分野の国際条約の進展に伴い、女子差別撤廃条約（1985年加入）、男女雇用機会均等法（1986年施行）、障害者権利条約（2014年加入）、障害者

差別解消法（2016年施行）、児童の権利条約（1994年加入）、児童福祉法改正（2017年施行）と、条約や法律で、差別の禁止、合理的配慮が担保されてきた。その他の差別、偏見を受けやすい人たちに対しても、人間としての尊厳にふさわしい生活を保障し、差別の解消の推進を図る法的枠組みが実現することが期待される。

## ● 4　自助、共助、公助の連携

　充実した豊かな人生を自立的に実現できる社会を実現するためには、自助，公助（政府および地方公共団体による公助）が別々に進められるのでは限界がある。日本の所得再分配の効果が多くのOECD諸国と比べても見劣りすることを考えると、高負担・高福祉には舵を切らないにしても、取り残されるリスクの大きい人に焦点を当てたきめ細かい社会保障制度に改革する余地がある。そのような公的な努力と並行して、公助が自助と共助を促進する役割が重要である。公助が自助を支え、共助を奨励し、共助が自助を支える連携の強化を目指すべきであろう。公助は、公共性、平等性、普遍性、費用対効果の大きさが求められるので、一人一人に寄り添って、きめ細かなニーズに対応するには限界がある。共助の強みは、その人の置かれた状況に沿って画一的でない、個別のニーズに焦点を当てた支援ができることである。きめ細かな共助の活動を政策、助成、税制などを通じて奨励し、支援することで、厳しい財政事情にある公助の関与の効果を拡大することが今後ますます求められるであろう。

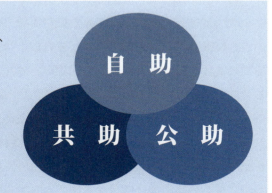

**自　助**　働く能力のある成人は、年齢、性別を問わず、自助努力によってスキルを磨き、就業し、生活を維持することが期待されている。特に、女性、シニアの就業、雇用の拡大が急務な課題である。高齢者にとっては、就労以外にも、関心分野での積極的な社会参加、ボランティア活動などを通じて、健康寿命を延ばし、充実した人生を送ることが重要な自助努力となる。

**公　助**　働く意欲のある人の自助努力を支援する人的投資の政策として、給付型奨学金の充実、非正規雇用者、失業者、無業者などに対する再教育、職業訓練、社会保障の充実が求められる。また、高齢期の健康寿命、職業寿命を延ばすための支援、基盤を用意することや、勤労収入額により年金額が削減される制度の改正も高齢者の就業意欲の向上につながる。また、共助を奨励し、促進するために、税制による優遇措置（NPO優遇税制、ふるさと納税、特定公益増進法人への寄付・遺贈、休眠預金活用など）も極めて有効である。

**共　助**　共助の基本は、人々の助け合いである。共助は多くの場合、公助と異なり制度化されていない。公的機関からの指示を受けずに自発的に行われるもので、制度化されていないところにその意

義が存在するともいえる。共助を財源も含め過度に公助化しようとすれば、制度への依存が生まれ、恒常的な財源も必要になる。一方、これを個人のイニシアティヴにのみ依存したのでは、持続可能性に不安が生じる。このバランスが重要である。

**地域密着型支援**　　地縁団体や地域の組織、生協など全国に展開する住民密着型組織が、公助を補完して、きめ細かな住民サービスを展開しているが、住民同士が支えあう活動は今後一層増えていくであろう。多くの地方自治体にとっては、超高齢化、人口減が深刻で、自治体機能の縮小に追い込まれる例が続出している。地縁組織が一部の機能を肩代わりして、市民参加による共助が公助を補完することになれば、共助の強みが発揮される。高齢者、若者など異世代の人が同居し、高齢者の外出を支援し、空き家をリフォームして子育て世代をふやすことを通じて、協力して街作りを進めることで、孤立を防ぐのも共助の例として意義深い。

**ボランティア活動**　　社会全体で地域や集団への帰属意識が低下しており、個人優先の意識が、特に若い世代では広がりを見せている。それ自体決して否定的にのみとらえるべきではないが、そのことが人々の絆や社会的連携の基盤を弱めることになっては問題である。他者に目を向け、困ったときに自然に支援の手を差し伸べる共助の能力をはぐくむためには、教育やボランティア活動を通じてコミュニティの意味を学ぶことが重要である。知識や技術を持った職業人や退職者が NPO などを通じて地域の社会活動（例：シルバー人材センター登録者 71 万 4 千人）や災害ボランティア（阪神・淡路大震災以降、災害ボランティアセンター経由のボランティアだけでも延べ 361 万 8 千人）に参加し、公助を補完する有益な役割を果たしている。NPO 法施行以来 20 年で、5 万以上の NPO 団体が組織されている。参加する者と活動の支援を受ける者が、ともに集い、考え、行動することを通じて、共生社会を実現する有益な活動といえる。

**個人の寄付**　　民間公益活動を促進するために、休眠預金（毎年 700 億円）を活用する法律が成立し（2016 年 12 月）、2019 年から NPO による活用が開始される。これも共助を（もともと預金者のものであるとはいえ、特別法により）公助が奨励する好例のひとつといえる。個人が特定地方公共団体に寄付するふるさと納税も共助の一つであるが、制度の導入（2008 年）以来増加の一途をたどり、2018 年度には、前年度の約 1.4 倍の総額 5127 億円に達した（税控除適用者 395 万人）。地域の課題解決に取り組む NPO の活動がふるさと納税からの支援で拡大している。また、多数の個人がインターネットを介して少額投資するクラウドファイナンスによって、難民申請者の住む家の設置、児童養護施設の改築、中学生の塾代支援など、公的支援では実現できない多様なきめ細かい支援が実現している（矢野経済研究所は 2018 年度の規模を 2016 年度の 3 倍近い約 2045 億円と推計）。また、公益性の高い団体への寄付、遺贈寄付も共助に貢献する貴重な方途である。個人の寄付人数も増加しつつあり（日本ファンド

レイジング協会は個人の寄付が 2016 年に 7756 億円に達したと推計)、相続資産(野村資本市場研究所は年間 50 兆円強と推計)の拡大に伴い、今後さらに増加することが見込まれる。

**社会インパクト投資**　　近年は民間からの資金によって社会や環境の影響を考慮した活動に投資する社会インパクト投資が日本でも増大している(社会的投資推進財団によれば、2018 年に 3440 億と推計。前年の 4.8 倍の急増)。民間資金によって社会的事業を実施し、成果が出れば行政から投資家に資金を償還する社会投資債(SIB)が本格的に開始された(2017 年 3 月)。厳しい財政状況にある公的資金(国や地方公共団体)では捻出できない貧困層支援や地域の活動、企業の社会福祉的活動を支援する仕組みは今後さらに拡大することが見込まれる。

**企業の役割**　　企業も社会の重要なメンバーとして社員の福祉厚生を超えた共助、多文化共生を促進する重要な役割を果たしている。企業による環境(environment)、社会(social)、企業統治(governance)を重視する ESG 投資が日本でも拡大しつつある。2006 年に国連が機関投資家に対し ESG を投資プロセスに組み入れる責任投資原則(PRI)を提唱して以来、署名機関数は 2232(2018 年末現在)、ESG 投資残高は 2017 年末に 31 兆ドルに達しているが、日本企業の占める割合は 7 % にとどまる。年金積立金管理運用独立行政法人が、2015 年 9 月 PRI に署名して、ESG インデックス(株式指標)を通じる企業による SDGs への貢献を推進している効果は大きい。ESG 投資は、企業による社会的な課題解決への取り組みが事業機会と投資機会の双方を生むことを示している。

**ビジネスと人権**　　また、人権擁護、児童労働の廃止、環境の重視、腐敗防止等の 10 原則を誓約するグローバル・コンパクトの参加企業が増加し(2019 年 8 月現在 331 企業・団体)、「ビジネスと人権」の議論も進んでいる。日本人に限らず外国人も含め、すべての人権を尊重する立場を経団連が提言したことは意義深い(2018 年 10 月 16 日)。


## ●5　本書の提言

　世界のすべての指導者が一致して合意した SDGs が目標とする社会は、経済、社会、環境が持続可能で、統合的な向上が実現された強靱な社会であり、誰も取り残されない社会である。そのためには、人間の安全保障の 3 要素であるすべての人の命、生活、尊厳が尊重される社会、「健康で文化的な」最低限度の生活を営む権利(憲法 25 条)に基づき、すべての人が人間らしく生きる機会が平等に開かれた社会の実現を目指すことが求められる。そのような社会の実現に向けて次の提言をしたい。


### ❶　データの点検と統計の整備の必要性

取り残されている人の可視化に必要な統計の整備が急務である。SDGs 目標 1 では、2030 年までにあらゆる次元で貧困線を下回って生活しているすべての

年齢の男性、女性、子どもの割合を半減させる数値目標が合意されているが、今回の作業で、貧困率だけでも、子ども、障害者、高齢者、外国籍などに細分化した統計の入手が容易でないことが判明した。今後は都道府県別、年齢別、性別に細分化した統計の集計、整備、公表を法的に担保することにより、SDGs 指標の達成状況を確認できるようにすべきである。

### ② 数値目標の設定とモニタリングの必要性

貧困と差別によって取り残されている人たちにさらに焦点を当てたきめ細かな公的支援が必要である。そのためには、SDGs 指標、人間の安全保障指標の進展状況をモニターできる数値目標を設定して、国、地方公共団体、経済界、市民社会が一体となって、その実現に向けた総合的な施策を投入するよう提言したい。子どもの貧困率、相対的貧困率の削減、ニートの割合の削減、男女所得の格差是正、バリアフリー化などの数値目標が考えられる。日本が国際比較で最も遅れている男女格差については、第 4 次男女共同参画基本計画の成果目標（2020 年）を見直し、一部の数値（公務員、審議会委員、議員候補者など）は障害者の雇用率のように達成を義務化すること（クオータ制）も検討すべきであろう。

### ③ 当事者の意見の尊重

少子高齢化、人口減少が今後さらに進行し、成熟した経済で財政赤字を抱える日本で、真に必要な人に対して必要な公的セーフティネットが持続的に確保されるようにするためには抜本的な改革が避けられない。負担と給付が均衡した、持続可能な社会保障制度を確立する政府、国会の努力は、当事者の意見を十分に踏まえて進めることが必要である。障害福祉分野では、「私たち抜きで私たちのことを決めないで」の理念が浸透しているが、他の分野では当事者中心の視点が必ずしも確立していない。医療、年金、介護など社会保障や福祉、教育を持続可能なものにしていくためには、給付の効率化を図り、負担能力のある人の理解がこれまで以上に求められるであろう。その際、組織団体の代表や有識者の意見だけではなく、当事者の意見に耳を傾け、当事者の意見を吸い上げ、理解を深めていく重要性を強調したい。

### ④ SDGs の国内推進体制

政府は、SDGs の実施を重視して、首相を本部長とする SDGs 推進本部の設立、SDGs 実施指針の制定など推進体制を整備している。国内施策の実施体制をさ

らに強化するためには、今後の SDGs 実施指針見直しに当たって当事者の全面的な参加を確保することが重要である。その機会に、SDGs の国内施策の実施体制の強化、特に教育と福祉、健康と社会活動、障害と災害などの課題に効果的に対応できるよう、行政の縦割りを超えた推進体制を確立するよう求めたい。

「みんな人間である」という気持ちを持つことは、単純であるが難しい。誰一人取り残されていない完全な社会を実現するのは現実的ではないかもしれない。しかし、「自分は世の中に必要とされていない」と思い込んでしまう人が一人もいなくなるようにすることは出来る。共に生活する仲間としてすべての人への思いやり、敬意を持てるやさしい社会に向かって歩みを進めることは、一人一人の努力で可能である。

（高須幸雄）

# 指標データ出典一覧

## ● 命指数：23 指標

### A：生　命　11 指標

| A1 | 平均寿命 男性<br>平均寿命 女性 | 厚生労働省「平成 27 年都道府県別生命表」 |
|---|---|---|
| A2 | 人口増減率 | 総務省「平成 27 年国勢調査」<br>総務省「人口推計」（2018 年 1 月 1 日現在） |
| A3 | 合計特殊出生率 | 厚生労働省「平成 27 年人口動態統計」<br>※女性が生涯に産む子どもの数の平均 |
| A4 | 生産年齢人口割合（15-64 歳） | 総務省「国勢調査」<br>総務省「人口推計」 |
| A5 | 未婚率（50 歳時点） | 厚生労働省「人口動態統計」<br>※ 50 歳の時点で結婚したことがない人の割合 |
| A6 | 高齢単身世帯割合（65 歳以上） | 総務省「国勢調査」 |
| A7 | ひとり親世帯の子どもの割合 | 総務省「国勢調査」<br>※ 20 歳未満の子どものうち、母子・父子世帯の子どもの人数の合計値の割合 |
| A8 | 自殺死亡者数（人口 10 万人あたり） | 厚生労働省「人口動態調査」、<br>内閣府自殺対策推進室「平成 27 年における自殺の状況」<br>※ 2014-2016 年の平均値 |
| A9 | 自殺意識率 | 「日本財団自殺意識調査」（2016 年）<br>※ 20 歳以上人口のうち、自殺念慮がある者の割合 |
| A10 | 自然災害の死者・行方不明者数（人口 10 万人あたり） | 『平成 7-28 年版災害白書』<br>※ 1995-2016 年の総数 |
| A11 | 交通事故死者数（人口 10 万人あたり） | 警察庁「交通統計」（平成 29 年版） |

### B：健康保健　12 指標

| B1 | 健康寿命 男性<br>健康寿命 女性 | 厚生労働省「健康寿命の延伸と健康格差の縮小」（2016 年、熊本県のみ 2013 年）<br>「健康寿命の将来予測と生活習慣病対策の費用対効果に関する研究」<br>※平均寿命から寝たきりや認知症など介護状態の期間を差し引いた、健康的に日常生活を送れる期間 |
|---|---|---|
| B2 | 一般病院数（人口 10 万人あたり） | 厚生労働省「平成 28 年医療施設調査」 |
| B3 | 一般病院病床数（人口 10 万人あたり） | 厚生労働省「平成 28 年医療施設調査」 |
| B4 | 医療施設に従事する医師数（人口 10 万人あたり） | 厚生労働省「平成 28 年医師歯科医師薬剤師調査」 |

| B5 | 年間1人あたり医療費 | 厚生労働省「平成28年度国民医療費」 |
|---|---|---|
| B6 | 健康診断受診率 | 国民健康保険中央会「平成28年度市町村国保特定健康診査・特定保健指導実施状況報告書」<br>※全住民のうち健康診断を受診した人の割合 |
| B7 | 国民健康保険料滞納世帯割合 | 厚生労働省「平成29年度被保護者調査」 |
| B8 | 障害者数 | 厚生労働省「福祉行政報告例」、同『平成29年障害者白書』<br>※指標に参入しない |
| B9 | 虫歯罹患率（12歳児） | 文部科学省「平成29年度学校保健統計調査」 |
| B10 | 成人の喫煙率 | 厚生労働省「平成28年度国民生活基礎調査」 |
| B11 | スポーツの年間行動者率（10歳以上） | 総務省「平成28年度社会生活基本調査結果」<br>※過去1年間に何らかのスポーツを行った人の割合 |
| B12 | 平均歩数（1日あたり） | 厚生労働省「国民健康・栄養調査」<br>※男女の平均値を算出（2016年。熊本県のみ2013年） |

## ● 生活指数：42指標

### C：経済状況、労働仕事　10指標

| C1 | 1人あたり県民所得（年額） | 内閣府「平成26年度県民経済計算年報」 |
|---|---|---|
| C2 | 1世帯あたり可処分所得（月額） | 総務省「家計調査」<br>厚生労働省「国民生活基礎調査」（2015年） |
| C3 | ジニ係数 | 厚生労働省「平成26年度所得再配分調査」<br>「社会生活統計指標——都道府県」（2014年）<br>※不平等を計測する指数。全員の所得が等しい完全な平等社会では0、一人がすべての富を独占する完全な不平等社会では1になるように計算する |
| C4 | 失業率 | 総務省「平成27年国勢調査」 |
| C5 | 非正規雇用率 | 総務省「労働力調査特別調査報告書」（2017年）<br>厚生労働省「平成29年就業構造基本調査」 |
| C6 | 女性の雇用率 | 総務省「国勢調査」（2015年） |
| C7 | ひとり親世帯の正規雇用率 | 総務省「国勢調査」（2015年） |
| C8 | 障害者雇用率 | 厚生労働省「平成29年障害者雇用状況の集計結果」 |
| C9 | 高齢者有業率（65歳以上） | 総務省「国勢調査」 |
| C10 | 財政力指数 | 総務省「平成28年度都道府県決算状況調」<br>※都道府県の基準財政収入額を基準財政需要額で除した数値の過去3年平均 |

### D：教　育　11指標

| D1 | 待機児童率 | 厚生労働省「0–3歳児保育所等関連状況取りまとめ（平成29年4月1日）」 |
|---|---|---|
| D2 | 小学校児童数（教員1人あたり） | 文部科学省「平成28年度学校基本調査」 |
| D3 | 中学校生徒数（教員1人あたり） | 文部科学省「平成28年度学校基本調査」 |

指標データ出典一覧　259

| | | |
|---|---|---|
| D4 | 就学援助受給者割合 | 文部科学省「平成 27 年度要保護及び準要保護生徒数について」<br>※公立小中学校児童生徒のうち、要保護・準要保護児童生徒及び東日本大震災による特例交付金対象者の割合 |
| D5 | 高校中退率 | 文部科学省「平成 28 年度児童生徒の問題行動不登校等生徒指導上の諸問題に関する調査」 |
| D6 | 大学進学率 | 文部科学省「平成 30 年度学校基本調査」 |
| D7 | 不登校率 | 文部科学省「平成 28 年度児童生徒の問題行動不登校等生徒指導上の諸問題に関する調査」 |
| D8 | 子どもの学力の達成度 | 国立教育政策研究所「平成 29 年度全国学力・学習状況調査」<br>※小中学校の国語 A、B と算数（数学）A、B の 4 科目の平均点 |
| D9 | 子どもの運動能力 | 文部科学省「平成 29 年度全国体力運動能力、運動習慣調査」<br>※小中学生の走る、投げる等のスポーツテストの合計点の平均 |
| D10 | 社会教育学級講座数 | 文部科学省「平成 27 年度年度社会教育調査」 |
| D11 | 夜間中学・定時制高校数 | 文部科学省「平成 29 年度夜間中学等に関する実態調査」、文部科学省「定時制高校に関する調査」 |

## E：福　祉　11 指標

| | | |
|---|---|---|
| E1 | 児童扶養手当受給率（対全世帯） | 厚生労働省「平成 26 年度社会福祉業務報告」 |
| E2 | 児童養護施設数（人口 10 万人あたり） | 厚生労働省「平成 27 年度社会福祉施設等調査」 |
| E3 | 児童相談件数（人口千人あたり） | 厚生労働省「平成 29 年度福祉行政報告例」 |
| E4 | 生活保護受給率 | 厚生労働省「平成 30 年度被保護者調査」 |
| E5 | 生活困窮者自立支援の相談件数（人口 10 万人あたり、月間） | 厚生労働省「平成 29 年度生活困窮者自立支援制度における支援状況」 |
| E6 | 高齢者用施設数（65 歳以上人口 10 万人あたり） | 厚生労働省「平成 27 年社会福祉施設等調査」、厚生労働省「平成 27 年介護サービス施設・事業所調査」 |
| E7 | 高齢者用施設在所者数（65 歳以上人口千人あたり） | 厚生労働省「平成 27 年社会福祉施設等調査」、厚生労働省「平成 27 年介護サービス施設・事業所調査」<br>※指数に算入しない |
| E8 | 特養施設待機人数 | 厚生労働省「平成 28 年老健局高齢者支援課調査結果」<br>※自治体による要介護 3–5 認定者数に対する待機人数 |
| E9 | 介護職員数 | 厚生労働省「平成 28 年介護サービス施設・事業所調査」、「平成 28 年度介護保険事業状況報告」<br>※自治体による要支援・要介護認定者に対する介護職員数の割合 |
| E10 | 民生委員数（人口 10 万人あたり） | 厚生労働省「平成 27 年度福祉行政報告」 |
| E11 | 生活保護のケースワーカーの担当世帯数 | 厚生労働省「平成 28 年度被保護者調査」、総務省「平成 28 年地方公共団体定員管理調査」 |

## F：生活習慣、環境、安全　10 指標

| | | |
|---|---|---|
| F1 | インターネット利用率 | 総務省「平成 29 年通信利用動向調査」<br>※1 年に 1 回以上インターネットを使った人の割合 |
| F2 | ユネスコスクール数 | 文部科学省 ユネスコスクール Web サイト（2018 年 10 月現在）<br>※指数に算入しない |

| F3 | バリアフリー率（鉄道駅） | 国土交通省「平成 29 年度末の鉄軌道駅における段差解消への対応状況について」<br>※鉄軌道駅のうち、乗降場ごとに段差が解消された経路を 1 つ以上確保している駅の割合 |
|---|---|---|
| F4 | 1 人あたり温室効果ガス排出量（年間） | 経済産業省「平成 27 年度温室効果ガス排出量の集計結果」<br>※「特定事業者の温室効果ガス排出量」の合計値の人口に対する割合 |
| F5 | 1 住宅あたりの住宅延べ面積 | 総務省「平成 25 年度住宅・土地統計調査」 |
| F6 | ごみのリサイクル率 | 環境省「平成 26 年度一般廃棄物処理実態調査結果」 |
| F7 | 汚水処理率 | 農林水産省・国土交通省・環境省「平成 28 年度末の都道府県別汚水処理人口普及状況」 |
| F8 | 公共施設の耐震化率 | 総務省「防災拠点となる公共施設等の耐震化推進状況調査結果」（2017 年）<br>※地方公共団体が所有又は管理する防災拠点となる公共施設のうち、耐震性が確保されている施設の比率 |
| F9 | 上水道の基幹管路の耐震化率 | 厚生労働省「平成 28 年度水道事業における耐震化の状況」 |
| F10 | 刑法犯認知件数（人口 10 万人あたり） | 警察庁「平成 29 年犯罪統計資料」 |

## ● 尊厳指数　　26 指標

### G: 子供と女性　7 指標

| G1 | いじめ件数（児童・生徒千人あたり） | 文部科学省「平成 28 年度児童生徒の問題行動等生徒指導上の諸問題に関する調査」 |
|---|---|---|
| G2 | 子どもの一時保護所受入れ平均在所日数 | 厚生労働省「平成 27 年度福祉行政報告例」 |
| G3 | 里親委託率 | 厚生労働省「平成 29 年度福祉行政報告例」、「社会的養育の推進にむけて」（2017 年）<br>※養護を必要とする児童のうち里親に委託された児童の割合 |
| G4 | 子どもの自殺数（20 歳未満） | 警察庁「平成 27-29 年における自殺の状況」<br>※ 2015-2017 年の平均値 |
| G5 | DV 被害者の一時保護件数（人口 10 万人あたり） | 厚生労働省「配偶者からの暴力の防止及び被害者の保護等に関する法律の施行状況について」（2015 年） |
| G6 | 男性の家事・育児分担時間数 | 総務省「平成 28 年社会生活基本調査」<br>※ 15 歳以上の男性が 1 週間に家事、介護・看護、育児に費やす時間の合計 |
| G7 | 男女の賃金差 | 厚生労働省「平成 29 年賃金構造基本統計調査」<br>※「決まって支給する現金給与額」の男性の額を 100 とした場合の女性の額の比率 |

### H：公への信頼　6 指標

| H1 | 国政選挙投票率 | 総務省「衆議院議員総選挙結果調（平成 26 年）」「参議院議員選挙結果調（平成 28 年）」 |
|---|---|---|
| H2 | 女性の地方議員割合 | 総務省「地方公共団体の議会の議員及び長の所属党派別人員調査（平成 29 年 12 月 31 日現在）」 |

| H3 | 情報公開度 | 全国オンブズマン連絡会議「政務活動費に関する調査」(2017 年)<br>※住民がどの程度都道府県議員の政務活動費の情報（領収証、会計帳簿など）にアクセスしやすいかを 100 点満点で評価 |
| H4 | 法テラスへの問合わせ件数（人口 1 万人あたり） | 法務省「平成 28 年度版法テラス白書」 |
| H5 | 弁護士数（人口 1 万人あたり） | 日本弁護士連合会「2017 年版弁護士白書」 |
| H6 | 人権侵犯件数（人口 1 万人あたり） | 法務省「平成 29 年における人権侵犯事件統計」 |

## J：地域社会、連帯感、国際性　11 指標

| J1 | 国指定文化財の件数（人口 1 万人あたり） | 文化庁「国指定文化財等データベース」(2018 年)<br>※国宝、重要文化財、有形無形文化財、史跡名勝記念物等 |
| J2 | 文化施設及び公民館数（人口 1 万人あたり） | 文部科学省「平成 27 年度社会教育調査」<br>※文化施設＝博物館、劇場等 |
| J3 | 地縁団体数（人口千人あたり） | 総務省「地縁による団体の認可事務の状況等に関する調査結果」(2013 年) |
| J4 | ボランティア活動の年間行動者率 | 総務省「平成 28 年度社会生活基本調査」<br>※ 1 年間に何らかのボランティア活動に参加した人の比率 |
| J5 | ふるさと納税者数（人口 1 万人あたり） | 総務省「平成 28 年度ふるさと納税ポータルサイト」平成 30 年度課税住民税控除 |
| J6 | 主要な国際支援団体への寄付人数（人口 10 万人あたり） | 日本 UNHCR 協会など人道支援、国際協力を行う主要な国際支援団体への寄付人数（2017 年） |
| J7 | NPO 団体数（人口 1 万人あたり） | 内閣府「NPO ホームページ」(2018 年 1 月末現在) |
| J8 | 外国人居住者数の増加率 | 法務省「在留外国人統計」(2006 年と 2017 年を比較した増減率) |
| J9 | 留学生数（人口 1 万人あたり） | 日本学生支援機構「平成 29 年度外国人留学生在籍調査結果」 |
| J10 | 技能実習生数 | 法務省「平成 29 年度末における在留外国人統計」<br>※在留資格「技能実習 1-3 号」の合計 |
| J11 | 自分の住む地域に外国人が増えることを歓迎する割合 | 今回のアンケート調査（2018 年 8 月） |

## L：満足度　2 指標

| L1 | 自分の人生に満足していない人の割合 | 今回のアンケート調査（2018 年 8 月） |
| L2 | 自分の人生が将来今より良くなると思わない人の割合 | 今回のアンケート調査（2018 年 8 月） |

# あとがき

　SDGs の理念を日本で実現するための指標作りを進める間にも、子どもの虐待死、女性へのセクハラ、大学医学部の女子受験生に対する差別的取り扱い、障害者雇用の水増し、高齢者施設での虐待、LGBT は非生産的との発言、外国人技能実習生に対する違法労働など SDGs の理念に逆行するニュースが続いている。すべての人が価値ある人間として敬意を持って受け入れられるような日本社会にしていくためには、課題が極めて多いことを再認識せざるを得なかった。

　日本の人間の安全保障指標は、SDGs の目標年である 2030 年までに、誰にどこで何に重点に置いて取り組みを強化すべきかを具体的な目標を立て、対策をとるために、社会で取り残されている人、取り残されがちな人を人間の安全保障の立場から指標で可視化する世界でも初めての試みといえる。指標でカバーしている分野が多岐にわたるため、完成するまでにプロジェクトチームをはじめ多くの方のご協力とご支援を得たことに改めて感謝したい。特に中部大学川村真也研究員には、指標のデータ収集・分析、総合指数及び GIS による地図の作成など膨大な作業を分担していただき、心から感謝している。また、同志社大学峯陽一教授には、指標の選択から編集段階まで貴重なご指導をいただいた。これらの貢献なしには、今回の研究成果は挙げられなかったであろう。また、明石書店の長島遥氏のご理解と格別なご配慮に深甚な謝意を表したい。

　指標を完成させる段階で、「毎月勤労統計調査」などの政府統計の集計手法に不正があったことが明らかになった。現在発表されているかぎりでは、日本の貧困、格差、差別に関するプロジェクトチームによる分析、結論、提言に影響を及ぼすことはないと判断して、そのままこの報告書を世に問うことにした。日本の人間の安全保障指標がより大きな意味を持つとすれば、2030 年まで数年ごとに、指標、データの見直し、更新を行い、SDGs の目標の進展状況をモニターすることである。今後とも、各方面からのコメントを踏まえ、引き続き指標の改善を図り、国際的にも汎用性のあるものにしていきたい。

　　　2019 年 10 月
　　　　　NPO 法人「人間の安全保障」フォーラム・プロジェクトチーム代表
　　　　　　　　　　　　　　　　　　　　　　高 須 幸 雄

# 日本の人間の安全保障指標プロジェクトチーム

**執筆者**　（　）内は担当箇所

**高須 幸雄**（たかす ゆきお）
（はじめに、指標、アンケート調査、結論と提言）
NPO法人「人間の安全保障」フォーラム理事長、立命館大学客員教授

**峯 陽一**（みね よういち）　（指標）
NPO法人「人間の安全保障」フォーラム理事、同志社大学教授

**川村 真也**（かわむら しんや）　（指標、データ、GIS）
中部大学研究員

＊　　　　＊　　　　＊

**武藤 亜子**（むとう あこ）　（アンケート調査）
独立行政法人国際協力機構（JICA）研究所上席研究員

**高橋 愛子**（たかはし あいこ）　（子ども）
公益財団法人日本ユニセフ協会アドボカシー推進室

**石本 めぐみ**（いしもと）　（女性）
NPO法人ウィメンズアイ代表理事、東京大学博士課程

**唐木 まりも**（からき）　（若者）
一般社団法人SDGs市民社会ネットワーク理事、Japan Youth Platform for Sustainability 理事

**佐々木 諭**（ささき さとし）　（高齢者）
創価大学教授

**石原 直紀**（いしはら なおき）　（高齢者）
立命館大学特任教授

**勝又 幸子**（かつまた ゆきこ）　（障害者）
一般社団法人ヒューネットアカデミー代表理事

**世古 将人**（せこ まさと）　（ハンセン病）
公益財団法人日本財団研究員

**松岡 宗嗣**（まつおか そうし）　（LGBT）
一般社団法人 fair 代表理事

**遠藤 まめた**（えんどう）　（LGBT）
LGBTの子ども若者支援「にじーず」代表

**山﨑 真帆**（やまざき まほ）　（災害被災者）
一橋大学博士課程、NPO法人「人間の安全保障」フォーラム事務局次長

**明石 純一**（あかし じゅんいち）　（外国人）
筑波大学准教授

**宮下 大夢**（みやした ひろむ）　（外国人）
NPO法人「人間の安全保障」フォーラム事務局長、東京大学特任研究員、サレジオ工業高等専門学校助教

**ゴメズ・オスカル**　（外国人）
立命館アジア太平洋大学助教

**毛受 敏浩**（めんじゅ としひろ）　（外国人）
公益財団法人日本国際交流センター執行理事

**渡部 清花**（わたなべ さやか）　（外国人）
NPO法人 WELgee 代表

## メンバー

佐藤 安信（NPO法人「人間の安全保障」フォーラム副理事長、東京大学教授）、滝澤 三郎（NPO法人「人間の安全保障」フォーラム理事、前日本UNHCR協会理事長）、原 若葉（NPO法人「人間の安全保障」フォーラム理事、弁護士）、稲場 雅紀（SDGs市民社会ネットワーク業務執行理事）、新田 英理子（SDGs市民社会ネットワーク事務局長）、玉井 秀樹（創価大学教授）、大谷 美紀子（国連子どもの権利委員会委員、弁護士）、有馬 真喜子（「国連ウィメン日本協会」理事長）

## 事務局

内尾 太一（NPO法人「人間の安全保障」フォーラム理事、麗澤大学准教授）、宮下 大夢（執筆者欄参照）、山﨑 真帆（執筆者欄参照）、明石 剛之（NPO法人「人間の安全保障」フォーラム事務局次長）

## 協力者

阿部 彩（首都大学東京教授）、石山 亜紀子（横浜市男女共同参画推進協会）、大久保 勝仁（Japan Youth Platform for Sustainability 理事）、岸上 真巳（大阪市男女いきいき財団）、栗栖 薫子（人間の安全保障学会会長、神戸大学教授）、五石 敬路（大阪市立大学准教授）、島田 剛（明治大学准教授）、鈴木 智子（日本国際交流センター研究員）、林 夏生（富山大学准教授）、早水 研（日本ユニセフ協会専務理事）、増田 かおり（国連大学）、三輪 敦子（ヒューライツ大阪所長、SDGs市民社会ネットワーク共同代表理事）

**編　者**
**NPO 法人「人間の安全保障」フォーラム**

　日本、アジア、アフリカその他の地域の持続的平和と持続的開発を追求し、移民や難民、災害などによる被災者をはじめ、しばしば脆弱な立場におかれる人々の基本的人権が尊重される社会を実現することを目指し、関連組織・企業・官公署・自治体・団体ならびに個人と協働・協力し、人間の安全保障推進事業を行うことを目的として 2011 年に設立（同年 10 月法人格取得）。

　「日本の人間の安全保障指標」の作成のほか、日本国内に暮らす難民の子どもたちの学習支援活動、東日本大震災ボランティア派遣コーディネータ、宮城県内の仮設住宅地における「こども未来館」の設置・運営、研究・教育・文化に関するイベント企画・運営、その他人間の安全保障を推進するための新規事業の企画立案・実施を行っている。

**高須 幸雄（たかす・ゆきお）**

　NPO 法人「人間の安全保障」フォーラム理事長、国際連合事務総長特別顧問（人間の安全保障担当）、立命館大学客員教授。

　外務省に入省後、国連日本代表部参事官、国連政策課長、インドネシア公使などを歴任。1993 年国連事務次長補（財務官）として、国連の予算・財政を総括。1997 年国連日本代表部大使として、国連安全保障理事会で日本代表。2000 年外務省国際社会協力部長に就任し、人間の安全保障、感染症、気候変動に関する国際協力を推進。在ウィーン代表部大使を経て、国連日本政府代表部常駐代表を務め（2007–2010 年）、安保理議長に 2 回就任。2012 年から 2017 年 5 月まで国連事務次長（行政監理局長）として国連の管理全般の責任者。2010 年以来事務総長特別顧問 を務めている。元東京大学及び政策大学院大学特任教授。共編著に、『オーラルヒストリー　日本と国連の 50 年』（ミネルヴァ書房、2008 年）がある。

---

**全国データ　SDGs と日本**
──誰も取り残されないための人間の安全保障指標

2019 年 11 月 25 日　　初版第 1 刷発行
2021 年　2 月 15 日　　初版第 5 刷発行

|  |  |
|---|---|
| 編　　者 | NPO 法人「人間の安全保障」フォーラム |
| 編著者 | 高 須 幸 雄 |
| 発行者 | 大 江 道 雅 |
| 発行所 | 株式会社明石書店 |

〒101-0021 東京都千代田区外神田 6-9-5
電　話　　03-5818-1171
ＦＡＸ　　03-5818-1174
振　替　　00100-7-24505
http://www.akashi.co.jp/

装　丁　　清水　肇（プリグラフィックス）
印刷／製本　　モリモト印刷株式会社

（定価はカバーに表示してあります）　　　　　　ISBN 978-4-7503-4915-2

JCOPY 〈出版者著作権管理機構　委託出版物〉
本書の無断複製は著作権法上での例外を除き禁じられています。複製される場合は、そのつど事前に、出版者著作権管理機構（電話 03-5244-5088、FAX 03-5244-5089、e-mail: info@jcopy.or.jp）の許諾を得てください。

## シリーズ 子どもの貧困 全5巻

### 子どもとかかわるすべての人に

シリーズ編集代表 松本伊智朗

■A5判/並製 各2500円

子どもの貧困の再発見から10年。この10年間の政策・実践・研究を批判的に検討し、"子どもの貧困を議論する枠組み"を提供する。新・スタンダードの誕生!

① 生まれ、育つ基盤 子どもの貧困と家族・社会
松本伊智朗・湯澤直美[編著]

② 遊び・育ち・経験 子どもの世界を守る
小西祐馬・川田学[編著]

③ 教える・学ぶ 教育に何ができるか
佐々木宏・鳥山まどか[編著]

④ 大人になる・社会をつくる 若者の貧困と学校・労働・家族
杉田真衣・谷口由希子[編著]

⑤ 支える・つながる 地域・自治体・国の役割と社会保障
山野良一・湯澤直美[編著]

---

### 持続可能な社会を考えるための66冊 教育から今の社会を読み解こう
小宮山博仁著
◎2200円

### Come On! 目を覚まそう! 環境危機を迎えた「人新世」をどう生きるか?
ローマクラブ『成長の限界』から半世紀
エルンスト・フォン・ワイツゼッカーほか編著 林良嗣・野中ともよ監訳
◎3200円

### 子ども支援とSDGs 現場からの実証分析と提言
五石敬路編著
◎2500円

### SDGs時代のグローバル開発協力論 開発援助・パートナーシップの再考
重田康博、真崎克彦、阪本公美子編著
◎2300円

### 芝園団地に住んでいます 住民の半分が外国人になったとき何が起きるか
大島隆著
◎1600円

### まんが クラスメイトは外国人 課題編 私たちが向き合う多文化共生の現実
「外国につながる子どもたちの物語」編集委員会編 みなみななみ まんが
◎1300円

### 女性の世界地図 女たちの経験・現在地・これから
ジョニー・シーガー著 中澤高志、大城直樹、荒又美陽、中川秀一、三浦尚子訳
◎3200円

### ジェンダーについて大学生が真剣に考えてみた あなたがあなたらしくいられるための29問
佐藤文香監修 一橋大学社会学部佐藤文香ゼミ生一同著
◎1500円

〈価格は本体価格です〉